부처님 당시 인도 B.C 500년경

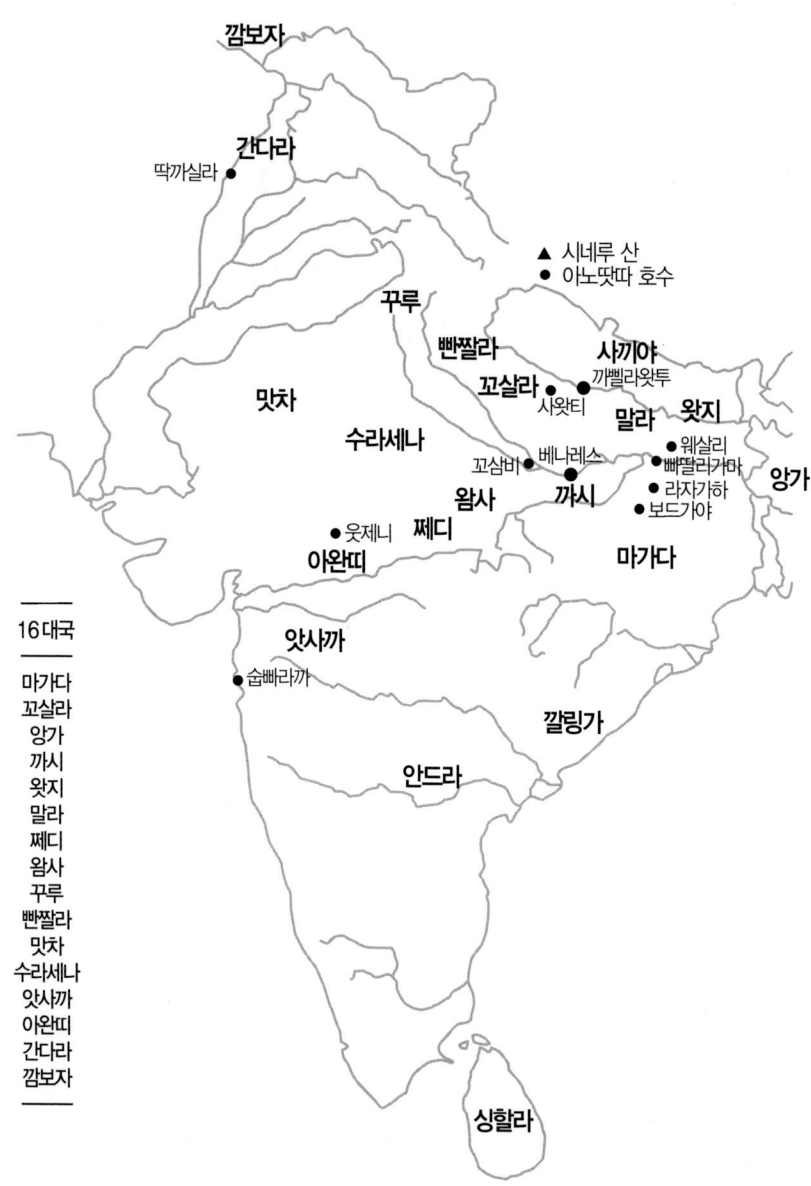

불교중심지역 majjhimadesa

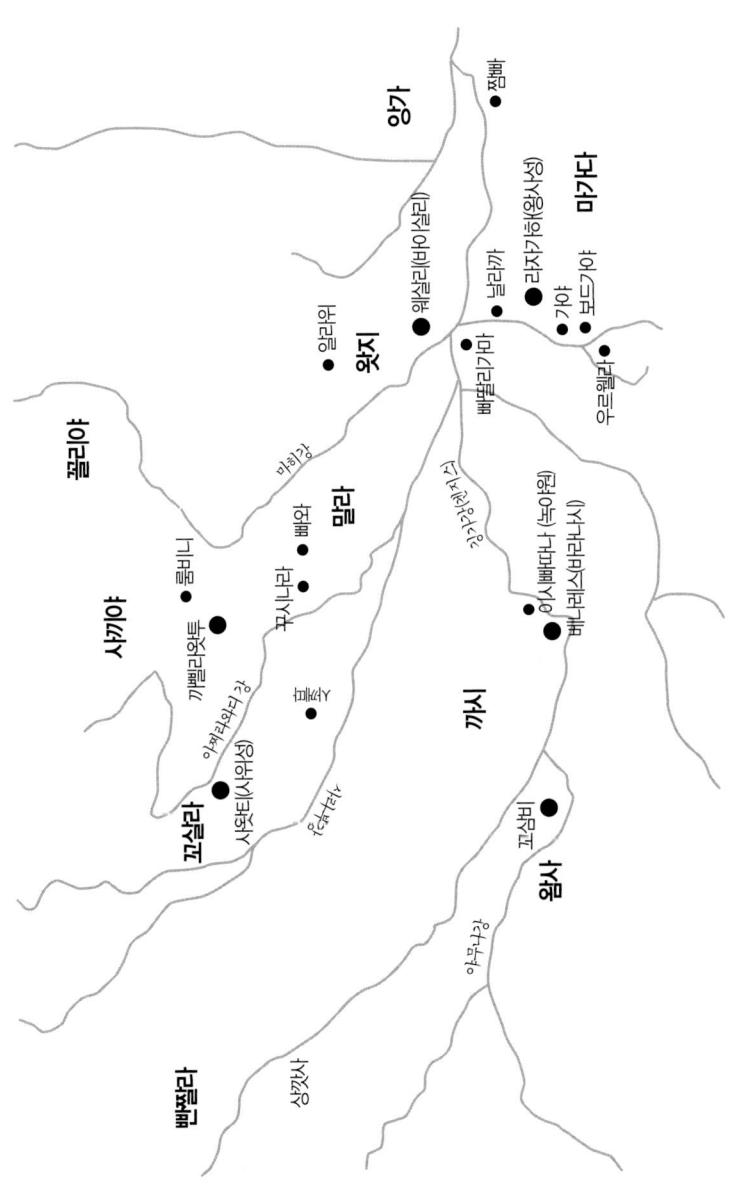

법구경 이야기 3
법구경 주석서
| Dhammapada Aṭṭakathā |

옛길

법구경 이야기 3
법구경 주석서
| Dhammapada Aṭṭakathā |

무념 · 응진 번역

옛길

그대들은 스스로 힘써 노력하라.
붓다는 다만 길을 가르쳐 줄 뿐이다.
그 길은 모든 시대의 붓다들이
지나갔던 길이며 보여주었던 오래된 옛길이다.
그 길은 바로 깨달음과 평온으로 인도해 주는
여덟 가지 고귀한 길, 팔정도이다.

나모 땃사 바가와또 아라하또 삼마삼붓닷사
Namo tassa bhagavato arahato sammāsambuddhassa

이 세상에서 가장 존귀하고 가장 가치있고 스스로 올바로 깨달음을 얻으신 부처님께 귀의합니다.

제3권 목차

약어 ·· 14
일러두기 ·· 16

제15장 행복 Sukkha Vagga

| 숫자는 게송 번호임

1. 사끼야족과 꼴리야족의 싸움 | 197, 198, 199 ································ 19
2. 부처님의 탁발을 방해한 마라 | 200 ·· 23
3. 아자따삿뚜와의 전쟁에 패한 꼬살라 국왕 | 201 ····························· 25
4. 신부의 모습에 정신 팔린 신랑 | 202 ·· 27
5. 배고픈 농부의 깨달음 | 203 ··· 28
6. 음식을 절제하지 못하는 빠세나디 왕 | 204 ··································· 31
7. 부처님을 진정 존경하는 방법 | 205 ·· 34
8. 부처님을 병수발한 삭까 천왕 | 206, 207, 208 ······························· 36

제16장 애욕 Piya Vagga

1. 함께 출가한 세 식구 | 209, 210, 211 ·· 43
2. 아들을 잃은 재가신도 | 212 ··· 47
3. 손녀를 잃은 위사카 | 213 ·· 50
4. 기생을 차지하려고 싸운 릿차위 왕자들 | 214 ······························· 52
5. 신부를 잃은 아닛티간다 꾸마라 | 215 ·· 53
6. 곡식을 추수하지 못한 바라문 | 216 ·· 57
7. 과자를 얻은 마하깟사빠 장로 | 217 ·· 60
8. 아나함과를 성취한 장로 | 218 ··· 62

9. 살아생전 천상에 자신의 궁전이 생겨난 난디야 | 219, 220 ·············· 64

제17장 분노 Kodha Vagga

1. 온몸에 발진이 생긴 캇띠야의 처녀 로히니 | 221 ·················· 69
2. 목신과 나무를 자른 비구 | 222 ···································· 75
3. 뜨거운 기름을 뒤집어쓰고도 상처를 입지 않은 웃따라 | 223 ······· 78
4. 작은 공덕으로 천상에 태어난 천신들 | 224 ······················· 90
5. 부처님을 자기 아들이라고 주장하는 바라문 부부 | 225 ··········· 92
6. 밤늦게까지 일한 여종 뿐나의 깨달음 | 226 ······················· 97
7. 누구의 법문에도 만족하지 못하는 아뚤라 | 227~230 ············ 102
8. 나무신발을 신고 돌아다니는 육군 비구 | 231~234 ············· 105

제18장 더러움 Mala Vagga

1. 소백정과 그의 아들 | 235~238 ·································· 109
2. 조금씩 공덕을 쌓아가는 바라문 | 239 ··························· 114
3. 가사에 대한 집착으로 이가 된 띳사 장로 | 240 ················· 116
4. 아는 것도 없으면서 허풍이 심한 랄루다이 | 241 ················ 119
5. 음탕한 아내를 둔 젊은이 | 242, 243 ····························· 123
6. 치료해 주고 음식을 얻는 쭐라사리 비구 | 244, 245 ············ 125
7. 자기의 계가 중요하다고 주장하는 다섯 신도 | 246~248 ········ 127
8. 허물만을 찾는 띳사 사미 | 249, 250 ···························· 129
9. 주의력 없는 다섯 명의 신도 | 251 ······························ 133
10. 신비한 능력을 가진 멘다까 장자 | 252 ························ 136
11. 남의 허물만 찾는 웃자나산니 비구 | 253 ······················ 147
12. 부처님의 마지막 제자 유행자 수밧다 | 254, 255 ·············· 148

제19장 올바름 Dhammaṭṭha Vagga

1. 타락한 판사 | 256, 257 ·· 155
2. 공양간에서 소란을 피우는 육군 비구 | 258 ··························· 157
3. 하나의 게송에 정통한 에꿋다나 장로 | 259 ···························· 158
4. 사미로 오인 받은 라꾼다까 밧디야 | 260, 261 ························ 161
5. 덕도 없으면서 사미의 시중을 받고 싶은 비구들 | 262, 263 ········ 163
6. 논쟁에서 지고 화를 이기지 못하는 핫타까 | 264, 265 ··············· 165
7. 자신도 비구라고 주장하는 이교도의 바라문 | 266, 267 ············· 167
8. 공양 축원을 가지고 시비하는 이교도들 | 268, 269 ···················· 169
9. 어부 아리야 | 270 ··· 171
10. 계를 철저히 지키며 두타행을 하는 비구들 | 271, 272 ············· 173

제20장 도(道, Magga Vagga)

1. 팔정도가 최상의 길 | 273~276 ·· 177
2. 무상 | 277 ·· 180
3. 괴로움 | 278 ··· 181
4. 무아 | 279 ·· 182
5. 게으른 빠다나깜미까 띳사 비구 | 280 ·································· 183
6. 두 비구를 이간질한 돼지 아귀 | 281 ··································· 186
7. 머리가 텅 빈 대강백 뽀틸라 | 282 ······································ 193
8. 후원자를 잃고 슬퍼하는 다섯 명의 늙은 비구 | 283, 284 ········· 197
9. 금세공사의 아들 | 285 ·· 200
10. 죽음이 오는 줄 모르고 내년을 기약하는 상인 마하다나 | 286 ·· 205
11. 겨자씨를 구하러 다니는 끼사고따미 | 287 ··························· 208
12. 가족을 잃고 미쳐버린 빠따짜라 | 288, 289 ·························· 209

제21장 기타 Pakiṇṇaka Vagga

1. 웨살리의 기근 | 290 ·· 213
2. 암탉의 알을 먹은 여인 | 291 ·· 230
3. 신발을 장식하는 데 여념이 없는 밧디야의 비구들 | 292, 293 ······ 232
4. 라꾼다까 밧디야 장로 | 294, 295 ·· 234
5. 소년과 두 야차 | 296~301 ··· 236
6. 비구가 된 왓지족 왕자 | 302 ··· 240
7. 신심이 깊은 쩟따 장자 | 303 ··· 242
8. 확고한 신심이 있는 쭐라수밧다 | 304 ······································ 243
9. 홀로있음을 즐기는 에까위하리 장로 | 305 ······························· 249

제22장 지옥 Niraya Vagga

1. 부처님을 망신시키려고 순다리를 살해한 외도들 | 306 ············ 253
2. 악행의 과보로 해골아귀가 된 비구니들 | 307 ·························· 257
3. 거짓말(妄語)로 공양을 받은 왁구무다 강변의 비구들 | 308 ········ 258
4. 남의 여인과 간통한 아나타삔디까의 조카 케마 | 309, 310 ·········· 260
5. 계율을 하찮게 여기는 비구 | 311, 312, 313 ································ 262
6. 여종의 코와 귀를 자른 질투심 많은 여자 | 314 ························ 263
7. 국경에서 돌아온 비구들 | 315 ·· 264
8. 발가벗은 니간타들의 변명 | 316, 317 ······································· 265
9. 아이들을 가르치신 부처님 | 318, 319 ······································· 267

제23장 코끼리 Nāga Vagga

1. 비방과 욕설을 묵묵히 견디신 부처님 | 320, 321, 322 ················ 271

2. 코끼리 조련사 출신 비구 | 323 ··· 274
3. 자식들에게 쫓겨나 거지 신세가 된 늙은 아버지 | 324 ··············· 276
4. 음식을 절제 못하는 빠세나디 왕 | 325 ·· 283
5. 사누 사미와 약키니 | 326 ·· 285
6. 진흙 수렁에 빠진 빠웨이야까 코끼리 | 327 ····································· 292
7. 부처님을 시봉한 빠릴레이야까 코끼리 | 328, 329, 330 ··············· 294
8. 부처님을 유혹한 마라 | 331, 332, 333 ··· 297

제24장 갈애 Taṇhā Vagga

1. 법을 쇠퇴하게 만들어 고기로 태어난 까뻴라맛차 | 334~337 ······· 301
2. 젊은 암퇘지의 윤회 | 338~343 ··· 310
3. 환속해 도둑이 된 비구 | 344 ·· 316
4. 감옥 | 345, 346 ·· 318
5. 케마 왕비의 출가 | 347 ··· 321
6. 곡예사 욱가세나 부부 | 348 ··· 325
7. 여인에게 유혹당한 쭐라다눅가하 빤디따 비구 | 349, 350 ··········· 332
8. 라훌라를 놀라게 하려 한 마라 | 351, 352 ····································· 337
9. 의심이 많은 아지와까 교단의 우빠까 | 353 ····································· 339
10. 삭까 천왕의 네 가지 질문 | 354 ··· 341
11. 자식이 없는 부자 | 355 ·· 346
12. 많은 공덕을 짓고 적은 복을 받은 안꾸라 천신 | 356~359 ········· 350

제25장 비구 Bhikkhu Vagga

1. 감각의 문을 보호하지 못한 다섯 명의 비구 | 360, 361 ·············· 355
2. 기러기를 죽인 비구 | 362 ·· 358

3. 두 상수제자를 비난한 꼬깔리까 비구 | 363 ············· 362
4. 부처님을 진정으로 존경하는 담마라마 비구 | 364 ········· 366
5. 이단자에게 가서 공양한 비구 | 365, 366 ················ 368
6. 다섯 번 첫 수확물로 공양을 올리는 빤짝가다야까 바라문 | 367 371
7. 소나 꾸띠깐나 비구와 강도였다가 출가한 비구들 | 368~376 ······ 375
8. 재스민 꽃이 떨어지기 전에 깨달은 500비구 | 377 ········· 387
9. 항상 침착하고 점잖은 산따까야 비구 | 378 ·············· 388
10. 누더기 옷을 경책으로 삼은 낭갈라꿀라 | 379, 380 ········ 390
11. 신심 제일 왁깔리 장로 | 381 ························· 393
12. 아누룻다 장로와 수마나 사미 | 382 ··················· 397

제26장 바라문 Brāhmaṇa Vagga

1. 공양을 올리는 데 기쁨을 느끼는 빠사다바훌라 바라문 | 383 ······ 417
2. 두 가지 법 | 384 ···································· 419
3. 피안彼岸 | 385 ······································ 420
4. 바라문 1 | 386 ····································· 421
5. 밤낮으로 빛나는 몸 | 387 ···························· 422
6. 비구 | 388 ··· 423
7. 분노를 제거한 성인 사리뿟따 장로 | 389, 390 ············ 424
8. 마하빠자빠띠 고따미의 출가 | 391 ····················· 427
9. 스승에 대한 존경심이 깍듯한 사리뿟따 장로 | 392 ········· 429
10. 바라문 2 | 393 ···································· 431
11. 사기꾼 바라문 | 394 ································ 432
12. 누더기를 입는 데서 제일인 끼사고따미 | 395 ············ 437
13. 바라문 3 | 396 ···································· 438
14. 곡예사 욱가세나 | 397 ······························ 439

15. 외부의 끈과 내면의 끈 | 398 ········· 440
16. 바라드와자 사형제의 출가 | 399 ········· 441
17. 사리뿟따 장로의 어머니 | 400 ········· 445
18. 겁탈 당한 웁빨라완나 장로니 | 401 ········· 447
19. 짐을 내려놓은 노예 출신 비구 | 402 ········· 448
20. 지혜 제일 케마 장로니 | 403 ········· 449
21. 석굴 속의 여신과 빱바라와시 띳사 장로 | 404 ········· 450
22. 여인 때문에 두들겨 맞은 비구 | 405 ········· 455
23. 네 명의 아라한 사미 | 406 ········· 457
24. 마하빤타까와 쭐라빤타까 | 407 ········· 461
25. 항상 거만해 보이는 삘린다왓차 | 408 ········· 462
26. 절도로 오인 받은 비구 | 409 ········· 465
27. 오해받은 사리뿟따 장로 | 410 ········· 467
28. 오해받은 마하목갈라나 장로 | 411 ········· 469
29. 선악을 초월한 레와따 사미 | 412 ········· 470
30. 배꼽 주변에서 달빛이 비추는 짠다바 장로 | 413 ········· 471
31. 모태에서 7년을 지낸 시왈리 장로 | 414 ········· 476
32. 기생에게 유혹당한 순다라사뭇다 비구 | 415 ········· 478
33. 조띠까와 자띨라 | 416 ········· 485
34. 아자따삿뚜의 공격을 받은 조띠까 | 416 ········· 509
35. 한때 광대였던 비구 1 | 417 ········· 512
36. 한때 광대였던 비구 2 | 418 ········· 513
37. 해골을 두드려 태어난 곳을 알아맞히는 왕기사 | 419, 420 ········· 514
38. 남편의 깨달음에 발심해 출가한 담마딘나 비구니 | 421 ········· 518
39. 두려움이 없는 앙굴리말라 장로 | 422 ········· 521
40. 데와히따 바라문의 질문 | 423 ········· 522

부록

부록 I 불교의 세계관 ········· 525
  1. 사악처(apāya-bhūmi) ········· 526
  2. 인간(manussa) ········· 532
  3. 욕계 천상(kāmāvacara deva) ········· 532
  4. 색계 (rūpa-roka) ········· 537
  5. 무색계(無色界, Arūpāvacara)) ········· 543

부록 II 수행주제와 수행방법 ········· 545
  A. 사마타samatha ········· 545
    1. 들어가기 ········· 547
    2. 호흡에 대한 알아차림 ········· 547
    3. 몸의 32부분상 ········· 555
    4. 10개의 까시나kasina ········· 556
    5. 4무색계 선정 ········· 562
    6. 사무량심四無量心 ········· 565
    7. 붓다에 대한 명상(佛隨念, buddhānussati) ········· 575
    8. 죽음에 대한 명상(死隨念 māraṇānussati) ········· 576
    9. 사마타 수행의 이익 ········· 577
  B. 위빳사나(통찰지, vipassanā) ········· 577

찾아보기 ········· 581
역자후기 ········· 603
참고문헌 ········· 606

약어

A.	Aṅguttara Nikāya ǀ 증지부
BPS	Buddhist Publication Society
BvA.	Buddhavaṁsa Aṭṭhakathā
D.	Dīgha Nikāya ǀ 장부
Dhp.	Dhammapada ǀ 법구경
DhpA.	Dhammapada Aṭṭhakathā ǀ 법구경 주석서
It.	Itivuttaka ǀ 여시어경
J.	Jātaka ǀ 本生譚
JA.	Jātaka Aṭṭhakathā ǀ 본생담 주석서
Khp.	Khuddakapāṭha ǀ 小誦經
KhpA.	Khuddakapāṭha Aṭṭhakathā ǀ 소송경 주석서
M.	Majjhima Nikāya ǀ 중부
Mil.	Milindapañha ǀ 밀린다 왕문경
PTS	Pāli Text Society
Pv.	Petavatthu ǀ 餓鬼事
PvA	Petavatthu Aṭṭhakathā ǀ 아귀사 주석서
S.	Saṁyutta Nikāya ǀ 상응부
Sn.	Suttanipāta ǀ 經集
SnA.	Suttanipāta Aṭṭhakathā ǀ 경집 주석서
Thag.	Theragāthā ǀ 장로게
ThagA.	Theragāthā Aṭṭhakathā ǀ 장로게 주석서
Thig.	Therīgāthā ǀ 장로니게

ThigA.	Therigāthā Aṭṭhakathā	장로니게 주석서
Ud.	Udāna	감흥어경
UdA.	Udāna Aṭṭhagāthā	감흥어경 주석서
Vin.	Vinaya Piṭaka	율장
VinMv.	Vinaya Mahā Vagga	율장 대품
VinCv.	Vinaya Cūla Vagga	율장 소품
VinPr.	Vinaya Pārājika	율장 波羅夷
VinSd.	Vinaya Saṅgadisesa	율장 僧殘
VinPc.	Vinaya Pāccitiya	율장 波逸提
VinPv.	Vinaya Parivāra	율장 部隨
Vis.	Visuddhimagga	청정도론
Vv.	Vimānavatthu	天宮事
VvA.	Vimānavutthu Aṭṭhakathā	천궁사 주석서

약어표시

1) 경장, 자따까, 우다나 등에 나오는 약어는 경의 번호를 나타낸다.
   예) S11.12 | 상윳따 니까야 제11상응 12번째 경
   A3.79 | 앙굿따라 니까야 세 가지 모음 79번째 경
   J12 | 자따까 12번째 이야기.
2) 율장은 PTS 단락번호를 따른 것이다.

일러두기

1. 본문에 나오는 자따까는 실제 주석서 본문에는 나오지 않고 자따까의 제목과 설화시만 등장한다. 자따까의 내용을 각주로 처리하면 본문과 각주를 오가야 하는 번거로움이 있다. 그래서 눈의 피로를 줄이고 가독성을 높이기 위해 자따까를 요약해 본문에 삽입했다. 원문과 구별하기 위해 자따까를 안으로 들여 쓰고 다른 글씨체를 사용했다.

2. 이와 마찬가지로 담장 밖 경 | 게송 11, 12번 이야기, 자애경 | 게송 40번 이야기, 화살경 | 게송 47번 이야기, 사자후경 | 게송 95번 이야기, 윤회의 시작은 알 수 없음 | 게송 65번 이야기, 불수념·법수념·승수념 | 게송 79번 이야기, 웰라마 경 | 게송 119, 120번 이야기, 행복경 | 게송 152번 이야기, 개미언덕경 요약 | 게송 160번 이야기, 늙음경 | 게송 225번 이야기, 보배경 | 게송 290번 이야기, 까뻴라경 | 게송 334~337번 이야기도 본문에서 경의 제목만 언급하고 있다. 이 경들도 각주로 처리하기에는 분량이 많고 독자의 눈을 편하게 하려고 짙은 글씨로 본문에 삽입했다.

3. 인명과 지명에 대한 각주는 모두 빠알리어 고유명사 사전인 DPPN (Dictionary of Pāli Proper Names, PTS, 1974)을 요약했다. 각주의 내용 중에 경전에 나오는 출처는 근거 제시를 했지만 다른 빠알리어 주석서에서 인용한 출처는 따로 언급하지 않았다. 출처를 자세히 알고자 하는 사람은 DPPN을 참고 바란다.

4. 법구경에 나오는 단어들, 예를 들어 도道, 과果, 족쇄, 번뇌, 갈애, 불방일不放逸, 마음 등과 같은 빠알리어 단어들은 우리가 흔히 알고 있는 단어가 아니고 불교적이고 아비담마적인 특별한 의미가 있다. 각주에 그 의미를 간략하게 설명했으나 더 자세히 알고자 하는 사람은 아비담마 서적을 따로 읽어보기 바란다.

제15장 행복

Sukkha Vagga

제15장 행복 Sukkha Vagga

첫 번째 이야기
사끼야족과 꼴리야족의 싸움[1]

부처님께서 로히니 강 사이에서 부처님의 종족인 사끼야족과 꼴리야족의 싸움을 화해시키고 게송 197, 198, 199번을 설하셨다.

사끼야족의 까삘라왓투 성과 꼴리야족의 꼴리야 성 사이에 로히니 강물이 흐르고 있었다. 두 부족은 강물을 가로지르는 댐 하나에서 양쪽으로 물을 끌어들여 농사를 지었다. 젯타월(음력 5월)이 되어 곡식이 고개를 숙일 때쯤 물이 부족해 벼가 시들어가자 양쪽 도시의 농부들 사이에 다툼이 일어났다. 꼴리야의 농부들이 말했다.

"강물을 양쪽에서 끌어대면 너희들도 물이 부족하고 우리도 물이 부족하게 된다. 우리 논의 곡식은 물을 한 번만 풍족하게 공급하면 잘 자라 많은 수확을 얻을 것이다. 그러니 우리가 물을 가져가야 한다."

사끼야족들이 대답했다.

"너희들의 창고에 곡식이 가득 차면 우리는 황금과 보석과 돈을 싸 들고 한 손에는 양동이와 포대를 들고 곡식을 좀 팔라고 사정하라는 말이냐? 우리들 논도 한 번만 풍족하게 물을 공급하면 벼가 잘 익을 것이다. 그러니 우리가 물을 가져가야 한다."

"우리는 너희들에게 물을 줄 수 없다."

"우리도 너희들에게 물을 줄 수 없다."

말다툼은 점점 거칠어졌고 결국 한쪽 사람이 흥분해서 다른 쪽 사람에게 주먹을 한 방 날렸다. 다른 쪽 사람도 격분해서 되받아쳤다. 서로 치고받는

---

1) 이 이야기는 꾼날라 자따까(Kuṇāla Jātaka, J536) 서문에서 유래한다.

것이 계속되자 이제 양쪽이 종족의 기원까지 들추어가며 욕을 퍼부어댔고, 어느새 싸움은 걷잡을 수 없이 커졌다.

꼴리야의 농부들이 말했다.

"까삘라왓투에 사는 녀석들은 아이들을 데리고 너희들 땅으로 돌아가라! 개나 자칼과 같은 짐승들처럼 자기 누이동생과 결혼해 사는 녀석들아!2) 그런 형편없는 녀석들이 코끼리와 말과 창과 방패를 들고 공격한다고 우리가 당할 것 같은가?"

사끼야의 농부들이 말했다.

"이 문둥이 자식들아! 너희들이 아이들을 데리고 너희들 땅으로 돌아가라! 속이 빈 왕대추 나무속에서 짐승처럼 살았던 거지 같은 천민들아!3) 이런 형편없는 녀석들이 코끼리와 말과 창과 방패를 들고 공격해 온다고 우리가 당할 것 같은가?"

양쪽의 농부들은 돌아가서 이 일을 맡은 대신들에게 말했고 대신들은 왕들에게 보고했다. 사끼야족들은 즉시 무장하고 전투태세를 갖추고 달려나아가며 외쳤다.

---

2) 사끼야 족(Sakyā, Sakka, Sākiyā)의 기원: 먼 옛날에 옥까까Okkāka 왕과 첫 번째 왕비와의 사이에서 네 왕자와 다섯 공주가 태어났다. 첫 번째 왕비가 죽자 왕은 새 왕비를 맞아 잔뚜Jantu라는 왕자를 낳았다. 왕은 잔뚜에게 왕위를 물려주고자 이전의 왕비에게서 난 왕자들을 추방했다. 추방당한 왕자들과 공주들은 까삘라왓투에 도착해 종족의 혈통을 보존하려고 자신의 누이들과 근친결혼해서 도시를 건설했다고 한다.
3) 꼴리야 족(Koliyā, Koḷiyā)의 기원: 옛날에 베나레스의 왕 라마Rāma가 문둥병에 걸려 왕비들이 자신을 싫어하자 왕위를 아들에게 물려주고 숲으로 들어갔다. 그는 숲속에서 속이 빈 왕대추(Koli) 나무속에서 짐승처럼 살며 나뭇잎과 과일을 따 먹고 지내다 병이 나았다. 추방당한 사끼야족의 다섯 공주 중 맏이도 문둥병에 걸렸다. 왕대추 나무속에 살고 있는 왕은 그녀의 문둥병을 치료해 주고 그녀와 결혼해서 숲을 개발해 도시를 만들고 살았다. 그 후로 사끼야족과 꼴리야족은 상대방의 누이와 결혼했기 때문에 양쪽 종족은 한 핏줄이나 다름없다.

"누이들과 결혼해서 사는 사람들이 얼마나 강한 힘을 가졌는지 보여주자!"

꼴리야족들도 즉시 무장하고 전투태세를 갖추고 달려나가며 외쳤다.

"왕대추 나무속에서 살았던 사람들이 얼마나 강한 힘을 가졌는지 보여주자!"

부처님께서 새벽에 세상을 살피시다가 두 부족이 전쟁 준비를 하는 것을 보고 생각하셨다.

'내가 가지 않으면 이 두 부족은 공멸하고 말 것이다. 그들을 화해시키는 것은 내가 해야 할 일이다.'

부처님께서는 공중으로 날아가서 두 부족이 전쟁하려고 대치 중인 로히니 강 한가운데 공중에서 결가부좌를 하고 앉았다. 부처님의 두 친족은 부처님을 뵙자 모두 무기를 내려놓고 삼배를 올렸다. 부처님께서 두 종족을 바라보며 물으셨다.

"대왕들이여, 도대체 무슨 일로 싸우려고 하는가?"

"부처님이시여, 우리는 모르는 일입니다."

"그러면 누가 아는가?"

"총사령관이 아마 알 것입니다."

총사령관이 대답했다.

"저희도 모릅니다. 부왕이 아마 알 것입니다."

부처님의 질문이 계속 아래로 내려가서 마지막에 농부들에게 묻자 농부들이 대답했다.

"부처님이시여, 물 때문에 싸움이 일어난 것입니다."

부처님이 왕에게 물으셨다.

"대왕들이여, 물의 값어치는 얼마나 됩니까?"

"얼마 되지 않습니다."

"대왕들이여, 그러면 캇띠야(무사)들의 생명은 얼마나 나갑니까?"

"캇띠야들의 생명은 값을 매길 수 없습니다."

"그깟 물 때문에 값을 매길 수 없는 캇띠야들의 생명을 죽이는 것이 옳은 일입니까, 아닙니까?"

대답이 없자 부처님께서 계속 말씀하셨다.

"대왕들이여, 그러면 왜 싸우려고 합니까? 내가 오늘 여기 오지 않았으면 이 강은 핏물이 홍수처럼 흘렀을 것입니다. 그대들은 왜 가장 저열한 방법으로 문제를 해결하려고 합니까? 당신들은 다섯 가지 미움 속에서 살고 나는 미움에서 해탈해 살아갑니다. 당신들은 나쁜 욕망의 병에 걸려 살아가고 나는 그런 병에서 해탈해 살아갑니다. 당신들은 다섯 가지 감각적 즐거움을 추구하며 살아가고 나는 그런 추구에서 해탈해 살아갑니다."

부처님께서는 이렇게 말씀하시고 게송을 읊으셨다.

아, 우리 행복하게 살아가세!
원한 많은 사람들 속에서 원한 없이
미워하는 사람들 속에서 미움 없이
우리 진정 행복하게 살아가세.(197)

아, 우리 행복하게 살아가세!
병든 사람들 속에서 건강하게
아파하는 사람들 속에서 아픔 없이
우리 진정 행복하게 살아가세.(198)

아, 우리 행복하게 살아가세!
쾌락을 쫓는 사람들 속에서 쾌락을 쫓지 말고
갈망하는 사람들 속에서 갈망 없이
우리 진정 행복하게 살아가세.(199)

두 번째 이야기
부처님의 탁발을 방해한 마라[4]

부처님께서 빤짜살라[5] 바라문 마을에 계실 때 마라와 관련해서 게송 200번을 설하셨다.

어느 날 부처님께서 500명의 소녀가 수다원과를 성취할 인연이 무르익었다는 것을 아시고 소녀들이 사는 마을 근처로 가서 머무르셨다. 이때 축제가 열려 마을 소녀들은 강으로 가서 목욕하고 때때옷을 입고 보석으로 치장하고서 마을로 돌아오고 있었다. 부처님께서는 마을로 들어가서 돌아다니며 탁발하셨다. 이때 마라가 마을 주민들의 마음을 사로잡아 부처님으로 하여금 한 숟가락의 밥도 얻지 못하게 했다. 부처님께서 텅 빈 발우를 들고 마을에서 나올 때 마라가 마을 입구에 서서 부처님께 말했다.

"사문이여, 음식을 얻었습니까?"

"악마의 화신이여, 그대가 음식을 얻지 못하도록 하지 않았는가?"

"좋습니다, 부처님, 다시 한번 마을로 들어가십시오."

마라의 마음속에는 부처님을 골탕 먹일 생각들로 가득했다.

'그가 마을로 다시 들어가면 마을 사람들의 마음을 사로잡아서 손뼉을 치고 깔깔거리며 웃고 온갖 조롱을 퍼붓도록 해야겠다.'

그 순간 소녀들이 마을 입구에 도착해서 부처님을 보고 삼배를 올리고 공손히 한쪽에 섰다. 이때 마라가 부처님을 조롱하려고 말했다.

"사문이여, 오늘은 한 숟가락의 밥도 못 얻어먹어 배가 무척 고프시겠습니다."

"악마의 화신이여, 오늘 음식을 전혀 얻지 못했지만, 마치 광음천[6]의 신

---

4) 이 이야기는 탁발 경(Piṇḍa Sutta, S4.18)에서 유래한다.
5) 빤짜살라Pañcasāla: 마가다Magadha의 바라문 마을로 이곳에서 탁발경 (Piṇḍa sutta, S4.18)이 설해졌다.
6) 광음천光音天(Ābhassara): 색계 2선천으로 이선정을 얻은 사람들이 태어나

들처럼 삼매의 희열 속에서 하루를 보낸다."
　부처님께서는 이렇게 말씀하시고 게송을 읊으셨다.

**근심 걱정이 전혀 없으니
우리 진정 행복하게 살아가네.
광음천의 신들처럼
우리는 희열을 먹고 살아가네.(200)**

　이 게송 끝에 500명의 소녀는 수다원과를 성취했다.

　는 하늘이다. 색계 천인들은 음식을 먹고 사는 것이 아니고 선정의 기쁨을 음식으로 삼아 살아간다. 특히 이선정에서는 희열의 요소가 강한 선정이기 때문에 이선천의 사람들은 희열을 먹고 산다고 한다. 이선천은 소광천, 무량광천, 광음천이라는 세계의 하늘이 있으나 여기서는 광음천을 대표로 언급하고 있다. 자세한 것은 부록 I 불교의 세계관 참조.

세 번째 이야기
아자따삿뚜와의 전쟁에 패한 꼬살라 국왕

부처님께서 제따와나에 계실 때 꼬살라의 왕이 전쟁에 패하고 돌아온 것과 관련해서 게송 201번을 설하셨다.

꼬살라 국왕 빠세나디는 까시까 마을[7] 근처에서 벌어진 자신의 조카인 마가다국 아자따삿뚜 왕과의 전쟁에서 내리 세 번이나 패배를 당하고 영토를 빼앗겼다. 그는 패전의 분노를 안고 돌아와 생각했다.

'그 젖비린내 나는 놈도 하나 이기지 못하는데 더 살아서 뭐하나?'

그는 식음을 전폐하고 드러누웠다. 그가 전쟁에서 패하고 돌아와 식음을 전폐하고 누워 있다는 소식이 온 도시와 사원까지 전해졌다. 비구들이 이 소식을 부처님께 말씀드렸다.

"부처님이시여, 왕이 까시까 마을 근처에서 세 번이나 전쟁에서 패하고 돌아와 '젖비린내 나는 놈도 하나 이기지 못하는데 더 살아서 뭐하나.'라고 말하면서 식음을 전폐하고 누워 있다고 합니다."

부처님께서 이 말을 듣고 말씀하셨다.

"비구들이여, 승리한 자는 증오가 뒤따르고 패배한 자는 고통이 뒤따른다."

---

7) 까시까 마을(Kāsigāma, 또는 kāsinigama): 꼬살라국의 마하꼬살라 Mahākosala 왕이 자신의 딸 꼬살라데위Kosaladevī를 마가다국의 빔비사라 왕과 결혼시키면서 결혼 지참금으로 준 마을이다. 꼬살라데위는 아들 아자따삿뚜를 낳았으나 아들은 아버지 빔비사라 왕을 살해하고 왕위에 올랐다. 꼬살라데위는 남편을 잃은 충격으로 죽었다. 마하꼬살라의 뒤를 이은 빠세나디 왕은 누이의 죽음을 복수하려고 까시까 마을을 다시 빼앗아버렸다. 이에 아자따삿뚜는 이 마을을 찾기 위해 전쟁을 일으켰다. 빠세나디는 몇 번의 패배 끝에 결국 아자따삿뚜와의 전쟁에서 승리하고 그를 사로잡았으나 조카를 차마 죽일 수 없어서 자신의 딸 와지라Vajirā와 결혼시키고 까시까 마을을 다시 돌려주었다.

부처님께서는 이렇게 말씀하시고 게송을 읊으셨다.

승리자는 증오를 낳고
패배자는 괴로움 속에 살아가네.
평화로운 자[8]는
이기고 지는 다툼을 버리고
행복하게 살아가네.(201)

---

8) 평화로운 자(upasanto): 번뇌(오염원)의 불을 모두 꺼버려 열반적정涅槃寂靜에 도달한 성인이다.

네 번째 이야기
신부의 모습에 정신 팔린 신랑

부처님께서 제따와나에 계실 때 귀족 가문의 한 처녀와 관련해서 게송 202번을 설하셨다.

처녀의 어머니와 아버지는 딸의 결혼식을 준비하고 결혼식 날에 부처님을 초청했다. 부처님께서는 비구들을 데리고 결혼식이 열리는 집으로 가서 자리에 앉았다. 신부는 여기저기 다니면서 스님들에게 물을 따라 드리는 등 시중들었다. 신랑은 그런 모습을 황홀한 눈길로 바라보았다. 신부의 황홀한 모습에 그의 마음에서 욕정이 솟구쳤다. 그는 신부에게 온통 정신이 팔려 부처님에게도, 80명의 대장로에게도 시중들지 않고, 이렇게 생각하고 있었다.

'그녀를 껴안아야겠다.'

부처님께서는 신랑의 마음속에 흐르는 생각을 읽고 신통으로 그가 신부를 보지 못하게 만들었다. 신랑은 갑자기 신부가 보이지 않자 고개를 돌려 부처님을 바라보았다. 이때 부처님께서 그에게 말씀하셨다.

"젊은이여, 욕정보다 더한 불길은 없고, 미움보다 더한 죄는 없다. 몸과 마음의 모임(五蘊)을 유지하는 것보다 더한 고통은 없고, 열반보다 더한 행복은 없다."

부처님께서는 이렇게 말씀하시고 게송 202번을 설하셨다.

**욕망보다 더 큰 불길은 없고
미움보다 더 큰 허물은 없다.
오온보다 더한 괴로움은 없고
열반보다 더한 행복은 없다.** (202)

이 게송 끝에 신랑과 신부는 수다원과를 성취했다. 이때서야 부처님께서는 둘을 다시 볼 수 있게 해 주었다.

다섯 번째 이야기
배고픈 농부의 깨달음

부처님께서 알라위에 계실 때 한 농부와 관련해서 게송 203번을 설하셨다.

부처님께서 제따와나의 간다꾸띠에 계실 때 새벽에 세상을 살피시다가 알라위의 한 가난한 농부를 보았다. 부처님께서는 그가 수다원과를 성취할 인연이 무르익었다는 것을 알고 500명의 비구를 데리고 알라위로 가셨다. 알라위 주민들은 곧 부처님과 비구들을 초청했다. 가난한 농부는 부처님께서 오셨다는 말을 듣고 가서 법문을 들어야겠다고 마음먹었다. 하지만 바로 그때 소가 간밤에 고삐를 풀고 집을 나간 것을 알고 고민에 빠졌다.
'소를 찾으러 가야 하나, 아니면 법문을 들으러 가야 하나?'
그는 먼저 소를 찾고 나중에 법문을 들으러 가야겠다고 생각하고 아침 일찍 소를 찾으러 나섰다.

알라위의 주민들은 부처님과 비구들에게 자리를 제공하고 공양을 올렸다. 공양을 마치자 주민들은 법문을 듣기 위해 부처님의 발우를 받아들였다. 이때 부처님께서 말씀하셨다.
"나는 어떤 농부를 위해서 30요자나를 걸어왔다. 하지만 그는 잃어버린 소를 찾으러 숲으로 들어갔다. 그가 돌아오면 법문을 시작하겠다."
그리고 부처님께서는 침묵하셨다.

한낮이 지나서 가난한 농부는 소를 찾아 소 떼에 몰아넣었다.
'이제 따로 할 일이 없으니 부처님께 참배하러 가야겠다.'
그는 때가 지나도록 밥을 먹지 못해서 지독히 배가 고팠지만, 집으로 가지 않고 부처님께 곧장 가서 삼배를 올리고 공손하게 한쪽에 앉았다. 가난한 사람이 와서 부처님 앞에 앉자 부처님께서는 공양 책임자에게 물었다.
"비구들에게 올리고 남은 음식이 있는가?"

"부처님이시여, 전혀 손도 대지 않은 음식이 있습니다."
"그러면 이 가난한 농부에게 음식을 가져다주어라."
공양 책임자가 부처님이 지시한 곳에 자리를 마련하고 우유죽과 음식들을 가져다주었다. 가난한 농부가 식사를 마치고 입을 헹구었다.

삼장에 부처님께서 음식이 남아 있는지 물었다는 기록은 여기의 경우 외에는 없다고 한다.

가난한 농부는 배고픔의 괴로움이 사라지자 마음이 고요해졌다. 부처님께서는 차제설법을 하시고 마지막에 네 가지 성스러운 진리(四聖諦)를 설하셨다. 이 법문 끝에 가난한 농부는 수다원과를 성취했다. 부처님께서는 축원하시고 자리에서 일어나 떠나가셨다.

비구들은 부처님을 따라가면서 투덜거렸다.
"스님들이여, 부처님께서 하신 말씀을 좀 생각해 보십시오. 전에는 한 번도 이런 일이 없었습니다. 그런데 오늘 가난한 농부를 보고 부처님께서는 음식이 남았는지 물어보시고 음식을 가져다주라고 말씀하셨습니다."
부처님께서 몸을 돌리고 멈추어 서서 물으셨다.
"비구들이여, 무슨 말을 하는가?"
부처님께서는 비구들의 대답을 듣고 말씀하셨다.
"그렇다, 비구들이여. 내가 30요자나의 멀고 힘든 길을 걸어 여기에 온 것은 순전히 이 신도가 수다원과를 성취할 인연이 무르익었다는 것을 알았기 때문이다. 그는 이른 아침에 숲으로 들어가 배고픔을 참고 잃어버린 소를 찾아 돌아다녔다. 그래서 나는 '배고픔의 고통을 겪고 있는 사람에 법문하면 법문을 이해하지 못할 것이다.'라고 생각해서 음식을 가져다주라고 말한 것이다. 비구들이여, 이 세상에 배고픔의 고통보다 더한 고통은 없다."
부처님께서는 이렇게 말씀하시고 게송을 읊으셨다.

배고픔이 가장 큰 병이요.9)
상카라10)가 가장 큰 괴로움이네.
이것을 있는 그대로 알면11)
열반을 성취할 수 있나니
열반은 으뜸가는 행복일세.(203)

---

9) 배고픔이 가장 큰 병: 병이 생기면 약을 먹으면 낫지만 배고픔은 밥을 먹지 않으면 항상 일어나며 평생 계속되는 것이기 때문에 가장 큰 병이다.
10) 상카라saṅkhāra(行): 상카라(행)라는 단어는 오온에서도 나타나고 12연기에서도 나타나고 제행무상諸行無常과 같은 문장에서도 나타난다. 상카라는 이렇게 다양하게 사용되며 각각의 경우마다 의미가 다르다. 위의 게송에서는 오온(물질, 느낌, 인식, 상카라, 식) 중의 하나인 상카라(行蘊)를 말한다. 오온에서의 상카라는 느낌과 인식을 제외한 나머지 50가지 마음부수를 말한다. 상카라에는 착하고 악한 모든 심리현상이 모두 포함된다. 위 게송에서는 오온 중에서 상카라 하나만을 언급하고 있으나 주석에서는 오온을 모두 말한다고 설명하고 있다. 경전에서 괴로움의 진리(苦聖諦)를 설명할 때 오온이 곧 괴로움(五陰聖苦)이라고 설명하고 있다. 이때의 오온은 집착과 함께하는 오취온五取蘊을 말한다.
11) 있는 그대로 알다(yathā bhutaṁ ñatvā): 여실지견如實知見을 말한다. 형상(소리, 냄새, 맛, 감촉, 법)들이 무상하고 괴롭고 실체가 없는 것이라고 있는 그대로 바른 통찰지(반야)로 보면 형상에 마음이 동요하지 않는다. 마음이 동요하지 않으면 평온이 일어난다. 느낌, 갈애, 집착이 일어나는 것을 있는 그대로 관찰하고, 사라지면 사라지는 것을 있는 그대로 관찰한다. 관찰하면 일어나고 사라지는 것에 동요하지 않는다. 동요하지 않으면 평온이 일어난다. 탐욕, 성냄, 어리석은 생각이 일어나면 있는 그대로 관찰하고, 사라지면 사라지는 것을 있는 그대로 관찰한다. 있는 그대로 관찰하면 마음이 동요하지 않는다. 동요하지 않으면 평온이 일어난다. 평온이 계속되면 마음은 열반으로 향한다.

여섯 번째 이야기
음식을 절제하지 못하는 빠세나디 왕[12]

부처님께서 제따와나에 계실 때 빠세나디 꼬살라 국왕과 관련해서 게송 204번을 설하셨다.

그 당시 빠세나디 꼬살라 국왕은 한 양푼의 밥과 반찬을 욕심껏 먹어댔다. 어느 날 그는 아침 식사를 마친 뒤 부처님을 뵈러 갔지만 과식에서 오는 식곤증을 떨쳐버리지 못하고 부처님 앞에서 아주 피곤한 기색으로 몸을 가누지 못해 비틀거렸다. 그는 바닥에 팔다리를 쭉 뻗고 누워 자고 싶었지만, 부처님 앞이라 감히 그러지 못하고 삼배를 올리고 한쪽에 앉았다. 부처님께서는 그것을 보고 말씀하셨다.
"대왕이여, 몸이 피곤해 보이는데 편히 쉬지 않고 오셨습니까?"
"아닙니다, 부처님. 저는 식사하고 나면 항상 괴로움에 시달립니다."
"대왕이여, 과식은 괴로움을 초래합니다."
부처님께서는 이렇게 말씀하시고 게송을 읊으셨다.

멍청하게 먹기만 하는 집돼지처럼
이리저리 뒹굴며 자는 어리석은 자는
계속해서 자궁에 들어감을 면치 못하리라.(325)

부처님께서는 게송으로 왕을 훈계하고 나서 말씀을 계속하셨다.
"대왕이여, 음식을 절제해야 합니다. 음식을 절제하면 몸이 편안합니다."
부처님께서는 이어서 게송을 읊으셨다.

언제나 마음을 챙겨서 음식을 절제하면

---
[12] 이 이야기는 상윳따 니까야 됫박 분량 경(S3.13)에서 유래한다.

괴로움이 적어지고 목숨을 보존해 천천히 늙어간다.

부처님께서는 왕이 이 게송을 외울 수 없다는 것을 알고 곁에 서 있는 왕의 조카 수닷사나 왕자에게 말씀하셨다.
"이 게송을 외우도록 해라."
수닷사나가 부처님께 여쭈었다.
"부처님이시여, 제가 게송을 외워서 무슨 쓸모가 있습니까?"
"왕이 식사할 때 마지막 한 덩어리를 먹으려고 하면 이 게송을 낭송해라. 그러면 왕은 게송의 의미를 이해하고 마지막 덩어리를 즉시 던져버릴 것이다. 그리고 그다음 왕의 식사를 준비할 때 그만큼의 분량을 빼고 밥을 지어야 한다."
"잘 알겠습니다, 부처님."
수닷사나는 대답하고 돌아가 아침과 저녁으로 왕이 식사할 때 곁에 서 있다가 왕이 마지막 덩어리를 먹으려고 할 때 이 게송을 낭송했다. 그리고 다음번 식사를 준비할 때 왕이 먹지 않은 그 덩어리 분량의 쌀을 빼고 밥을 짓도록 했다. 왕은 이 게송을 들을 때마다 천 냥어치의 음식을 장만해 스님들에게 올렸다. 왕은 결국 한 끼에 한 공기의 밥으로 만족하게 됐고 그 양을 초과하지 않아 몸이 가뿐하고 가벼워졌다.

어느 날 왕은 부처님께 가서 삼배를 드리고 말씀드렸다.
"부처님이시여, 저는 이제 아주 행복합니다. 저는 한때 야생 동물이나 말을 쫓아가서 따라잡을 수 있었습니다. 저는 제 조카 아자따삿뚜 왕과 매일 전쟁을 해야 했습니다. 그러나 최근에 제 딸 와지라 공주를 조카와 결혼시켰습니다. 그리고 딸에게 결혼지참금으로 마을도 하나 주었습니다. 이제 조카와의 전쟁이 끝나서 행복합니다. 저는 부처님의 제자들과 좋은 관계를 유지하려고 부처님의 종족의 딸을 아내로 맞이했습니다. 그래서 저는 행복합니다."13)
"대왕이여, 건강이 가장 큰 이익입니다. 어떤 것을 받더라도 만족하는 것이 가장 큰 재산입니다. 신뢰가 가장 가까운 친척입니다. 그러나 열반에 견줄 만한 행복은 없습니다."

부처님께서 이렇게 말씀하시고 게송을 읊으셨다.

건강이 으뜸가는 이익이요,
만족이 으뜸가는 재산이네.
신뢰가 으뜸가는 친척이요,
열반이 으뜸가는 행복이네.(204)

---

13) 자세한 이야기는 게송 47번 이야기에 나온다.

일곱 번째 이야기
부처님을 진정 존경하는 방법

부처님께서 사왓티에 계실 때 띳사 장로와 관련해서 게송 205번을 설하셨다.

부처님께서 이렇게 선언하셨다.
"앞으로 4개월 후 나는 대열반에 들 것이다."
그러자 아직 수다원과를 얻지 못한 700명의 비구는 충격을 받고 흘러내리는 눈물을 참을 수 없었다. 하지만 아라한과를 성취한 비구들은 흔들림 없이 평온을 유지했다. 비구들은 삼삼오오 모여 서로에게 조언을 구하고 의견을 들었다.
"우리는 이제 어떻게 해야 합니까?"

띳사 장로는 이렇게 생각했다.
'부처님께서는 4개월 후 대열반에 드신다고 말하는데 나는 아직 나쁜 욕망으로부터 벗어나지 못했다. 그러니 부처님이 살아계실 때 분투노력해서 반드시 아라한과를 성취해야겠다.'
장로는 가거나 머물거나 앉거나 눕거나 어떤 자세에서도 알아차리고 다른 비구들과 어울리지도 않고 말도 하지 않고 홀로 머물며 열심히 정진했다. 그러자 비구들이 그에게 말했다.
"스님은 왜 우리들과 이야기도 하지 않고 피하는 겁니까?"
띳사는 비구들이 무슨 말을 하거나 신경을 쓰지 않았다.

비구들이 부처님께 가서 이 일을 말씀드렸다.
"부처님이시여, 띳사 장로는 부처님에 대한 존경심이 없습니다."
부처님께서 띳사를 불러오게 했다.
"띳사여, 그대는 왜 그렇게 행동하는가?"
띳사 장로가 왜 그렇게 행동했는지 말씀드리자 부처님께서 그의 올바른 마음가짐을 극구 칭찬하며 말씀하셨다.
"사두!(참 잘했다!) 사두! 사두!"
부처님께서는 비구들을 바라보며 말씀하셨다.
"비구들이여, 띳사처럼 행하는 사람이 나를 진실로 존경하는 사람이다. 꽃과 향을 올리며 존경을 표하는 사람은 나를 진실로 존경하는 사람이 아니다. 높고 낮은 법을 얻기 위해 열심히 수행하는 사람이 나를 진실로 존경하는 사람이다."
부처님께서는 이렇게 말씀하시고 게송을 읊으셨다.

> 벗어남(遠離)의 맛을 알고
> 내려놓음의 맛을 아는 이는
> 근심과 악행에서 벗어나
> 진리의 기쁨을 만끽한다.(205)

여덟 번째 이야기
부처님을 병수발한 삭까 천왕

부처님께서 벨루와 마을14)에 계실 때 삭까 천왕과 관련해서 게송 206, 207, 208번을 설하셨다.

부처님께서 생명의 상카라가 끝나갈 때 극심한 이질에 시달렸다. 삭까 천왕이 이 사실을 알고 생각했다.

'부처님께 가서 병수발을 드는 것이 내가 해야 할 일이다.'

천왕은 커다란 자신의 몸은 돌보지 않고 부처님께 다가가 삼배를 올리고 손수 부처님의 발을 문질러드렸다. 부처님께서 발의 감촉을 느끼고 물으셨다.

"거기 누구시오?"

"저는 삭까입니다, 부처님."

"여기에 왜 오셨소?"

"부처님을 병수발하려고 왔습니다."

---

14) 벨루와 마을Beluvagāma: 웨살리 남쪽 성문 밖에 있는 조그마한 마을로 부처님께서 79세 되던 해 대열반에 들기 10개월 전 도착해 마지막 안거를 나신 곳이다.(SA.iii.198) 마을이 너무나 작아 부처님은 이 마을에서 안거를 나시고 비구들은 웨살리에서 안거를 보냈다. 부처님께서는 여기서 심한 병에 걸려 극심한 고통을 겪으셨으나 '내가 신도들이나 비구들에게 아무 말도 하지 않고 대열반에 드는 것은 옳지 않다.'고 생각하시고 과삼매(아라한과의 마음을 유지하고 있는 상태)에 들어 병을 물리치셨다. 아난다 장로가 '부처님께서 아무런 유훈도 없이 대열반에 들까 봐 불안했었다.'라고 말씀드리자 불교가 다른 종교와 구별되는 그 유명한 문장인 자귀의 법귀의自歸依 法歸依를 설하셨다. 법귀의 자귀의의 내용은 이렇다. "자신을 섬으로 하고 자신을 귀의처로 삼고, 남을 귀의처로 삼지 마라. 법을 섬으로 하고 법을 귀의처로 삼고, 다른 것을 귀의처로 삼지 마라. 어떤 것이 자귀의 법귀의인가? 그것은 사념처四念處를 수행하며 모든 오염원을 분명하게 알아차리고 마음챙기며 머무는 것이다."(대반열반경, D16)

"삭까 천왕이여, 인간은 신들에게 100요자나 밖에서도 목구멍에 걸린 썩은 고기처럼 지독한 냄새를 풍깁니다. 그러니 병수발은 그만두고 돌아가시오. 병수발을 들 시자가 따로 있습니다."

"부처님이시여, 저는 8만4천 요자나 밖에서도 부처님의 덕의 향기를 맡았기 때문에 여기에 온 것입니다. 저 혼자서 부처님의 병수발을 들겠습니다."

삭까 천왕은 부처님의 변기통에 다른 사람은 손도 대지 못하게 하고 직접 밖으로 가지고 나가 비우고 깨끗이 씻어서 다시 가져오곤 했다. 천왕은 변기통을 옮기면서도 마치 향수 가득한 그릇을 옮기는 것처럼 눈살 하나 찌푸리지 않았다. 삭까 천왕은 부처님의 몸이 편안해진 후에야 돌아갔다.

비구들이 이 일을 가지고 이야기를 나누었다.

"오, 부처님에 대한 삭까 천왕의 존경심은 정말 대단하구나! 천왕이 하늘의 영광을 제쳐두고 부처님의 병수발을 들다니! 부처님의 변기통을 옮기면서도 마치 향수 가득한 그릇을 옮기는 것처럼 눈살 하나 찌푸리지 않다니!"

이 말을 듣고 부처님께서 말씀하셨다.

"비구들이여, 무슨 말을 하고 있는가? 삭까 천왕이 내게 그렇게 존경하는 마음을 가지고 있다는 것은 이상한 일이 아니다. 나는 그가 수다원과를 얻게 하고 늙은 삭까의 몸을 버리고 젊은 삭까의 몸으로 다시 태어나게 했기 때문이다. 한때 내가 인다살라 동굴15)에 앉아 있을 때 삭까 천왕이 죽음에 대한 두려움에 휩싸여 하늘의 음악가 빤짜시카의 인도를 받아 천신들을

---

15) 인다살라 동굴Indasālaguhā: 웨디야Vediya 산에 있는 두 개의 바위 사이에 있는 동굴로 입구에 살라나무가 있었다. 마을 사람들이 벽을 만들고 창문과 문을 달고 회벽을 바르고 나서 부처님께 드렸다. 현재 인도 비하르 주의 기리엑Giriyek 마을에서 남서쪽으로 2마일 정도의 거리에 있는 동굴이다. 현장 스님이 방문했을 때는 폐허가 돼 있었으며 바위에 삭까왕문경이 새겨져 있었다고 한다.

데리고 내게로 왔다. 그때 나는 그의 괴로움을 제거해 주었다."16)

와사와(삭까의 다른 이름)여!
그대가 의심나는 것이 있으면 무엇이든지 물어보라.
나는 어떠한 질문이든지 대답해 주겠다.

"나는 그의 괴로움을 제거해 주고 법문을 해 주었다. 이 법문 끝에 많은 천신이 법에 대한 이해를 얻었다. 삭까 천왕은 수다원과를 얻고 젊은 삭까로 다시 태어났다. 이렇게 나는 그에게 커다란 도움을 주었다. 그러니 그가 내게 깊은 존경심을 가지고 있는 것은 전혀 이상하지 않다. 비구들이여, 성인을 시중드는 것은 아주 즐거운 일이다. 성인과 함께 사는 것은 더욱 즐거운 일이다. 하지만 어리석은 자와 함께 사는 것은 고통을 초래한다."
부처님께서는 이렇게 말씀하시고 게송을 읊으셨다.

**성인을 보는 것은 좋은 일이며
함께 지내는 것은 행복한 일이네.
어리석은 자를 보지 않음 또한 큰 즐거움이네.(206)**

어리석은 자와 함께 하는 이는

---

16) 디가 니까야 삭까왕문경(Sakkapañha Sutta, D21)에 나오는 이야기이다. 삭까 천왕은 천상에서의 자신의 수명이 얼마 남지 않았다는 죽음의 전조(Pubba-nimitta)를 보았다. 죽음의 전조는 다섯 가지이다. ① 머리의 화환이 시들어가고 ② 옷이 더러워지고 ③ 몸에서 좋지 않은 냄새가 나고 ④ 겨드랑이에서 땀이 나고 ⑤ 천상의 화려한 삶이 즐겁지가 않다. 그는 두려움에 휩싸여 부처님께 도움을 청하러 지상으로 내려갔다. 이때 부처님께서 웨디야기리Vediyagiri에 있는 인다살라 동굴Indasālaguhā에 계셨다. 부처님께서는 삭까왕문경을 설하셨고 천왕은 이 경을 듣고 수다원과를 성취했으며 그 자리에서 죽어 즉시 젊은 삭까로 다시 화생化生했다. 천왕이 죽어서 다시 태어난 사실은 부처님과 본인밖에 몰랐다.

오랫동안 슬프고
원수를 만난 듯 괴롭다네.
지혜로운 이와 함께하는 것은
친척을 만난 듯 행복하네.(207)

그러므로
현명하고 지혜롭고
삼장을 배워 익히며
인내심을 가지고 할 바를 다하는 성인,
그와 같이 바르고 지혜로운 이를 가까이하라.
달이 궤도를 벗어나지 않듯이.(208)

제16장 애욕

Piya Vagga

제16장 애욕 Piya Vagga

첫 번째 이야기
함께 출가한 세 식구

부처님께서 제따와나에 계실 때 출가한 세 식구와 관련해서 게송 209, 210, 211번을 설하셨다.

사왓티에 애지중지하는 외아들을 둔 가정이 있었다. 어느 날 그 집에서 공양청이 들어와 비구들이 가서 공양하고 법문을 해 주었다. 법문을 들은 아들은 출가하고 싶은 마음에 사로잡혀 부모에게 출가를 허락해 달라고 간청했다. 하지만 부모는 아들의 출가를 허락하지 않았고, 아들은 어떻게든 출가하려고 생각했다.

'부모 몰래 집을 떠나 출가해야겠다.'

아버지는 외출할 때마다 아들이 몰래 집을 떠나 출가할까 봐 아내에게 감시를 맡겼다.

"아들을 잘 지키시오."

어머니도 외출할 때마다 남편보고 아들을 잘 감시하라고 신신당부했다. 어느 날 아버지가 외출하고 없을 때 어머니는 홀로 다짐했다.

'아들을 잘 감시해야겠다.'

그녀는 오른쪽 발을 한쪽 문설주에 버티고 왼쪽 발은 다른 쪽 문설주에 걸치고 앉아서 실을 감고 있었다. 아들은 어머니를 속이고 도망쳐야겠다고 생각하고 어머니에게 말했다.

"어머니, 발 좀 잠깐 치워주세요. 소피 좀 보고 올게요."

그녀가 발을 당겨 길을 내주자 아들은 그 길로 사원으로 달려가서 비구들에게 말했다.

"스님들이시여, 저의 출가를 받아주십시오."
비구들은 그에게 비구계를 주었다.

아버지가 집에 돌아와서 아내에게 물었다.
"아들은 어디 있소?"
"여기 있다가 잠깐 나갔어요."
"아들이 어디 있단 말이오?"
아버지는 아들을 찾아보았지만 보이지 않자 이런 결론을 내렸다.
"분명히 사원으로 갔을 거야."
사원에 가보니 아들은 이미 머리를 깎고 가사를 걸치고 있었다. 그는 슬피 울며 아들에게 말했다.
"아들아, 왜 나를 힘들게 하느냐?"
아버지는 갑자기 아들을 잃어버린 공허함에 휩싸였다.
'아들이 출가해 버렸는데 세속 생활이 무슨 의미가 있겠는가?'
그는 비구들에게 출가를 요청하고 바로 그 자리에서 계를 받고 비구가 됐다.

어머니는 홀로 집에 앉아 남편과 아들이 왜 늦게까지 돌아오지 않는지 곰곰이 생각하다가 갑자기 불길한 예감이 들었다.
'틀림없이 남편과 아들은 사원으로 가서 비구가 됐을 거야.'
그녀는 사원으로 가서 남편과 아들이 머리를 깎고 가사를 걸치고 있는 것을 보자 절망감이 몰려왔다.
'남편과 아들이 출가했는데 나 혼자 세속에 산들 무슨 의미가 있으랴?'
그녀도 비구니 사원으로 가서 출가했다.

부모와 아들은 속세에서 벗어나 출가했음에도 불구하고 애착이 너무 강해서 서로 떨어져 있을 수 없었다. 그들은 비구 사원에서나 비구니 사원에서 함께 만나 잡담이나 하면서 하루를 보냈다. 그들의 어리석은 행동이 비구와 비구니들에게 심한 불쾌감을 주었다. 어느 날 비구들이 참지 못하고 부처님께 말씀드렸다.

부처님께서는 그들을 불러 물으셨다.
"그대들이 서로 만나 애정을 확인하면서 하루를 보낸다는데 그 말이 사실이냐?"
그들이 시인하자 부처님께서 말씀하셨다.
"그렇게 살려면 뭐 하러 출가했느냐? 비구와 비구니가 함께 행동하는 것은 출가자의 행동이 아니다."
"부처님이시여, 하지만 우리는 떨어져 사는 게 불가능합니다."
"출가한 순간부터 그런 행동은 출가자에게 어울리지 않는다. 사랑하는 사람을 보지 못하는 것도 고통이요, 싫어하는 사람을 보는 것도 고통이다. 사람이나 물건이나 좋아하거나 싫어하지 말고 무시해야 한다."

해서는 안 되는 일은 하고
해야 할 일은 하지 않으며
추구해야 할 일을 포기하고
욕망을 쫓는 자는
힘써 정진하는 수행자를 부러워한다.[17] (209)

사랑하는 사람을 만나지 말고
싫어하는 사람도 만나지 마라.
사랑하는 사람을 보지 못함도 괴로움이고
싫어하는 사람을 보는 것도 괴로움이다. (210)

---

17) '해서는 안 되는 일'은 남녀 간의 만남 등과 같은 출가자로서 바람직하지 않은 일을 말하고, '해야 할 일'은 늘 주의깊게 알아차리는 것이며 '추구해야 할 일'은 계·정·혜를 닦는 것을 말한다. 비구가 바른 분별 없이 계·정·혜를 닦지 않고 욕망에 집착하게 되면 결국 세속 생활로 되돌아간다. 그는 세속으로 물러나서 삼매와 도과를 성취한 비구를 부러워할 뿐이다.

사랑하는 사람과 헤어짐은 고통스럽나니
좋아하지도 사랑하지도 마라.
좋아함과 싫어함이 없으면 매듭에서 풀려나리라.(211)

두 번째 이야기
아들을 잃은 재가신도[18]

부처님께서 제따와나에 계실 때 한 재가신도와 관련해서 게송 212번을 설하셨다.

이 재가신도는 아들을 잃고 슬픔을 참을 수 없어 매일 화장터에 가서 울며 통곡했다. 부처님께서는 새벽에 세상을 살피시다가 그가 수다원과를 성취할 인연이 무르익었다는 것을 아셨다. 부처님께서는 탁발을 마치고 돌아와 시자 한 사람을 데리고 그의 집으로 갔다. 재가신도는 부처님께서 오셨다는 말을 듣고 생각했다.

'부처님께서 일상적인 안부나 물으려고 오신 모양이다.'

그는 부처님을 집으로 모시고 뜰에 의자를 갖다 드렸다. 부처님께서 자리에 앉으시자 그는 부처님께 다가와 삼배를 드리고 공손하게 한쪽에 앉았다.

부처님께서 그에게 물으셨다.
"신자여, 그대에게 무슨 슬픈 일이 있는가?"
"저는 아들을 잃어서 슬픔을 가눌 길이 없습니다."
"신자여, 슬퍼하지 마라. 죽음이라는 것은 어느 집에서나 일어나는 것이고 세상에 태어난 모든 중생이 겪는 일상적인 일이다. 오온은 영원하지 않다. 그러니 슬픔에 빠지지 말고 죽음을 올바른 관점에서 바라보아야 한다. 옛날에 한 가족은 다가오는 죽음을 피할 수 없다는 진리를 바르게 이해하고 있었다."

재가신도가 부처님께 간청했다.
"부처님이시여, 그 이야기를 자세히 들려주십시오."

부처님께서는 이 말씀을 하려고 우라가 자따까를 설하셨다.

---

18) 이 이야기는 우라가 자따까(Uraga Jātaka, J354)에서 유래한다.

보디삿따께서 베나레스의 바라문으로 살 때 가족은 본인, 아내(케마), 아들(라훌라), 딸(웁빨라완나), 며느리, 그리고 하녀(쿳줏따라)까지 총 여섯 명이었다. 그들은 행복하게 살았다. 어느 날 보디삿따는 가족을 모아놓고 이렇게 가르쳤다.

"너희들은 공양을 올리고 우뽀사타 재일을 지키고, 오계를 지키고, 항상 죽음에 대해 생각하며 살아야 한다. 언제든지 죽을 수밖에 없는 운명이라는 것을 마음에 새겨라. 삶은 불확실하고 죽음은 확실하다. 존재는 일시적이고 죽어가는 것이다. 그러니 밤낮으로 죽음에 대한 알아차림을 유지하라."

가족은 그의 가르침을 받아들여 진지하게 죽음에 대해 명상하며 살았다. 어느 날 아버지가 아들과 함께 쟁기질하러 논으로 나갔다. 아들이 쓰레기를 모아서 불을 질렀는데 근처의 개미집에 사는 독사가 연기 때문에 눈을 다쳤다. 화가 난 뱀이 굴에서 나와 아들을 물어 죽였다. 아버지는 아들의 시체를 나무 아래 놓고 집으로 사람을 보내 밥은 1인분만 가져오고 모두 깨끗하게 옷을 갈아입고 향과 향수를 들고 오라고 전했다. 그리고는 쟁기질을 계속했다. 식구들이 오자 그는 식사를 마치고 시체를 화장했다. 하지만 식구 중 아무도 눈물을 흘리는 자가 없었다. 이 공덕으로 삭까 천왕의 홍옥보좌가 뜨거워졌다. 삭까는 변신하고 나타나 식구 각자에게 물었다.

"슬퍼하는 기색이 없는 걸 보니 당신은 죽은 이를 사랑하지 않는 것 같습니다."

그러나 그들의 평온은 죽음에 대해 명상을 했기 때문이라는 것을 알고 삭까 천왕은 보물로 집을 가득 채워주었다.(Uraga Jātaka, J354)

뱀이 허물을 벗듯
사람은 몸을 벗고 저세상으로 간다.
사람이 죽게 되면 몸도 버리고 즐거움도 빼앗기고 떠나간다.

몸이 화장될 때 가족의 통곡 소리도 들리지 않는다.

그런데 무엇 때문에 슬퍼해야 하는가!
그가 어디를 가든지 그것은 그의 운명인데.

부처님께서 자따까를 이야기하고서 말씀을 이으셨다.
"과거에 현명한 사람들은 아들이 죽었을 때 그대처럼 행동하지 않았다. 그대는 평소에 하던 일도 하지 않고 음식도 먹지 않고 울고 탄식하며 시간을 보낸다. 옛날의 현명한 사람들은 열심히 죽음에 대해 명상하고, 슬퍼하지도 않고, 평소처럼 음식도 먹고, 평소처럼 하던 일도 계속했다. 그러니 그대의 아들이 죽었다고 슬퍼하지 마라. 사랑하기 때문에 슬픔과 두려움이 일어나는 것이다."
부처님께서는 이렇게 훈계하고서 게송을 읊으셨다.

애욕이 슬픔을 낳고
애욕이 두려움을 낳는다.
애욕에서 벗어나면 슬픔이 없는데
어찌 두려움이 있으랴?(212)

이 게송 끝에 재가신도는 수다원과를 성취했다.

세 번째 이야기
손녀를 잃은 위사카[19]

부처님께서 제따와나에 계실 때 여자 신도인 위사카와 관련해서 게송 213번을 설하셨다.

위사카는 자기가 외출하고 없을 때 탁발 나온 스님들에게 공양을 올리는 일을 손녀인 닷따에게 맡기곤 했다. 하지만 손녀는 젊은 나이에 죽어버렸다. 위사카는 손녀의 장례식을 치르고 슬픔을 가눌 길 없어 부처님께 가서 삼배를 올리고 공손하게 한쪽에 앉았다. 부처님께서 그녀의 슬픈 얼굴을 보고 물으셨다.

"위사카여, 무슨 일이기에 그처럼 눈물을 흘리며 여기에 왔는가?"

위사카는 울먹이며 손녀의 죽음을 알렸다.

"부처님이시여, 가장 사랑하는 손녀가 죽었습니다. 이제 다시는 그렇게 믿음직하고 성실한 아이를 볼 수 없을 것입니다."

"위사카여, 이 사왓티의 인구가 얼마인가?"

"7천만 명이라고 들었습니다."

"이 모두가 닷따처럼 사랑스럽다면 이만큼 많은 자식과 손자와 손녀를 가지고 싶지 않은가?"

"가지고 싶습니다. 부처님."

"사왓티에서 하루에 몇 명이 죽어 나가는가?"

"때로는 열 명, 때로는 아홉 명, 여덟 명…… 때로는 한 명이 죽습니다. 하지만 하루도 죽지 않는 날은 없습니다."

"그렇게 되면 그대는 슬픔에서 벗어날 시간이 없을 것이다. 그대는 밤낮으로 울고 통곡하며 지내야 할 것이다. 100명의 사랑하는 사람이 있으면 100번의 고통이 있다. 90명의 사랑하는 사람이 있으면 90번의 고통이 있

---

19) 이 이야기는 우다나의 위사카 경(Visakha Sutta, U8.8)에 나온다.

다……. 한 명의 사랑하는 사람이 있으면 한 번의 고통이 있다. 사랑하는 사람이 없으면 고통도 없고 슬픔도 없고 번뇌도 없고 근심도 없다."
 "부처님이시여, 무슨 말씀이신지 잘 알겠습니다."
 "그러니 슬퍼하지 마라. 슬픔과 두려움은 사랑으로부터 일어난다."
 부처님께서는 이렇게 말씀하시고 게송을 읊으셨다.

**애착이 슬픔을 낳고
애착이 두려움을 낳는다.
애착에서 벗어나면 슬픔이 없는데
어찌 두려움이 있으랴?**(213)

네 번째 이야기
기생을 차지하려고 싸운 릿차위 왕자들

부처님께서 웨살리 근처의 어느 탑에 계실 때 릿차위 왕자들과 관련해서 게송 214번을 설하셨다.

웨살리에 축제가 열려 릿차위 왕자들이 온갖 장신구로 화려하게 치장하고 도시를 떠나 공원으로 놀러 갔다. 부처님께서는 탁발하려고 도시로 들어가다가 그들을 보고 비구들에게 말씀하셨다.
"비구들이여, 삼십삼천의 천신들을 보지 못한 사람들은 이 릿차위 왕자들을 보아라. 이 왕자들의 모습이 천신들의 모습과 같다."
부처님께서는 그렇게 말씀하시고 도시로 들어가셨다.

왕자들은 길을 가다가 한 어여쁜 기생을 보고 그녀를 데리고 함께 공원으로 갔다. 그들은 서로 기생을 차지하려다 싸움이 일어나 결국 사방에 피가 흥건했다. 사람들이 다친 그들을 들것에 실어 옮겼다.

부처님께서는 공양을 끝내고 도시를 떠나 탑으로 돌아가셨다. 비구들은 도시에서 나오다가 릿차위 왕자들이 들것에 실려 옮겨지고 있는 것을 보고 부처님께 말씀드렸다.
"부처님이시여, 이른 아침에 릿차위 왕자들은 천신처럼 아름답고 화려하게 치장하고 도시를 떠나 유흥을 즐기려고 기쁘고 유쾌한 마음으로 나갔는데 한 여인 때문에 그런 비참한 지경에 이르렀다고 합니다."
"비구들이여, 집착 때문에 슬픔과 두려움이 일어난다."
부처님께서는 이어서 게송을 읊으셨다.

집착이 슬픔을 낳고
집착이 두려움을 낳는다.
집착에서 벗어나면 슬픔이 없는데
어찌 두려움이 있으랴? (214)

다섯 번째 이야기
신부를 잃은 아닛티간다 꾸마라

부처님께서 제따와나에 계실 때 아닛티간다 꾸마라와 관련해서 게송 215번을 설하셨다.

아닛티간다(여자를 싫어하는 자)는 범천에서 죽어 사왓티의 부자 가문에 태어났다. 태어난 날부터 그는 여인에게 가까이 가기를 싫어해서 젖을 먹일 때도 베개 뒤에 유방을 숨기고 먹여야 했다. 그가 성인이 됐을 때 부모가 말했다.
"아들아, 이제 결혼 준비를 해야 하지 않겠느냐?"
"난 여자가 필요 없습니다."
부모는 자꾸 그에게 결혼을 재촉했으나 아들은 계속 거부했다. 아들은 500명의 금세공사를 불러서 황금 천 냥을 주면서 세상에서 가장 아름다운 여인상을 순금으로 만들어 달라고 주문했다.

어느 날 부모가 또 아들에게 말했다.
"아들아, 네가 결혼하지 않으면 가문의 대가 끊길 것이다. 우리가 예쁜 처녀를 골라보겠다."
"좋습니다. 이 황금 여인상처럼 아름다운 여인을 데려올 수만 있다면 부모님의 말씀에 따라 결혼하겠습니다."
부모는 유명한 바라문들을 불러서 이 일을 맡겼다.
"우리 아들은 커다란 복덕을 가지고 있으니 그와 같은 공덕을 지은 여인이 분명 어딘가에 있을 것입니다. 이 황금상을 가지고 돌아다니며 이렇게 아름다운 처녀가 있으면 데리고 오십시오."
"그렇게 하겠습니다."
바라문들을 그렇게 말하고 여기저기 여행하다가 맛다 왕국의 사갈라[20)]

---

20) 사갈라(Sāgala, Sāgalā): 밀린다 왕의 수도였으며 부처님 당시에는 맛다

도시에 도착했다.

그 도시에는 아주 아름다운 열여섯 살 처녀가 살고 있었다. 그녀의 부모는 그녀를 7층 꼭대기에 살게 하고 애지중지 키웠다. 바라문들은 황금상을 목욕하러 가는 길가에 세워놓고 이렇게 생각하며 앉아 있었다.

'이처럼 아름다운 처녀가 이 도시에 살고 있다면 사람들이 이 황금상을 보고 '누구 집 딸처럼 아름답군.'이라고 말할 것이다.'

이때 처녀의 유모가 그녀를 목욕시키고 나서 자기도 목욕하고 싶어 강으로 가다가 이 황금상을 보고 생각했다.

'우리 아가씨가 아닌가! 말괄량이 같으니라고! 내가 몇 분 전에 목욕을 시켜주고 집을 나왔는데 나보다 먼저 여기 나와 있다니!'

그녀는 얼굴을 만지다가 그게 황금으로 만든 조각이라는 것을 알았다.

'나는 우리 아가씨라고 생각했는데 어찌된 일이야?'

이때 바라문이 그녀에게 물었다.

"여인이여, 그대의 아가씨가 이 황금상처럼 생겼습니까?"

"우리 아가씨와 비교할 수 없지요!"

"좋아요. 그러면 당신 아가씨를 우리에게 보여주시오."

유모는 바라문들을 데리고 집으로 갔다. 처녀의 부모는 바라문들과 인사를 나눈 뒤 딸을 내려오게 해서 황금상 옆에 서게 했다. 그녀의 빼어난 아름다움은 황금상을 볼품없게 만들어버렸다. 바라문들은 그들에게 황금상을 주고 돌아가서 아닛티간다 꾸마라의 부모에게 알렸다. 부모는 매우 기뻐하며 바라문들에게 말했다.

"즉시 가서 그녀를 빨리 데려오도록 하시오."

Madda국의 수도였다. 이곳은 케마Khemā 장로니(비구니 상수제자, 지혜제일, 법구경 게송 347번), 밧다 까뻴라니Bhaddā Kāpilānī 장로니, 아노자 Anojā 왕비(법구경 게송 79번)의 탄생지다. 지금의 빤잡Panjab의 시알꽃 Sialkot이라고 한다.

부모는 많은 선물과 함께 그들을 처녀의 집으로 보냈다.

아닛티간다 꾸마라는 황금상보다 더 아름다운 처녀를 찾았다는 말을 들었다. 그는 이 말을 듣는 것만으로도 강렬한 애욕이 일어났다.

"최대한 빨리 그녀를 데려오시오."

그러나 그 처녀는 몹시 예민해서 덜컹거리며 가는 마차의 흔들림을 견디지 못하고 경련을 일으키더니 죽어버렸다. 하지만 이 사실을 모르는 아닛티간다 꾸마라는 안달하며 물어댔다.

"그녀가 어디까지 왔습니까? 어디까지 왔습니까?"

그렇게 계속 물으며 강한 애욕을 숨기지 못하고 드러내자 사람들은 그녀가 죽었다는 말을 차마 하지 못하고 차일피일 뒤로 미뤘다. 며칠 지나서 사람들은 어쩔 수 없이 사실을 털어놓았다. 그는 탄식하며 말했다.

'아, 결국 그 아름다운 여인을 한 번도 보지 못하게 됐구나!'

그에게 심한 우울증과 함께 극심한 고통이 산더미처럼 밀려왔다.

부처님께서는 그가 수다원과를 성취할 인연이 무르익었다는 것을 아시고 탁발하는 도중에 그의 집 앞에 멈추셨다. 부모는 부처님을 안으로 모시고 정성을 기울였다. 부처님께서 공양을 마치고 물으셨다.

"아닛티간다 꾸마라는 어디 있는가?"

"부처님이시여, 그는 밥도 먹지 않고 방에 처박혀 나오지도 않습니다."

"즉시 그에게 가서 나오라고 해라."

아닛티간다가 와서 부처님께 삼배를 올리고 한쪽에 앉자 부처님께서 말씀하셨다.

"젊은이여, 매우 슬퍼 보이는구나."

"그렇습니다, 부처님. 이 세상에서 가장 아름다운 여인이 방금 길에서 죽었습니다. 그녀가 죽었다는 소식이 저를 슬프게 합니다. 너무나 슬퍼서 아무것도 먹을 수 없습니다."

"젊은이여, 그대가 겪고 있는 그 커다란 슬픔이 어디서 오는지 아는가?"

"부처님이시여, 저는 모릅니다."
"젊은이여, 애욕 때문에 커다란 슬픔이 밀려오는 것이다. 슬픔과 두려움은 애욕 때문에 일어나는 것이다."
부처님께서는 그렇게 말씀하시고 게송을 읊으셨다.

**욕정이 슬픔을 낳고
욕정이 두려움을 낳는다.
욕정에서 벗어나면 슬픔이 없는데
어찌 두려움이 있으랴?**(215)

이 게송 끝에 아닛티간다 꾸마라는 수다원과를 성취했다.

여섯 번째 이야기
곡식을 추수하지 못한 바라문

부처님께서 제따와나에 계실 때 한 바라문과 관련해서 게송 216번을 설하셨다.

어느 날 사견을 가지고 있는 한 바라문이 강가에 있는 논으로 나가 농사 지을 준비를 하고 있었다. 부처님께서는 그가 수다원과를 성취할 인연이 있다는 것을 알고 논으로 가셨다. 바라문은 부처님을 보고도 인사도 올리지 않고 묵묵히 일만 했다. 그러자 부처님께서 먼저 말씀하셨다.
"바라문이여, 무슨 일을 하고 있는가?"
"사문 고따마여, 저는 농사지을 준비를 하고 있습니다."
부처님께서는 더 이상 아무 말씀 없이 갈 길을 가셨다. 그 다음 날 바라문이 논을 갈고 있을 때 부처님께서 그에게 가서 물으셨다.
"바라문이여, 무슨 일을 하고 있는가?"
"사문 고따마여, 쟁기질을 하고 있습니다."
부처님께서는 그의 대답을 듣고 갈 길을 가셨다. 며칠 동안 계속해서 부처님께서는 그에게 가서 같은 질문을 던지셨다. 바라문은 그때마다 대답했다.
"사문 고따마여, 저는 씨앗을 뿌리고 있습니다. 저는 잡초를 제거하고 있습니다. 저는 논을 돌보고 있습니다."
부처님께서는 아무 말씀 없이 갈 길을 가셨다. 어느 날 바라문이 부처님에게 말씀드렸다.
"사문 고따마여, 당신은 제가 논을 치울 때부터 여기를 오셨으니 곡식을 추수하면 나누어 드리겠습니다. 당신에게 올리기 전에 먼저 먹지 않겠습니다."
시간이 흘러 곡식이 잘 익어갔다. 어느 날 바라문은 부처님에게 말씀드렸다.

"곡식이 이제 무르익었습니다. 추수하기 위해 내일 일꾼을 부르겠습니다."

바라문은 곡식을 추수할 준비를 다 마쳤다. 하지만 그날 밤 사나운 폭풍우가 휘몰아치더니 곡식을 모두 휩쓸어 가버려 마치 깨끗이 베어버린 것처럼 보였다. 부처님께서는 이미 그가 논을 치울 때부터 추수하지 못할 거라는 것을 알고 계셨다. 다음 날 바라문은 아침 일찍 서둘러 논에 나갈 준비를 했다.

"간밤의 폭풍우에 곡식이 어찌 됐는지 보러가야겠다."

그는 폭풍우가 논을 깨끗이 휩쓸어 버린 것을 보고 깊은 절망감에 빠졌다.

"첫날 논을 치울 때부터 사문 고따마가 논에 왔고 곡식을 추수하면 먹기 전에 먼저 올리겠다고 약속했는데 그게 물거품이 됐구나."

그는 밥 먹는 것도 마다하고 침대에 누워 끙끙 앓았다.

이때 부처님께서 그의 집으로 가셨다. 바라문은 부처님이 오셨다는 말을 듣고 하인에게 지시했다.

"의자를 가져다드려라."

하인이 의자를 준비하자 부처님께서는 자리에 앉아 물으셨다.

"바라문은 어디에 있는가?"

"방에 누워 있습니다."

"그에게 가서 오라고 해라."

바라문이 와서 한쪽에 앉자 부처님께서 말씀하셨다.

"바라문이여, 무슨 일이 있는가?"

"사문 고따마여, 당신은 제가 처음 논을 치울 때부터 왔습니다. 저는 곡식을 추수하면 먼저 당신에게 올리겠다고 했는데 불행히도 저의 바람은 이루어지지 않았습니다. 너무나 슬프고 원통해서 밥도 먹을 수 없습니다."

"바라문이여, 이 슬픔이 어디서 오는지 아는가?"
"저는 모르겠습니다. 당신은 아십니까?"
"그렇다, 바라문이여, 슬픔과 두려움은 갈망으로부터 일어나는 것이다."
부처님께서는 이렇게 말씀하시고 게송을 읊으셨다.

갈애가 슬픔을 낳고
갈애가 두려움을 낳는다.
갈애에서 벗어나면 슬픔이 없는데
어찌 두려움이 있으랴?(216)

바라문은 이 게송 끝에 수다원과를 성취하고 부처님의 재가신도가 됐다.

일곱 번째 이야기
과자를 얻은 마하깟사빠 장로

부처님께서 웰루와나에 머무실 때 탁발을 가다가 500명의 젊은이와 관련해서 게송 217번을 설하셨다.

어느 날 축제 기간에 부처님과 80명의 대장로와 500명의 비구가 탁발하러 성으로 들어가고 있었다. 이때 500명의 젊은이가 과자 바구니를 어깨에 메고 성에서 나와 공원으로 놀러가고 있었다. 그들은 부처님을 뵙자 고개만 숙여 인사하고 과자 좀 드시라는 말도 없이 그냥 지나갔다. 그들이 지나가자 부처님께서는 비구들에게 말씀하셨다.
"비구들이여, 그대들은 과자가 먹고 싶지 않은가?"
"과자가 어디 있습니까?"
"젊은이들이 과자 바구니를 어깨에 메고 지나가는 것을 보지 못했는가?"
"젊은이들이 아무에게도 과자를 올리지 않았습니다."
"젊은이들이 그대들과 내게 과자를 올리지 않고 그냥 지나갔지만, 과자의 주인이 뒤따라오고 있으니 그대들은 여기서 과자를 먹게 되리라."
부처님께서는 비구들을 데리고 근처 나무 그늘로 가서 앉으셨다.

젊은이들은 맨 뒤에서 따라오는 마하깟사빠 장로를 보자 갑자기 알 수 없는 기쁨이 넘쳐흘렀다. 그들은 과자 바구니를 내려놓고 장로에게 땅바닥에 엎드려 삼배를 올리고 과자를 바구니째 올리며 말했다.
"장로님, 과자 좀 드십시오."
"여기 비구들과 함께 부처님이 앉아계시는데 먼저 부처님과 비구들에게 가서 과자를 올려라."
"그렇게 하겠습니다, 장로님."
젊은이들은 돌아가서 부처님과 비구들에게 과자를 나누어 드리고 다시 돌아가서 깟사빠 장로에게 과자를 올렸다. 그들은 장로를 바라보며 한쪽에서 있다가 장로가 과자를 다 드시자 물을 가져다드렸다. 비구들이 이걸 보고 불쾌하다는 듯이 말했다.

"젊은이들이 한쪽으로 치우쳐서 공양을 올리는구나. 그들은 부처님과 대장로들에게는 올리지도 않고 마하깟사빠 장로를 보자 바구니를 들고 가서 그에게만 과자를 올리다니."

부처님께서 이 말을 듣고 말씀하셨다.

"비구들이여, 나의 아들 마하깟사빠와 같은 비구는 신들과 인간이 모두 사랑하고 기꺼이 네 가지 필수품(음식, 가사, 거처, 약)을 제공한다."

부처님께서는 이렇게 말씀하시고 게송을 읊으셨다.

계행과 지혜를 갖추고
법에 머물며
진리를 깨닫고
자신의 의무를 다하는 사람,
사람들이 모두 그를 좋아한다.[21] (217)

---

[21] 계행은 오계 또는 비구, 비구니계를 말하고, 지혜는 도과를 성취하는 데 필요한 위빳사나 지혜를 말한다. 여기서 법은 8가지 도과와 열반을 말하고 진리는 사성제를 의미한다. 의무는 계와 선정과 지혜(三學)를 닦는 것을 말한다.

여덟 번째 이야기
아나함과를 성취한 장로

부처님께서 제따와나에 계실 때 아나함과를 성취한 한 장로와 관련해서 게송 218번을 설하셨다.

어느 날 장로의 제자들이 장로에게 물었다.
"스님께서는 무엇을 증득하셨습니까?"
장로는 질문을 받고 생각했다.
'나는 아나함이지만 재가신도들도 아나함까지는 얻을 수 있다. 그러니 아나함이 무슨 자랑이라고 말하겠는가? 아라한과를 성취한 후 알려줘야겠다.'
장로는 이 생각 때문에 대답이 곤혹스러워 아무 말도 하지 않았다. 장로는 얼마 후 죽어 숫다와사(淨居天)에 태어났다. 제자들은 장로의 죽음을 슬퍼하며 부처님께 가서 삼배를 올리고 한쪽에 앉아 눈물을 흘렸다.

부처님께서 그들에게 물었다.
"비구들이여, 왜 그렇게 슬퍼하는가?"
"우리의 스승이 돌아가셨습니다."
"비구들이여, 슬퍼하지 마라. 이것은 영원한 법칙이다."
"부처님이시여, 모든 것이 항상하지 않다는 법칙은 저희도 알고 있습니다. 우리가 스승에게 어떤 도과를 성취했는지 물었을 때 스승은 한마디도 하지 못하셨습니다. 스승께서 어떤 도과도 성취하지 못하고 돌아가셨다는 생각이 우리를 슬프게 합니다."
"비구들이여, 걱정하지 마라. 그대들의 스승은 아나함이었지만, 아라한과를 성취하고 나서 대답해야겠다는 생각 때문에 아무 말도 하지 않은 것이다. 그는 죽어 정거천에 태어났다. 기뻐하라, 비구들이여. 그대의 스승은 다섯 가지 오염원을 완전히 제거했다."[22]

부처님께서는 이렇게 말씀하시고 게송을 읊으셨다.

언어로 설명할 수 없는 열반을 간절히 바라며
마음을 기울여 나아가는 사람,
도과의 기쁨을 맛보며23)
욕망의 세계로 물러나지 않는 사람,
그를 향상일로向上一路를 걷는 사람이라고 부른다.(218)

---

22) 아나함은 유신견有身見, 계금취견戒禁取見, 의심, 감각적 욕망, 분노의 다섯 가지를 완전히 제거한 성인이며, 죽으면 정거천(Suddhāvāsa)에 태어나 다시는 인간계로 돌아오지 않고 그곳에서 아라한과를 성취해 삼계를 벗어난다.
23) 여기서의 도과道果는 수다원, 사다함, 아나함을 말한다.

아홉 번째 이야기
살아생전 천상에 자신의 궁전이 생겨난 난디야[24]

부처님께서 이시빠따나에 계실 때 난디야와 관련해서 게송 219, 220번을 설하셨다.

베나레스에 사는 난디야 청년은 부처님에 대한 신심이 가득한 가문의 아들이었다. 그의 부모는 그가 부처님을 믿고 승단의 독실한 후원자가 되기를 원했다. 그가 성년이 되자 부모는 건너편 집에 사는 외사촌 여동생과 결혼시키고 싶어 했다. 하지만 외사촌 여동생인 레와띠는 부처님에 대한 믿음이 없었고 스님들에게 공양을 올리지도 않아서 난디야는 그녀와의 결혼을 원치 않았다. 난디야의 어머니는 레와띠를 불러 충고했다.

"사랑하는 딸 레와띠야, 마루를 깨끗이 닦고 스님들을 모실 곳을 깨끗이 청소하고 의자를 준비해라. 그리고 적당한 곳에 있다가 스님들이 도착하시면 발우를 받아들고 안으로 모셔 앉게 하고 물을 걸러서 따라 드려라. 스님들이 공양을 마치면 발우를 닦아드려라. 그렇게 하면 난디야의 호감을 얻을 것이다."

레와띠는 난디야에게 잘 보이려고 시키는 대로 했다. 난디야의 어머니는 아들에게 말했다.

"레와띠가 가르침대로 잘 따르고 있으니 이제 결혼해도 되지 않겠느냐?"
난디야는 결혼에 동의하고 날짜를 잡아 결혼식을 올렸다.

난디야는 아내에게 말했다.
"스님들께 정성스럽게 공양을 올리고 부모에게 성실하게 효도하면 우리

---

[24] 이 이야기는 위마나왓투 주석(天宮事 VvA. v. 2)에 나온다. 위마나왓투의 주석에서는 이야기가 더 진행돼 난디야Nandiya는 죽어 삼십삼천의 궁전에 태어나고 그의 아내 레와띠Revatī는 남편이 죽자 보시를 그만두고 비구들을 비방해 작은 지옥에 떨어졌다고 나온다.

집에서 쫓겨나는 일은 없을 것이오. 그러니 세심하게 주의를 기울이시오."

"잘 알겠어요."

레와띠는 그렇게 하겠다고 다짐했다. 그녀는 신심 있는 신도들이 하는 행동을 배우며 남편의 말에 절대복종하며 살았다. 세월이 흐르자 그녀는 두 아들을 낳았다. 난디야의 부모가 죽자 그녀는 안방마님이 됐고, 난디야는 부모의 모든 재산을 상속받았다. 난디야는 스님들에게 규칙적으로 공양을 올리고 집 앞에 가난한 사람과 여행자들을 위한 급식소를 운영했다. 얼마 후에는 부처님의 법문을 듣고 스님들을 위해 사원을 지어 보시하면 생겨나는 복덕을 생각하고 실천에 옮기기로 했다. 그는 이시빠따나의 대사원에 네 개의 큰 방으로 이루어진 승당을 짓고 침대와 의자를 배치했다. 승당이 완성되자 그는 낙성식을 열고 부처님과 스님들에게 공양을 올리고 부처님의 오른손에 공덕수功德水를 부어 승단에 시주했다. 그가 부처님의 오른손에 공덕수를 부을 때 삼십삼천에 칠보로 만들어진 거대하고 웅장한 궁전이 생겨나고 천녀들이 집안에 가득했다.

어느 날 마하목갈라나 장로가 삼십삼천에 올라갔다가 궁전 앞에 서서 다가오는 천신들에게 물었다.

"무슨 공덕을 지었기에 천녀들이 가득한 궁전이 생겨났습니까?"

천신들은 궁전의 주인에 대해 알려주었다.

"장로님, 난디야라는 사람이 이시빠따나에 큰 사원을 지어 부처님에게 시주했는데 그 복덕으로 천상의 궁전이 생겨났습니다."

이때 천녀들이 궁전에서 나와서 장로에게 말했다.

"장로님, 우리는 난디야의 시녀들입니다. 우리가 여기 태어나긴 했지만 주인이 없기 때문에 별로 행복하지 않답니다. 난디야 님을 보거든 여기로 빨리 오라고 말씀 좀 전해 주세요. 인간의 몸을 버리고 천상의 몸을 얻는 것은 토기그릇을 던져버리고 황금그릇을 얻는 거와 같다고 전해 주세요."

장로는 천상에서 내려와 부처님께 가서 여쭈었다.

"부처님이시여, 그는 아직 인간 세상에 살아 있는데 그가 행한 공덕의 과보로 천상의 영광을 얻는다는 게 사실입니까?"

"목갈라나여, 난디야가 얻은 천상의 영광을 그대가 눈으로 똑똑히 보았으면서 왜 그런 질문을 하는가?"

"부처님이시여, 그게 진정 사실이었습니다!"

"목갈라나여, 왜 그런 말을 하는가? 오랫동안 집을 비운 아들이나 딸이 집에 돌아왔을 때, 마을 입구에서 만난 사람들이 그의 집으로 달려가서 '그가 돌아왔어요!'라고 소리를 치면 가족들이 기쁜 마음으로 뛰쳐나와 '드디어 돌아왔구나!'라고 반갑게 인사하듯이, 이 세상에서 좋은 공덕을 지은 사람이 저세상으로 가면 천신들이 열 가지 선물을 들고 달려가며 서로 먼저 인사하려고 '내가 먼저야! 내가 먼저야!'라고 소리칠 것이다."

부처님께서는 이렇게 말씀하시고 게송을 읊으셨다.

오랫동안 먼 곳을 떠돌다
탈 없이 돌아오면
가족과 친구와 이웃들이
반갑게 맞이하듯이.(219)

이와 같이 선행을 하고
이 세상에서 저세상으로 가면
그가 지은 선업이 그를 반긴다.
가족들이 기쁘게 맞이하듯이.(220)

제17장 분노

Kodha Vagga

제17장 분노 Kodha Vagga

첫 번째 이야기
온몸에 발진이 생긴 캇띠야의 처녀 로히니

부처님께서 니그로다라마에 계실 때 캇띠야의 처녀 로히니와 관련해서 게송 221번을 설하셨다.

얼굴에 발진이 생긴 처녀

어느 날 아누룻다 장로가 500명의 비구를 데리고 까삘라왓투로 갔다. 장로의 친척들이 그가 도착했다는 말을 듣고 장로의 누이동생 로히니를 제외하고 모두 가서 삼배를 올리며 예배했다. 장로는 누이동생이 보이지 않자 물었다.
"로히니는 어디에 있습니까?"
"장로님, 그녀는 집에 있습니다."
"왜 오지 않았습니까?"
"장로님, 그녀는 피부에 발진이 생겨 얼굴을 들고 다니기가 부끄러워 오시 않았습니다."
장로는 그녀를 즉시 데려오라고 말했다. 로히니는 얼굴을 천으로 가리고 장로에게 왔다.

그녀가 오자 장로가 말했다.
"로히니야, 왜 함께 오지 않았느냐?"
"장로님, 피부에 발진이 생겨서 얼굴을 내보이기 부끄러워 오지 않았습니다."
"그러면 공덕을 지어보지 않겠느냐?"

"어떻게 공덕을 짓습니까?"

"스님들이 모여 토론도 하고 공양도 할 수 있는 승당僧堂을 하나 지어 보아라."

"제가 무슨 돈으로 그런 건물을 짓겠습니까?"

"네게 보석 장신구가 있지 않으냐?"

"가지고 있긴 합니다."

"그걸 팔면 얼마나 될까?"

"아마 만 냥 정도 될 겁니다."

"그러면 그 돈으로 승당을 짓도록 해라."

"누구를 시켜서 건물을 지을까요?"

장로는 가까이 서 있는 친척들을 바라보고 말했다.

"이건 그대들의 할 일입니다."

"스님은 어떻게 하시렵니까?"

"나도 여기 머물며 승당 짓는 일을 감독하겠습니다. 당신들은 건축 자재를 모두 가져오십시오."

"잘 알겠습니다, 장로님."

친척들은 그렇게 대답하고 건물을 짓는 데 필요한 도구와 자재들을 모두 가져왔다.

장로는 승당을 짓는 일을 감독하며 로히니에게 말했다.

"승당은 2층 높이로 짓도록 하고 판자로 지붕을 완성하고 나면 너는 마루를 청소하고 의자를 준비하고 물항아리에 물을 가득 채우도록 해라."

"그렇게 하겠습니다."

로히니는 그렇게 자신의 보석을 팔아서 2층 건물의 승당을 세웠다. 지붕이 마무리되자 그녀는 방을 깨끗이 청소하고 의자를 준비하고 물항아리에 물을 가득 채우는 등 정성껏 일했다. 스님들이 승당을 사용하기 시작했다. 그녀는 매일 나와서 승당을 깨끗이 청소했다. 그러자 피부 발진도 점점 가라앉았다.

승당이 완공되자 그녀는 부처님과 스님들을 초청했다. 부처님과 비구들이 자리에 앉아 승당을 꽉 채우자 그녀는 여러 가지 훌륭한 음식을 올렸다. 부처님께서 공양을 마치시고 물으셨다.

"이 건물은 누가 시주한 것인가?"
"저의 여동생 로히니가 시주한 것입니다."
"그녀는 어디 있는가?"
"집에 있습니다, 부처님."
"그녀를 불러오너라."

로히니는 부끄러워 가고 싶지 않았으나 부처님께서 부르시는데 가지 않을 수 없었다. 그녀가 와서 부처님께 삼배를 올리고 자리에 앉자 부처님께서 그녀에게 물으셨다.

"로히니여, 왜 여기 오지 않았느냐?"
"부처님이시여, 피부에 발진이 생겨서 얼굴을 내밀기가 부끄러워 오지 않았습니다."
"왜 온몸에 발진이 일어나 너를 괴롭히는지 아느냐?"
"모릅니다, 부처님."
"네 몸에 발진이 일어난 것은 질투와 분노 때문이니라."
"부처님이시여, 제가 언제 질투하고 분노를 일으켰습니까?"
"이야기해 줄 테니 잘 들어라."

부처님께서는 그녀의 전생 이야기를 하기 시작하셨다.

로히니의 과거생: 질투심 많은 왕비와 무희

오랜 옛날, 베나레스의 왕의 왕비는 왕이 총애하는 무희에 대한 질투가 극에 달하자 어떻게 그녀를 괴롭힐까 궁리하기 시작했다. 그녀는 온몸을 가렵게 만드는 마하깟추의 열매를 가루로 만들었다. 그녀는 무희를 불러내고 사람을 시켜 그녀의 침대와 옷, 이불 등에 마하깟추 가루를 뿌렸다. 그리고 농담하는 척하며 무희의 몸에도 그 가루를 뿌려댔다. 그러자 무희의 몸에 가려움이 일어나고 발진이 생기더니 곧 온몸을 뒤덮었다. 그녀는 가려워서 마구 긁어댔기 때문에 끔찍한 모습으로 변했다. 침대에 눕자 거기에 뿌려놓은 가루 때문에 그녀는 더 심한 고통을 겪었다. 그때의 왕비가 지금의 로히니였다.(과거 이야기 끝)

부처님께서 그녀의 과거생 이야기를 하시고 나서 말씀하셨다.
"로히니여, 그것이 그대가 저지른 악행이었다. 분노와 질투는 아무리 가벼운 것이라도 좋지 않다."

부처님께서는 이렇게 말씀하시고 게송을 읊으셨다.

**분노와 교만을 버리고
모든 족쇄25)를 극복하라.
몸과 마음(名色)에 집착하지 않고
번뇌도 없는 사람에게는**

---

25) 족쇄(saṁyojana): 중생들을 윤회 속에 가두고 묶기 때문에 족쇄라고 부른다. 족쇄는 경전과 아비담마에서 약간 다르게 설명한다. 먼저 경전에서는 다음과 같이 열 가지를 열거하고 있다. ① 유신견(sakkāya diṭṭhi) ② 계율과 의식에 대한 집착(sīlabbata-paramāsa) ③ 의심(vicikicchā) ④ 감각적 욕망(kāmarāga) ⑤ 악의(paṭigha) ⑥ 색계에 대한 욕망(rūparāga) ⑦ 무색계에 대한 욕망(arūparāga) ⑧ 자만(māna) ⑨ 들뜸(uddhacca) ⑩ 무명(avijjā)이다. ①~⑤는 욕계를 벗어나지 못하게 묶고 가두는 낮은 족쇄(orambhāgiya-saṁyojana, 五下分結)이고, ⑥~⑩은 색계와 무색계에 묶고 가두는 높은 족쇄(uddhambhāgiya-saṁyojana, 五上分結)이다. 수다원은 ①~③이 제거된 사람이고, 사다함은 ④~⑤가 엷어진 사람이고, 아나함은 ④~⑤가 제거된 사람이고, 아라한은 ⑥~⑩까지 모두 제거해, 삶을 완성한 사람이다. 아비담마에서는 아래와 같이 10가지를 열거하고 있다. 감각적 욕망, 악의, 자만, 사견, 의심, 계율과 의식에 대한 집착, 존재에 대한 갈애(bhavarāga), 질투(issā), 인색(macchariya), 무명이다.

괴로움이 생기지 않는다.(221)

이 게송 끝에 많은 사람이 수다원, 사다함, 아나함과를 성취했다. 로히니도 수다원과를 성취함과 동시에 병이 낫고 예쁜 피부를 회복했다.

뒷이야기: 천녀로 태어난 로히니

로히니는 죽어 삼십삼천의 네 명의 천신의 경계지역에서 태어났다. 그녀는 사랑스럽고 귀엽고 완벽한 아름다움을 갖추고 있었다. 네 명의 천신은 그녀를 보자 갖고 싶은 강한 욕망이 일어났다. 하지만 경계지역에 태어났기 때문에 서로 자기 소유라고 주장할 수 없었다. 그들은 서로 그녀를 차지하려고 말다툼을 벌였다.

"그녀는 내 영역에서 태어났어."

"아니야, 그녀는 내 영역에서 태어났어."

결국 그들은 그녀를 데리고 삭까 천왕에게 가서 중재를 요청했다. 삭까 천왕은 그녀를 보자 자기도 그녀를 갖고 싶은 강한 욕망이 일어났다. 천왕이 네 명의 천신에게 차례로 물었다.

"그대는 이 천녀를 보자 어떤 생각이 일어났는가?"

첫 번째 천신이 대답했다.

"저는 그녀를 본 순간 전쟁터의 북소리보다 더 가슴을 진정시킬 수 없었습니다."

두 번째 천신이 대답했다.

"저는 그녀를 본 순간 높은 산골짜기에 쏜살같이 흐르는 물보다 제 피가 더 빠르게 흐르는 것을 느꼈습니다."

세 번째 천신이 대답했다.

"저는 그녀를 본 순간 눈알이 튀어나올 뻔했습니다."

네 번째 천신이 대답했다.

"저는 그녀를 본 순간 마음이 탑 꼭대기에 걸려 있는 깃발보다 더 펄럭거려서 진정시킬 수 없었습니다."

삭까 천왕이 그들에게 말했다.

"친구들이여, 그대들의 마음은 사랑의 열병으로 불타고 있구나. 하지만 그대들은 내 마음에 비하면 아무것도 아니다. 나는 그녀를 얻으면 살고 얻지 못하면 죽어버릴 것이다."

천신들이 말했다.

"대왕이시여, 당신이 죽으면 절대로 안 됩니다."

그들은 로히니를 삭까 천왕에게 바치고 되돌아갔다. 그녀는 삭까 천왕이 가장 사랑하는 아내가 됐다. 그녀가 '우리 놀러 가요.'라고 말하면 삭까 천왕은 절대 거절할 수 없었다.

두 번째 이야기
목신과 나무를 자른 비구[26]

부처님께서 악갈라와 쩨띠야에 계실 때 한 비구와 관련해서 게송 222번을 설하셨다.

부처님께서 비구들에게 사원 담장 밖에서 거주하는 것을 허용하시자 라자가하의 부자들은 비구들에게 꾸띠를 지어주느라 바빴다. 이때 알라위의 한 비구가 꾸띠를 지으려고 적당한 나무가 보이자 자르기 시작했다. 그 나무에는 목신이 아이를 데리고 살고 있었다. 목신은 아이를 업고 비구 앞에 나타나 나무를 자르지 말라고 간청했다.

"스님, 제발 제 집을 자르지 마세요. 아이를 데리고 떠돌아다닐 수 없잖아요?"

"집 짓는 데 이같이 좋은 나무를 구할 수 없소."

비구는 목신의 애원을 무시하고 계속 나무를 잘랐다.

목신은 비구가 아이를 보게 되면 나무를 자르지 않을까 생각해서 아이를 가지 위에 앉혔다. 그러나 비구는 이미 도끼를 높이 쳐들어서 내리치는 순간이어서 멈추지 못하고 그만 아이의 팔을 자르고 말았다. 분노가 극에 달한 목신은 손을 쳐들며 외쳤다.

'내가 이 녀석을 쳐 죽여 버리겠다!'

하지만 그 순간 불현듯 이런 생각이 떠올라 분노를 삭였다.

'이 비구는 바르게 수행하는 청정 비구다. 내가 그를 죽이면 나는 지옥에 떨어질 것이다. 그리고 다른 목신들도 비구들이 자신의 나무를 자르면 '어느 목신이 이럴 때 비구를 죽였다.'라고 생각하고 나의 예를 따라서 비구들

---

[26] 이 이야기는 율장 빠찟띠야(Pācittiya, 九十二波逸提) 11번째 계목을 제정하게 된 인연담이다. (VinPc. xi. 1) 11번째 계목은 다음과 같다. '식물을 해치면 빠찟띠야를 어기는 것이다.'

을 죽일 것이다. 그에게 스승이 있으니 가서 이 일을 따져봐야겠다.'

목신은 손을 내리고 울면서 부처님께 가서 삼배를 올리고 한쪽에 섰다. 부처님께서 그녀에게 말씀하셨다.

"목신이여, 무슨 일이 있는가?"

"부처님이시여, 당신의 제자가 제가 사는 나무를 베어버려서 집을 잃었습니다. 너무나 화가 나서 그를 죽이려고 했지만, 가까스로 참고 여기에 왔습니다."

목신은 그렇게 말하면서 자세히 말씀드렸다. 부처님께서는 그녀의 하소연을 듣고 말씀하셨다.

"사두! 사두! 사두!(잘 했다.) 그대가 쏜살같이 달리는 마차처럼 멈추기 어려운 분노를 가라앉힌 것은 정말 잘한 일이다."

부처님께서는 이렇게 말씀하시고 게송을 읊으셨다.

**달리는 마차를 능숙하게 멈추듯이
치솟는 분노를 잘 다스리는 사람,
그가 진정한 마부다.
나머지 사람들은 그저 말고삐만 잡고 있을 뿐.**(222)

이 게송 끝에 목신은 수다원과를 성취하고 대중들도 많은 이익을 얻었다. 목신이 수다원이 돼서도 울며 서 있자 부처님께서 물으셨다.

"목신이여, 왜 울고 있는가?"

"부처님이시여, 제 집이 사라졌는데 이제 어디로 가야 합니까?"

"목신이여, 걱정하지 마라. 내가 좋은 나무를 찾아보겠다."

부처님께서는 제따와나 간다꾸띠에서 가까운 곳에 전날 목신이 떠난 한 나무를 가리키며 말씀하셨다.

"저기 한 나무가 있는데 거기에 올라가서 살아라."

목신은 그 나무에 올라가서 살았다. 부처님에게서 직접 나무를 하사받았기 때문에 위력 있는 목신들이 그 나무에 다가갔지만, 감히 흔들어댈 수 없었다. 부처님께서는 이 일로 '초목을 손상시키면 계율을 범하는 것이다.'라는 계율을 제정하셨다.

세 번째 이야기
뜨거운 기름을 뒤집어쓰고도 상처를 입지 않은 웃따라[27]

부처님께서 웰루와나에 계실 때 여자 재가신도인 웃따라와 관련해서 게송 223번을 설하셨다.

큰 복덕을 얻은 뿐나

라자가하에 사는 가난한 뿐나는 재정관 수마나의 집에서 일을 해 주며 생계를 유지했다. 뿐나에게는 아내와 웃따라라는 딸이 있었는데 둘 다 재정관의 집에서 하인으로 일했다. 어느 날 라자가하에 휴가를 알리는 공고가 있었다.

"일주일 동안 라자가하의 시민들은 휴가를 갖는다."

재정관 수마나는 이 공고를 들었다. 뿐나가 이른 아침부터 일하려고 재정관의 집으로 오자 재정관이 말했다.

"여보게, 하인들은 휴가를 즐기겠다고 그러는데 자네도 휴가를 가겠는가, 아니면 일을 계속 하겠는가?"

"주인님, 휴가는 돈 있는 사람들이나 즐기는 것입니다. 저는 내일 아침 끓여 먹을 우유죽조차 넉넉하지 않습니다. 휴가 기간에 무슨 일을 할까요? 황소를 끌고 가서 쟁기질을 할까요?"

"그렇게 하게나."

뿐나는 힘센 황소 두 마리와 쟁기를 짊어지고 집으로 가서 아내에게 말했다.

"여보, 시민들은 휴가를 즐긴다고 하지만 우린 가난하니 일하지 않을 수 없구려. 아침과 점심을 논에서 해야 하니 식사를 두 번 가져다 주오."

그리고 그는 논으로 갔다.

---

[27] 이 이야기는 위마나왓투 주석서(VvA. i. 15)에 나온다.

바로 그날 사리뿟따 장로는 일주일 동안의 멸진정에서 일어나 누구에게 공덕을 지을 기회를 줄 것인지 천안으로 살펴보았다. 이때 뿐나가 지혜의 그물에 들어오는 것을 보고 그가 신심이 있는지 살펴보았다.

'그가 삼보에 대한 믿음이 있고 나에게 공양을 올릴까?'

뿐나가 삼보에 믿음이 대단해 공양을 올릴 것이고 이로 인해 커다란 복덕을 얻게 된다는 것을 예측하고, 장로는 가사와 발우를 들고 뿐나가 쟁기질하는 곳 가까이에 있는 연못가에 가서 치목나무를 쳐다보고 있었다. 뿐나가 장로를 보자 쟁기질을 멈추고 장로에게 와서 오체투지로 삼배를 올리고 말했다.

"이를 닦을 치목이 필요하십니까?"

뿐나는 작은 가지를 잘라서 치목을 만들어 드렸다. 장로가 가사자락 아래서 발우와 물 거르는 주머니를 끄집어내어 뿐나에게 주었다. 뿐나는 장로께서 물을 원한다는 것을 알고 물 거르는 주머니로 물을 걸러 발우에 부어서 장로에게 올렸다. 장로는 이렇게 생각했다.

'이 사람은 마을의 마지막 집에 산다. 그의 집으로 가면 그의 아내는 나를 보지 못할 것이다. 그러니 좀 기다렸다가 그녀가 식사를 가지고 출발할 때 그쪽으로 가야겠다.'

장로는 잠시 기다렸다가 그녀가 출발하자 그쪽으로 떠났다.

뿐나의 아내는 남편의 식사를 가지고 가다가 장로가 오는 것을 보고 생각했다.

'내가 공양을 올릴 수 있을 때는 장로님을 볼 수 없었고, 장로님을 보았을 때는 올릴 음식이 없었다. 그런데 오늘은 장로님을 볼 수 있고 음식도 있다. 장로님께서 나에게 공양을 올릴 은혜를 베푸실까?'

그녀는 음식 항아리를 내려놓고 오체투지로 삼배를 올리고 말했다.

"장로님, 거친 음식이든 맛있는 음식이든 가리지 않으신다면 저에게 공양을 올릴 기회를 베풀어 주십시오."

장로가 발우를 내밀었다. 그녀는 한 손으로 항아리를 잡고 다른 손으로 항아리에서 밥을 퍼서 장로의 발우에 넣어드렸다. 그녀가 밥을 반쯤 넣어드리자 장로는 손으로 발우를 가리며 말했다.
"그만 넣으시오."
"장로님, 일인분의 식사를 반으로 나눌 수 없습니다. 저는 금생에 복덕을 받으려는 것이 아니고 다음생에 복덕을 받으려는 것입니다. 저는 하나도 남김없이 올리고 싶습니다."
그녀는 음식을 모두 장로의 발우에 넣어드리고 서원을 세웠다.
"장로님께서 성취하신 법을 저도 성취하기를 기원합니다."
"그렇게 되기를 바라오."
장로는 선 채로 간단하게 공양 축원을 해 주고 물이 있는 곳으로 가서 공양을 드셨다. 여인은 집으로 돌아가서 쌀을 꺼내 다시 밥을 지었다.

뿐나는 논을 반쯤 쟁기질하자 배고프고 허기져서 도저히 더 이상 쟁기질을 할 수 없었다. 그래서 소의 멍에를 풀어주고 나무그늘에 앉아서 아내가 음식을 가지고 올 길을 하염없이 바라보고 있었다. 아내가 남편의 식사를 가지고 오다가 그가 나무 아래 앉아 있는 것을 보고 생각했다.
'남편이 배가 고파서 길가에 앉아 나를 기다리고 있구나. 그가 왜 늦었냐고 꾸짖으며 화를 낸다면 내가 지은 공덕은 물거품이 될 것이다. 그러니 내가 먼저 말을 꺼내야겠다.'
그녀는 남편에게 소리쳤다.
"여보, 오늘은 좀 참고 제가 지은 공덕을 헛되게 하지 마세요. 아침 일찍 음식을 해 가지고 오는 길에 사리뿟따 장로님을 만났지 뭐예요. 그래서 당신 식사를 장로님에게 올리고 다시 집으로 가서 밥을 지어 오느라 늦었어요. 여보, 만족하시지요?"
"지금 뭐라고 하는 거요?"
뿐나는 아내가 늦게 온 이유를 두 번이나 듣고서야 알았다는 듯이 고개를 끄덕이며 말했다.

"여보, 장로님에게 공양을 올린 것은 참 잘한 일이요. 나도 오늘 아침에 치목을 해 드리고 입을 헹굴 물을 따라 드렸지."

아내의 말에 기뻐하며 만족감이 밀려오자 그는 동틀 새벽부터 아무것도 먹지 못해 피곤한 몸을 가누지 못하고 아내의 무릎을 베고 잠들어 버렸다.

아침부터 쟁기질해 잘 갈아놓은 땅이 모두 황금으로 변해 마치 까니까라(노란 꽃나무)처럼 빛났다. 뿐나는 잠에서 깨어나 논을 바라보며 아내에게 말했다.

"여보, 갈아놓은 땅이 황금으로 변한 것처럼 보이는데 동틀 무렵부터 아무것도 먹지 않아서 헛것이 보이는 모양이오."

"저에게도 그렇게 보이는데요."

뿐나는 일어나 논으로 가서 흙 한 덩어리를 집어 들고 쟁기 손잡이에 때려보았다. 그것은 진짜 황금덩어리였다. 뿐나는 흥분해서 소리 질렀다.

"세상에! 사리뿟따 장로님께 공양을 올린 과보가 오늘 바로 나타나다니! 우리가 이 많은 재산을 숨겨놓고 몰래 쓴다는 것은 불가능하지."

그는 아내가 가져온 음식 바구니를 황금으로 가득 채우고 왕궁으로 갔다. 왕이 알현을 허락하자 그는 들어가서 인사를 올렸다.

왕이 그에게 물었다.

"무슨 일인가?"

"폐하, 오늘 제가 쟁기질한 땅이 모두 황금으로 뒤덮였습니다. 그것을 왕궁으로 옮기라고 명령을 내리십시오."

"그대는 누구인가?"

"제 이름은 뿐나입니다."

"오늘 무슨 공덕을 지은 일이 있는가?"

"오늘 아침에 사리뿟따 장로님께 치목과 입을 헹굴 물을 드렸고, 저의 아내는 저에게 가져오던 음식을 올렸습니다."

왕은 이 말을 듣고 탄성을 질렀다.

"사리뿟따 장로님에게 공양을 올린 공덕이 바로 나타났구나! 이보게, 내가 어떻게 하면 좋은가?"

"수천 대의 수레를 보내서 황금을 왕궁으로 옮기게 해 주십시오."

왕은 즉시 수레를 보냈다.

왕의 부하들은 황금을 집어들면서 말했다.

"이것은 폐하의 소유다."

그러자 그들이 집어든 황금이 다시 흙으로 변해버렸다. 부하들은 당황해서 왕에게 달려가 알리자 왕이 말했다.

"황금을 집어들 때 뭐라고 말했느냐?"

"폐하, '이 황금은 폐하의 소유다.'라고 말했습니다."

"다시 가서 '이것은 뿐나의 재산이다.'라고 말하며 황금을 실어라."

왕이 지시한 대로 하자 부하들이 집어든 흙이 다시 황금으로 변했다. 그들은 그 황금을 왕궁으로 옮겨서 궁전 뜰에 쌓아놓고 보니 높이가 무려 여덟 장이나 됐다.

왕은 시민들을 불러 모아놓고 말했다.

"이 도시에 이만큼의 황금을 가지고 있는 사람이 있습니까?"

"폐하, 아무도 없습니다."

"그에게 무엇을 내리는 것이 좋겠소?"

"폐하, 재정관의 일산을 내리는 것이 좋을 것 같습니다."

"그에게 재정관 바후다나(많은 재산을 가진 자)라는 시호를 내리겠소."

왕은 그에게 재정관의 일산을 내리고 모든 황금을 주었다.

뿐나가 왕에게 말했다.

"폐하, 이제까지 우리는 남의 집에 빌붙어 살았는데 저에게 살 땅을 좀 주십시오."

왕은 이전의 재정관이 쓰던 집터를 주며 말했다.

"이곳에 터를 다듬고 집을 지어 살도록 하시오."

뿐나는 그곳에 집을 짓고 집이 완성되자 준공식과 재정관 취임식을 동시에 열었다. 그는 일주일 동안 부처님과 스님들을 초청해 공양을 올렸다. 부처님께서는 공양을 마치시고 그들에게 차제설법을 하셨다. 재정관 뿐나와 아내, 그리고 딸 웃따라는 이 법문을 듣고 수다원과를 성취했다.

얼마 후 라자가하의 또 다른 재정관 수마나가 재정관 뿐나의 딸을 며느리로 선택했다.

"당신 아들에게 딸을 줄 수 없소."

뿐나가 그렇게 말하자 수마나 재정관이 말했다.

"이제까지 나하고 아주 가까이 살았잖소. 많은 재산과 높은 지위를 얻었다고 너무 그러지 말고 당신 딸을 며느리로 주시오."

"당신은 이교도이고 우리 딸은 하루라도 삼보 없이는 살 수 없는 사람이오. 그러니 딸을 줄 수 없소."

많은 귀족과 부자와 고관이 찾아와서 다시 생각해 보라고 뿐나를 설득했다.

"그와 우정을 깨뜨리지 말고 딸을 주면 여러 면으로 좋을 것이오."

뿐나는 결국 그들의 충고를 받아들여 아살하의 보름날 그에게 딸을 주었다.

웃따라[28]와 기생 시리마

---

[28] 웃따라 난다마따Uttarā Nandamātā: 그녀는 라자가하의 뿐나(Puṇṇa 또는 Puṇṇaka)의 딸로 태어났다. 그녀는 아버지와 함께 부처님의 법문을 듣고 수다원과를 성취했다. 청정도론(Vis12.34)에서는 시리마가 뜨거운 기름을 머리에 부었는데도 상처를 입지 않은 것을 삼매가 충만함에 의한 신통이라고 언급하고 있다. 경전에는 난다마따(난다의 어머니)라는 이름이 두 사람 등장한다. 한 명은 웃따라 난다마따이고 다른 한 명은 웰루간따

웃따라는 시댁에 가서 살게 되면서부터 비구 비구니 스님을 만날 수 없었고, 공양도 올릴 수 없었고, 법문도 들을 수 없었다. 두 달 반이 지나자 그녀는 자신을 시중드는 하녀를 불러 물었다.

"안거가 얼마나 남았지?"

"보름 남았습니다, 마님."

웃따라는 심부름꾼을 보내 아버지에게 말했다.

"어쩌자고 이런 감옥에 저를 집어넣으셨어요? 이처럼 불교를 믿지 않는 집에 나를 보낸 것보다 차라리 낙인을 찍고 하녀라고 사람들에게 속이는 것이 더 좋았을 거예요. 이 집에 들어온 날부터 스님들을 한 분도 뵐 수 없고 한 번도 공덕을 지을 기회가 없어요."

그녀의 아버지는 이 전갈을 듣고 기분이 우울해져서 말했다.

"오, 내 딸이 정말 불행하게 사는구나!"

그래서 그는 1만5천 냥의 돈을 딸에게 보내며 이같이 말했다.

"이 도시에 시리마라는 기생이 있는데 그녀는 하룻밤에 천 냥을 받는다고 하는구나. 이 돈으로 그녀를 사서 남편을 시중들게 하고 너는 그동안 공덕을 짓도록 해라."

웃따라는 시리마를 불러서 말했다.

"이 돈을 받고 보름 동안 내 남편을 좀 모시도록 하세요."

"좋습니다."

시리마가 계약에 동의하자 웃따라는 그녀를 데리고 남편에게 갔다. 남편

끼 난다마따 Velukaṇṭaki Nadamātā다. 앙굿따라 니까야(A2.12.4)에서 본받아야 할 대표적인 여자 신도로 쿳줏따라와 웰루깐따끼 난다마따를 언급하고 있다. 웃따라 난다마따와 웰루깐따끼 난다마따를 동일 인물이라는 보는 사람도 있다. 앙굿따라 니까야(A1.14)에서는 웃따라 난다마따를 여자 신도들 중에서 선정 제일(jhāyinaṃ)이라고 언급하고 있다. 그녀는 죽어 삼십삼천에 태어났다. 목갈라나 장로가 삼십삼천을 방문했다가 그녀와 대화를 나누고 돌아와 그녀가 그곳에 태어났음을 증언했다.

이 시리마를 보고 물었다.
"무슨 일이오?"
"여보, 보름 동안 이 여인이 당신을 모실 겁니다. 나는 보름 동안 공양을 올리고 법문을 듣도록 하겠어요."
방탕한 남편은 너무나 아름다운 시리마를 보고 욕정에 사로잡혀 아내의 말에 즉시 동의했다.
"좋소. 그렇게 하시오."

웃따라는 부처님과 스님들을 초청했다.
"부처님이시여, 앞으로 해제날까지 보름 동안 다른 곳에 가지 마시고 여기 오셔서 공양하십시오."
그녀는 부처님의 승낙을 얻자 기쁨이 차올라 중얼거렸다.
'오늘부터 해제날까지 부처님께 공양을 올리고 법문을 들을 기회를 얻었다.'
그녀는 필요한 음식을 준비하느라 부엌에서 분주하게 돌아다니며 하녀들에게 지시했다.
"우유죽은 이렇게 끓이세요. 과자는 이렇게 구우세요."

'내일은 자자自恣를 하는 해제날이군.'
그녀의 남편은 그렇게 생각하며 창가에 서서 부엌을 내려다보고 있었다.
'저 바보 같은 여편네는 도대체 뭣하고 있는 거지?'
아내는 해제날 음식을 준비하느라 여기저기 분주하게 돌아다니고 있었다. 온몸은 땀으로 범벅이 됐고, 군데군데 재가 붙어 있었으며, 얼굴은 숯검정이 묻어 새까맸다. 남편은 그녀를 바라보며 생각했다.
'저 여자는 저런 곳에서 비지땀을 흘리며 일이나 할 줄 알았지 안락하고 호사스러운 생활은 즐기지 못하는 바보로구나. 내일 까까머리 중들을 대접한다는 생각에 기뻐서 저렇게 설치고 돌아다니고 있다니.'
그는 웃으며 창가를 떠났다.

마침 가까이에 있던 시리마는 그가 무얼 보고 웃었는지 궁금해서 창문으로 다가가서 내려다보다가 웃따라를 발견했다.

'그녀를 보고 웃었구나. 둘 사이의 깊은 애정 때문에 웃었겠지?'

시리마는 보름 동안 이 집에서 첩노릇을 하며 살고 있었지만, 호사스러운 사치를 즐기다보니 돈 받고 고용된 첩이라는 것도 까맣게 잊어버리고 자신이 안주인이라고 착각하고 있었다.

시리마는 웃따라에 대한 극도의 질투심이 일어나 중얼거렸다.

'그녀에게 고통을 주어야겠다.'

그녀는 계단으로 뛰어 내려가서 과자를 튀기느라 펄펄 끓고 있는 버터기름을 한 국자 가득 퍼서 웃따라에게 다가갔다. 웃따라는 다가오는 시리마의 의도를 알아차리고 중얼거렸다.

'이 여인은 나에게 커다란 도움을 주었다. 그녀의 커다란 친절에 비하면 이 세상이 오히려 좁고 범천은 오히려 낮다. 그녀의 도움으로 나는 공양을 올리고 법문을 들을 기회를 얻었다. 내가 그녀에게 화를 낸다면 버터기름이 내 몸을 태울 것이고 화내지 않는다면 태우지 않을 것이다.'

그녀는 증오를 품고 다가오는 그녀를 대상으로 삼아 자애삼매에 들었다. 시리마가 펄펄 끓는 버터기름을 머리에 끼얹었을 때 그녀는 버터기름을 차가운 물처럼 느끼며 몸에 아무런 상처도 입지 않았다.[29]

"다음 국자는 훨씬 더 시원할 것이다."

시리마는 빈정대며 두 번째로 버터기름을 한 국자 가득 퍼서 웃따라에게 다가갔다.

웃따라의 하녀들이 그녀를 쫓아내려고 소리 질렀다.

"썩 꺼져라, 이 극악무도한 계집아! 네가 무슨 권리로 우리 마님에게 기

---

29) 청정도론 제12장 신통변화(Vis12.34)에 웃따라가 뜨거운 기름을 뒤집어쓰고도 무사한 것을 삼매가 충만함으로 인한 신통이라고 언급하고 있다.

름을 끼얹었단 말이냐!"

부엌에서 일하던 하녀들이 모두 달려와 그녀를 발로 차고 주먹으로 때리고 바닥에 쓰러뜨렸다. 웃따라는 그녀들을 말리고 싶었지만, 기름을 뒤집어쓴 뒤라 한참을 움직이지 못하고 있다가 가까스로 시리마의 몸에서 하녀들을 밀어내며 그녀에게 말했다.

"왜 그런 나쁜 짓을 했어요?"

웃따라는 시리마를 데리고 가서 뜨거운 물로 목욕시키고 얻어맞은 곳에 약을 정성껏 발라주며 치료해 주었다.

시리마는 그제야 자신이 고용된 첩이라는 사실을 깨달았다.

'내가 너무나 나쁜 짓을 저질렀구나. 주인이 그녀를 보고 웃었다고 머리에 뜨거운 기름을 끼얹었다니! 그럼에도 불구하고 그녀는 나를 붙잡으라고 하녀들에게 명령하지 않고 오히려 나를 때리고 있는 하녀들을 밀쳐내고 치료까지 해 주다니! 그녀에게 용서를 구하지 않으면 내 머리가 쪼개지고 말 것이다.'

시리마는 즉시 웃따라의 발아래 무릎을 꿇고 말했다.

"용서해 주십시오, 마님."

"나의 아버지가 용서한다면 나도 용서하겠어요."

"알겠습니다, 마님. 그럼 당신 아버지인 뿐나 재정관에게 용서를 구하겠어요."

"뿐나는 세간의 아버지이고 출세간의 아버지는 따로 있어요."

"그럼 누가 출세간의 아버지인가요?"

"올바로 스스로 위없는 깨달음을 얻으신 부처님입니다."

"나는 그분에게 신심이 없는데요?"

"한 번 만나보면 신심이 생길 것입니다. 내일 부처님께서 스님들과 함께 여기에 오십니다. 당신이 공양을 준비해서 올리고 용서를 구하십시오."

"그렇게 하겠습니다, 마님."

시리마는 자리에서 일어나 자기 집으로 가서 500명의 시녀와 함께 여러 가지 맛있는 음식을 만들었다. 다음 날 그녀는 준비한 음식을 가지고 웃따라의 집으로 갔다. 그녀는 감히 부처님과 스님들의 발우에 음식을 올리지 못하고 한쪽에 서 있었다. 웃따라는 그녀가 준비한 음식을 스님들에게 골고루 나누어드렸다. 공양이 끝나고 시리마가 하녀들과 함께 부처님 발아래 엎드려 삼배를 올리자 부처님께서 말씀하셨다.

"그대는 무슨 잘못을 했는가?"

"부처님이시여, 어제 저는 악행을 저질렀습니다. 그러나 그녀는 저를 때리는 하녀들을 말렸습니다. 저는 솔직히 그녀의 친구가 될 자격이 없습니다. 그녀의 친절과 자비에 고마움을 느끼며 용서를 구했는데, 그녀가 부처님께서 용서하시면 자기도 용서하겠다고 했습니다."

"웃따라여, 이 말이 사실인가?"

"사실입니다, 부처님. 이 여인이 펄펄 끓는 버터기름을 제 머리에 끼얹었습니다."

"그때 무슨 마음을 가졌는가?"

"'이 여인의 크고 높은 친절에 비하면 이 세상은 오히려 좁고 범천 세계는 오히려 낫다. 그녀의 도움으로 나는 공양도 올리고 법문도 들을 수 있었다. 내가 만약 화를 낸다면 버터기름이 나를 태울 것이고, 조금이라도 화가 없다면 나를 태우지 않을 것이다.'라고 생각하고 자애의 마음으로 가득 채웠습니다."

"사두! 사두! 사두!(잘했다!) 그것이 화를 이겨내는 올바른 방법이다. 분노는 자애로 이겨내고, 비방과 중상은 비방과 중상을 참음으로써 이겨낸다. 인색은 자기 것을 보시함으로써 이겨내고, 거짓말은 진실을 말함으로써 이겨낸다."

부처님께서는 이렇게 말씀하시고 게송을 읊으셨다.

분노는 자비로 이겨내고
악은 선으로 이겨내라.
인색은 보시로 이겨내고
거짓말은 진실한 말로 이겨내라.(223)

네 번째 이야기
작은 공덕으로 천상에 태어난 천신들

부처님께서 제따와나에 계실 때 마하목갈라나 장로와 관련해서 게송 224번을 설하셨다.

어느 때 장로가 천상에 올라가 어떤 천녀가 그녀의 저택 앞에 서 있는 것을 보았다. 천녀가 장로를 보고 다가와 인사하자 장로가 물었다.
"천녀여, 그대는 어떻게 천상에 태어나는 영광을 얻었는가?"
"오, 장로님, 그건 묻지 마십시오."
천녀는 자신이 지은 공덕이 아주 사소해서 말하기 부끄러웠던 것이다. 장로가 대답해 달라고 거듭 요청하자 천녀가 말했다.
"장로님, 저는 공양을 올리지도 않았고, 인사를 올리거나 법문을 듣지도 않았습니다. 저는 단지 진실만을 말한 공덕으로 천상에 태어난 것입니다."

장로가 또 다른 저택에 가서 다가오는 천녀들에게 차례로 질문을 던졌다. 그들도 자신이 지은 공덕을 숨기려고 했지만, 장로의 끈질긴 질문을 거절하지 못하고 대답했다.
"장로님, 저는 공양을 올리거나 어떤 종교적인 행위를 해 본 적이 없습니다. 저는 다만 깟사빠 부처님 당시에 아주 거칠고 잔인한 주인 밑에서 일하는 하인이었습니다. 주인은 막대기든 지팡이든 뭐든지 손에 잡히는 대로 들고 두들겨 패는 사람이었습니다. 저는 두들겨 맞아 화가 날 때마다 '그는 너의 주인이고 어떤 죄목이든 뒤집어씌우고 코나 손발을 자를 힘을 가지고 있으니 화내지 마라.'고 자신을 꾸짖으며 화를 잠재웠습니다. 그렇게 해서 천상의 영광을 얻은 것입니다."

또 다른 천녀가 말했다.
"장로님, 저는 사탕수수밭을 지키고 있을 때 사탕수수 한 줄기를 스님에게 공양을 올린 적이 있습니다."

"장로님, 저는 띰바루사카 나무 열매를 올린 적이 있습니다."
"장로님, 저는 엘라루까 열매를 올린 적이 있습니다."
"장로님, 저는 한 다발의 무를 올린 적이 있습니다."
"장로님, 저는 님바 열매를 올린 적이 있습니다."
그들은 자신들이 지은 아주 조그마한 보시를 언급하며 말했다.
"이 공덕으로 천상의 영광을 얻은 것입니다."

장로는 그녀들이 이전에 지은 공덕을 들은 후 부처님께 다가가서 여쭈었다.
"부처님이시여, 단지 진실만을 말함으로써, 일어난 화를 참고 인내함으로써, 띰바루사카 열매 하나를 보시함으로써, 천상의 영광을 얻는 것이 가능합니까?"
"목갈라나여, 왜 그런 걸 내게 묻는가? 천녀들이 그대에게 이미 대답하지 않았던가?"
"부처님이시여, 그런 사소한 행위로 천상의 영광을 얻을 수 있다는 것을 저는 확신합니다."
"목갈라나여, 단지 진실만을 말하고, 단지 분노를 가라앉히고, 단지 사소한 보시로서 천상의 영광을 얻을 수 있다."
부처님께서는 이렇게 말씀하시고 게송을 읊으셨다.

**진실을 말하고
화내지 말고
조그마한 것이라도 구하는 사람에게 베풀어라.
이 세 가지 행위로 천상에 갈 수 있다.** (224)

다섯 번째 이야기
부처님을 자기 아들이라고 주장하는 바라문 부부[30]

부처님께서 사께따의 안자나와나[31]에 계실 때 비구들의 질문과 관련해서 게송 225번을 설하셨다.

어느 때 부처님께서 비구들과 함께 탁발하려고 사께따로 들어가셨다. 사께따에 살고 있는 한 바라문이 도시에서 나오다가 성문으로 들어가려는 부처님을 보고 발아래 엎드려 발목을 부여잡고 말했다.

"사랑하는 아들아, 부모가 늙으면 와서 돌보아주는 것이 아들의 도리가 아니냐? 어째서 그렇게 오랫동안 나타나지 않았느냐? 너를 본 것은 이번이 처음이다. 네 어머니를 보러 가자."

바라문은 부처님의 손을 잡고 자기 집으로 데리고 갔다. 부처님께서 비구들과 함께 그의 집에 들어서서 준비된 자리에 앉으셨다.

바라문의 아내도 부처님께 다가와서 발아래 엎드려 말했다.
"사랑하는 아들아, 그동안 어디 있었느냐? 부모가 늙으면 돌아와서 돌보아야 하지 않느냐?"

그녀는 아들과 딸들을 부처님께 인사시켰다.
"네 형이다. 네 오빠다. 인사해라."

바라문 부부는 기쁜 마음으로 부처님과 비구들에게 공양을 올리고 말했다.
"매일 우리 집에 와서 공양해라."

---

30) 이 이야기는 사께따 자따까(Sāketa Jātaka, J68)에서 유래한다.
31) 안자나와나Añjanavana: 꼬살라의 옛 수도이며 사왓티에서 7요자나 떨어진 사께따Sāketa에 있는 숲이다. 부처님께서는 이 숲속에 있는 사슴동산(migadāya)에서 자주 머무셨다. 안자나 넝쿨나무가 무성해서 그렇게 불렸다고 한다.

"여래는 한 장소에서만 공양할 수 없습니다."

"그러면 너를 초청하는 사람들이 오면 내게 보내라."

그때부터 부처님은 공양을 초청하러 사람들이 오면 바라문 부부에게 보냈다.

"바라문에게 가서 이야기하시오."

그러면 사람들은 바라문에게 가서 말했다.

"우리가 내일 공양에 부처님을 초청했습니다."

다음 날 바라문은 자기 집에서 밥과 반찬을 준비해 항아리에 담아서 부처님이 계시는 집으로 가서 올렸다. 공양청이 없는 날에는 부처님은 항상 바라문의 집에서 공양하셨다. 바라문 부부는 정기적으로 부처님께 공양을 올리고 법문을 들었고, 시간이 흘러 아나함과를 성취했다.

비구들이 법당에서 이야기를 나누기 시작했다.

"스님들이여, 그 바라문은 부처님의 아버지인 숫도다나 왕과 어머니인 마하마야에 대해 아주 잘 알고 있는 모양입니다. 그래서 부부가 부처님을 보고 '나의 아들아'라고 불러도 부처님께서는 그런 호칭을 묵인하십니다. 여기에 대해 누구 아시는 분 있습니까?"

부처님께서는 이런 이야기가 들려오자 비구들에게 말씀하셨다.

"비구들이여, 그 부부가 나에게 '아들아'라고 말할 때는 과거생에 내가 그 부부의 아들이었기 때문이다."

부처님께서는 그 부부와의 과거생의 인연에 대해 간략히 말씀하셨다.[32]

---

32) 이와 비슷한 부부가 나꿀라삐따(Nakulapita, 나꿀라의 아버지)와 나꿀라마따(Nakulamātā, 나꿀라의 어머니) 부부가 있다. 이 부부도 위와 마찬가지로 500생은 부처님의 부모였고, 500생은 백부와 백모였고, 500생은 숙부와 숙모였다고 한다. 앙굿따라 니까야(A1.14)에서는 이 부부를 부처님과 친근한 자 가운데서 제일이라고 언급하고 있다. 하지만 그들은 박가국의 숭수마라기리에 살았으므로 위의 부부가 사는 사께따와 장소가 다르다. 하지만 장소만 다를 뿐 이야기는 비슷하다. 그렇다고 같은 인물이라고

"비구들이여, 과거생에 이 바라문은 500생 동안 나의 아버지였고 500생 동안 숙부였고 500생 동안 할아버지였다. 바라문의 아내는 과거생에 500생 동안 나의 어머니였고 500생 동안 숙모였고 500생 동안 할머니였다. 그렇게 이 바라문이 1천500생 동안 나를 키웠고 바라문의 아내가 1천500생 동안 나를 키웠다."

부처님께서는 그렇게 3천 생 동안 그들의 자식이었다고 설명하시고 게송을 읊으셨다.

처음 보는 순간일지라도
그에게 만족감을 느끼면
그에게 믿음이 생겨난다.

과거의 인연이든 금생의 처음 만남이든
사랑은 물속의 수련처럼 피어오른다.

그곳에 머무는 3개월 동안 부처님께서는 주로 바라문의 집에 가서 공양하셨다. 3개월이 지나자 부부는 아라한과를 성취하고 대열반에 들었다. 사람들은 부부의 시신에 꽃과 향을 올리고 꽃마차에 싣고 화장터로 향했다. 부처님께서도 비구들과 함께 영구차의 뒤를 따랐다.

"그 부부는 부처님의 아버지 어머니였다."

이 말이 퍼지자 많은 사람이 장례식에 참석했다. 부처님께서는 화장터 가까이에 있는 회당에 들어가 계셨고 사람들이 다가와서 위로하며 말했다.

"부처님이시여, 아버지 어머니께서 돌아가셨다고 너무 슬퍼하지 마십시오."

사람들은 부처님을 위로했다. 부처님께서는 '그런 말 하지 마시오.'라고 하지 않고 이 특별한 경우에 맞는 '늙음 경'[33]을 설하셨다.

단정 지을 근거는 없다.
33) 늙음 경(Jarā Sutta): 숫따니빠따 제4장(Sn4.6)에 나오는 경이다.

인생은 짧고 백 살을 넘기지 못하고 죽네.
오래 살려고 해도 결국엔 늙고 죽음이 오네.

'내 것'이라고 여겨 슬퍼하지만,
영원한 소유란 없네.
결국 작별해야 한다는 것을 안다면
세속에 머물지 말게나.

'이것은 내 것이다.'라고 생각하지만
죽을 때 가져갈 수 없네.
이 사실을 안다면, 지혜로운 친구여,
'내 것'이라고 여기지 말게나.

꿈속에서 보았던 것들을 깨어나면 볼 수 없듯이,
사랑하는 사람이 죽으면 역시 볼 수가 없네.

살아생전에 보고 듣고 이름도 불러보지만,
죽으면 이름만 남을 뿐이네.

내 재산이라고 탐욕을 부리면
슬픔과 한탄, 인색함을 피하지 못하네.
그러므로 안전함을 찾은 성인은
소유를 버리고 구름처럼 유행하네.

홀로있음을 좋아하고 숲속에 머무는 비구가
거처에서 자신의 모습을 드러내지 않는 것은
그에게 매우 어울리는 일이네.

어디에도 의지하지 않고
좋아하지도 싫어하지도 않는 성인에게
슬픔과 인색이 물들지 않네.

마치 연잎이 물방울에 물들지 않듯이.

연잎이 물방울에 물들지 않듯이
연꽃이 물방울에 물들지 않듯이
성인은 보고 듣고 인식한 것에 물들지 않네.

청정한 이는 보고 듣고 인식한 것에 미혹되지 않고
청정하게 되는 것도 원치 않네.
그는 이미 열정과 냉정에서 벗어났기 때문이네.

비구들은 바라문 부부가 대열반에 든 것을 모르고 부처님께 여쭈었다.
"부처님이시여, 그들의 미래는 어디입니까?"
"비구들이여, 그들과 같은 아라한 성인들에게 미래란 없다. 그들은 영원하고 죽음이 없는 경지인 대열반에 들었다."
부처님께서는 이렇게 말씀하시고 게송을 읊으셨다.

남을 해치지 않고
언제나 몸을 잘 다스리는 지혜로운 이는
슬픔이 없는
불사不死의 세계에 이른다.(225)

여섯 번째 이야기
밤늦게까지 일한 여종 뿐나의 깨달음

부처님께서 깃자꾸따에 계실 때 라자하가의 부잣집 여종 뿐나와 관련해서 게송 226번을 설하셨다.

어느 날 여종 뿐나는 많은 쌀을 가루로 빻으라는 지시를 받고 밤늦도록 불빛 아래에서 쌀을 빻고 있었다. 그녀는 너무 힘들고 피곤해서 잠시 쉬려고 밖으로 나와 땀에 젖은 몸을 바람에 식히고 있었다. 그 당시 답바 말라뿟따는 스님들에게 방을 배정하고 안내하는 지객知客 소임을 맡고 있었다. 밤이 늦도록 정진하고 법문을 들은 비구들이 각자의 방으로 돌아갈 때 답바 말라뿟따는 신통으로 손에서 광명을 만들어 돌아가는 비구들에게 어두운 밤길을 비춰주고 있었다. 뿐나는 멀리서 비구들이 불빛을 비추며 산을 따라 내려가는 것을 보고 생각했다.

'나는 지겨운 일을 어쩔 수 없이 해야 하는 불행한 운명이어서 밤늦도록 잠도 자지 못하고 일을 한다지만, 근심 걱정이 없는 편안한 스님들은 어째서 밤늦도록 잠을 자지 않고 있을까?'

그녀는 곰곰이 생각한 끝에 나름대로 결론을 내렸다.

'저기 사는 어떤 스님이 병에 걸렸거나 아니면 뱀에 물려 고통 받고 있는 모양이다.'

새벽이 오자 그녀는 쌀가루를 반죽해서 과자를 만들어 숯불에 구우며 중얼거렸다.

'강으로 목욕하러 가는 길에 먹어야겠다.'

그녀는 옷자락에 과자를 넣고 물항아리를 들고 강으로 목욕하러 갔다.

부처님께서도 탁발하려고 뿐나가 걷는 같은 길을 지나 마을로 가고 계셨다. 뿐나는 부처님을 보고 생각했다.

'이제까지 내가 부처님을 만났을 때는 공양을 올릴 음식이 없었고, 음식이 있을 때는 부처님을 만날 수 없었다. 그런데 오늘은 부처님도 만나고 공양을 올릴 음식도 있다. 부처님께서 거친 음식이든 맛있는 음식이든 가리지 않고 받아주신다면 이 과자를 올려야겠다.'

그녀는 물항아리를 한쪽에 내려놓고 부처님께 삼배를 올리고 말씀드렸다.

"부처님이시여, 이 거친 음식을 받아주시고 저에게 축복을 내려주소서."

부처님께서는 아난다 장로를 쳐다보았다. 장로는 가사자락에서 부처님의 발우를 꺼내드렸다. 부처님께서는 발우를 받아서 뿐나에게 내밀어 그녀가 올리는 과자를 받으셨다. 뿐나는 과자를 부처님 발우에 넣어드리고 오체투지로 삼배를 올리고 서원을 세웠다.

"부처님이시여, 부처님께서 보셨던 진리를 저도 볼 수 있게 되기를 원합니다."

"그렇게 되리라."

부처님은 그 자리에 앉아 드시지 않고 서서 공양 축원을 해 주시자 뿐나에게 의심이 일었다.

'부처님은 과자를 받고 축원을 해 주셨지만 직접 드시지는 않을 거야. 얼마쯤 가다가 까마귀나 개의 밥으로 주겠지. 그리고 왕이나 왕자의 집으로 가서 맛있는 음식을 드실 거야.'

부처님은 그녀가 무슨 생각을 하고 있는지 아시고 아난다 장로를 바라보며 앉고 싶다는 생각을 넌지시 비쳤다. 장로가 두겹가사를 펴서 자리를 만들어 드리자 부처님께서 자리에 앉아 공양을 드셨다. 벌집을 짜서 꿀을 모으듯이 천신들이 천상의 감로수를 짜서 부처님의 음식에 넣어드렸다. 뿐나는 부처님께서 자기가 올린 음식으로 공양을 드시는 것을 옆에 서서 지켜보았다. 부처님께서 공양을 마치시자 장로가 물을 떠다드렸다. 부처님께서는 물을 드시고 나서 뿐나에게 말씀하셨다.

"뿐나여, 그대는 왜 나의 제자들을 비난하는가?"

"부처님이시여, 저는 스님들을 비난한 적이 없습니다."

"그대는 간밤에 나의 제자들을 보고 무슨 생각을 했는가?"

"부처님이시여, '나는 비참하게 태어나 힘든 일을 어쩔 수 없이 해야 한다지만, 근심걱정 없는 스님들은 무슨 일로 밤늦도록 잠도 자지 않고 있는가? 아마도 어떤 스님이 병에 걸렸거나 뱀에 물려 고통을 받고 있는 모양이다.'라고 생각했습니다."

"뿐나여, 그대는 힘든 일을 하느라 잠을 자지 못하지만, 나의 제자들은 위없는 깨달음을 얻기 위해서 열심히 알아차리며 정진해야 하므로 밤늦게까지 잠을 자지 않는다."

부처님께서는 이렇게 말씀하시고 게송을 읊으셨다.

늘 깨어있고
밤낮으로 배우고 익히며
열반을 향해 마음을 기울이는 이에게
번뇌34)가 모두 사라진다.(226)

이 게송 끝에 뿐나는 선 채로 수다원과를 성취했다. 대중들 또한 많은 이익을 얻었다.

부처님께서는 뿐나가 쌀가루를 반죽해 숯불에 구운 과자로 공양을 마치고 사원으로 돌아가셨다. 비구들도 탁발에서 돌아와 법당에 모여 이야기를 나누었다.

---

34) 번뇌(āsava): 아사와āsava의 문자적인 의미는 '흐르는 것'으로 마음에 해로운 상태가 계속 흘러가는 것을 말한다. 번뇌에는 네 가지 종류가 있다. ① 감각적 욕망의 번뇌(kāma āsava) ② 존재의 번뇌(bhava āsava) ③ 사견의 번뇌(diṭṭhi āsava) ④ 무명의 번뇌(avijjā āsava)이다. 감각적 욕망의 번뇌는 욕계에 대한 집착이고 존재의 번뇌는 색계와 무색계에 대한 집착이다.

"스님들이여, 부처님께서 뿐나가 쌀가루로 만든 과자로 공양을 드신 것은 정말 어려운 일입니다!"
이때 부처님께서 들어오셔서 물으셨다.
"비구들이여, 여기 모여서 무슨 이야기를 나누고 있는가?"
비구들이 대답하자 부처님께서 말씀하셨다.
"비구들이여, 그녀가 준 붉은 쌀가루를 먹었던 적이 이번이 처음이 아니다. 과거생에서도 그런 일이 있었다."
부처님께서는 이렇게 말씀하시면서 꾼다까신다와뽀따까 자따까를 이야기해 주셨다.

어떤 말 장사꾼이 웃따라빠타에서 베나레스로 말을 몰고 가는 도중에 한 가난한 노파의 집에서 머물렀는데, 자기의 순종 암말이 새끼(보디삿따)를 낳았다. 노파(뿐나)가 숙박비 대신 그 새끼 말을 달라고 해서 장사꾼은 새끼를 노파에게 주었다. 노파는 새끼를 마치 자식 키우듯이 쌀밥, 쌀죽, 볶은 밥, 다진 고기 등을 먹여 정성껏 키웠다. 어느 날 장사꾼이 500마리의 말을 이끌고 지나가다가 또 노파의 집에서 머물게 됐다. 그런데 말들이 감히 우리 속으로 들어가려 하지 않았다. 그것은 우리 안에 말의 왕이 살고 있었기 때문이다. 그는 노파에게 그 말을 다시 팔라고 요청했고, 노파는 많은 돈을 받고 팔았다. 장사꾼은 그 말이 진정한 말의 왕인지 확인해 보려고 평범하고 맛없는 음식을 준비해서 한 양동이 주었다. 말은 먹기를 거절하고 자기와 같은 말의 왕에게는 그에 걸맞은 음식을 주어야 한다고 주장했다. 그는 말을 왕에게 올렸고 왕은 그 말이 놀라운 능력을 지닌 천리마라는 것을 확인하고 어마御馬로 지정하고 왕이 먹는 음식과 같은 음식을 먹이고 왕이 자는 것과 같은 화려한 건물에 재웠다. 그리고 얼마 후 왕은 모든 인도를 지배하게 됐다.

(Kuṇḍakasindhavapoka Jātaka, J254)

너는 풀 찌꺼기나 붉은 쌀죽 더껑이를 먹고
이제까지 살아 왔으면서 왜 오늘은 먹지 않겠다는 것이냐?

당신은 나의 혈통과 능력을 모르시는 모양인데
바라문이여, 붉은 쌀죽 더껑이는 그만두시오
나는 고귀한 혈통의 말이라는 것을 잘 알아두시오
나는 나의 혈통을 알고 있고
그걸 알기 때문에 붉은 쌀죽 더껑이는 먹을 수 없소

일곱 번째 이야기
누구의 법문에도 만족하지 못하는 아뚤라

부처님께서 제따와나에 계실 때 재가신도 아뚤라와 관련해서 게송 227, 228, 229, 230번을 설하셨다.

아뚤라는 사왓티에 사는 재가신도로 500명의 제자를 거느리고 있었다. 어느 날 그는 제자들을 데리고 법문을 들으러 사원으로 갔다. 그는 레와따 장로의 법문을 듣고 싶어 레와따 장로에게 가서 삼배를 올리고 한쪽에 공손하게 앉았다. 레와따 장로는 고독한 은둔자여서 사자처럼 홀로 있기를 좋아할 뿐 아뚤라에게 한마디도 해주지 않았다.

'장로님은 한마디도 해주지 않는구나.'
아뚤라는 화가 나서 자리에서 일어나 사리뿟따 장로에게 가서 한쪽에 공손하게 서 있었다.
"무슨 일로 오셨습니까?"
사리뿟따 장로가 묻자 아뚤라가 대답했다.
"장로님, 제가 제자들을 데리고 레와따 장로님께 갔었는데 장로께서는 아무 말씀도 해주시지 않았습니다. 그래서 화가 나서 여기로 온 것입니다. 우리들에게 법을 설해 주십시오."
"좋습니다. 앉으십시오."
사리뿟따 장로는 즉시 아비담마를 자세하게 설명해 주었다.

아뚤라는 법문을 들으며 생각했다.
'아비담마는 너무 심오하고 난해하다. 장로님께서 아비담마를 길게 설하시는데 그게 우리에게 무슨 소용이 있단 말인가?'
그는 또 제자들을 데리고 아난다 장로에게 갔다.
"무슨 일로 오셨습니까?"
아난다 장로가 묻자 아뚤라가 대답했다.

"장로님, 우리가 법문을 들으려고 레와따 장로님께 갔는데 한마디도 듣지 못했습니다. 그래서 화가 나서 사리뿟따 장로님께 갔는데 장로님께서는 아비담마를 장황하게 설명해 주셨습니다. 그런데 아비담마가 우리에게 무슨 소용이 있겠습니까? 그래서 짜증이 나서 여기로 온 것입니다. 장로님께서 저희들에게 법을 설해 주십시오."

"좋습니다. 앉아서 잘 들으십시오."

아난다 장로는 법문을 아주 간략하지만 이해하기 쉽게 설해 주었다.

그러나 그들은 아난다 장로의 법문도 마음에 들지 않아 화를 내며 부처님께 가서 삼배를 올리고 공손하게 한쪽에 앉았다. 부처님께서 그들에게 물으셨다.

"재가신도들이여, 무슨 일로 왔는가?"

"부처님이시여, 법문을 들으려고 왔습니다."

"하지만 이미 법문을 듣지 않았는가?"

"부처님이시여, 처음에 우리는 레와따 장로님께 갔는데 아무 말씀도 없었습니다. 그래서 화가 나서 사리뿟따 장로님께 갔는데 장로님께서는 아비담마를 장황하게 설명해주셨습니다. 장로님의 법문은 이해할 수 없어 짜증이 날 뿐입니다. 그래서 다음에는 아난다 장로님께 갔는데 장로님께서는 법문을 너무 간략하게 설해 주셔서 기분이 언짢아 여기로 온 것입니다."

부처님께서 그들이 하는 말을 듣고 말씀하셨다.

"아뚤라여, 옛적부터 오늘날까시 아무 말이 없다고 비닌하고, 너무 말이 많다고 비난하고, 너무 말을 적게 한다고 비난하는 것은 사람들의 변함없는 습성이다. 비난만 받거나 칭찬만 받는 사람은 이 세상에 없다. 왕조차도 어떤 사람은 비난하고 어떤 사람은 칭찬한다. 땅에게도 해에게도 달에게도 심지어 사부대중 가운데 앉아서 법문하는 여래에게도 어떤 사람은 비난하고 어떤 사람은 칭찬한다. 어리석은 자들이 하는 비난과 칭찬은 고려해 볼 가치가 없다. 그러나 덕이 높고 지혜로운 사람을 비난하거나 칭찬하는 사람은 자신도 비난받거나 칭찬받아야 한다."

부처님께서는 이렇게 말씀하시고 게송을 읊으셨다.

아뚤라여!
이것은 옛적부터 있어온 일로
전혀 새로운 게 아니다.
사람들은 말없는 이도 비난하고
말 많은 이도 비난하고
알맞게 말하는 이도 비난한다.
세상에 비난받지 않을 이는 아무도 없다.(227)

늘 비난만 받거나
언제나 칭찬만 받는 사람은
이전에도 없었고
이후에도 없을 것이고
현재에도 없다.(228)

이 사람은 허물이 없고
바르게 살아가는 사람이며
지혜와 덕을 갖춘 사람이라고
현자들이 칭찬한다면,
황금같이 빛나는 그를
누가 감히 비난하랴?
천신들도 범천들도 그를 칭찬하거늘.(229-230)

여덟 번째 이야기
나무신발을 신고 돌아다니는 육군 비구[35]

부처님께서 웰루와나에 계실 때 육군 비구와 관련해서 게송 231, 232, 233, 234번을 설하셨다.

어느 날 육군 비구들이 나무신발을 신고 손에 지팡이를 들고 평편한 바위 위를 딸그락 딸그락거리며 요란하게 돌아다녔다. 부처님께서 이 나무신발의 딸그락거리는 소리를 듣고 아난다 장로에게 물으셨다.
"아난다여, 이게 무슨 소리인가?"
"부처님이시여, 육군 비구들이 나무신발을 신고 돌아다니는 소리입니다."
부처님께서는 이 말을 듣고 계율을 제정하셨다.
"비구는 나무신발을 신어서는 안 된다. 그렇게 하는 자는 계율을 범하는 것이다."
그리고 부처님께서는 '비구는 몸과 말과 마음을 잘 다스려야 한다.'고 말씀하시고 게송을 읊으셨다.

몸을 잘 지키고 다스려야 하나니
몸으로 못된 행위를 하지 말고
좋은 행위를 하라. (231)

입을 잘 지키고 다스려야 하나니
입으로 나쁜 말을 하지 말고
바른 말을 하라. (232)

마음을 잘 지키고 다스려야 하나니
마음으로 못된 생각을 하지 말고

---
35) 이 이야기는 율장 대품(VinMv. v. 6)에서 유래한다.

좋은 생각을 일으켜라.(233)

지혜로운 이는
몸과 말과 마음을 잘 지키고 다스리나니
그런 이가 진정
자신을 온전히 다스리는 사람이다.(234)

제18장 더러움

Mala Vagga

제18장 더러움 Mala Vagga

첫 번째 이야기
소백정과 그의 아들

부처님께서 제따와나에 계실 때 소백정과 관련해서 게송 235, 236, 237, 238번을 설하셨다.

사왓티에 소백정이 살고 있었다. 그는 소를 도축할 때 가장 맛있는 부위를 골라 요리해서 아내와 자식과 함께 먹고 나머지는 팔았다. 그는 55년간을 소를 도축하며 살았다. 그동안 내내 이웃 사원에 부처님이 계셨지만, 한 번도 공양을 올린 적이 없었고 부처님께서 탁발하며 지나가실 때 한 숟가락의 밥이나 죽을 올린 적도 없었다. 그는 고기가 없으면 밥을 먹지 않았다. 어느 날 아직 해가 떨어지지 않았을 때 그는 고기를 다 팔고 아내에게 한 근 정도의 고기를 요리해서 저녁을 준비하라고 일러놓고 연못으로 목욕하러 나갔다.

그가 집에 없을 때 친구가 와서 그의 아내에게 말했다.
"집에 손님이 왔는데 고기 한 근만 주시오."
"지금은 고기가 다 팔리고 없어요. 남편이 고기를 다 팔고 목욕하러 나갔어요."
"거절하지 마시고 집안에 고기 한 근만 있으면 주시오."
"남편이 저녁식사 때 먹으려고 남겨놓은 고기밖에 없어요."
소백정의 친구가 생각했다.
'그가 저녁식사 때 먹을 고기밖에 없다고 한다. 그는 고기가 없으면 밥을 못 먹으니 자신이 먹으려고 남겨놓은 고기는 절대로 주지 않겠지.'
친구는 허락 없이 남아 있는 고기를 들고 냉큼 가버렸다.

백정이 목욕하고 집으로 돌아오자 아내가 저녁식사로 밥과 나물반찬만 내왔다.

"고기반찬이 왜 없는 거요?"

"여보, 고기가 없어요."

"내가 나가면서 요리하라고 주지 않았소?"

"당신 친구가 와서 '집에 손님이 왔으니 팔려고 내놓은 고기 좀 주시오.'라고 하기에 '남편이 저녁에 먹으려고 남겨놓은 고기밖에 없어요. 그는 고기가 없으면 밥을 못 먹어요.'라고 대답했더니 당신 친구는 내 말을 무시하고 고기를 들고 가버렸어요."

"고기반찬이 없으면 밥을 먹지 않겠소. 밥상을 치우시오."

"지금 어쩌겠어요. 그래도 식사는 하셔야지요."

"먹지 않겠소."

그는 아내에게 밥상을 물리게 하고 칼을 들고 집을 나갔다.

집 뒤에는 황소 한 마리가 말뚝에 매어져 있었다. 그는 황소의 입에 손을 집어넣어 혓바닥을 잡아당기고 칼로 혀를 잘라서 집으로 돌아왔다. 그는 소 혓바닥을 숯불에 구워 쌀밥에 얹어놓고 먹기 시작했다. 그가 쌀밥을 한 숟갈 입에 넣고 고기 한 조각을 입에 넣는 순간 그의 혓바닥이 잘라져서 밥그릇 위로 떨어졌다. 그 순간 그동안 저질렀던 죄업과 똑같은 과보가 그에게 들이닥쳤다. 그는 입에서 피를 뚝뚝 떨어뜨리며 마당으로 내려가 두 손과 두 무릎으로 기어다니며 황소처럼 음매음매 울면서 고통에 몸부림쳤다.

백정의 아들은 아버지가 고통스러워하는 모습을 바라보며 공포에 휩싸였다. 어머니가 아들에게 말했다.

"아들아, 이 백정이 황소처럼 울며 두 손과 두 무릎으로 짐승처럼 기어다니는 것을 보아라. 천벌이 내린 것이다. 내게 신경쓰지 말고 너는 빨리 도망쳐서 목숨을 부지해라."

아들은 죽음에 대한 두려움으로 어머니에게 작별인사를 하고 도망쳐서 딱까실라로 갔다. 백정은 한참 동안 황소처럼 울며 네 발로 마당을 기어다니다가 죽어 무간지옥에 태어났다. 혀가 잘린 황소도 그날로 죽었다.

딱까실라로 간 백정의 아들은 금세공사의 도제가 됐다. 어느 날 스승이 마을에 나가면서 제자에게 말했다.
"이런 장신구를 만들어 놓아라."
스승이 외출하자 제자는 지시받은 대로 장신구를 만들었다. 스승이 돌아와서 장신구를 보고 생각했다.
'이 젊은이는 어디를 가든지 밥은 벌어먹고 살 수 있겠다.'
제자가 성년이 되자 스승은 딸과 결혼시켰다. 제자는 자식들을 낳아 대식구를 거느리게 됐다. 아들들은 다양한 금세공 기술을 익혀 사왓티로 가서 각자 가정을 꾸리며 살았다. 아들들은 부처님의 충실한 제자가 됐다. 그들의 아버지는 여전히 딱까실라에 살았다. 세월이 흘러 그도 백발노인이 됐지만 그동안 한 번도 공덕을 지어본 적이 없었다. 아들들은 늙은 아버지를 모셔야겠다고 생각했다.
'우리 아버지는 이제 노인이 됐다.'
아들들은 아버지를 모시고 효도하며 살았다.

아들들은 아버지의 다음생을 위해 공덕을 지어야겠다고 생각했다.
'아버지를 위해 공양을 올리자.'
아들들은 부처님과 스님들을 꽁양에 초내했다. 다음 날 아들들은 부처님과 스님들에게 자리를 제공하고 맛있는 음식을 올리고 세심한 주의를 기울이며 시중들었다. 식사가 끝나자 그들은 부처님께 말씀드렸다.
"부처님이시여, 저희가 올린 공양은 아버지의 미래를 위해 올린 것입니다. 아버지에게 좋은 법문을 들려주십시오."
부처님께서 그들의 아버지에게 말씀하셨다.
"재가신도여, 당신은 이제 노인이 됐습니다. 당신의 몸은 낡아서 시든 낙

엽과 같습니다. 당신은 저세상으로 여행할 양식을 준비하기 위해 선행을
한 적도 없습니다. 스스로 귀의처를 만들고 현명하게 행동하고 어리석은
자가 되지 마십시오."
부처님께서는 법문과 축원을 하고 게송을 읊으셨다.

> 그대는 시든 잎사귀
> 염라사자가 와서 기다리고 있네.
> 이제 죽음의 문턱에 서 있는데
> 아직도 노자를 마련하지 않았구나.(235)
>
> 오, 그대여!
> 자신을 섬으로 삼고
> 서둘러 노력하여 지혜를 갖추어라.
> 더러움을 없애고 번뇌에서 벗어나라.
> 그러면 머지않아 성인들의 세계에 들어가리라.(236)

이 게송 끝에 노인은 수다원과를 성취했고 군중들도 많은 이익을 얻었
다. 아들들은 다음 날도 부처님을 공양에 초대했다. 다음 날 부처님께서 공
양을 마치시고 법문하실 시간이 되자 아들들이 부처님께 간청했다.

"부처님이시여, 오늘 올린 공양도 저희 아버지를 위해 올린 것입니다. 아
버지에게 좋은 법문을 들려주십시오."

그래서 부처님께서는 법문하시고 게송을 읊으셨다.

> 목숨은 끝나가고
> 죽음은 다가오는데
> 가는 길에 쉴 곳도 없나니
> 아직도 노자를 마련하지 못했는가?(237)
>
> 오, 그대여!
> 자신을 섬으로 삼고

서둘러 노력하여 지혜를 갖추어라.
더러움을 제거하고 번뇌에서 벗어나라.
그러면 다시는 태어나 늙지 않으리.(238)

두 번째 이야기
조금씩 공덕을 쌓아가는 바라문

부처님께서 제따와나에 계실 때 어떤 바라문과 관련해서 게송 239번을 설하셨다.

어느 날 아침 바라문은 도시를 벗어나 스님들이 가사를 추스르는 곳에 가서 가사로 온몸을 감싸고 추스르는 것을 바라보았다. 그곳은 풀이 무성하게 자라고 있었다. 한 비구가 가사를 추스르는데 가사자락이 풀 위에 내린 이슬에 흠뻑 젖었다.

'풀을 깨끗이 제거해야겠다.'

다음 날 그는 곡괭이를 들고 가서 풀을 제거하고 마치 탈곡장처럼 깨끗하게 만들었다. 다음 날 그는 또 그곳으로 가서 비구들이 가사를 추스를 때 가사자락이 땅에 끌리며 먼지에 더러워지는 것을 보았다.

'여기에 모래를 뿌려야겠다.'

그는 강에서 모래를 가져와 땅위에 뿌렸다.

어느 날 그는 아침을 먹다가 불현듯 스님들이 가사를 입으면서 뜨거운 햇빛에 땀을 흘리는 것을 기억해냈다.

'여기에 천막을 쳐야겠다.'

그는 사람들을 시켜 천막을 쳤다. 또 어느 비 오는 날 아침 바라문은 비구들의 가사가 빗방울에 젖는 것을 보았다.

'여기에 건물을 하나 지어야겠다.'

그는 목수를 불러 건물을 세우고 건물이 완성되자 바라문은 낙성식을 거행했다.

'낙성식에 부처님과 스님들을 초청해 공양을 올려야겠다.'

그는 부처님과 스님들을 초청해 자리를 제공하고 공양을 올렸다.

공양이 끝나자 그는 법문을 듣기 위해 부처님의 발우를 받아들었다. 그리고 처음부터 건물을 완공하기까지 자기가 한 일을 모두 말씀드렸다. 부처님께서는 그의 이야기를 듣고 말씀하셨다.

"대중들이여, 지혜로운 이는 조금씩 자주 공덕을 쌓음으로써 과거생에 지은 악행의 때를 차근차근 제거한다."

부처님께서는 이렇게 말씀하시고 게송을 읊으셨다.

**차근차근 조금씩 조금씩 자주자주
지혜로운 이는 자신의 더러움을 닦아낸다.
은세공사가 은에서 불순물을 제거하듯이.**(239)

세 번째 이야기
가사에 대한 집착으로 이가 된 띳사 장로

부처님께서 제따와나에 계실 때 띳사 장로와 관련해서 게송 240번을 설하셨다.

사왓티에 사는 어느 귀족 가문의 젊은이가 출가해 스님이 됐다. 그는 비구계를 받고 띳사 장로로 불렸다. 비구가 된 그는 어느 시골 사원에서 머물다가 여덟 마 길이의 거친 천을 받았다. 안거가 끝나고 자자自恣를 마치자 그는 누이의 집으로 가서 천을 맡겼다. 누이는 천을 보고 생각했다.

'이건 내 동생이 입기에는 너무 거칠다.'

그녀는 날카로운 칼로 줄을 따라 자르고 다듬이질을 해서 천을 부드럽게 만들었다. 그리고 천에서 다시 실을 뽑아 실타래를 만들어 그 실로 다시 가사 천을 짰다. 장로는 실과 바늘을 얻어서 가사를 잘 만드는 젊은 비구와 사미들을 데리고 누이의 집으로 가서 말했다.

"내가 맡긴 천을 주세요. 가사를 만들어야겠어요."

누이는 아홉 마 길이의 가사 천을 꺼내 동생의 손에 놓았다. 장로가 천을 펼쳐보고 말했다.

"내 가사 천은 거칠고 여덟 마 길이인데 이 천은 부드럽고 아홉 마나 되잖아요. 이건 제 것이 아니고 누이 것이죠. 이건 필요 없으니 제가 맡긴 것을 주세요."

"스님, 이게 스님이 맡긴 바로 그 천이니 가져가세요."

장로는 계속 자기 것을 달라고 고집을 부렸다. 누이는 거친 천으로 재생천을 만들었다고 설명하면서 말했다.

"스님, 이게 바로 스님 것이라니까요."

결국 그는 그 천을 가지고 사원으로 가서 스님들에게 가사 만드는 일을 맡겼다. 누이는 쌀죽과 쌀밥과 반찬을 만들어서 가사 만드는 스님들에게 올렸다. 가사가 완성되자 띳사는 가사가 몹시 마음에 들어 어쩔 줄을 몰랐다.

'내일 이 가사를 입으리라.'

그렇게 생각하며 그는 가사를 곱게 접어 대나무 선반 위에 얹어놓았다.

그날 밤 장로는 먹은 음식을 소화시키지 못해 죽었다. 그는 가사에 강한 집착을 가진 채로 죽었기 때문에 바로 그 가사 속의 이로 태어났다. 누이는 동생이 죽었다는 것을 알고 스님들의 발아래 쓰러져 하염없이 땅을 치고 울부짖었다. 비구들은 장례식을 치르고 그가 남긴 유품을 어떻게 할 것인지 이야기를 나누었다.

"그가 병들었을 때 간호했던 사람이 아무도 없었으므로 이 가사는 승가의 소유입니다. 그러니 이 가사를 나누어 가집시다."

그러자 가사 속에 있던 이(띳사)가 비명을 질렀다.

"이 비구들이 내 가사를 빼앗으려고 한다!"

그렇게 비명을 질러대며 그는 가사 속을 날뛰며 돌아다녔다.

부처님께서 간다꾸띠에 앉아 계시면서 천이통天耳通으로 띳사의 비명소리를 듣고 아난다 장로에게 지시하셨다.

"아난다여, 비구들에게 가서 띳사의 가사를 일주일 동안만 가만히 놔두라고 해라."

장로가 그들에게 가서 말을 전했다. 일주일이 지나자 가사 속의 이는 죽어서 뚜시따 천에 천신으로 태어났다. 8일째 되던 날 부처님께서는 이같이 지시하셨다.

"띳사의 가사를 여러 조각으로 나누어 가져도 좋다."

비구들은 여기에 의문을 가졌다.

"부처님께서는 어째서 띳사의 가사를 일주일 동안 가만히 놔두었다가 8일째에 나누어 가지라고 하셨을까?"

부처님께서 들어와서 물으셨다.

"비구들이여, 여기 모여 앉아서 무슨 이야기를 나누고 있는가?"

비구들이 대답하자 부처님께서 말씀하셨다.

"비구들이여, 띳사는 자기 가사 속의 이로 태어났다. 그대들이 가사를 나누려고 할 때 그가 '내 가사를 빼앗으려고 한다!'고 비명을 질러대며 가사 속을 날뛰며 돌아다녔다. 그대들이 그때 가사를 나누어 가졌더라면 그는 그대들에게 원한을 품었을 것이고 그로 인해 지옥에 태어났을 것이다. 그 때문에 가사를 그냥 놔두라고 한 것이다. 그는 지금 뚜시따 천상에 천신으로 태어났다. 그래서 가사를 나누어도 좋다고 허용한 것이다."

비구들이 말씀드렸다.

"부처님이시여, 집착이란 정말 무서운 것입니다."

"그렇다, 비구들이여, 집착이란 이 세상에 사는 중생들에겐 정말 무서운 것이다. 철에서 나온 녹이 철을 파먹어 들어가 부식시켜 폐철로 만들듯이, 중생들의 마음에서 일어난 집착이 그를 지옥으로 끌고 가서 파멸로 몰아넣는다."

부처님께서는 그렇게 말씀하시고 게송을 읊으셨다.

철에서 나온 녹이
철을 부식시키듯이
자신이 저지른 악업이
자신을 나쁜 세계惡處로 끌고 간다.(240)

네 번째 이야기
아는 것도 없으면서 허풍이 심한 랄루다이

부처님께서 제따와나에 계실 때 랄루다이 장로와 관련해서 게송 241번을 설하셨다.

사왓티에는 5천만 명의 재가신도들이 살고 있었다. 그들은 아침을 먹기 전에 먼저 스님들에게 공양을 올리고 아침식사 후에는 버터기름, 기름, 꿀, 당밀, 가사 등을 가지고 사원으로 가서 스님들에게 올리고 법문을 들었다. 재가신도들은 법문을 듣고 돌아가면서 사리뿟따 장로와 목갈라나 장로의 덕을 극구 칭찬했다. 랄루다이 장로가 그들의 이야기를 듣고 말했다.

"두 장로의 법문만 들었기 때문에 그렇게들 이야기하는 모양인데, 내가 하는 법문을 들으면 뭐라고 말할지 궁금합니다."

이 말을 들은 신도들은 이렇게 생각했다.

'이분은 정말 대단한 법사 스님인 모양이다. 우리는 다음번에 꼭 이 장로님의 법문을 들어봐야겠다.'

어느 날 신도들이 장로에게 법문을 요청했다.

"장로님, 오늘은 저희가 모여서 법문을 듣는 날입니다. 저희가 스님들에게 공양을 올리고 나면 낮에는 아무쪼록 스님께서 법문해 주십시오."

법문을 들을 시간이 되자 신도들은 랄루다이 장로에게 가서 말했다.

"스님, 저희들에게 법을 설해 주십시오."

장로는 법상에 올라가 부채만 부칠 뿐 한마디 법문도 하지 못한 채 앉아 있다가 이렇게 말했다.

"나는 경전을 낭송하겠소. 법문은 다른 스님들에게 하라고 하시오."

그리고는 법상에서 내려왔다. 재가신도들은 다른 스님에게 법문을 부탁했다. 법문이 끝나자 재가신도들은 다시 장로에게 와서 법상에 올라가 경전을 낭송해 달라고 요청했다. 랄루다이 장로는 두 번째로 법상에 올랐지만 낭송은 더욱 할 줄 몰랐다.

"나는 밤에 경전을 암송하겠소. 낭송은 다른 스님보고 하라고 하시오."

재가신도들은 다른 스님에게 낭송을 부탁했다. 밤이 되자 신도들이 또 장로에게 와서 다시 법상으로 모셨다. 그는 낭송하는 법도 몰랐지만, 외우고 있는 경이 전혀 없었다.

"나는 새벽에 암송하겠소. 밤에 암송하는 것은 다른 스님에게 맡기시오."

그는 그렇게 말하고서 법상에서 내려왔다. 재가신도들은 밤중에 경전을 암송하는 것을 다른 스님에게 부탁했다. 새벽이 되자 그들은 다시 장로를 법상으로 모셨지만 마찬가지였다. 그러자 신도들이 그를 윽박질렀다.

"어리석은 스님이여, 우리가 사리뿟따 장로님과 목갈라나 장로님의 높은 덕을 찬양할 때 자신이 더 대단하다고 자랑하더니 왜 여기서는 아무 것도 하지 못합니까?"

장로가 도망을 치자 군중들이 쫓아갔다. 그는 도망치다가 분뇨구덩이에 빠지고 말았다.

대중들이 모여 그날의 사건을 이야기하고 있었다.

"랄루다이는 사리뿟따 장로와 목갈라나 장로를 찬양하는 소리를 듣고 질투가 일어나서 자기가 대단한 법사法師라고 선언했습니다. 그러자 신도들이 그에게 삼배를 올리고 '법문을 들려주십시오.'라고 요청해서 법상에 네 번이나 모셨는데 경전 한 문장도 외우지 못했습니다. 그래서 신도들이 '그러고도 사리뿟따 장로님과 목갈라나 장로님과 자신이 대등하다고 생각하십니까?'라고 말하며 윽박지르자 도망치다가 분뇨구덩이에 빠졌습니다."

부처님께서 가까이 오셔서 물으셨다.

"비구들이여, 여기 모여서 무슨 이야기를 나누고 있는가?"

비구들이 대답하자 부처님께서 말씀하셨다.

"그가 분뇨구덩이에 뒹군 것은 이번이 처음이 아니다. 과거생에서도 그런 일이 있었다."

부처님께서는 이렇게 말씀하시고 수까리까 자따까를 이야기해 주셨다.

어느 때 사자(사리뿟따)가 산속 동굴에 살았다. 근처 호수에는 많은 멧돼지들이 살고 있었고 가까운 곳에는 은둔자들이 살고 있었다. 어느 날 사자가 사냥해 온 짐승으로 포식하고 물을 마시러 호숫가로 갔다. 물을 마시고 나니 멧돼지(랄루다이) 한 마리가 보였다. 사자는 다음에 사냥감이 떨어지면 잡아먹을 생각에 멧돼지가 눈치 채지 않게 살금살금 걸어서 굴로 돌아가는데, 멧돼지는 살금살금 도망치는 사자를 보고 자기가 무서워 도망친다고 오판한 나머지 먼저 싸움을 걸었다. 사자는 지금은 배가 불러 싸우고 싶지 않았다. 그래서 둘은 일주일 후에 싸우기로 합의했다. 멧돼지는 너무나 기뻐서 동료들에게 돌아가 자기가 어떻게 사자를 물리쳤는지 자랑스럽게 떠벌렸다. 동료들은 그가 사자를 결코 이길 수 없으며 다음 번 사자를 만났을 때는 너는 죽은 목숨이라고 말했다. 멧돼지가 두려움에 떨며 그러면 어떻게 했으면 좋은지 묻자 이렇게 충고했다. 먼저 일주일 동안 은둔자의 분뇨구덩이에서 뒹군 다음, 몸에 묻은 오물이 마르면 이슬방울에 몸을 적셔서 약속 장소로 가서 바람이 불어오는 곳에 서 있으라고 했다. 멧돼지는 그렇게 자신의 몸을 분뇨로 무장하고 싸움터로 나갔다. 사자는 분뇨 냄새를 맡고 그 더러운 몸을 물어 죽이는 것보다 차라리 싸움을 그만두겠다고 말하고 사라졌다.(Sukarika Jataka, J153)

나도 짐승이고 당신도 짐승이다.
자, 사자어. 몸을 돌려 덤벼라.
내가 두려운가?
왜 내게서 도망치는가?

오, 더러운 멧돼지여,
네 몸은 더럽고 끔찍한 악취가 난다.
싸우고 싶겠지만 난 그만두겠다.
네가 이긴 것으로 하자.

부처님께서는 자따까를 이야기하시고 나서 말씀하셨다.
"그 당시 사자는 사리뿟따 장로이고 멧돼지는 랄루다이였다."
부처님께서는 이야기를 마치시고 말씀하셨다.
"비구들이여, 랄루다이는 법을 거의 배우지도 않았고 경전을 외운 적도 없었다. 많거나 적거나 간에 경전을 배우지도 않고 외우지도 않은 것은 커다란 잘못이다."
부처님께서는 이렇게 말씀하시고 게송을 읊으셨다.

자주 암송하지 않으면 경은 가치가 없고
잘 가꾸지 않으면 집은 허물어지네.
게으르면 아름다움은 추해지고
늘 깨어있지 않으면 마음이 더러움에 물드네.(241)

다섯 번째 이야기
음탕한 아내를 둔 젊은이

부처님께서 웰루와나에 계실 때 한 유명한 가문의 젊은이와 관련해서 게송 242, 243번을 설하셨다.

이 젊은이는 같은 태생의 여인과 결혼했다. 결혼한 날부터 아내는 정부와 놀아났다. 아내의 간통에 곤혹스럽고 창피해서 그는 얼굴을 들고 사람들을 만날 용기가 나지 않았다. 그는 부처님을 시중들고 있었지만, 며칠 동안 부처님을 뵈러 가지 않았다. 며칠 지나 부처님께 가서 삼배를 올리고 한쪽에 앉자 부처님께서 물으셨다.
"제자여, 며칠 동안 보이지 않던데 무슨 일이 있는가?"
그가 음탕한 아내에 대해 말씀드리자 부처님께서 말씀하셨다.
"제자여, 어떤 여인들은 강물, 신작로, 선술집, 공회당, 사랑채와 같다고 과거생에 내가 말했지 않았던가? 현명한 자는 여인의 문제로 화를 내서는 안 된다. 어머니 뱃속에 들어갔다가 나오면서 그 말을 잊어버린 모양이구나."
젊은이가 그 이야기를 해 달라고 요청하자 부처님께서는 아나비라띠 자따까를 이야기해 주셨다.

> 어느 때 보디삿따가 베나레스에서 유명한 스승으로 살고 있었다. 그 스승에게는 한 젊은 제자가 있었는데 아내가 부정한 여자라는 것을 알고 충격을 받아 수업에 나오지 않았다. 스승이 왜 결석했는지 묻자 그는 아내의 부정함을 설명했다. 스승은 여인들은 약한 존재라고 말하면서 그를 위로했다.(Anabhirati Jātaka, J65)

어떤 여인들은 강물, 신작로, 선술집, 공회당, 사랑채와 같다.
여인들은 나약한 존재다.

"간통이 여인을 더럽히고, 인색함이 보시를 더럽히며, 자신들이 저지른 악행이 이 세상과 저세상에서 중생들을 더럽힌다. 그러나 이 모든 더러움 중에서 무지가 가장 큰 더러움이다."

부처님께서는 이렇게 말씀하시고 게송을 읊으셨다.

간통이 여인을 더럽히고
인색이 자선가를 더럽히며
악행이 이 세계와 저 세계를 더럽힌다.(242)

이 더러움보다 무지가 가장 더럽나니
오, 비구들이여!
더러움을 버리고 깨끗한 자가 되어라.(243)

여섯 번째 이야기
치료해 주고 음식을 얻는 쭐라사리 비구

부처님께서 제따와나에 계실 때 사리뿟따 장로와 함께 기거하는 쭐라사리 비구와 관련해서 게송 244, 245번을 설하셨다.

어느 날 쭐라사리 비구는 사람을 치료해 주고 그 보답으로 맛있는 음식을 받았다. 그는 음식을 가지고 돌아오는 길에 사리뿟따 장로를 만났다.
"장로님, 제가 사람을 치료해 주고 받은 음식이 있습니다. 이렇게 맛있는 음식은 다른 곳에서는 얻을 수 없을 것입니다. 가져가서 드십시오. 앞으로도 제가 사람을 치료해 준 대가로 맛있는 음식을 받으면 항상 장로님께 가져다 드리겠습니다."
그의 말에 장로는 아무 말 없이 가버렸다. 비구들이 사원으로 가서 이 일을 부처님께 보고하자 부처님께서 말씀하셨다.
"비구들이여, 그는 까마귀처럼 부끄러움도 모르고 뻔뻔스러운 자이다. 그는 스물한 가지 삿된 생계36)를 유지하는 자이다. 그는 법답지 않은 방법으로 행복하게 살아간다. 하지만 항상 겸손하고 계율을 어기는 것을 두려워하는 사람은 삶이 어렵고 힘들지만 법답게 살아간다."
부처님께서는 이렇게 말씀하시고 게송을 읊으셨다.

부끄러움 없이 살아가기란 쉽다네.
까마귀처럼 뻔뻔하며
남을 헐뜯고 자신을 뽐내며

---

36) 21가지 삿된 생계: 생계를 유지하기 위해 선정이나 도과를 얻었다고 거짓말을 함, 중매, 아프다고 거짓말을 함, 손금보기, 점치기, 예언, 꿈 해몽, 관상보기, 불 섬기기, 대나무를 줌, 꽃이나 과일 또는 분가루 등을 줌, 방향제를 줌, 아이를 귀여워 함, 심부름을 해 주는 등 삿된 방법으로 생계를 구하는 것을 말한다.

거칠고 타락한 삶을 살기란 너무나 쉽다네.(244)

부끄러워하며 살기란 어렵다네.
늘 청정하기를 바라고
인색하지 않고 겸손하며
바르게 생계를 유지하고
자신의 삶을 돌아보며 살기란 매우 어렵다네.(245)

일곱 번째 이야기
자기의 계가 중요하다고 주장하는 다섯 신도

부처님께서 제따와나에 계실 때 다섯 재가신도와 관련해서 게송 246, 247, 248번을 설하셨다.

다섯 재가신도가 각자 오계五戒 중에서 하나만을 지키고 있었다. 어떤 이는 살생을 금하는 것을 지키고, 어떤 이는 주지 않는 것을 가지지 않는 계를 지키고, 어떤 이는 삿된 음행을 하지 않는 계를 지키고, 어떤 이는 거짓말을 하지 않는 계를 지키고, 어떤 이는 술을 마시지 않는 계를 지켰다. 어느 날 그들 사이에 논쟁이 벌어졌다.
"내가 가진 계가 정말 지키기 어려운 계다."
그들은 결론이 나지 않자 부처님께 가서 삼배를 올리고 이 문제를 여쭈었다. 부처님께서 대답하셨다.
"오계 중에서 더 중요하다거나 덜 중요한 계율은 없다. 모두가 다 중요하고 지키기 어렵다."
부처님께서 이렇게 말씀하시고 게송을 읊으셨다.

세상을 살아가며
생명을 죽이고
거짓말을 하고
주지 않는 것을 훔치고
남의 여자를 범하고
술을 즐기는 자,
그는 자신의 뿌리를 파헤치리라.(246, 247)

오, 그대여!
그대는 반드시 알아야 하리라.
탐욕과 성냄

자신을 다스리지 못해 저지른 악행이
그대를 오래도록 괴롭히리라는 것을.(248)

여덟 번째 이야기
허물만을 찾는 띳사 사미

부처님께서 제따와나에 계실 때 띳사 사미와 관련해서 게송 249, 250번을 설하셨다.

띳사 사미는 아나타삔디까 장자, 위사카, 그리고 5천만 명의 재가신도가 올리는 음식이나 시주물에서 항상 허물을 찾아내는 좋지 않은 습관이 있었다. 그는 심지어 비교할 수 없는 최상의 공양에서도 허물을 찾아냈다. 그는 공양간에서 찬 음식을 받으면 차다고 불평하고 뜨거운 음식을 받으면 뜨겁다고 불평했다. 그는 또 작게 주면 작게 준다고 불평했다.
"왜 이렇게 작게 주는 겁니까?"
많이 줘도 그는 많이 준다고 불평했다.
"이 집은 남아도는 음식을 놓아둘 곳이 없는 모양이지요?"
"이 사람들은 비구들이 목숨을 부지할 만큼의 양만 주는군요."
"이처럼 많은 양의 밥과 죽을 결국 버리게 되는군요."
그는 자신의 가족에 대해서는 반대로 자랑스럽게 떠벌렸다.
"나의 가족은 고귀한 혈통이며 부자다. 우리 집은 사방에서 오는 비구들의 편안한 안식처이자 지대방이다!"

띳사는 사실 문지기의 아들이었다. 그는 한 무리의 목수들과 함께 여행하다가 사왓티에 도착해서 출가해 사미가 됐다. 비구들은 신도들의 시주공덕에서 허물을 찾는 그를 보고 가문을 조사해 보고 싶어졌다.
"그가 하는 말이 사실인지 확인해 보자."
그래서 그에게 물었다.
"스님 가족은 어디 삽니까?"
"어디 어디에 삽니다."
비구들은 몇 명의 사미를 그곳으로 보내서 조사하도록 했다. 사미들이 그 마을에 가서 자리를 제공하고 공양을 올리는 마을사람들에게 물었다.
"이 마을의 고귀한 가문에서 출가해 스님이 된 떳사 사미가 있는데 그의 가족이 어디 삽니까?"
마을사람들이 생각했다.
'우리 마을에서 이름난 가문의 젊은이가 출가했다는 말을 들은 적이 없는데 무슨 말인가?'
마을사람들이 스님들에게 말했다.
"스님, 문지기의 아들이 목수들과 여행하다가 출가했다는 말을 들은 적이 있습니다. 스님들이 말하는 사람은 분명 그 스님일 것입니다."
사미들은 떳사가 유명한 가문의 아들이 아니라 일개 문지기의 아들이라는 것을 알고 사왓티로 돌아와 비구들에게 조사결과를 보고했다.
"스님, 떳사 사미가 한 말은 근거 없는 허풍이었습니다."
비구들이 이 일을 부처님께 보고하자 부처님께서 말씀하셨다.
"비구들이여, 그가 근거 없이 비방하고 허풍을 떨고 돌아다닌 것은 이번이 처음이 아니다. 과거생에서도 그는 허풍선이였다."
비구들이 그 이야기해 달라고 요청하자 부처님께서 까따하까 자따까를 설하셨다.

보디삿따가 베나레스의 재정관으로 살 때 아내가 아이를 낳았다. 같은 날 여종이 아들을 낳아 이름을 까따하까(떳사 사미)라고 불렀다. 재정관의 아들과 여종의 아들은 함께 자랐다. 재정관의 아들이 글을 배우자 그도 함께 글을 익혔다. 까따하까는 몇 가지 공예기술을 익히고 점잖게 말하는 법과 신사답게 행동하는 법도 익혔다. 그는 재정관의 몸종이 되자 '내가 언제까지 남의 종노릇이나 하면서 살 수 없지.'라고 생각하고 계책을 강구했다. 그는 변방에 사는 재정관의 친구인 상인에게 재정관이 쓴 것처럼 가짜 편지를 썼다. '이 편지를 가지고 가는 사람은 나의 아들이니 당신 딸과 결혼시켜서 데리고 사시오.'라고 편지를 쓴 다음 재정관의 인장을 찍어서 그곳으로 갔다. 상인은 베나레스의 재정관과 사돈 관계가 되는 것이 너무나 기뻐서 앞뒤 재지 않고 딸과 결혼시켰다. 까따하까는 그 집에 살면서 허풍을 떨었고 음식이든 옷이든 가져오면 '이런 촌뜨기들'이라고 오만무례하게 말했다. 재정관은 갑자기 몸종이 사라져버리자 사람들을 풀어 전국을 뒤지라고 했다. 결국 그가 변방의 상인 집에 있다는 것을 알고 재정관은 직접 그의 집으로 갔다. 까따하까는 도망을 치려다가 이 좋은 곳을 놔두고 도망치는 것보다 재정관을 설득하는 것이 낫겠다고 생각해서 재정관이 오는 길에 미리 마중 나가 종으로서 모든 의무를 다했다. 그리고 제발 자신의 신세를 폭로하지 말아달라고 간청했다. 재정관은 그가 종이라는 것을 폭로하지 않았다. 그는 아들 행세를 하며 처갓집 식구들을 속였다. 재정관은 까따하까의 아내에게서 그가 음식을 먹을 때 불평을 한다는 말을 듣고 불평을 멈추게 하는 게송을 가르쳐 주었다. 까따하까가 계속 불평을 한다면 재정관이 돌아와서 폭로할 테니 고이 밥이나 먹으라는 내용이었다. 물론 아내는 이 게송의 진정한 의미를 몰랐다. 어느 날 그가 또 불평하자 아내가 이 게송을 읊었다. 그는 아내가 이 사실을 안다고 생각해 더 이상 허풍을 떨지 못하고 겸손하게 식사를 했다.

(Kaṭāhaka Jātaka, J125)

변방에 살면서 그렇게 늘 허풍을 떨면
다른 사람이 와서 폭로할 거예요.
그러니 고이 밥이나 드세요, 까따하까여.

부처님께서 과거생 이야기를 하시고 나서 말씀하셨다.
"비구들이여, 적게 준다거나 많이 준다고 불평하는 사람, 거친 음식을 준다거나 맛없는 음식을 준다고 불평하는 사람, 자기는 다른 사람에게 주는데 다른 사람은 자기에게 주지 않는다고 화내는 사람은 삼매나 위빳사나 지혜, 그리고 도와 과를 성취할 수 없다."
부처님께서는 이렇게 말씀하시고 게송을 읊으셨다.

사람들은 진정
믿음과 존경으로 보시하는데
보시한 음식물에 불평한다면
그대는 결코 마음의 평화를 얻지 못하리라.(249)

이 불만족을 없애고
뿌리째 뽑아버리고 파괴한다면
그대는 언제나
마음의 평화를 얻으리라.(250)

아홉 번째 이야기
주의력 없는 다섯 명의 신도

부처님께서 제따와나에 계실 때 다섯 명의 재가신도와 관련해서 게송 251번을 설하셨다.

다섯 명의 남자가 법문을 들으려고 사원으로 가서 부처님께 삼배를 올리고 공손하게 한쪽에 앉았다. 모든 부처님은 법문을 듣는 사람의 지위나 신분, 재산 따위는 고려하지 않는다.
'이 사람은 캇띠야 계급이다. 이 사람은 바라문이다. 이 사람은 부자이다. 이 사람은 가난한 사람이다. 이 사람에게는 기분 좋은 법문을 해야겠다. 다른 사람에게는 저렇게 법문해야겠다.'
사람들의 지위나 신분 따위와 부처님의 법문하는 주제는 전혀 관련이 없다. 부처님들은 무엇보다도 먼저 법을 존중하고 하늘로부터 법우法雨를 내리듯이 법문하신다.

부처님께서는 이 다섯 사람에게 이렇게 법문했지만, 앉아 있는 다섯 사람 중 한 명은 잠을 자고, 한 명은 손가락으로 땅을 파고 있고, 한 명은 나무를 흔들고 있고, 한 명은 하늘을 쳐다보고 있고, 오직 한 사람만이 법문을 주의깊게 들었다. 아난다 장로가 옆에서 부채질을 해 드리면서 다섯 사람이 하는 행동을 관찰하고 부처님께 여쭈었다.
"부처님께서 천둥번개를 치고 폭우를 쏟아 붓듯이 장엄하게 법문하고 있는데도 불구하고 이 사람들은 앉아서 허튼짓을 하고 있는데 왜 그렇습니까?"
"아난다여, 그대는 이 사람들을 모르는가?"
"모릅니다, 부처님."
"이 다섯 사람 중에서 저기 앉아서 깊은 잠에 떨어진 사람은 500생 동안 뱀으로 태어나 똬리를 틀고 머리를 처박고 잠만 잤다. 그래서 지금도 잠에 떨어져 내가 설하는 법문을 한마디도 듣지 못한다."

"부처님이시여, 그가 연속해서 뱀으로만 태어났습니까, 아니면 중간에 다른 존재로 태어나기도 했습니까?"

"한 번은 인간으로, 한 번은 천신으로, 한 번은 다시 뱀으로 태어났다. 그 사이에 정확히 몇 번을 태어났는지 일체지로도 다 알기 어렵다. 하지만 500생 동안 뱀으로 태어나 잠만 잔 습관을 버리지 못하고 지금도 잠에 떨어져 법문을 듣지 못하는구나."

"저기서 손가락으로 땅을 파고 있는 사람은 500생 동안 지렁이로 태어나 땅만 팠기 때문에 지금도 땅을 파며 법문을 듣지 못한다."

"저기 앉아서 나무를 흔들고 있는 사람은 500생 동안 원숭이로 태어나서 나무를 흔들던 습관이 남아서 지금도 나무를 흔들어대느라 나의 목소리가 귀에 들리지 않는다."

"저기 앉아서 하늘을 쳐다보고 있는 사람은 500생 동안 점성술사로 살아온 습관을 버리지 못하고 오늘도 하늘을 쳐다보느라 나의 목소리가 귀에 들리지 않는다."

"저기 앉아서 열심히 법문을 듣는 사람은 500생 동안 바라문으로 태어나 삼베다에 능통하고 바라문들의 경전을 외우는 데 일생을 바쳤기 때문에 마치 경전과 하나가 된 것처럼 주의깊게 법문을 듣고 있다."

"부처님의 법문은 피부를 가르고 골수를 꿰뚫는데 어째서 이 사람들은 주의깊게 법문을 듣지 않습니까?"

"아난다여, 그대는 나의 법문이 듣기 쉽다고 생각하는 모양이구나."

"그럼 부처님의 법문이 듣기 어렵다는 것입니까?"

"바로 그렇다."

"어째서 그렇습니까?"

"아난다여, 이 중생들은 헤아릴 수 없는 세월 동안 윤회하면서 붓다와 붓다의 가르침과 승가를 만난 적이 없었다. 그래서 이 사람들은 내가 설하는 법문을 듣기가 어려운 것이다. 시작을 알 수 없는 윤회 속에서 이 중생들은 동물들로 태어나 동물들의 말을 듣는 데 익숙하다. 인간으로 태어났을 때도 먹고 마시고 노래 부르고 춤추고 즐기느라 세월을 다 보냈기 때문에 법문을 듣는다는 것이 불가능하다."

"부처님이시여, 그들이 어떤 이유로 법문을 들을 수 없습니까?"
"아난다여, 그들은 탐욕과 성냄과 어리석음 때문에 법문을 들을 수 없다. 이 세상에 탐욕보다 더한 불길은 없다. 이 불길은 재도 남기지 않고 중생들을 모두 태워버린다. 세상이 파괴되는 시기가 오면 커다란 불길이 일어나 재도 남기지 않고 세상을 태운다. 그러나 이 불길은 태양이 일곱 개가 나타났을 때만 일어나지만, 탐욕의 불길은 시도 때도 없이 일어나 자신을 태운다. 그래서 탐욕보다 더한 불길은 없고, 성냄보다 더한 그물도 없고, 어리석음보다 더한 올가미도 없고, 갈애보다 더 거세게 흐르는 강물이 없다."

부처님께서는 이렇게 말씀하시고 게송을 읊으셨다.

탐욕보다 더한 불길은 없고
성냄보다 더한 밧줄도 없다.
어리석음보다 더한 그물은 없고
갈애보다 더한 강물도 없다.(251)

열 번째 이야기
신비한 능력을 가진 멘다까 장자37)

부처님께서 자띠야와나38)에 계실 때 멘다까39) 재정관과 관련해서 게송 252번을 설하셨다.

부처님께서 앙굿따라빠40)국을 지나서 유행하실 때 멘다까 재정관, 아내 짠다빠두마, 아들 다난자야, 며느리 수마나 데위, 손녀 위사카, 하인 뿐나 등 이들 여섯 사람이 수다원과를 성취할 인연이 무르익었다는 것을 아시고 유행을 계속해 밧디야 성에 도착해서 자띠야와나 사원에 머무셨다. 멘다까 장자는 부처님께서 오셨다는 소식을 들었다. 그럼 재정관이 어떻게 멘다까(양)라는 이름을 얻었는가?

멘다까 재정관과 황금 숫양

그의 집 뒤에는 여덟 까리사41) 정도의 뜰이 있었다. 그 뜰에는 코끼리,

---

37) 이 이야기 중에서 멘다까 장자의 식구들이 신비한 능력을 가지고 있는 부분은 율장 대품(VinMv. v. 34)에 나온다.
38) 자띠야와나Jātiyavana: 앙가국(마가다의 동쪽, 현재의 벵갈)의 큰 두 도시 중 하나인 밧디야Bhaddiya 성 근처에 있는 숲이다. 붓다고사에 의하면 이 숲은 히말라야까지 길게 뻗쳐 있는 숲의 일부였다고 한다.
39) 멘다까Meṇḍaka: 앙가국의 밧디야Bhaddiya 성의 부자다. 그는 다난자야Dhanañjaya의 아버지이고 위사카Visākhā의 할아버지였다.(법구경 53번 이야기 참조) 그는 또 빔비사라 왕의 다섯 명의 재정관 중 한 명이었다. 그와 아내 짠다빠두마Candapadumā, 아들 다난자야, 며느리 수마나데위 Sumasadevi, 하인 뿐나Puṇṇa 등 다섯 사람이 함께 공덕을 지어 각자 신비한 능력을 갖추었다. 욱가하 경(Uggha Sutta, A5.33)에 나오는 욱가하도 그의 손자다.
40) 앙굿따라빠Aṅguttarāpa: 마히Mahi 강을 사이에 두고 강남 쪽은 앙가국이고 강북 쪽은 앙굿따라빠국이라고 숫따니빠따 주석서(SnA.ii.437)에 언급돼있다.

말, 황소처럼 커다란 황금양들이 땅을 가르며 등을 부딪치고 뛰어다니고 있었다. 멘다까 장자가 버터기름, 기름, 꿀, 당밀 등 음식이나 옷, 이불, 금괴, 금화 등이 필요해 오색실 뭉치를 황금양의 입에 넣었다 빼면 황금양의 입에서 필요한 만큼의 버터기름, 기름, 꿀, 당밀, 옷, 이불, 금괴, 금화 등이 따라 나왔다. 그래서 그를 멘다까(양)라고 부르게 된 것이다. 그럼 그가 과거생에 무슨 공덕을 지었기에 이런 신비한 양들을 소유하게 됐는가?42)

멘다까의 과거생: 멘다까 재정관이 황금양을 소유하게 된 이야기

위빳시 부처님 당시 그는 아와로자라는 부자의 조카였으며 그도 삼촌의 이름을 따서 아와로자라고 불렸다. 삼촌이 부처님을 위해 간다꾸띠를 짓고 있을 때 조카는 삼촌에게 가서 말했다.

"삼촌, 저와 함께 간다꾸띠를 짓도록 합시다."
하지만 삼촌은 그의 제의를 거절했다.
"조카야, 나는 다른 사람과 함께 공덕을 짓고 싶지 않다. 나는 홀로 간다꾸띠를 세우고 싶다."
조카는 이렇게 생각했다.
'여기에 간다꾸띠가 세워지면 난 저기에 설법전43)을 세워야겠다.'
그는 사람을 시켜 목재와 건축자재를 가져오게 해서 건물을 세우기 시작했다. 한 기둥은 금으로 무늬를 박아 넣고 다른 기둥은 은으로 무늬를 박아 넣고 또 다른 기둥은 보석을 박아 넣었다. 이렇게 모든 기둥에 금과 은과 보석으로 장식하고 기둥뿐만 아니라 대들보와 출입구, 서까래, 지붕, 기와

---

41) 까리사(Karīsa): 약 100평 정도의 넓이다.
42) 청정도론(Vis12.41)에서 멘다까 장자가 황금양들을 소유하게 된 것을 '공덕을 가진 자의 신통'의 예로 들고 있다.
43) 설법전說法殿: 원본에는 꾼자라살라kuñjarasāla라고 나온다. 꾼자라 kuñjara는 코끼리이고 살라sāla는 공회당, 강당, 집을 뜻한다. 미얀마 본에는 여러 용도로 사용하는 공회당으로 나온다. 아마도 꾼자라(코끼리)라는 이름의 큰 법당일 것이다.

까지도 금과 은, 보석으로 장식했다.

그는 이렇게 간다꾸띠 건너편에 부처님을 위해 칠보로 설법전을 지었다. 설법전 위에는 황금으로 만든 둥근 돔을 올리고 그 위에 산호로 만든 작은 탑을 세웠다. 설법전의 중앙에는 보석 닫집을 세우고 그 아래 법상法床을 놓았다. 법상의 다리와 손걸이도 모두 금으로 만들었다. 그리고 네 마리 황금양을 만들어 다리 아래에 놓고 발판도 두 마리의 황금양으로 만들었다. 또 여섯 마리의 황금양을 만들어 닫집 주위에 놓았다. 법상의 아랫부분은 실로 짜며 가운데는 금실로 짰으며 윗부분은 은실로 짰다. 법상의 등받이는 전단향으로 만들었다. 설법전이 완성되자 낙성식을 하고 부처님과 스님들을 초청해 넉 달 동안 공양을 올렸다. 마지막 날에는 비구들에게 가사 세 벌을 바치고 사미들에게는 가사 한 벌을 올렸다. 위빳시 부처님 재세 시에 그가 지은 공덕은 이러했다. 그 후 그는 천상과 인간세계를 여러 번 윤회한 후에 베나레스에서 많은 재산을 지닌 부자로 태어나 베나레스의 재정관이 됐다.

멘다까의 과거생: 신비한 능력을 갖게 된 멘다까와 그의 가족

어느 날 그는 왕을 알현하려고 왕궁으로 가다가 궁중제사장을 만나 물었다.
"선생님, 오늘은 무슨 일이 일어날지 별자리를 잘 관찰했습니까?"
"제가 별자리를 관찰하는 것 외에 달리 할 일이 있겠습니까?"
"그럼 나라의 운명이 어떻게 흘러가는지 가르쳐 주십시오."
"재난이 닥쳐오고 있습니다."
"어떤 재난입니까?"
"기근입니다."
"언제 일어납니까?"
"3년 후에 일어납니다."

재정관은 이 말을 듣고 평년보다 더 많은 씨앗을 뿌려 곡식을 많이 생산하고, 가지고 있는 돈을 모두 털어서 곡식을 사들였다. 그리고 250개의 창고를 지어 곡식으로 가득 채웠다. 저장할 수 있는 곳은 모두 곡식으로 가득 채우고 나머지는 항아리에 담아 땅에 묻었다. 그래도 남은 곡식은 흙에 이겨서 벽에 발랐다.

얼마 후 기근이 닥쳐왔다. 그는 저장한 곡식들을 꺼내 먹었다. 창고와 빈방과 항아리에 저장해 놓았던 곡식이 다 떨어지자 그는 집안에 있는 하인과 종들을 모두 불러 말했다.

"모두 잘 들으시오. 모두 산으로 들어가서 먹을 만한 것이 있는지 찾아보시오. 그곳에 식량이 많이 있으면 가지고 오시오. 돌아오기 싫다면 그곳에 정착해서 살아도 됩니다."

그들은 재정관의 말에 따라 일제히 집을 떠났다.

집에는 뿐나라는 하인 한 명, 재정관의 아내, 아들과 며느리 등 다섯 명만 남았다. 그들은 이제 땅에 묻었던 쌀 단지에서 식량을 꺼내 먹기 시작했다. 쌀 단지 속의 쌀이 다 떨어지자 이번에는 흙벽을 헐어 물에 적셔서 거기서 나온 곡식으로 연명했다. 흙벽의 곡식도 다 떨어져갔지만 기근은 끝날 기미가 보이지 않았다. 재정관의 아내는 마지막 남은 흙벽을 헐어 물에 적셔서 곡식을 골라 벼를 찧어 한 됫박 분량의 쌀을 만들었다.

'기근이 들면 강도나 도둑이 날뛴다.'

그녀는 강도가 무서워 쌀을 단지에 넣고 땅속에 파묻었다.

재정관이 왕궁에 가서 업무를 보고 돌아와서 아내에게 물었다.

"여보, 배가 무척 고픈데 뭐 먹을 것이 있소?"

아내는 차마 아무것도 없다고 하지 못했다.

"한 됫박 정도 쌀이 남았어요."

"어디 있소?"

"강도들이 무서워 땅속에 파묻어놓았어요."

"그러면 꺼내서 밥을 짓도록 하시오."

"그걸로 죽을 만들면 두 끼 식사를 할 수 있고, 밥을 지으면 한 끼밖에 먹을 수 없는데 어떻게 요리하지요?"

"죽을 때 죽더라도 쌀밥을 먹고 죽는 것이 더 낫지 않겠소. 밥을 짓도록 하시오."

아내는 밥을 지어 다섯 등분으로 나누고 남편의 밥그릇에 가득 담아 내밀었다.

이때 간다마다나 산의 한 벽지불이 일주일간의 멸진정에서 나왔다. 벽지불들이 삼매 속에 있을 때는 배고픔을 전혀 느끼지 못하지만, 삼매에서 나오면 그동안 아무것도 먹지 못했기 때문에 위 점막에 불이 붙은 것과 같은 심한 시장기를 느낀다. 그래서 음식을 얻을 수 있는 집을 천안으로 관찰하고 그곳으로 간다. 멸진정에서 나온 바로 그날 벽지불에게 공양을 올리는 사람은 무한한 복덕을 얻을 수 있다. 예를 들어 장군의 지위에 오르거나 부자가 되거나 지위가 높아진다.

벽지불이 멸진정에서 나와 천안으로 세상을 살펴보고 생각했다.

'잠부디빠 전역에 끔찍한 기근이 들이닥쳤구나. 지금 다섯 명이 사는 재정관의 집에 한 됫박의 쌀밥이 있구나. 이 다섯 사람은 신심이 있고 내게 공양을 올릴까?'

벽지불은 그들이 신심이 있고 공양을 올릴 것을 알고 가사와 발우를 들고 가서 재정관의 집 앞에 모습을 드러냈다.

재정관이 벽지불을 보자 기쁜 마음이 일어났다.

'나는 과거에 공양을 올린 적이 없기 때문에 이렇게 끔찍한 기근을 만난 것이다. 이 쌀밥을 먹으면 하루 정도 나를 지탱해 주지만 이 음식을 벽지불에게 올리면 헤아릴 수 없는 윤회 속에서 내게 도움을 줄 것이다.'

이런 생각이 들자 그는 밥상을 옆으로 물리고, 벽지불에게 다가가 오체투지로 인사하고, 집안으로 모셔서 의자를 제공하고, 발을 씻어드리고, 황금발판을 갖다 드리고서 자신의 밥을 벽지불의 발우에 넣어드렸다. 밥을 반쯤 넣었을 때 벽지불은 손으로 발우를 덮었다.

재정관이 벽지불에게 말했다.

"존자님, 우리 다섯 사람이 가지고 있는 한 됫박의 쌀로 밥을 지었습니다. 제 쌀밥은 한 사람 몫이어서 둘로 나눌 수 없습니다. 저는 금생에만 복을 받고 싶은 것이 아닙니다. 제 몫의 쌀밥을 남김없이 올려 세세생생 많은 복을 받고 싶습니다."

그는 이렇게 말하며 자신의 밥을 모두 올리고 서원을 세웠다.

"존자님, 제가 태어나는 곳마다 다시는 이런 기근을 보지 않기를 기원합니다. 잠부디빠 사람 모두에게 볍씨를 나누어 줄 수 있기를 기원합니다. 생계를 위해 어쩔 수 없이 일을 해야 하는 경우가 발생하지 않기를 기원합니다. 250개의 곡물 창고를 깨끗이 청소하고 나서 머리를 감고 창고의 문에 앉아 하늘을 쳐다보면 하늘에서 벼가 소나기처럼 쏟아져 내려 창고를 가득 채우기를 기원합니다. 제가 태어나는 곳마다 지금의 아내가 다시 아내가 되고 아들이 다시 아들이 되고 며느리가 다시 며느리가 되고 하인이 다시 하인이 되기를 기원합니다."

재정관의 아내는 이렇게 생각했다.

'남편이 굶주리게 되면 나도 굶주리게 되니 나는 따로 공덕을 지어야겠다.'

그녀는 자기 몫의 쌀밥을 벽지불에게 모두 올리고 서원을 세웠다.

"존자님, 제가 태어나는 곳마다 다시는 이런 기근을 보지 않기를 기원합니다. 제가 한 솥단지 밥을 해 놓고, 잠부디빠의 사람 모두에게 나누어준다 해도 얼마를 나누어주든지 일어나지 않는 한 퍼낸 만큼의 밥이 다시 채워지기를 기원합니다. 태어나는 곳마다 지금의 남편이 다시 남편이 되고 아들이 다시 아들이 되고 며느리가 다시 며느리가 되고 하인이 다시 하인이 되기를 기원합니다."

재정관의 아들도 자기 몫의 쌀밥을 벽지불에게 올리고 서원을 세웠다.
"다시는 이런 기근을 보지 않기를 기원합니다. 천 냥이 든 지갑을 가지고 잠부디빠 사람 모두에게 돈을 나누어준다 해도 얼마를 나누어주든지 지갑 속의 돈이 항상 가득 차 있기를 기원합니다. 태어나는 곳마다 지금의 부모가 다시 부모가 되고 아내가 다시 아내가 되고 하인이 다시 하인이 되기를 기원합니다."

재정관의 며느리도 자기 몫의 쌀밥을 벽지불에게 올리고 서원을 세웠다.
"다시는 이런 기근을 보지 않기를 기원합니다. 제 앞에 곡식 바구니를 놓고 볍씨를 잠부디빠 사람 모두에게 나누어준다 해도 얼마를 나누어주든지 바구니 속의 볍씨가 줄어들지 않기를 기원합니다. 제가 태어나는 곳마다 지금의 시아버지 시어머니가 다시 시아버지 시어머니가 되고 남편이 다시 남편이 되고 하인이 다시 하인이 되기를 기원합니다."

하인도 자기 몫의 쌀밥을 벽지불에게 올리고 서원을 세웠다.
"다시는 이런 기근을 보지 않기를 기원합니다. 제가 논에 나가 쟁기질을 할 때 한 고랑을 쟁기질하면 왼쪽에 세 고랑, 오른쪽에 세 고랑, 가운데 한 고랑 모두 일곱 고랑이 한꺼번에 갈리기를 기원합니다."

하인은 바로 그날 원하기만 하면 장군 정도의 높은 지위를 얻을 수 있었지만, 주인 내외에 대한 애정 때문에 이렇게 서원했다.
"지금의 주인 내외가 다시 주인 내외가 되기를 기원합니다."

이 다섯 사람이 모두 서원을 마치자 벽지불이 말했다.
"모두 그렇게 되기를!"
그리고 감사의 축원을 하고 나서 생각했다.
'이 사람들의 마음을 기쁨으로 가득 채우는 것이 내가 할 일이다.'

벽지불은 삼매에 들어갔다 나와서 이렇게 결심했다.

'내가 신통으로 간다마다나 산을 날아오르는 것을 이 다섯 사람이 볼 수 있기를!'

벽지불은 공중으로 날아올라 간다마다나 산에 도착해 다섯 사람에게서 받은 음식을 신통력으로 500명의 벽지불에게 충분하게 나누어주었다. 다섯 사람은 벽지불이 음식을 나누어줄 때까지 그대로 서서 지켜보았다.

한낮이 지나자 재정관의 아내는 밥솥을 씻고 뚜껑을 덮은 다음 부엌에 가져다놓았다. 재정관은 배고픔을 못 이겨 드러누워 잠을 청했다. 그는 저녁이 되자 잠에서 깨어나 아내에게 말했다.

"여보, 나 몹시 배가 고픈데 솥단지에 눌어붙은 누룽지라도 혹시 없소?"

아내는 솥을 깨끗이 씻어 치워놓았으며 거기에 밥 한 톨 남아있지 않다는 것을 잘 알고 있었다. 그럼에도 불구하고 그녀는 '없어요.'라고 쌀쌀맞게 말하지 않았다.

"제가 가서 솥뚜껑을 열어보고 올게요."

그녀는 자리에서 일어나 부엌으로 가서 솥뚜껑을 열어보았다. 그 순간 솥단지가 재스민 향기가 나는 쌀밥으로 가득 차오르기 시작하더니 솥뚜껑을 밀어냈다.

재정관의 아내는 이 놀라운 일을 보고 기쁨에 넘쳐 소리 질렀다.

"여보, 일어나요! 사실은 솥단지를 씻고 뚜껑을 닫아서 치워놓았었는데 지금은 재스민 향기가 나는 쌀밥으로 가득 찼어요! 공덕을 지은 보람이 있어요! 공덕을 지은 보람이 있어요! 여보, 일어나서 어서 드세요!"

그녀는 남편과 아들을 일으키고 솥에서 밥을 퍼왔다. 가족이 모두 앉아 밥을 먹고 하인에게도 밥을 주었다.

솥에서 밥을 계속 퍼냈는데도 불구하고 밥의 양은 전혀 줄어들지 않았다. 한 주걱 퍼내면 바로 한 주걱의 밥이 생겨났다. 그날 텅 빈 창고도 전처럼 다시 곡식으로 가득 찼다. 재정관은 온 도시 사람들에게 알렸다.
"재정관의 집에 볍씨가 생겼으니 볍씨가 필요한 사람은 모두 와서 가져가시오."
사람들이 모두 와서 볍씨를 받아갔다. 잠부디빠 사람 모두가 그에게서 볍씨를 얻어갔다.

재정관은 그 생에서 죽어 천상과 인간세계를 윤회하다가 현재의 부처님 시대에 밧디야의 재정관 가문에 태어났다. 그의 아내도 부잣집 가문에 태어나 결혼할 나이가 되자 재정관과 다시 결혼했다. 과거생에 지은 공덕으로 황금양들이 집 뒤뜰에 나타났다. 과거생에 그의 아들이 다시 아들이 됐고 과거생의 며느리도 다시 며느리가 됐고 하인도 다시 하인이 됐다.

멘다까 재정관과 그의 가족의 신비한 능력44)

어느 날 재정관은 자신의 복덕을 시험해 보고 싶어졌다. 그는 250개의 창고를 깨끗이 비우게 하고 머리를 감고 각 창고의 문에 앉아 하늘을 쳐다보았다. 그러자 창고가 모두 벼로 가득 찼다. 나머지 식구들의 공덕도 시험해 보고 싶어서 아내와 아들, 며느리와 하인에게 말했다.
"너희들도 자신의 복덕을 시험해 보아라."
아내는 화려한 장신구로 몸을 치장하고 군중들이 보는 앞에서 솥에 쌀을 넣고 밥을 지었다. 그리고 대문 앞에 의자를 놓고 앉아서 준비가 되자 황금주걱을 들고 소리쳤다.
"쌀밥이 필요한 사람은 모두 오시오."
그녀는 사람들이 내미는 밥그릇에 쌀밥을 모두 담아주었다. 하루 종일 밥을 퍼주었지만, 솥 안의 밥은 전혀 줄어들지 않았다.

---

44) 청정도론 제12장 신통변화(Vis12.42)에서 다섯 명의 멘다까 가족이 신비한 능력을 가진 것을 공덕을 가진 자의 신통이라고 언급하고 있다.

그녀는 과거생에 부처님과 비구들에게 공양을 올렸다. 그때도 그녀는 왼손으로 밥솥을 잡고 오른손으로 주걱을 들고 스님들에게 쌀밥을 퍼서 올렸다. 그 과보로 연꽃문양이 왼손 바닥 가득히 새겨졌다. 그리고 물 거르는 주머니(漉水囊)를 들고 스님들에게 물을 걸러드리면서 앞뒤로 걸어 다닌 과보로 오른쪽 발바닥 가득히 달문양이 새겨지고 연꽃문양이 왼쪽 발바닥 가득히 새겨졌다. 그래서 그녀를 짠다빠두마(달과 연꽃)라고 불렀다.

재정관의 아들도 머리를 감고 황금 천 냥이 든 지갑을 들고 소리쳤다.
"돈이 필요한 사람은 오시오."
그는 사람들이 내미는 그릇에 돈을 가득 채워주었다. 많은 사람에게 돈을 주었음에도 불구하고 지갑 속에는 천 냥의 돈이 그대로 남아 있었다. 며느리도 곱게 화장하고 장신구로 치장한 후 볍씨가 담긴 바구니를 들고 뜰에 나가서 외쳤다.
"볍씨가 필요한 사람은 모두 오시오."
그녀는 사람들이 내미는 그릇에 볍씨를 모두 담아주었다. 많은 사람에게 볍씨를 나누어 주었음에도 불구하고 바구니 속의 볍씨는 하나도 줄지 않았다.

하인도 장신구로 화려하게 치장하고 소에 멍에와 줄을 메고 막대기를 들고서 향기 나는 연고를 손에 발라 소 등에 찍어 표시한 후 소뿔에 꽃다발을 묶고 소를 몰고 논으로 가서 쟁기질하기 시작했다. 그러자 오른쪽에 세 고랑 왼쪽에 세 고랑 가운데 한 고랑 등 일곱 고랑이 한끼번에 갈렸다. 이렇게 잠부디빠의 사람들은 재정관의 가족에게서 필요한 만큼 쌀밥과 볍씨, 금화를 얻었다.

본론: 부처님을 만나 깨달음을 얻은 멘다까 재정관과 가족들

그렇게 신비한 능력을 가진 멘다까 재정관은 부처님이 오셨다는 말을 들고 마중을 나가려고 집을 떠났다. 그가 가는 길에 이교도들이 기다리고 있었다.

"장자여, 그대는 영혼의 존재를 믿으면서 영혼의 존재를 믿지 않는 사문 고따마를 만나러 간다는데 어찌된 일입니까?"

이교도들이 극구 말렸지만, 재정관은 그들의 말에 전혀 관심을 기울이지 않고 부처님께 가서 삼배를 올리고 한쪽에 공손하게 앉았다. 부처님께서는 재정관의 가족에게 차제설법을 하셨고 법문 끝에 재정관의 가족은 모두 수다원과를 성취했다. 재정관은 오는 길에 이교도들이 부처님을 비난하면서 자기의 발길을 되돌리려고 애썼지만, 그들의 말을 무시하고 부처님께 왔다고 설명했다. 부처님께서는 재정관의 이야기를 듣고 말씀하셨다.

"장자여, 이교도들은 자신들이 커다란 결점을 가지고 있으면서 자신들의 결점은 이야기하지 않고, 다른 사람은 결점이 없는데도 불구하고 있는 것처럼 말한다. 그들은 마치 왕겨를 까부는 사람들과 같다."

부처님께서는 이렇게 말씀하시고 게송을 읊으셨다.

남의 허물은 보기 쉽지만
자신의 허물은 보기가 어렵네.
남의 허물은 왕겨처럼 까발리면서
자신의 허물은 감추려드네.
교활한 새잡이가 자신의 몸을 감추듯이.(252)

열한 번째 이야기
남의 허물만 찾는 웃자나산니 비구

부처님께서 제따와나에 계실 때 웃자나산니 장로와 관련해서 게송 253번을 설하셨다.

이 장로는 비구들의 허물을 찾으러 돌아다니는 이상한 습성이 있었다.
"이 비구는 아랫가사를 그렇게 입었군. 이 비구는 웃가사를 그렇게 입었군."
비구들이 이 일을 부처님께 보고했다.
"부처님이시여, 웃자나산니 장로는 늘 비구들의 허물만 찾아다닙니다."
부처님께서 대답하셨다.
"비구들이여, 제자들을 지도해야 할 의무가 있는 장로가 제자들에게 세심하게 주의를 기울이고 훈계하는 것은 허물을 찾는 것이 아니다. 단지 허물만을 찾을 생각으로 허물을 찾아 돌아다니는 사람은 삼매도 얻지 못하고 마음속에 번뇌만 쌓인다."
부처님께서는 이렇게 말씀하시고 게송을 읊으셨다.

남의 허물을 보고
늘 헐뜯고 비방하는 사람에게
번뇌는 커져가고
번뇌가 다할 날은 점점 멀어져간다. (253)

열두 번째 이야기
부처님의 마지막 제자 유행자 수밧다[45]

부처님께서 꾸시나라[46]의 우빠왓따나에 있는 말라족들의 살라 숲에서 대열반에 들기 위해 침상에 누워 계실 때 유행승 수밧다[47]와 관련해서 게

---

[45] 이 이야기는 디가 니까야 대반열반경(D16)에서 유래한다.
[46] 꾸시나라Kusinārā: 공화국체제의 말라Malla족의 수도이며 부처님께서 대열반에 드신 곳이다. 아난다는 부처님께서 이런 작은 성에서 열반에 드시는 것을 보고 낙담했다. 부처님께서 이곳을 열반지로 정하신 이유를 설명한 것이 디가 니까야 마하수닷사나 경(Mahāsudassana Sutta, D17)이다. 부처님께서는 꾸시나라 성의 남서쪽 우빠왓따나Upavattana에 있는 두 그루의 살라Sāla나무 사이에 자리를 마련하시고 대열반에 드셨다. 부처님께서 대열반에 드시자 유해는 성으로 옮겨져 남문으로 들어갔다가 다시 동문으로 나와서 말라족의 성지인 마꾸따반다나Makuṭabandhana에서 화장됐다. 부처님께서 꾸시나라를 열반지로 정한 이유는 세 가지가 있다고 한다. ① 마하수닷사나 경을 설하기 위해서였다. ② 수밧다Subhadda가 찾아와 부처님의 법문을 듣고 부처님께서 살아계신 동안에 아라한이 될 것이기 때문이었다. ③ 도나Doṇa 바라문이 부처님을 다비한 후 사리 분배 문제를 잘 해결할 것이기 때문이었다. 이곳은 불자들이 꼭 순례해야 할 사대성지四大聖地 중 하나다.
[47] 수밧다Subhadda: 바라문 출신으로 유행승(Paribhājaka)이 되어 부처님이 대열반에 드실 때 꾸시나라에 살고 있었다. 부처님께서 삼경에 대열반에 드신다는 말을 듣고 살라 숲으로 갔다. 그는 부처님 가르침 이외의 종교에서도 진리가 있는지 물었다. 부처님께서는 팔정도가 없는 곳에는 깨달음을 얻은 성인도 없고 해탈도 없다고 잘라 말씀하셨다. 그는 승단에 출가하고 싶다고 요청했고, 부처님께서는 이교도가 불교로 개종해 출가할 때는 넉 달의 견습기간을 두었으나 그에게 특별히 그 기간을 생략하고 바로 계를 주었다. 수밧다의 수계는 부처님의 마지막 공식 행사였다. 그는 부처님의 마지막 제자가 됐다.(D16, 대반열반경) 디가 니까야 주석에는 이야기가 더 진행된다. 아난다 장로가 그의 머리를 깎으면서 몸의 무상함에 대해 설법했다, 가사를 입히면서 삼귀의三歸依를 하게 하고 부처님께 데리고 왔다. 부처님께서는 그에게 수행주제를 설하셨다. 그는 수행주제

송 254, 255번을 설하셨다.

과거생에 수밧다의 동생은 벼를 경작해 벼를 베거나 탈곡하거나 쌀을 찧는 등 아홉 번에 걸쳐 첫 번째 수확물을 부처님께 올렸다. 하지만 수밧다는 공양을 올리고 싶은 마음도 없었고 동생의 권고도 거부하다가 마지막에 공양을 올린 적이 있었다.48) 그는 그 과보로 부처님께서 법을 펴시던 초기와 중기에는 만나지 못하다가 부처님께서 대열반에 들려고 할 때서야 이런 생각이 들었다.

'내게 세 가지 의문이 있는데 늙은 사문들49)에게 물어보았지만, 만족스럽지 않았다. 나는 사문 고따마를 신출내기라고 여겼기 때문에 그에게는 물어보지 않았다. 하지만 오늘밤 삼경에 그는 대열반에 든다고 한다. 지금 가서 물어보지 않으면 언젠가 후회하게 될지도 모른다.'

그는 부처님께 다가가려고 했다.

아난다 장로는 그가 부처님을 성가시게 할까 봐 친견을 허락하지 않았다. 하지만 부처님께서는 장로에게 그가 다가오는 것을 막지 말고 내버려두라고 말씀하셨다.

"아난다여, 수밧다를 막지 마라. 수밧다가 질문하도록 내버려두어라."

수밧다는 부처님께 다가와 부처님의 발아래 앉아서 여쭈었다.

"사문 고따마여, 하늘을 통해서 가는 길이 있습니까? 부처님의 가르침 이외의 종교에서도 깨달음을 얻은 사문이 있습니까? 오온(몸과 마음)은 영원합니까?"50)

　　를 들고 숲속 조용한 곳으로 가서 경행하며 수행에 전념했다. 그리고 곧 아라한과를 성취해 부처님 곁으로 돌아왔다.
48) 수밧다는 과거생에 안냐 꼰단냐Añña Koṇḍañña 장로의 형이었다고 한다.(게송 11, 12번 게송에 나오는 안냐 꼰단냐의 과거생 이야기 참조)
49) 늙은 사문들은 육사외도六師外道를 말한다.
50) 대반열반경(D16)에는 이렇게 기록돼 있다. "고따마 존자시여! 세상에는 사문, 바라문으로서 모임이나 교단을 가지거나 혹은 교단의 스승으로 잘

부처님께서는 모든 것은 실체가 없다고 말씀하시고 게송으로 대답하셨다.

하늘엔 흔적이 없고
붓다의 가르침 바깥엔
바르게 깨달은 사문이 없다.
사람들은 망상을 즐기지만
붓다에겐 망상이 없다.(254)

하늘엔 흔적이 없고
붓다의 가르침 바깥엔
바르게 깨달은 사문이 없다.
유위법有爲法에는 영원한 것이 없고
붓다는 이 생각에 흔들림이 없다.51)(255)

알려지고 명성도 있으며, 교조教祖로 불리는 매우 존경받는 사람들이 있습니다. 예를 들면 뿌라나 깟사빠Pūrana Kassapa, 막칼리 고살라Makkhali Gosāla, 아지따 께사깜발리Ajita Kesakambalī, 빠꾸다 깟짜야나Pakudha Kaccāyana, 산자야 벨랏티뿟따Sañjaya Belatthiputta, 니간타 나타뿟따 Nigantha Nāthaputta 등이 있습니다. 그런데 이들은 모두 스스로 진리를 깨달았다고 말하고 있습니다. 그러니 어느 누가 깨닫지 못한 것입니까? 아니면 그들 가운데 어떤 사람은 깨달았고, 그 밖의 어떤 사람들은 깨닫지 못한 것입니까?" 이러한 수밧다의 질문에 부처님께서는 다음과 같이 말씀하셨다. "수밧다여! 어떤 법과 율이든지, 거기에 여덟 가지 성스러운 도(八正道)가 없다면, 그곳에는 첫 번째 두 번째 세 번째 네 번째 사문도 없다. 수밧다여! 여기 내가 가르쳐 주는 이 법과 율에서는 여덟 가지 성스러운 도가 있다. 그러므로 오직 여기에만 진정한 사문이 있다. 다른 스승들의 가르침에는 진정한 사문이 없다. 수밧다여! 만약 비구들이 바르게 수행한다면, 세상에는 아라한이 항상 존재할 것이다."

51) 여기서 유위법有爲法이라고 번역한 단어는 상카라saṅkara이다. 상카라는 중국어로 行이라고 번역되는 단어이며 많은 의미가 있다. 여기서는 조건에 따라 일어나는 모든 것이다. 조건 없이 또는 원인 없이 일어나는 것은

없다. 오직 열반涅槃만이 조건 없이 일어난다. 그러므로 나의 몸과 마음을 포함해서 우주 만물이 인연 따라 일어나고 인연이 다하면 사라진다. 우리가 착각하는 영혼이라는 것을 포함해서 모든 상카라는 영원하지 않고 항상 끊임없이 생멸하는 무상한 것이다. 유위법은 영원하지 않고 무위의 열반만이 영원하다.

제19장 올바름

Dhammaṭṭha Vagga

제19장 올바름 Dhammaṭṭha Vagga

첫 번째 이야기
타락한 판사

부처님께서 제따와나에 계실 때 한 판사와 관련해서 게송 256, 257번을 설하셨다.

어느 날 비구들이 사왓티 성 북문 근처의 마을에서 탁발을 마치고 도시의 중앙을 가로질러 사원으로 돌아오고 있었다. 그때 구름이 몰려오더니 소나기가 퍼부었다. 비구들은 비를 피하려고 급히 법원 후문으로 들어갔다가 재판장이 뇌물을 받고 합법적인 소유주에게서 재산을 빼앗는 것을 보게 됐다.

"이 사람들은 공정하지 않구나! 우리는 지금까지 판사들이 공정하게 판결한다고 생각했는데!"

비가 멈추자 사원으로 돌아온 비구들이 부처님께 삼배를 올리고 한쪽에 공손하게 앉아 이 일을 보고하자 부처님께서 말씀하셨다.

"비구들이여, 그들은 사악한 욕망의 포로가 되어 불공정하게 사건을 판결한다. 이러한 사람들을 정확히 판사라고 할 수 없다. 부당한 행위를 간파하고 잘못을 저지른 자를 심판하는 사람이라야 판사라고 할 수 있다."

부처님께서는 이렇게 말씀하시고 게송을 읊으셨다.

이익이 되는 쪽으로
판결하는 것은
법에 머무는 자가 아니다.
지혜로운 이라면
옳고 그름을 정확히 분별해야 한다.(256)

올바름만을 말하고
적법하고 공정하게 판결하는 사람,
그가 법의 보호자이며
법에 머무는 자이다.(257)

두 번째 이야기
공양간에서 소란을 피우는 육군 비구들

부처님께서 제따와나에 계실 때 육군 비구들과 관련해서 게송 258번을 설하셨다.

육군 비구들이 이 사원 저 사원, 이 마을 저 마을 돌아다니면서 공양간에서 소란을 일으키고 있었다. 어느 날 젊은 비구들과 사미들이 마을에서 공양하고 사원으로 돌아오자 다른 비구들이 물었다.
"스님들이여, 마을 공양간이 어떻습니까?"
"말도 마십시오. 육군 비구들이 '우리만이 많이 배운 사람이고 현명한 사람이다. 비구와 사미들을 때리고 머리 위에 쓰레기를 쏟아부어 쫓아버려야겠다.'라고 하면서 뒤에서 잡아당기고 머리 위에 쓰레기를 붓고 난리를 피워 공양간을 난장판으로 만들어버렸어요."
비구들이 부처님께 가서 이 일을 보고하자 부처님께서 말씀하셨다.
"비구들이여, 나는 말을 많이 하고 남을 괴롭히는 사람을 현명한 사람이라고 부르지 않는다. 인욕하고, 분노에서 벗어나고, 남을 해치지 않는 사람을 현명한 사람이라고 부른다."
부처님께서는 이렇게 말씀하시고 게송을 읊으셨다.

말을 잘한다고
지혜로운 자가 되지 않는다.
평화로우며 미움이 없고
두려움을 주지 않는 사람,
그가 진정 지혜로운 사람이다.(258)

세 번째 이야기
하나의 게송에 정통한 에꿋다나 장로

부처님께서 제따와나에 계실 때 에꿋다나 장로[52]와 관련해서 게송 259번을 설하셨다.

에꿋다나 장로는 숲속에 홀로 머물며 한 가지 감흥어를 완전하게 이해하고 깨달음을 얻어 아라한이 됐다.

> 높은 마음을 갖추고
> 방일하지 않는 성인은
> 지혜의 길을 닦는다..
> 항상 고요하고
> 알아차림이 현존하는 그에게
> 슬픔이 존재하지 않는다.[53]

---

52) 에꿋다나Ekuddāna, Ekuddāniya: 그는 사왓티의 부자 바라문의 아들이었는데 부처님의 장엄한 모습을 보고 출가했다. 그는 숲속에서 예비기간을 마치고 가르침을 받기 위해 부처님께 왔다. 이때 부처님께서는 옆에서 가부좌를 틀고 척추를 곧추세우고 고요하게 홀로 위없는 마음에 든 사리뿟따Sāriputta 장로를 보며 감흥어를 읊었다. 그는 이 게송 하나를 배워서 다시 숲으로 들어가 게송의 의미를 깊이 숙고하며 수행해 게송의 의미를 완전히 이해했다. 그래서 그는 에꾸(하나) + 우다나(감흥어)의 합성어인 에꿋다나로 불리게 됐으며 얼마 후 통찰지를 얻어 아라한이 됐다. 후에 아난다 장로가 그에게 법문을 부탁하자 자기가 유일하게 알고 있는 이 게송을 읊었다.
53) 이 게송은 우다나Udāna(감흥어)의 사리뿟따 경(Sariputta Sutta, Ud4.7)에 나온다. 이 게송에서 높은 마음은 아라한과의 마음이고, 지혜의 길은 아라한과를 얻기 위해 가는 37보리분법이다.

우뽀사타 재일이 되자 에꿋다나 장로는 홀로 법상에 올라 목소리를 가다듬고 이 게송을 엄숙하게 읊었다. 그러자 숲속의 목신들이 땅을 가르는 소리를 내며 손뼉을 치며 탄성을 질렀다. 어느 우뽀사타 재일에 삼장에 정통한 두 장로가 각기 500명의 제자를 거느리고 숲속에 도착했다. 장로가 그들을 보고 기쁘고 반가운 마음으로 말했다.

"잘 오셨습니다. 오늘이 우뽀사타 재일이어서 법문을 해야 하는데 잘됐습니다."

"스님, 여기 법문을 들을 사람이 누가 있다고 법문을 한단 말입니까?"

"법문을 듣는 사람이 있습니다. 어느 날 제가 법문을 설했는데 숲속에 사는 목신들의 박수 소리와 찬탄하는 소리가 숲에 가득 찼습니다."

두 장로가 법상에 올라가 한 장로는 경을 암송하고 다른 장로는 경을 해설했다. 그러나 법문이 끝나고 나서도 손뼉을 치거나 찬탄하는 소리가 전혀 들려오지 않고 숲속은 고요하기만 했다. 장로들이 에꿋다나 장로에게 물었다.

"스님이 말하길 자신이 법문했을 때 숲속의 목신들이 손뼉을 치고 큰소리로 찬탄했다고 하지 않았습니까? 그런데 왜 우리가 법문했는데 아무런 소리도 들려오지 않는 겁니까?"

"제가 전에 법문할 때는 박수갈채와 환호 소리가 가득했는데 오늘은 왜 이렇게 조용한지 모르겠습니다."

"그러면 스님이 법문해 보십시오."

에꿋다나 장로는 부채를 들고 법상에 앉아 자기가 유일하게 알고 있는 단 하나의 게송을 장엄하게 읊었다. 그러자 숲속의 목신들이 큰소리로 손뼉을 치며 에꿋다나 장로의 법문을 찬탄했다.

두 장로와 천 명의 비구는 어이가 없어 목신들에게 화내며 말했다.

"목신들이 편견을 가지고 사람을 가려가면서 칭찬하는구나. 삼장에 정통한 두 장로가 오랫동안 법문했는데도 한마디도 찬탄하지 않더니 늙은 장로가 단 하나의 게송을 암송할 때는 큰소리로 박수를 치고 찬탄하다니!"

그들이 사원으로 돌아가서 부처님께 이 일을 보고하자 부처님께서 말씀하셨다.

"비구들이여, 나는 삼장을 많이 알고 설할 줄 안다고 그가 법에 정통했다고 말하지 않는다. 단 하나의 게송을 배웠을지라도 몸으로 완전히 체득한 사람이 법에 정통한 사람이다."

부처님께서는 이렇게 말씀하시고 게송을 읊으셨다.

말을 유식하게 한다고
법을 지닌 자가 아니다.
법을 적게 들었어도
몸과 마음으로 이해하고
법을 잊지 않고 실천하는 사람,
그가 진정 법을 지닌 사람이다.(259)

네 번째 이야기
사미로 오인 받은 라꾼다까 밧디야

부처님께서 제따와나에 계실 때 라꾼다까 장로와 관련해서 게송 260, 261번을 설하셨다.

어느 날 라꾼다까 장로가 부처님을 시중들고 나가다가 30명의 비구와 마주쳤다. 비구들은 장로에게 인사도 없이 지나쳐 갔다. 그들은 부처님께 가서 삼배를 올리고 공손하게 한쪽에 앉았다. 부처님께서는 그들이 아라한과를 성취할 인연이 무르익었다는 것을 아시고 질문하셨다.
"그대들은 여기 오다가 한 장로를 보지 못했느냐?"
"보지 못했습니다."
"정말로 보지 못했단 말인가?"
"우리는 한 어린 사미를 보았습니다."[54]
"비구들이여, 그는 사미가 아니고 장로다."
"부처님이시여, 그는 아주 어렸습니다."
"비구들이여, 나는 단지 나이가 들었다는 이유만으로, 장로석에 앉았다는 이유만으로 장로라고 부르지 않는다. 법을 정확히 이해하고 깨달음을 얻었으며 남에게 항상 친절한 사람을 장로라고 부른다."
부처님께서는 이렇게 말씀하시고 게송을 읊으셨다.

머리카락이 희다고
덕 높은 장로가 아니네.
속절없이 나이만 먹은 자는
쓸모없는 늙은이일 뿐이네.(260)

---

54) 라꾼다까 밧디야Lakuṇḍaka Bhaddiya 장로는 키가 작고 얼굴이 동안이어서 종종 어린 사미로 오인을 받았다고 한다. 라꾼다까는 난장이라는 뜻이다.(게송 81번 이야기 참조)

진리와 법을 알고[55]
남에게 해를 끼치지 않으며
계율을 잘 지키고
감각기관을 잘 다스리고
더러움을 씻어낸 지혜로운 사람,
그가 진정한 장로일세.(261)

이 게송 끝에 서른 명의 비구는 아라한과를 성취했다.

---

55) 법(Dhamma)은 여기서 아홉 가지 출세간의 도, 과, 그리고 열반을 말한다.

다섯 번째 이야기
덕도 없으면서 사미의 시중을 받고 싶은 비구들

부처님께서 제따와나에 계실 때 여러 비구와 관련해서 게송 262, 263번을 설하셨다.

어느 때 어떤 장로들은 젊은 비구와 사미들이 스승을 위해 가사를 염색하는 등 모든 의무를 다하는 것을 보고 서로 이야기를 나누었다.
"우리들도 가르치는 데는 재주가 있다. 그런데도 젊은 비구나 사미들을 제자로 거느리지 못하고 시중도 받지 못한다. 우리 부처님께 가서 '부처님이시여, 경전의 문장을 외우고 설하는 것은 우리도 잘합니다. 젊은 비구들과 사미들에게 비록 한 장로에게서 법을 배웠을지라도 완전히 익힐 때까지는 다른 장로들 아래에서 연습하라고 지시하십시오.'라고 건의해 보자. 그러면 우리도 젊은 비구들과 사미들의 시중을 받을 수 있고 이득과 명예도 늘어날 것이다."

비구들은 부처님께 가서 서로 합의한 사항을 말씀드렸다. 부처님께서는 그들이 하는 말을 듣고 불가佛家의 전통에서는 그렇게 하는 게 옳은 것이지만 그들이 시기심으로 자신만의 이득을 추구한다는 것을 알고 말씀하셨다.
"나는 경전을 외우고 설할 줄 안다고 '훌륭하고 존경할 만한 사람'이라고 여기지 않는다. 마음속에 시기와 인색, 교활함을 아라한도의 마음으로 뿌리 뽑은 사람이 진정 훌륭히고 존경할 만한 사람이다."

부처님께서는 이렇게 말씀하시고 게송을 읊으셨다.

언변이 뛰어나고
용모가 잘생겼지만
시기하고 인색하고 교활한 자는
훌륭한 사람이 아니다.(262)

이런 허물을 뿌리째 뽑아버리고
성냄을 없앤 지혜로운 사람,
그가 진정 훌륭한 사람이다.(263)

여섯 번째 이야기
논쟁에서 지고 화를 이기지 못하는 핫타까

부처님께서 제따와나에 계실 때 핫타까 비구와 관련해서 게송 264, 265번을 설하셨다.

핫타까 비구는 논쟁에서 질 때마다 이렇게 말했다.
"언제 어디서 우리 다시 토론해 봅시다."
그리고 상대방보다 먼저 약속 장소에 가서 소리쳤다.
"보라! 그 이교도들은 감히 나를 만나기 두려워 오지 않았다! 이것은 그들이 패배를 인정한 것이다."
그는 이런 식의 말을 늘어놓으며 자신이 토론에서 이겼다고 자랑하고 다녔다. 이것이 그가 토론에서 질 때마다 상대방에게 늘 사용하는 술책이었다. 부처님께서는 핫타까 비구가 그런 못된 행동을 한다는 것을 전해 듣고 불러서 물으셨다.
"핫타까여, 그대가 그런 못된 행동을 한다는데 사실인가?"
"사실입니다."
"어째서 그런 행동을 하느냐? 그런 거짓말을 하는 사람은 머리를 깎았어도 비구라고 할 수 없다. 크거나 작거나 간에 못된 행위를 극복한 사람이 진정한 비구다."
부처님께서는 이렇게 말씀하시고 게송을 읊으셨다.

삭발했다고
다 출가자가 되는 것은 아니다.
계율을 지키지 않고
거짓말을 하며
시기심 많고 욕심 많은 자를
어찌 출가자라 하리오. (264)

작거나 크거나
그 어떤 허물도 짓지 않는 사람,
이런 사람이야말로 진정한 출가자다.(265)

일곱 번째 이야기
자신도 비구라고 주장하는 이교도 바라문

부처님께서 제따와나에 계실 때 한 바라문과 관련해서 게송 266, 267번을 설하셨다.

한 바라문이 출가해 이교도의 사문이 됐다. 그는 탁발하며 돌아다니다가 이런 생각을 했다.

'사문 고따마는 탁발하며 살아가는 자신의 제자들을 '비구'라고 부른다. 나도 탁발하며 살아가므로 '비구'라고 불러야 한다.'56)

그는 부처님께 다가가서 여쭈었다.

"사문 고따마여, 나도 또한 탁발로 생계를 유지하고 살아갑니다. 그러니 나도 '비구'라고 불려야 합니다."

"바라문이여, 나는 단지 탁발로 생계를 유지한다고 비구라고 부르지 않는다. 법에 맞지 않게 행동하는 사람은 비구가 될 수 없다. 오온(몸과 마음)이 무상하고 괴롭고 실체가 없다는 것을 깊이 관찰하는 사람이 진정한 비구다."

부처님께서는 이렇게 말씀하시고 게송을 읊으셨다.

> 그저 탁발한다고 비구가 아니다.
> 잘못된 생각과 어리석은 짓을 하면
> 비구가 될 수 없다.(266)

---

56) 비구(bhikkhu) : 비구의 원 의미는 걸식하는 자다. 계율에 의하면 음식을 직접 해먹어서도 안 되고, 저장해 놓고 먹어서도 안 되고, 치료해 주거나 점을 치고 음식을 얻어서도 안 된다. 오직 탁발을 해서 생계를 유지해야 한다. 하지만 우리나라 현실에서는 불가능한 일이다. 음식을 만들어 스님이 탁발 나오기를 기다리는 신심이 있는 신도도 없거니와 절이 깊은 산속에 위치해 있기 때문에 탁발을 갔다 오면 하루가 다 지나가 버린다. 그러나 동남아 불교국가에서는 여전히 탁발하며 살아간다.

선악을 초월하여
청정범행을 닦고
오온을 통찰하는 사람,
그가 진정한 비구다.(267)

여덟 번째 이야기
공양 축원을 가지고 시비하는 이교도들

부처님께서 제따와나에 계실 때 이교도들과 관련해서 게송 268, 269번을 설하셨다.

이교도들은 공양이 끝나면 공양을 접대한 주인에게 항상 축원했다.

"그대의 삶이 항상 평온하기를! 그대의 삶이 항상 행복하기를! 그대의 수명이 늘어나기를! 진흙 수렁이 있는 곳, 가시밭길이 있는 곳에는 가지 않기를!"

그들은 이렇게 공양 축원을 하고 소원을 빌어주고서 떠났다. 부처님께서는 전반기 20년 동안은 비구들에게 공양 축원을 금하셨다. 그래서 비구들은 공양을 한 후 신도에게 공양 축원을 한마디도 하지 않고 떠났다. 이 때문에 신도들이 화를 내며 말했다.

"이교도들은 공양 축원을 하고 소원을 빌어주는데 스님들은 왜 한마디도 하지 않고 떠나는가?"

비구들이 이 일을 부처님께 보고했다.

부처님께서 비구들에게 말씀하셨다.

"비구들이여, 이후로 공양을 한 후에는 그대들의 의향에 따라 축원을 하고 옆에 서 있는 신도들에게 즐겁게 말해도 좋다."

부처님께서 비구들에게 축원을 허락하자 그때부터 공양을 받고 나서 스님들도 축원하기 시작했다. 신도들은 비구들에게서 공양 축원을 듣자 더 자주 스님들을 초청하고 더 풍요로운 음식을 올렸다. 그러자 이교도들이 화내며 말했다.

"우리는 성인57)이기 때문에 침묵을 지키지만, 사문 고따마의 제자들은

---

57) 성인(muni): 무니muni의 원래 의미는 '침묵을 맹세하고 영감에 의해 움직이는 자'이다.

공양청을 받으면 축원하고 긴 대화를 한다."
  부처님께서 그들의 비평을 듣고 말씀하셨다.
  "비구들이여, 단지 침묵한다고 성인이라고 부르지 않는다. 무지해서, 확신이 없어서, 자신들만이 아는 것을 다른 사람이 알지 못하게 하려는 인색한 생각에서 침묵하는 사람이 있기 때문이다. 그래서 나는 단지 침묵한다고 성인이라고 부르지 않는다. 오히려 악행을 잘 다스리는 사람을 성인이라고 부른다."
  부처님께서는 이렇게 말씀하시고 게송을 읊으셨다.

어지럽고 지혜롭지 못한 자가
단지 침묵한다고 성인이 아니다.
지혜로운 이는 저울추를 잡고 잘 살피는 사람처럼
선58)을 취하고 악을 버린다.
그러한 까닭에 그가 성인이다.
두 세상59)을 잘 알기에
성인이라고 부른다.(268~269)

---

58) 선(varaṁ): 와람varaṁ은 훌륭한 것, 선한 것, 고귀한 것을 말한다. 이 문맥에서는 계(sīla), 삼매(samādhi), 지혜(paññā), 해탈(vimutti), 해탈지견(vimutti ñaṇadassana)을 말한다.
59) 두 세상(ubho loke): 부처님 가르침에서 세상은 오온五蘊을 말한다. 여기서 두 세상은 안의 오온과 밖의 오온이다. 안의 오온은 자신의 내부에서 일어나는 정신과 물질 현상을 말하고, 밖의 오온은 다른 사람의 내부에서 일어나는 정신과 물질 현상을 말한다.

아홉 번째 이야기
어부 아리야

부처님께서 제따와나에 계실 때 어부 아리야와 관련해서 게송 270번을 설하셨다.

어느 날 부처님께서는 어부 아리야가 수다원과를 성취할 인연이 무르익었다는 것을 아시고 사왓티 북문 근처에서 탁발을 마치고 비구들을 데리고 돌아오고 계셨다. 이때 어부 아리야는 낚싯줄을 드리우고 고기를 잡다가 부처님과 비구들을 보고 낚싯대를 던져버리고 서 있었다.
부처님께서는 그와 가까운 곳에 멈추어 서서 몸을 돌려 장로들에게 이름을 물었다.
"그대의 이름은 무엇인가? 그대의 이름은 무엇인가?"
장로들은 각자 자기 이름을 말했다.
"저는 사리뿟따입니다."
"저는 목갈라나입니다."
그러자 어부는 부처님께서 다른 사람의 이름을 물으시니, 자기 이름도 물으시리라 생각했다.
부처님께서는 어부의 마음을 읽고 그에게 물으셨다.
"재가신도여, 그대의 이름은 무엇인가?"
"부처님이시여, 저의 이름은 아리야(성인)입니다."
"재가신도여, 그대처럼 살생하는 사람이 어떻게 아리야라고 불린단 말인가? 일체의 생명을 해치지 않는 사람이 아리야다."
부처님께서는 이렇게 말씀하시고 게송을 읊으셨다.

**산 생명을 해치는 사람은
성인이 아니다.**

일체의 생명을 해치지 않는 사람,
그가 진정한 성인이다.60) (270)

이 게송 끝에 어부 아리야는 수다원과를 성취했다.

---

60) 불교에서 성인(ariya)은 수다원과 이상의 성취를 얻은 사람을 말한다. 즉 수다원, 사다함, 아나함, 아라한을 말한다. 수다원과 이상의 성인은 오계五戒(살생, 도둑질, 거짓말, 삿된 성행위, 술)를 절대로 범하지 않는다.

열 번째 이야기
계를 철저히 지키며 두타행을 하는 비구들

부처님께서 제따와나에 계실 때 두타행을 하는 비구들과 관련해서 게송 271, 272번을 설하셨다.

이 비구들은 이렇게 생각했다.

'우리는 계행을 갖추었다. 우리는 오랫동안 두타행을 해 왔다. 우리는 경전을 거의 다 배웠다. 우리는 시끄러운 세속에서 멀리 떨어진 조용한 곳에서 머물렀다. 우리는 삼매를 성취하고 신통력을 갖추었다. 우리가 아라한과를 얻는 것은 일도 아니다. 우리는 원하기만 하면 아라한과를 성취할 수 있다.'

그들은 모두 아나함과를 성취했기 때문에 아라한과를 얻는 것은 어려운 문제가 아니라고 생각하고 있었다. 어느 날 비구들은 부처님께 다가가서 삼배를 올리고 한쪽에 공손하게 앉았다.

부처님께서 그들에게 물으셨다.

"비구들이여, 그대들은 출가수행의 목표를 완성했는가?"

"부처님이시여, 우리는 아나함과를 성취했기 때문에 원하기만 하면 아라한과를 성취할 수 있다는 생각으로 살아가고 있습니다."

"비구들이여, 비구가 계를 완벽하게 지키고 청정한 생활을 한다고 해서, 아나함을 성취했다고 해서 '우리는 현재 고통이 없다.'라고 생각하는 것은 적절치 않다. 반대로 모든 번뇌를 완전히 소멸시키고 나서야 '나는 진정한 행복을 얻었다.'라고 생각해야 한다."

부처님께서는 이렇게 말씀하시고 게송을 읊으셨다.

계율을 잘 지키고
고행苦行을 한다고 해서

삼장三藏을 많이 배웠다고 해서
삼매를 얻었다고 해서
조용한 암자에 홀로 산다고 해서
사람들이 누리지 못하는
출가자의 기쁨을 누린다고 해서
대단하다고 생각하지 마라.
비구들이여!
번뇌가 다한 곳에 이르지 못한 채
할 바를 다했다고 마음 놓지 마라.(271-272)

이 게송 끝에 비구들은 모두 아라한과를 성취했다.

제20장 도道

Magga Vagga

제20장 도道, Magga Vagga

첫 번째 이야기
팔정도61)가 최상의 길

부처님께서 제따와나에 계실 때 500명의 비구와 관련해서 게송 273, 274,

---

61) 팔정도八正道(Ariyo aṭṭhaṅgiko magga): 팔정도는 사성제四聖諦의 맨 마지막인 도성제道聖諦이며, 괴로움의 소멸(滅聖諦)을 성취하기 위한 구체적인 실천 방법이다.
① 바른 견해(正見, Sammā-diṭṭhi): 괴로움, 괴로움의 원인, 괴로움의 소멸, 괴로움의 소멸로 인도하는 길, 즉 사성제를 바르게 이해하는 것이다.
② 바른 사유(正思惟, Sammā-saṅkappa): 출리의 사유, 악의 없음의 사유, 해치지 않음의 사유이다.
③ 바른 말(正語: Sammā-vācā): 거짓말, 이간질, 욕설을 하지 않는다.
④ 바른 행위(正業: Sammā-kammanta): 살생, 도둑질, 삿된 음행을 하지 않는다.
⑤ 바른 생계(正命: Sammā-ājīva): 비구는 삿된 생계를 제거하고 바른 생계로 생명을 영위한다. 재가자는 남에게 피해를 주거나 비난받을 직업을 피한다.
⑥ 바른 노력(正精進: Sammā-vāyāma): 아직 일어나지 않은 불선법을 일어나지 않게 하고, 이미 일어난 불선법을 제거하려고 노력하고, 아직 일어나지 않은 선법을 일어나도록 노력하고, 이미 일어난 선법을 증장시키려고 노력한다.
⑦ 바른 알아차림(正念: Sammā-sati): 몸, 느낌, 마음, 법을 관찰하며 머문다. 세상의 욕심과 싫어하는 마음을 버리면서 근면하게 분명히 알아차리면서 머문다.
⑧ 바른 삼매(正定: Sammā-samādhi): 초선, 이선, 삼선, 사선에 들어 머문다. 붓다께서는 대반열반경(D16)에서 어떤 종교가 진정한 종교인지 묻는 수밧다의 질문에 팔정도를 수행하지 않는 종교에는 진리도, 깨달은 성인도 없다고 단언하셨다.

275, 276번을 설하셨다.

어느 때 부처님께서 비구들을 데리고 시골길을 걸어 유행한 후 사왓티에 도착하셨다. 부처님께서는 간다꾸띠에 들어가 자리에 앉으시고 함께 돌아온 500명의 비구는 법당에 앉아 걸어왔던 길에 대해 이야기를 나누었다.

"어떤 마을로 가던 길은 부드러웠지. 어떤 마을로 가던 길은 매우 거칠었지. 어떤 마을로 가던 길은 자갈로 덮여 있었지. 어떤 마을로 가던 길은 자갈이 없었지."

비구들이 걸었던 길에 대해 이야기를 나누자 부처님께서 그들이 아라한과를 성취할 인연이 무르익었다는 것을 아시고 법당에 들어가 준비된 자리에 앉아 물으셨다.

"비구들이여, 여기 모여서 무슨 이야기를 나누고 있는가?"

비구들이 대답하자 부처님께서 말씀하셨다.

"비구들이여, 그 길은 우리의 관심사하고는 거리가 먼 길이다. 비구라면 마땅히 고귀한 길에 대해서 이야기해야 한다. 그렇게 해야만 모든 고통으로부터 해탈을 얻을 수 있다."

부처님께서는 이렇게 말씀하시고 게송을 읊으셨다.

길 중에서 팔정도八正道가 으뜸이요,
진리 중에서 사성제四聖諦가 으뜸이다.
법 중에서 탐욕 없음(열반)이 으뜸이요,
두 발 가진 중생들 중에서는
법안法眼이 열린 자가 으뜸이다. (273)

길은 오직 하나뿐
견해의 청정(見淸淨)으로 가는 데는
다른 길은 없나니
그대여!

마땅히 이 길을 가라.
그러면 마라를 당황하게 하리라.(274)

이 길을 간다면
괴로움의 끝에 이르리라.
번뇌의 가시를 뽑는 이 길을 깨닫고
나는 그대들에게 보여주었다.(275)

그대들은 힘써 노력하라.
나 여래는 단지 길을 보여줄 뿐.
누구든지 이 길을 가면
마라의 얽매임에서 벗어나리라.(276)

이 게송 끝에 500명의 비구는 아라한과를 성취했다.

두 번째 이야기
무상

부처님께서 제따와나에 계실 때 500명의 비구와 관련해서 게송 277번을 설하셨다.

500명의 비구가 부처님에게서 수행주제를 받아 숲속에 들어가 열심히 정진했지만, 아라한과를 성취하지 못했다. 그들은 자기들에게 더 적합한 수행주제를 받기 위해 부처님에게 돌아왔다. 부처님께서는 이 비구들에게 가장 적합한 수행주제가 무엇일까 깊이 관찰해 보셨다.

"깟사빠 붓다 재세 시에 이 비구들은 무상의 특성을 깊이 관찰하며 2만 년 동안 정진했다. 그러니 이들에게 무상의 특성을 주제로 한 게송을 가르쳐야겠다."

부처님께서 그들에게 말씀하셨다.

"비구들이여, 욕계와 색계, 무색계에서 모든 조건지어진 것들은 끊임없이 변해가는 무상한 것이다."

부처님께서는 이렇게 말씀하시고 게송을 읊으셨다.

모든 상카라는 무상無常하다.62)
지혜로 이와 같이 볼 때
괴로움을 싫어하여 떠난다.
이것이 청정에 이르는 길이다.(277)

---

62) 모든 상카라는 무상하다(sabbe saṅkhārā aniccā, 諸行無常): 상카라(saṅkhāra, 有爲法)는 원인과 조건(因緣)에 의해 일어나는 현상이다. 안으로 몸과 마음에서 일어나는 모든 현상과 밖으로 우주만물의 모든 현상이 원인과 조건에 의해 일어나서 머물고 사라진다. 순간순간 일어났다 사라져가며 같은 방식으로 영원히 존재하는 것은 없다. 무상은 모든 현상의 본질적인 특징이다. 오직 원인과 조건 없이 일어나는 것(無爲法, asaṅkhata), 열반만이 영원하다. 부처님은 마지막 유훈에서 이렇게 말씀하셨다. "상카라는 소멸하는 법이다. 방일하지 말고 열심히 정진하라."

세 번째 이야기
괴로움

부처님께서 제따와나에 계실 때 500명의 비구와 관련해서 게송 278번을 설하셨다.

부처님께서는 다른 500명의 비구가 과거생에 괴로움의 특성을 수행주제로 정진했다는 것을 아시고 그들에게 말씀하셨다.
"비구들이여, 오취온五取蘊은 우리를 핍박한다. 그래서 괴로움이 일어나는 것이다."
부처님께서는 이렇게 말씀하시고 게송을 읊으셨다.

모든 상카라는 괴로움이다.[63]
지혜로 이와 같이 볼 때
괴로움을 싫어하여 떠난다.
이것이 청정에 이르는 길이다.(278)

---

[63] 모든 상카라는 괴로움이다.(sabbe saṅkhārā dukkha, 諸行皆苦): 보통 일체개고一切皆苦라고 말하나 일체一切라고 말하면 열반도 포함되므로 제행諸行이라고 해야 정확하다. 열반의 상태는 괴로움이 아니라 지극한 행복이다. 괴로움(dukkha)은 고통스러운 경험만을 의미하지 않고, 존재의 본질적인 특징, 불만족스럽고 불안정한 상태를 의미한다. 즐거운 경험도 물론 괴로움에 포함된다. 왜냐하면 즐거움도 영원하지 않고 사라지며, 사라진 즐거움에 집착하고 다시 누리지 못하면 괴로움으로 변하기 때문이다. 그래서 괴로움을 정확하게 번역하려면 '불만족'이나 '괴로움의 속성을 지닌 것'이라는 말이 더 정확하다. 상윳따 니까야(S56.12)에서는 괴로움을 이렇게 정의하고 있다. "비구들이여, 이것이 괴로움의 성스러운 진리다. 태어남도 괴로움이요, 늙음도 괴로움이요, 병듦도 괴로움이요. 죽음도 괴로움이다. 싫어하는 것과 만나는 것도 괴로움이요, 좋아하는 것과 헤어짐도 괴로움이요, 원하는 것을 얻지 못함도 괴로움이다. 간략히 말하면 오취온五取蘊이 괴로움이다."

네 번째 이야기
무아

부처님께서 제따와나에 계실 때 500명의 비구와 관련해서 게송 279번을 설하셨다.

부처님께서 또 다른 500명의 비구가 과거생에 무아의 특성을 주제로 수행했다는 것을 아시고 그들에게 말씀하셨다.
"비구들이여, 오취온은 자기의 뜻대로 되지 않는다. 그래서 이것들은 내가 아니다."
부처님께서는 이렇게 말씀하시고 게송을 읊으셨다.

모든 법은 실체가 없다.[64]
지혜로 이와 같이 볼 때
괴로움을 싫어하여 떠난다.
이것이 청정에 이르는 길이다.(279)

---

64) 모든 법은 실체가 없다(sabbe dhammā anatta, 諸法無我): 여기서 법(dhamma)은 조건에 의해 일어나는 것(有爲法)과 조건 없이 일어나는 것(無爲法)을 모두 포함한다. 그러므로 '모든 법'이라는 단어에는 열반도 포함된다. 실체 없음(無我, anatta)이란 몸과 마음 안에 '나', '나 자신', '나의 것', '영혼' 또는 '자아'라는 것이 없다는 것이다. 이 무아의 교리를 이해하지 않으면 불교를 안다고 할 수 없다. 왜냐하면 모든 불교의 교리는 이 무아의 이론 위에 세워져 있기 때문이다. 무아의 교리는 오직 불교에만 있으며 불교와 이 세상 모든 종교를 구분 짓는 독특한 가르침이다. 그럼 자아가 없다면 '무엇이 괴로움을 느끼며, 무엇이 선악의 행위를 하며, 무엇이 업에 따라 윤회하며, 무엇이 팔정도의 길을 걸어가고, 무엇이 열반에 들어가는가?'라고 물을 것이다. 청정도론(Vis16.90)에서 이렇게 말하고 있다. "괴로움을 겪지만 괴로움을 겪는 자는 없다. 행위를 하지만 행위하는 자는 없다. 열반에 들어가지만 열반에 들어가는 자는 없다. 길을 걸어가지만 길을 걸어가는 자는 없다."

다섯 번째 이야기
게으른 빠다나깜미까 띳사 비구[65]

부처님께서 제따와나에 계실 때 빠다나깜미까 띳사 비구와 관련해서 게송 280번을 설하셨다.

사왓티의 젊은이 500명이 출가해 비구가 됐다. 그들은 부처님에게 수행 주제를 받아가지고 숲으로 들어갔다. 그중 한 비구를 제외하고 나머지는 수행에 전념해 아라한과를 성취했다. 그들은 자신들의 기쁨을 부처님께 알리기 위해 돌아오다가 사왓티에서 1요자나 떨어진 한 마을에서 탁발했다. 재가신도가 비구들을 보고 밥과 죽, 맛있는 반찬을 올리고 공양 축원을 들은 후 다음 날 자기 집에서 공양을 해 달라고 청했다.

비구들은 사왓티로 돌아와서 가사와 발우를 놓아두고 부처님께 다가가서 삼배를 올리고 한쪽에 앉았다. 부처님께서는 비구들을 보고 아주 기뻐하시며 다정하게 인사를 주고받았다. 아직 깨달음을 성취하지 못한 동료 비구는 그걸 보고 생각했다.

'부처님께서는 이들과 다정하게 인사를 하고 말을 아끼지 않고 칭찬하신다. 그러나 아무런 도과를 얻지 못한 내게는 한마디도 건네지 않으신다. 나도 오늘 아라한과를 성취해야겠다. 아라한과를 성취하고 나면 부처님께서 내게도 다정하게 말을 건네실 것이다.'

비구들이 물러나며 부처님께 말씀드렸다.
"부처님이시여, 여기로 오는 도중에 한 재가신도가 내일 공양에 저희들을 초청했습니다. 내일 아침 일찍 그곳으로 가야합니다."
500명의 비구는 각자 숙소로 들어갔지만 깨닫지 못한 비구는 밤이 늦도록 경행대에서 경행하며 정진했다. 하지만 쏟아지는 졸음을 이기지 못해

---

[65] 이 이야기는 와라나 자따까(Varaṇa Jātaka, J71)에서 유래한다.

그만 경행대 끝에 있는 바위에 걸려 넘어지면서 대퇴골이 부러졌다. 고통이 밀려오자 그는 비명을 질러댔다. 동료 비구들이 이 소리를 듣고 달려 나와 큰 소동이 벌어졌다. 비구들은 불을 밝히고 그를 치료해 주었다. 그리고 밤이 지나고 해가 뜨도록 간호하느라 결국 공양청을 받은 마을에 가지 못했다.

부처님께서 비구들을 보고 물으셨다.
"비구들이여, 공양 약속을 해 놓고서 왜 아직까지 가지 않았는가?"
비구들은 간밤에 일어난 일을 말씀드리자 부처님께서 말씀하셨다.
"비구들이여, 그가 그대들이 약속한 공양청에 가지 못하게 한 것은 이번이 처음이 아니다. 과거생에서도 또한 이런 일이 있었다."
비구들이 그 이야기를 해달라고 요청하자 부처님께서는 와라나 자따까를 이야기해 주셨다.

어느 때 보디삿따는 간다라국의 딱까실라에서 살았다. 그는 500명의 제자를 거느린 유명한 스승이었다. 어느 날 그는 땔나무를 구해 오라고 제자들을 숲으로 보냈다. 제자들은 열심히 땔나무를 모았지만, 그중 한 게으른 제자는 와라나 나무 아래로 가서 잠들어버렸다. 동료들은 땔감을 짊어지고 내려가다가 나무 아래에서 자고 있는 동료를 발로 차서 깨우고 내려갔다. 게으른 제자는 깨어나 반쯤 졸린 눈으로 나무에 올라가 푸른 나뭇가지를 마른 나뭇가지로 생각하고 꺾다가 한쪽 눈을 다쳤다. 그는 푸른 나뭇가지를 꺾어서 짊어지고 내려와 동료들이 쌓아놓은 마른나무 다발 꼭대기에 얹어놓았다. 다음 날 제자들은 먼 마을에서 초청이 들어와 아침 일찍 죽을 먹고 떠날 생각이었다. 그래서 제자들은 하녀에게 아침 일찍 죽을 준비하라고 지시를 해 두었다. 그러나 하녀는 어스름한 새벽에 푸른 나뭇가지를 마른 나뭇가지로 생각하고 불을 붙이려고 여러 차례 시도했으나 붙이지 못해 결국 해가 뜰 때까지 죽을 만들지 못했다. 결국 게으른 제자 때문에 동료들은 모두 초청받은 집에 가지 못했다.

(Varaṇa Jātaka, J71)

미리 해야 할 일을 하지 않고
뒤로 미루는 사람은
나중에 후회하게 된다,
마치 푸른 와라나 가지를 꺾은 사람처럼.

부처님께서는 과거생 이야기를 하시고 나서 말씀하셨다.
"그때 500명의 제자가 지금의 500명의 비구이고 게으른 젊은이가 이 비구다. 그리고 그때의 스승은 지금의 여래다."
부처님께서는 이야기를 끝마치고 나서 말씀하셨다.
"비구들이여, 일어나야 할 때 일어나지 않는 사람, 의지가 약하고 게으른 사람, 그런 사람은 결코 삼매나 도과를 얻을 수 없다."
부처님께서는 이렇게 훈계하시고 나서 게송을 읊으셨다.

젊고 힘이 있어
힘써 노력해야 할 때
노력하지 않고 게을리 지내며
헛된 생각만 키우는 자는
지혜를 통해 도를 깨닫지 못하리라.(280)

여섯 번째 이야기
두 비구를 이간질한 돼지 아귀

부처님께서 웰루와나에 계실 때 돼지 아귀66)와 관련해서 게송 281번을 설하셨다.

어느 날 마하목갈라나 장로가 락카나 장로와 함께 깃자꾸따에서 내려오다가 어떤 지점에서 미소를 지었다. 그러자 락카나 장로가 물었다.
"스님, 왜 미소를 짓습니까?"
"지금은 질문할 때가 아닙니다. 기다렸다가 부처님 앞에서 다시 질문해 주십시오."
그렇게 말하고서 마하목갈라나 장로는 락카나 장로와 함께 라자가하에서 탁발했다. 탁발에서 돌아오면서 웰루와나로 가서 부처님께 삼배를 올리고 한쪽에 앉았다.

락카나 장로가 이 일에 대해 다시 묻자 마하목갈라나 장로가 대답했다.
"스님, 저는 어떤 아귀를 보았습니다. 몸은 아주 거대하고 인간의 몸을 하고 있었지만 머리는 커다란 돼지 머리였습니다. 입에서는 꼬리가 자라고 꼬리에서는 구더기가 우글대고 있었습니다. 그 아귀를 보고 '이런 모습의 중생은 처음 본다.'라고 생각했습니다. 그래서 제가 아귀를 보고 미소지었던 것입니다."

부처님께서 말씀하셨다.
"비구들이여, 나의 제자가 보았던 것을 보리수 아래의 금강보좌에 앉아 있을 때 나도 보았다. 나는 '내가 이 말을 해도 사람들이 믿지 않으면 그들에게 불이익이 될 것이다.'라고 생각해서 말하지 않았던 것이다. 이제 목갈라나가 증인이 됐으니 사실을 이야기한다. 비구들이여, 목갈라나는 사실을

---

66) 아귀(peta): 3권 부록 I 불교의 세계관 1.다 참조.

말하고 있다."

비구들이 이 말을 듣고 부처님께 여쭈었다.

"부처님이시여, 그 돼지 아귀는 과거생에 무슨 악행을 저질렀습니까?"

"비구들이여, 이야기해 줄 테니 잘 들어라."

부처님께서는 돼지 아귀의 과거 행위에 대해 이야기하기 시작하셨다.

돼지 아귀의 과거생 : 두 비구의 우정을 갈라놓은 비구

깟사빠 부처님 재세 시에 두 장로가 한 마을의 사원에서 사이좋고 평화롭게 살아가고 있었다. 한 장로는 나이가 60세였고 다른 한 장로는 59세였다. 나이가 한 살 적은 장로는 나이가 한 살 많은 장로의 가사와 발우를 들어주는 등 선배에 대해 깍듯하게 예우하며 따라다녔다. 사실 그는 사미가 하듯이 한 살 많은 장로에게 크고 작은 모든 시중을 들었다. 마치 한배에서 나온 두 형제처럼 그들은 평화롭고 사이좋게 살았다.

어느 날 삼장에 능숙한 한 법사 비구가 사원에 도착했다. 그날은 법문을 듣는 날이었다. 두 장로는 법사 비구를 융숭하게 대접하며 말했다.

"스님, 우리에게 법을 설해 주십시오."

비구는 두 장로에게 법을 설했다. 두 장로는 '법사 스님을 구했다.'라고 생각하며 매우 기뻐했다.

다음 날 장로들은 비구를 데리고 마을로 탁발을 나갔다. 공양을 마치고 장로들은 비구에게 말했다.

"스님, 어제 멈췄던 부분부터 시작해서 법문을 계속해 주십시오."

장로들은 그가 신도들 앞에서 법문하게 했다. 신도들은 법문을 듣고 그 다음 날에도 공양을 청했다. 장로들은 그들이 탁발을 다니던 모든 마을을 법사 비구를 데리고 한곳에 이틀씩 돌아다녔다.

법사 비구는 생각했다.

'이 두 장로는 마음이 아주 여린 사람들이다. 내가 두 스님을 쫓아버리고 사원을 차지해야겠다.'

저녁에 비구는 두 장로에게 가서 시중을 들었다. 일어나서 나와야 할 때가 되자 그는 큰 장로에게 가서 말했다.

"장로님, 제가 드릴 말씀이 있습니다."

"말해보시오, 스님."

법사 비구는 잠시 머뭇거리는 체했다.

"하지만 심한 질책이 따를까 두려워 말하기가 어렵습니다."

그는 더 이상 말하지 않고 나와서 작은 장로에게 가서 똑같이 말하고 자기 꾸띠로 돌아갔다.

다음 날에도 그는 두 장로에게 똑같이 말하며 그들에게 의심을 불러일으켰다. 3일째가 되자 두 장로는 크게 동요하기 시작했다. 그러자 법사 비구는 큰 장로에게 가서 말했다.

"장로님, 제가 하고 싶은 말이 있지만 감히 말하지 못하겠습니다."

장로가 대답을 재촉하며 말했다.

"스님, 걱정 말고 하고 싶은 말이 있으면 해 보시오."

마침내 법사 비구가 말했다.

"장로님은 작은 장로님과 어떤 관계입니까?"

"스님, 도대체 무슨 말을 하려는 게요? 우리는 한 어머니에게서 나온 형제와 다름없는 사이요. 우리는 항상 똑같이 받아 똑같이 나누어 씁니다. 나는 이제까지 그가 한 번도 나쁜 일을 한 것을 본 적이 없소."

"장로님, 정말 그렇습니까?"

"정말이오."

"장로님, 작은 장로님이 제게 말하길 '당신은 좋은 집안 태생이어서 말해 주는 겁니다. 우리 큰 장로와 좋은 관계를 맺고 싶고, 겸손하고 친절하다고 생각하고 싶겠지만 경계하는 것이 좋을 겁니다.'라고 했습니다. 이 말은 제가 여기 온 이후로 작은 장로님이 내게 늘 하던 말입니다."

큰 장로가 이 말을 듣자 화가 불같이 일어났다. 마치 막대기로 항아리를 산산이 깨부수듯 그의 마음도 산산이 부서지는 듯했다. 법사 비구는 자리에서 일어나 작은 장로에게 가서 똑같이 말했다. 작은 장로의 마음도 큰 장로처럼 갈기갈기 찢어지는 듯했다. 두 장로는 수십 년 동안 함께 살아오면서 한 번도 홀로 탁발을 나가본 적이 없었다. 하지만 그다음 날에는 작은 장로 홀로 탁발을 나갔다. 그는 큰 장로보다 먼저 돌아와 법당 앞에서 멈추었다. 그때 큰 장로가 돌아오다가 그와 마주쳤다.

작은 장로는 큰 장로를 보고 생각했다.
'내가 가사와 발우를 들어주어야 하나 말아야 하나?'
'지금은 들어주지 않겠다.'
그는 이렇게 결심했지만 곧 다시 생각을 고쳐먹었다.
'잠깐! 내가 전에 이렇게 행동한 적이 없었는데 아무리 큰 장로가 섭섭하게 대하더라도 해야 할 의무를 빠뜨려서는 안 되지.'
그는 곧 마음을 누그러뜨리고 큰 장로에게 가서 말했다.
"장로님, 가사와 발우를 제게 주십시오."
"썩 꺼져라, 사악한 자야. 너는 나의 가사와 발우를 받을 자격이 없다."
큰 장로는 그렇게 말하면서 모욕의 표시로 손가락을 튕겼다. 그러자 작은 장로가 말했다.
"잘 됐습니다. 나도 가사와 발우를 빌려주고 싶은 생각이 없습니다."
"너는 내가 이 사원에 집착하고 있다고 생각하느냐?"
"아니, 장로님. 그럼 제가 이 사원에 집착하고 있다고 생각하십니까? 이건 당신 사원입니다."

작은 장로는 그렇게 말하고 나서 가사와 발우를 걸망에 넣고 떠나버렸다. 그러자 큰 장로도 소지품을 챙겨서 사원을 떠났다. 그들은 각기 정반대의 문으로 나갔다. 한 장로는 서쪽 문으로, 한 장로는 동쪽 문으로 각각 갈 길을 떠났다. 법사 비구는 장로들이 떠나는 것을 보고 잠시 말리는 시늉을 했다.

"그러지 마십시오."

두 장로가 그에게 말했다.

"스님은 여기 남아서 사원을 잘 관리하시오."

사원은 이제 법사 비구의 차지가 됐다.

법사비구가 다음 날 마을에 들어서자 신도들이 물었다.

"스님, 장로님들은 어디 가셨습니까?"

"신도님들이여, 그런 것은 묻지 마십시오. 당신 집에 늘 오던 두 장로는 어제 싸우고 사원을 떠나버렸습니다. 그들이 떠나는 것을 어떻게든 막아보려고 했지만, 어쩔 수 없었습니다."

어리석은 사람들은 그 말을 듣고 정말 그랬나보다 생각하고 아무 말도 하지 않았지만, 지혜로운 사람들은 새로 온 비구가 농간을 부렸다는 것을 알았다.

"이제까지 우리는 두 스님이 싸우는 것을 본 적이 없습니다. 두 스님이 떠났다면 새로 온 비구가 일을 꾸며서 쫓아냈을 겁니다."

마을 사람들은 두 스님이 떠난 것을 매우 아쉬워했다.

두 장로는 어디를 가든지 마음이 평화롭지 않았다. 큰 장로는 이렇게 생각했다.

'오, 작은 장로가 정말 나쁜 짓을 저질렀다. 법사 비구가 온 순간부터 '큰 장로와 상종을 말라.'고 했다지?'

작은 장로도 홀로 살아가며 이렇게 생각했다.

'오, 큰 장로는 정말 나쁜 짓을 저질렀다. 법사 비구가 온 순간부터 '작은 장로와 상종을 말라.'고 했다지?'

두 장로는 경전을 공부해도 한 구절도 외우지 못하고 수행을 해도 집중할 수 없었다.

수십 년이 지나서 두 장로는 서쪽 나라에서 똑같은 사원에 들렀다가 우연히 한방을 배정받았다. 큰 장로가 방에 들어가서 침대 위에 앉았을 때 작은 장로가 방에 들어왔다. 큰 장로가 그를 알아보고 눈물을 참지 못했다. 작은 장로도 큰 장로를 알아보고 얼굴 가득 눈물을 흘렸다.

'내가 먼저 말을 걸어야 하나, 말아야 하나?'

하지만 곧 생각을 고쳐먹었다.

'그것은 믿을 가치도 없는 말이었어.'

그는 큰 장로에게 삼배하고 말했다.

"스님, 제가 스님의 가사와 발우를 들고 따라다니는 동안 생각과 말과 행동에서 스님에게 거슬리게 한 적이 있었습니까?"

"없었네."

"그런데 왜 법사 비구에게 '이 사람과 상종을 말라.'고 말했습니까?"

"나는 그렇게 말한 적이 없었네. 나도 똑같은 말을 법사 비구에게 들었을 뿐이네."

"스님, 저도 그렇게 말한 적이 없습니다."

그 순간 그들은 법사 비구에게 속았다는 것을 알게 됐다.

"그가 우리 사이를 갈라놓으려고 그랬구나!"

두 비구는 각각 상대방에게 했던 불쾌한 행동을 사과했다. 바로 그날 수십 년 동안 쌓였던 마음의 응어리가 풀어졌다. 두 장로는 서로 화해하고 다시 좋은 사이가 됐다.

"가서 다시 옛날의 우리 사원을 되찾도록 합시다."

두 장로는 출발한 지 얼마 되지 않아 옛날 사원에 도착했다.

법사 비구가 두 장로를 보고 놀라움에 가득차서 달려와 가사와 발우를 받아들려고 하자 두 장로가 손가락을 튕기며 말했다.

"너는 이 사원에 머무를 자격이 없다."

법사 비구는 비난을 참지 못하고 즉시 사원을 떠나 도망쳤다. 그는 오랫동안 수행했지만, 조그마한 분노도 참지 못하는 전혀 수행이 안 된 사람이었다. 법사 비구는 그 생에서 죽어 지옥에 태어났다. 두 부처님 사이 동안 지옥에서 고통을 받은 후 깃자꾸따에서 돼지 아귀로 태어나 고통을 받고 있는 것이다.

부처님께서는 이렇게 아귀가 과거생에 지었던 악행을 이야기해 주시고 나서 말씀하셨다.

"비구들이여, 비구는 항상 생각과 말, 행동을 자제하고 청정함을 유지해야 한다."

부처님께서는 이렇게 말씀하시고 게송을 읊으셨다.

입을 조심하고
마음을 잘 다스리고
몸으로 나쁜 짓을 하지 말아야 한다.
이 세 가지 행위를 청정히 하면
현자들이 설하신 도를 얻을 수 있으리라. (281)

일곱 번째 이야기
머리가 텅 빈 대강백 뽀띨라

부처님께서 제따와나에 계실 때 뽀띨라 장로와 관련해서 게송 282번을 설하셨다.

뽀띨라 장로는 과거 일곱 부처님 아래에서 '삼장법사'로 불렸다. 그는 금생에서도 삼장법사가 되어 500명의 제자에게 경전을 가르치고 있었다. 어느 날 부처님께서는 이렇게 생각하셨다.

'이 비구는 괴로움에서 해탈할 생각은 추호도 하지 않는구나. 자극을 주어 분발시켜야겠다.'

그때부터 부처님께서는 그 장로가 부처님께 시중들기 위해 올 때마다 이렇게 말씀하셨다.

"뚜짜(머리가 텅 빈) 뽀띨라야 오너라. 뚜짜 뽀띨라야 절을 해라. 뚜짜 뽀띨라야 앉아라. 뚜짜 뽀띨라야 가거라."

뽀띨라 장로가 일어나 가고 나면 부처님께서는 '뚜짜 뽀띨라가 갔다.'라고 말씀하셨다.

뽀띨라는 부처님께서 자기를 머리가 텅 빈 자라고 부르자 왜 그렇게 부르는지 생각해 보았다.

'나는 삼장과 주석을 모두 통달한 삼장법사이다. 게다가 나는 500명의 학인을 가르치는 스승이다. 그런데도 부처님께서는 나를 보고 항상 뚜짜 뽀띨라(머리가 텅 빈 뽀띨라)라고 부르신다. 이것은 내가 도과를 성취하지 못했기 때문에 그렇게 부르시는 것이다.'

장로는 크게 자극받아서 결심했다.

'곧장 숲으로 들어가서 수행에 전념해야겠다.'

그날 저녁 장로는 가사와 발우를 정돈하는 등 떠날 준비를 했다. 새벽이 되자 장로는 경을 모두 배우고 돌아가는 비구 중에 제일 마지막으로 돌아가는 비구와 함께 출발했다. 자기 방에서 경을 외우는 데 여념이 없는 학인들은 스승이 떠나는 것을 알아차리지 못했다.

뽀틸라 장로는 120요자나를 걸어서 마침내 30명의 비구가 살고 있는 한 숲속 사원에 도착했다. 그는 사원의 수석 장로에게 다가가 삼배를 올리고 말했다.

"장로님, 저의 의지처가 되어 주십시오."

"아니, 스님. 스님은 법을 가르치시는 대강백이 아닙니까? 배워야 할 사람은 바로 우리인데 무슨 말씀을 그렇게 하십니까?"

"장로님, 그러지 마시고 저의 의지처가 되어 주십시오."

사실 이 사원의 비구들은 모두 아라한이었다. 수석 장로는 그를 보고 생각했다.

'이 비구는 학식이 풍부하다는 자만심이 대단하다. 그의 자만심부터 꺾어야겠다.'

그래서 그를 두 번째 장로에게 보냈다. 뽀틸라는 두 번째 장로에게도 똑같이 말했다. 두 번째 장로는 바로 손아래 장로에게 보냈다. 이렇게 계속 손아래 비구에게 내려와 마침내 그는 가장 나이 어린 일곱 살 먹은 사미 앞에 섰다. 그때 사미는 낮 동안의 수행처에 앉아서 바느질에 열중하며 뽀틸라를 쳐다보지도 않았다. 그렇게 사원의 비구들은 뽀틸라의 오만한 자존심을 완전히 꺾어버렸다.

자존심이 꺾인 뽀틸라는 공손하게 합장하고 사미에게 간청했다.

"스님, 저의 의지처가 되어 주십시오."

"오, 스승이시여. 지금 제게 무슨 말씀을 하십니까? 스님은 나이도 지긋하고 학식도 풍부합니다. 제가 오히려 배워야 합니다."

"그러지 마시고 제발 저의 의지처가 되어 주십시오."

"스님께서 저의 훈계를 참고 달게 받으시겠다면 의지처가 되어 드리겠습니다."

"달게 받겠습니다. 불에 뛰어들라고 명령하신다면 불에도 뛰어들겠습니다."

사미는 멀지 않은 곳에 있는 연못을 가리키며 말했다.

"스님, 가사를 입은 채로 저 연못에 뛰어드십시오."

사미는 뽀틸라 장로가 아주 값비싼 웃가사, 아랫가사, 두겹가사를 입고 있다는 것을 알고, 그가 진정 자기의 가르침을 잘 따를 것인지 알아보기 위해 일부러 그렇게 말했던 것이다. 사미의 말이 떨어지자마자 장로는 즉시 달려가서 물속으로 뛰어들었다.

사미는 뽀틸라의 가사자락에서 물방울이 뚝뚝 떨어지고 있는 것을 보고 말했다.

"이리로 오십시오, 장로님."

사미의 말이 떨어지자마자 뽀틸라는 달려와서 사미 앞에 섰다. 사미가 뽀틸라에게 말했다.

"장로님, 여기에 여섯 개의 구멍이 있는 개미언덕이 있는데 도마뱀 한 마리가 한 구멍으로 들어갔다고 합시다. 이 도마뱀을 잡으려면 다섯 개의 구멍은 막고 한 개의 구멍만 열어놓고 지켜보고 있으면 도마뱀을 잡을 수 있습니다. 이와 똑같이 여섯 감각의 문을 다루어야 합니다. 즉 눈, 귀, 코, 혀, 몸의 다섯 감각의 문(五門)을 닫아놓고 마음의 문(意門) 하나에 정신을 집중하십시오."

장로는 경전에 통달하고 있었으므로 사미의 몇 마디 말이 마치 기름등잔에 불을 붙이는 것과 같았다.

"스승이시여, 그것으로 충분합니다."

장로는 마음에서 일어나고 사라지는 현상을 주의깊게 알아차리며 수행을 시작했다. 부처님께서는 120요자나 거리에 떨어져 앉아 계시면서 장로의 수행이 진척돼 가는 것을 살펴보셨다.

'큰 지혜를 갖춘 장로가 돼 가고 있구나.'

부처님께서는 광명의 모습을 나투시어 뽀틸라에게 게송을 읊으셨다.

**지혜는 수행에서 생기고
수행을 하지 않으면 지혜가 줄어든다.
지혜를 얻거나 잃는 두 길을 잘 알고
지혜를 키우기 위해 힘써 노력하라.**(282)

이 게송 끝에 뽀틸라는 아라한과를 성취했다.

여덟 번째 이야기
후원자를 잃고 슬퍼하는 다섯 명의 늙은 비구[67]

부처님께서 제따와나에 계실 때 다섯 명의 늙은 비구와 관련해서 게송 283, 284번을 설하셨다.

출가 전에 다섯 명의 늙은 비구는 사왓티에서 부자로 살았던 사람들이었다. 그들은 서로 아주 친한 친구들이었고 모임을 만들어 함께 공덕을 지었다. 그들은 부처님의 법문을 듣고 서로 의견을 나누었다.
"우리는 이제 늙어서 세속에서 할 일도 없는데 더 이상 세속에 남아 있을 이유가 있는가?"
그들은 부처님께 허락을 받아 출가해 사원 생활을 시작했다. 그들은 나이 들어 출가했기 때문에 경을 암송할 수도 없었다. 그래서 그들은 사원의 변두리에 풀과 잎사귀로 꾸띠를 짓고 함께 살았다. 그들은 보통 아들이나 아내의 집으로 탁발을 가서 그곳에서 공양했다.

그들 중 한 비구에게 마두라빠찌까라는 출가 전 아내가 있었다. 그녀는 모든 비구에게 아주 친절하고 다정한 친구였다. 그들은 모두 그녀의 집에 가서 탁발하고 그 집에 앉아 공양했다. 마두라빠찌까는 창고에서 반찬과 양념을 꺼내와 맛있게 요리해서 그들에게 올리곤 했다. 얼마간 세월이 흐르자 그녀가 갑작스러운 병으로 죽어버렸다. 늙은 비구들은 한 꾸띠에 모여 목놓아 울며 한탄했다.
"우리의 친절한 재가신도인 마두라빠찌까가 죽었구나!"
늙은 비구들의 처량한 통곡소리가 사원에 울려 퍼지자 비구들이 사방에서 달려 나와 물었다.
"스님들이여, 무슨 일이 있습니까?"
"장로님, 우리 동료의 출가 전 부인이 죽었습니다. 그녀는 정말 친절하고

---
67) 이 이야기는 까까 자따까(Kāka Jātaka, J146)에서 유래한다.

정성스러운 후원자였습니다. 이제 어디 가서 그녀와 같은 사람을 만날 수 있겠습니까? 그 때문에 너무 슬퍼서 울고 있습니다."

비구들이 법당에서 이 일을 이야기하고 있었다. 이때 부처님께서 들어오셔서 비구들에게 물으셨다.

"비구들이여, 여기 모여 앉아서 무슨 이야기를 나누고 있는가?"

비구들이 대답하자 부처님께서 말씀하셨다.

"비구들이여, 그들이 그렇게 행동한 것은 이번이 처음이 아니다. 과거생에서도 똑같은 일이 일어났었다."

늙은 비구들의 과거생: 까까 자따까

과거생에 늙은 비구들과 마두라빠라지까는 모두 까마귀로 태어났다. 마두라빠라지까가 해변을 거닐고 있을 때 파도가 덮쳐와 그녀를 바다로 끌고 들어가 버렸다. 까마귀들은 모두 울며 한탄했다. 그들은 서로 말했다.

"바닷물을 다 퍼내고 그녀를 구하자."

그들은 입으로 바닷물을 퍼내기 시작했다. 그러나 결국 지치고 힘들어 포기했다.

턱은 지치고 입은 타들어가네.
아무리 열심히 퍼내어도
바닷물은 줄어들지 않고
대양은 다시 물로 채워지네.

부처님께서는 까까 자따까를 이야기해 주시고 나서 비구들에게 말씀하셨다.

"비구들이여, 탐욕의 숲, 성냄의 숲, 어리석음의 숲 때문에 고통이 일어난다. 이 숲을 모두 잘라버려라. 그러면 괴로움에서 해탈하리니."

부처님께서는 그렇게 말씀하시고 게송을 읊으셨다.

오, 비구들이여!
숲을 잘라버려라.
진짜 숲이 아닌 갈애의 숲을.
갈애의 숲에서 온갖 위험이 생긴다.
크고 작은 나무를 남김없이 잘라버리고
갈애를 뿌리째 뽑아버려라.(283)

여자에 대한
미세한 그리움이라도 남아있으면
얽매임에서 벗어날 수 없으리라.
송아지가 어미 소에 매어있듯이.(284)

아홉 번째 이야기
금세공사의 아들

부처님께서 제따와나에 계실 때 사리뿟따 장로의 제자인 한 비구와 관련해서 게송 285번을 설하셨다.

잘생기고 풍채가 좋은 금세공사의 아들이 사리뿟따 장로 아래로 출가해 비구가 됐다. 장로는 그에게 어떤 수행주제를 줄 것인지 생각했다.
'젊은이들은 대체로 성욕이 강하다.'
장로는 비구에게 애욕을 떨쳐버리도록 몸의 32부분에 대한 명상을 가르쳤다. 하지만 이 수행주제는 젊은 비구에게 맞지 않았다. 그래서 비구가 숲으로 들어가 한 달 동안 열심히 수행했지만, 아무런 성과가 없었고 마음을 집중할 수도 없었다.

젊은 비구가 돌아오자 장로가 물었다.
"수행주제가 잘 잡혀가는가?"
젊은 비구는 수행에 아무런 진전이 없다고 사실대로 보고했다. 그러자 장로가 말했다.
"수행에 진척이 없다고 포기해서는 안 된다."
장로는 그에게 다시 한 번 같은 수행주제를 자세히 설명하고 숲으로 돌려보냈다. 두 번째도 젊은 비구는 어떤 경지도 얻지 못하고 돌아와 장로에게 보고했다. 장로는 한 번 더 같은 수행주제를 비유를 들어가면서 설명하고 이 수행을 해야 하는 이유까지 설명하고서 숲으로 돌려보냈다. 젊은 비구가 다시 한 달을 숲에서 보내고 돌아와 수행에 아무런 진전이 없었다고 보고했다.

장로는 곰곰이 생각했다.
'원기 왕성한 젊은 비구들은 욕정이 일어나면 일어난 것을 알고 일어나지 않으면 일어나지 않는다는 것을 안다. 이 비구는 혈기가 넘치는 젊은이

이지 무기력한 늙은이가 아니다. 그는 도道를 향해 나아가고 있지 도에서 벗어나 있지 않다. 그런데 왜 수행에 진전이 없을까? 혹시 내가 그의 생각과 성향을 잘못 파악하고 있는 것이 아닐까? 부처님께 직접 가르침을 받도록 하는 게 어떨까?'

오후에 장로는 젊은 비구를 데리고 부처님께 가서 그간의 일을 전부 이야기했다.

"부처님이시여, 이 젊은 비구는 저의 제자입니다. 그에게 혐오감 명상을 가르쳤는데 수행에 진전이 없습니다."

"제자의 마음과 성향을 아는 지혜는 십바라밀을 완성하고 일체지를 갖추었으며 1만 세계를 진동시켜 기쁨에 떨게 한 붓다만이 가지고 있는 지혜다."68)

부처님께서는 젊은 비구가 어느 가문에서 출가해 비구가 됐는지 살피시고 그가 금세공사의 아들이었다는 것을 아시고 전생을 아는 지혜(宿命通)로 그의 과거생을 살피셨다. 부처님께서는 그가 과거 500생 동안 금세공사의 집안에서만 태어났다는 것을 아셨다.

'이 젊은 비구는 오랜 세월 금세공사로 일했다. 그는 '금으로 깐니까라(黃花樹)꽃과 연꽃을 만들어야겠다.'라고 염원하고 금으로만 세공해 왔다. 혐오스럽고 불쾌한 명상주제는 그에게 맞지 않는다. 즐겁고 기쁜 명상주제가 그와 맞는다.'

부처님께서는 사리뿟따 장로에게 말씀하셨다.

"사리뿟따여, 그대가 이 비구에게 정해준 수행주제는 그를 4개월 동안 따분하고 피곤하게 했을 뿐이다. 그대는 바로 오늘 이 비구가 아라한과를 성취하는 것을 보게 될 것이다."

---

68) 제자들이 어떤 성격과 잠재성향을 가지고 있는지 알고 거기에 알맞은 수행주제를 줄 수 있는 지혜를 잠재성향을 아는 지혜(Āsayānusaya ñāṇa)라고 한다. 이 지혜는 부처님만이 가지고 있는 육불공지(六不共智, Asādhāraṇa ñāṇa) 중 하나다.(1권 해제 II. 법구경에 나오는 붓다 참조)

부처님께서는 그렇게 말씀하시고 장로는 보내셨다.

부처님께서는 신통력으로 잎과 줄기에서 물방울이 떨어지고 있는 황금연꽃을 만들어 젊은 비구에게 주고 말씀하셨다.
"비구여, 이 연꽃을 가지고 사원 경내로 가서 모래더미 위에 꽂고 그 앞에 가부좌를 틀고 앉아라. 그리고 예비수행으로 '핏빛 붉은색, 핏빛 붉은색'이라고 외워라."

부처님에게서 황금연꽃을 받아든 순간부터 벌써 비구의 마음은 고요해지기 시작했다.

젊은 비구는 사원 경내로 가서 모래언덕을 쌓고 그 위에 연꽃을 꽂고 가부좌를 틀고 앉아 '핏빛, 붉은색'이라고 외우며 예비수행에 들어갔다. 그 순간 오장애五障碍69)가 사라지고 근접삼매가 일어나기 시작했다. 이어서 그는 선정의 5요소70)가 있는 초선정初禪定을 성취했다. 그리고 계속해서 선정의

---

69) 오장애(pañcanīvaraṇa, 五障碍): 장애는 '천상으로 가는 길과 열반으로 가는 길을 방해하기 때문에 장애라고 한다. 아직 일어나지 않은 유익한 법(善法)을 일어나지 못하게 하고 이미 일어난 유익한 법을 지속하지 못하게 하기 때문에 장애다. 장애에는 다섯 가지가 있다. ① 감각적 욕망(kāmacchanda) ② 악의(viyāpāda) ③ 해태와 혼침(thīnamiddha) ④ 들뜸과 후회(uddhacca kukkucca) ⑤ 무명(vicikicchā)이다. 감각적 욕망은 물에 여러 색깔의 물감을 풀어놓은 것과 같고, 악의는 끓는 물과 같고, 해태와 혼침은 이끼에 덮인 물과 같고, 들뜸과 후회는 휘저어놓은 물과 같고, 의심은 흐린 물과 같다. 오장애를 극복해야만 삼매에 들어간다. 하지만 삼매는 일시적으로 극복한 것이고 삼매에서 나오면 다시 일어난다. 오직 출세간의 도에 의해서만 제거된다. 의심은 수다원도에 의해서 제거되고, 감각적 욕망과 악의는 아나함도에 의해서 완전히 제거되고, 해태와 혼침, 들뜸과 후회는 아라한도에 의해서 제거된다.
70) 선정의 5요소: 선정의 5요소에는 ① 일으킨 생각(vitakka) ② 지속적인 고찰(vicāra) ③ 기쁨(pīti) ④ 행복(sukha) ⑤ 일념(ekaggatā)이 있다. 본삼매에 들었는지 들지 않았는지는 선정의 5요소가 있느냐 없느냐로 판단한다. 마음이 한 대상에 오래도록 집중할 수 있다면 선정의 5요소가

요소들을 제거함으로써 이선정二禪定, 삼선정三禪定을 성취했다. 그는 사선정四禪定을 성취하고 나서 그대로 앉아 선정을 위빳사나 지혜를 키우는 쪽으로 전환했다. 부처님께서는 그가 선정을 얻었다는 것을 알고 깨달음을 이룰 것인지 살피셨다.

'그가 남의 도움 없이 스스로 최상의 경지까지 도과를 성취할 수 있을까?'

부처님께서는 그가 도움을 받지 않고는 도과를 성취할 수 없으리라는 것을 알고 신통으로 연꽃을 시들어버리게 했다. 그러자 연꽃이 곧 손아귀에서 부서지는 시든 연꽃처럼 검게 변해버렸다.

비구는 삼매에서 나와서 연꽃을 관찰했다.

'이 연꽃이 갑자기 노화가 찾아온 것처럼 시들어버리니 어찌된 일인가? 집착이 없는 무정물도 노화를 겪는데 집착이 있는 유정 중생들이 늙고 죽는 것은 더 말할 나위가 없다.'

그는 무상의 특성을 보았다. 그는 괴로움과 무아의 특성도 보았다. 존재의 세 가지 특성(무상·고·무아)이 마치 자기 몸을 태우는 것처럼, 목에 썩은 고기가 걸려 있는 것처럼 그 앞에 분명하게 나타났다.

그 순간 몇 명의 소년이 가까이 있는 연못으로 들어가더니 연꽃을 꺾어서 둑 위에 쌓기 시작했다. 젊은 비구는 처음에는 물 위에 있는 연꽃을 보고 다음에 둑 위에 있는 연꽃을 보았다. 물 위의 연꽃은 꽃봉오리를 높이 쳐들고 이슬방울을 흘러내리며 아름답게 피어 있었고 둑 위에 있는 연꽃은 벌써 시들어가고 있었다.

나타난다. 초선정은 5요소가 다 있는 상태이고, 이선정은 일으킨 생각과 지속적인 고찰이 제거되고 기쁨, 행복, 일념만이 있는 상태이다. 삼선정은 기쁨이 제거되고 행복과 일념만이 있는 상태이다. 사선정은 행복도 제거되고 일념과 평온만이 있는 상태이다. 자세한 것은 부록 II 수행주제와 수행방법 참조.

"집착이 없는 무정물에게도 노화가 찾아오는데 집착이 있는 유정 중생에게는 노화가 훨씬 빨리 진행되지 않겠는가!"

그는 무상·고·무아의 삼특성三特性을 훨씬 더 분명하게 보았다.

부처님께서 그를 살펴보셨다.

'이제 그에게 수행주제가 분명하게 나타났다.'

부처님께서는 간다꾸띠에 앉아 계시면서 광명의 모습을 나투시어 비구의 얼굴을 가볍게 스쳤다.

'이게 뭐지?'

비구는 그렇게 생각하며 주위를 둘러보고서 부처님께서 다가와 마주보고 서 있는 것을 보았다. 그는 자리에서 일어나 공손하게 합장했다. 부처님께서는 그에게 깨달음을 열어주기 위해 게송을 읊으셨다.

가을에 핀 연꽃을
손으로 꺾어버리듯이
그대의 갈애를 꺾어버려라.
붓다께서 가르치신 열반
그 평화로 가는 길을 닦아라.(285)

비구는 게송을 듣고 아라한과를 성취했다.

열 번째 이야기
죽음이 오는 줄 모르고 내년을 기약하는 상인 마하다나

부처님께서 제따와나에 계실 때 부자 상인 마하다나와 관련해서 게송 286번을 설하셨다.

마하다나는 베나레스에서 500대의 수레에 잇꽃물감(심홍색)으로 물들인 천을 잔뜩 싣고 사왓티로 출발했다. 사왓티가 보이는 강 건너편에 도착했을 때 상인은 내일 강을 건너야겠다고 생각하고 소의 멍에를 풀어주고 밤을 보냈다. 하지만 밤새도록 폭우가 쏟아붓더니 강물이 불어나 홍수를 이루었다. 상인은 일주일 동안의 축제 기간에 상품을 팔려고 했으나 일주일 내내 강물이 빠지지 않아 결국 강을 건너지 못했다. 그래서 심홍색 옷감을 팔 기회를 놓쳐버리고 말았다.

'먼 길을 왔는데 다시 되돌아가서 내년을 기약하는 것보다 여기서 우기와 겨울과 여름을 보내면서 옷감을 파는 게 낫겠다.'

상인은 이렇게 생각하고 그곳에 계속 머물렀다.

부처님께서는 도시에서 탁발하다가 상인의 생각을 알고 미소를 지으셨다. 아난다 장로가 왜 미소 짓는지 묻자 부처님께서 대답하셨다.

"아난다여, 그대는 부자 상인을 보았는가?"

"보았습니다."

"그는 자신의 수명이 얼마 남지 않았다는 것을 모르고 여기서 올해를 보내고 내년에 상품을 팔 생각을 하고 있구나."

"부처님이시여, 그의 수명이 얼마나 남았습니까?"

"아난다여, 그는 겨우 일주일만 더 살고 물고기 입으로 들어갈 것이다."

부처님께서는 그렇게 말씀하시고 게송을 읊으셨다.

분발하라.

오늘 해야 할 일을 당장 실천하라.
내일 죽음이 찾아올지 누가 알겠는가?
우리는 늘 죽음의 강한 힘과 마주하고 있지 않은가?

밤낮으로 지치지 않고 열심히 사는 사람은
하룻밤을 살더라도 행복하다고
마음이 평화로운 성인이 그렇게 말씀하시네.

"부처님이시여, 제가 그에게 알려주겠습니다."
"그렇게 해라."
아난다는 수레로 울타리를 이루고 있는 공간 안으로 들어가 탁발했다. 상인은 장로에게 공손하게 음식을 올렸다. 그러자 아난다가 음식을 받으며 상인에게 물었다.
"당신은 여기서 얼마 동안 머무실 생각입니까?"
"장로님, 저는 먼 길을 왔습니다. 다시 돌아간다면 기다리기가 지루할 것입니다. 여기서 올해를 보내고 상품을 다 판 다음에 돌아갈 생각입니다."
"재가신도여, 당신의 수명은 얼마 남지 않았습니다. 도를 깨닫는 것은 어렵다고 하더라도 태만하지 말고 주의깊게 알아차림을 유지하시오."
"장로님, 정말 제 수명이 얼마 남지 않았습니까?"
"그렇습니다, 겨우 일주일밖에 남지 않았습니다."

상인은 죽음에 대한 두려움을 극복하고 부처님과 스님들을 초청해 일주일 동안 공양을 올리고 마지막 날에 부처님의 법문을 듣기 위해 발우를 받아들었다. 부처님께서는 축원하고 법문하셨다.
"재가신도여, 현명한 사람은 '여기서 우기와 겨울과 여름을 보내면서 이런저런 일을 하겠다.'라고 생각하지 않고 생명의 종착역인 죽음에 대해 명상한다."
부처님께서는 그렇게 말씀하시고 게송을 읊으셨다.

'여기서 우기를 보내고
저기서 겨울과 여름을 보내리라.'
어리석은 자는 이렇게 생각하며
죽음의 위험이 다가오는 줄을 모른다.(286)

이 게송 끝에 상인은 수다원과를 성취했고 그곳에 모인 대중들도 많은 이익을 얻었다.

상인은 부처님과 스님들을 배웅하고 돌아왔다.
"머리에 두통이 있는 것 같다."
상인은 이렇게 말하고 침대에 눕자마자 죽어 뚜시따 천(도솔천)에 태어났다.

열한 번째 이야기
겨자씨를 구하러 다니는 끼사고따미

부처님께서 제따와나에 계실 때 끼사고따미와 관련해서 게송 287번을 설하셨다.

끼사고따미 이야기는 '천의 품'의 게송 114번 주석에서 자세하게 설명하고 있다.

죽음이 없는 열반을 보지 않고
백 년을 사느니
죽음이 없는 열반을 보고
하루를 사는 것이 더욱 값지다.(114)

부처님께서 그녀에게 물으셨다.
"끼사고따미여, 그래 한 줌의 흰 겨자씨를 구했느냐?"
"구하지 못했습니다, 부처님. 모든 집에는 산 사람보다 죽은 사람이 더 많았습니다."
"너만이 아이를 잃었다고 잘못 생각하지 마라. 모든 살아 있는 존재는 무상하다(諸行無常). 이것은 영원한 법칙이다. 죽음의 왕은 사나운 급류처럼 모든 살아 있는 존재를 파멸의 바다로 휩쓸어 가버린다. 그들이 욕망을 채 충족하기도 전에."
부처님께서는 그녀에게 법문을 하시고 게송을 읊으셨다.

자식과 가축에 애착하는 사람을
죽음이 끌고 간다.
잠든 마을을 큰 홍수가 휩쓸어 가듯이.(287)

이 게송 끝에 끼사고따미는 수다원과를 성취했고 그곳에 모인 많은 사람도 이익을 얻었다.

열두 번째 이야기
가족을 잃고 미쳐버린 빠따짜라

부처님께서 제따와나에 계실 때 빠따짜라와 관련해서 게송 288, 289번을 설하셨다.

빠따짜라 이야기는 '천의 품'의 게송 113번 주석에서 자세히 설명하고 있다.

오온이 일어나고 사라지는 것을
관찰하지 않고
백 년을 사는 것보다
오온이 일어나고 사라지는 것을 관찰하며
하루를 사는 것이 더욱 값지다.(113)

이때 부처님께서는 그녀가 슬픔에서 벗어나는 것을 아시고 이렇게 말씀하셨다.

"빠따짜라여, 저세상으로 갈 때는 자식도 부모도 일가붙이도 피난처, 의지처, 보호처가 되지 못한다. 하물며 금생에서 어떻게 그들이 그대에게 피난처, 의지처가 되겠느냐? 그러니 현명한 사람이라면 스스로 계행을 청정하게 하고, 영원한 의지처인 열반으로 가는 길을 닦아 스스로 의지처를 구해야 한다."

부처님께서 이렇게 그녀를 가르치시고 나서 게송을 읊으셨다.

아들도 지켜줄 수 없고
부모나 친척도 지켜줄 수 없다.
죽음이 닥친 이를
어느 누구도 지켜줄 수 없다.(288)

이 같은 사실을 잘 알아
지혜로운 이는
계율을 잘 지키고
열반으로 가는 길을 빨리 닦아야 한다.(289)

이 법문 끝에 빠따짜라는 수다원과를 성취하고 그곳에 모인 대중들도 수다원과, 사다함과, 아나함과를 성취했다.

제21장 기타

Pakiṇṇaka Vagga

제21장 기타 Pakiṇṇaka Vagga

첫 번째 이야기
웨살리의 기근[71]

부처님께서 웰루와나에 계실 때 당신의 과거 공덕과 관련해서 게송 290번을 설하셨다.

웨살리[72]는 많은 사람이 거주하는 화려하고 장엄하며 부유한 도시였고 거리는 언제나 사람들로 붐볐다. 그곳은 7천707명의 왕자가 살며 차례로

---

71) 이 이야기는 숫따니빠따(經集, Sn2.1)와 쿠닷까빠타(小誦經, Khp6)에 나오는 보배경(Ratana Sutta)을 설하게 된 인연담이다. 이 이야기는 쿠닷까빠타 주석서(KhpA. 160-165, 196-201)에 나온다.
72) 웨살리Vesāli: 릿차위Licchavi족을 비롯한 여러 종족으로 이루어진 왓지Vajji 공화국의 수도였다. 부처님께서는 웨살리 기근 때 이곳을 처음 방문해 재앙을 물리치셨으며 정각 후 5년째에 이곳에서 안거를 보내셨다. 부처님께서 이곳에 머물고 계실 때 양모인 마하빠자빠띠 고따미Mahāpajāpati Gotamī와 500명의 사끼야족 여인들에게 팔경계八敬戒를 지킨다는 조건으로 최초로 비구니계를 주어 비구니 승단이 성립됐다. 부처님께서는 삶의 마지막 여정에 이곳에 들러 3개월 후 대열반에 들겠다고 선언하셨고, 마지막 안거를 웨살리 근교의 벨루와 마을Beluvagāma에서 머무셨다. 안거에 들어가기 전날 기생 암바빨리Ambapāli는 부처님과 스님들에게 공양을 올리고 자신의 망고 동산Ambavana을 승단에 기증했다. 웨살리는 자이나교주인 마하위라Mahāvira의 고향이며 자이나교의 본거지였다. 마하위라는 그의 42안거 중 12안거를 이곳에서 보냈다. 웨살리는 약카를 섬기는 탑이 많았으며 부유하고 많은 사람으로 붐비고 식량이 풍부했다. 도시 외곽에는 히말라야까지 뻗어있는 큰 숲(Mahāvana)이 있었다. 부처님께서 대열반에 드신 후 100년, 이곳에서 왓지뿟따까Vajjiputtakā(왓지 출신 비구들)들이 제기한 십사비법十事非法 때문에 제2차 결집이 이루어졌으며, 이로 인해 상좌부(Theravāda)와 대중부(Mahāsaṅghika)로 최초의 근본분열이 일어난 곳이다.

왓지국73)을 통치하는 공화제 국가의 수도였다. 7천707명의 왕자는 각기 다른 궁전에 거주하고 있었다. 도시는 궁전과 탑으로 가득했고, 집 밖에서도 즐거움을 향유할 수 있는 공원과 연못이 잘 갖추어져 있었다. 그러나 얼마 후 심한 가뭄이 들어 농작물이 말라 죽고 식량이 바닥났다. 처음에는 가난한 주민들이 죽어 나가기 시작했다. 시체가 여기저기 버려져 도시 전체에 시체 썩는 악취가 진동했다. 악취는 많은 악귀를 불러들였고, 악귀들에 의해 더 많은 주민이 죽어 나갔다. 미처 치우지 못한 시체가 썩어가자 설상가상으로 역병까지 퍼지기 시작했다. 이렇게 기근, 악귀, 역병의 세 가지 재앙이 도시에 들이닥쳤다.

시민들은 왕에게 몰려가 재앙의 원인이 무엇인지 따졌다.
"대왕이시여, 세 가지 재앙이 이 도시에 들이닥쳤습니다. 과거 일곱 명의 왕들이 통치하던 기간에는 이런 재앙이 일어난 적이 없습니다. 과거에 정의로운 왕이 통치할 때는 이와 같은 재앙이 일어나지 않았습니다."
왕은 도시 의사당에 회의를 소집하고 물었다.
"내가 언제 정의롭지 않은 행동을 한 적이 있는지 말해 보시오."
웨살리의 주민들은 왕의 과거 행위에 대해 처음부터 끝까지 조사해 보았지만, 어떤 허물도 발견되지 않았다.
"대왕이시여, 당신에겐 허물이 없습니다."
그들은 재난을 어떻게 슬기롭게 이겨낼지에 대해 토론했다.

---

73) 왓지Vajjī: 고대 인도 16대국 중 하나로 왓지는 나라의 이름이자 종족의 이름이기도 하다. 이 나라는 릿차위족Licchavī, 위데하족Vidhehā 등 여러 부족의 연합으로 이루어진 공화국이었다. 그중 릿차위가 가장 강해서 경전에서는 릿차위와 왓지를 동의어로 사용하고 있다. 릿차위족의 수도는 웨살리Vesāli이며 위데하족의 수도는 미틸라Mithila였다. 왓지는 부처님 시대에 가장 번성했으나 부처님께서 대열반에 드신 후 아자따삿뚜 왕의 계략에 말려들어 부족의 화합이 깨지고 정복당했다. 부처님께서는 자주 웨살리의 꾸따가라살라Kūṭāgārasāla(重閣講堂)에 머무시며 법을 설하셨다.

"어떤 방법으로 우리에게 닥친 재앙을 물리칠 수 있겠소?"

어떤 사람들은 희생제를 지내고 기도하고 기우제를 지내야 한다고 주장했다. 그러나 제사를 지내고 기우제를 지내도 재앙은 물러가지 않았다.

다른 사람들은 다른 의견을 제시했다.

"세상에 큰 신통력을 가진 여섯 명의 위대한 스승이 있습니다. 그분들을 이리로 모시고 오면 재앙은 즉시 가라앉을 것입니다."

또 다른 사람이 말했다.

"이 세상에 부처님이 출현하셨습니다. 부처님께서는 모든 중생의 행복과 안녕을 위해서 법문하십니다. 그분은 또 놀라운 위신력을 지니고 계십니다. 그분을 이리로 모시면 재앙은 즉시 사라질 것입니다."

모두가 이 제안에 손뼉을 치며 찬성했다.

"그런데 부처님은 어디 계십니까?"

그즈음 안거철이 가까이 다가오고 있었다. 부처님께서는 라자가하에서 안거를 지내기로 빔비사라 왕과 약속했기 때문에 웰루와나에 머물고 계셨다. 웨살리 회의에는 빔비사라 왕과 친밀한 관계이며 함께 수다원과를 성취한 릿차위족의 왕자 마할리가 참석하고 있었다. 그래서 웨살리의 주민들은 마할리를 사절단으로 뽑아서 값비싼 선물을 준비해 제사장의 아들과 함께 빔비사라 왕에게 보냈다.

"라자가하로 가서 빔비사라 왕의 호의를 얻어 부처님을 모시고 오십시오."

릿차위의 왕자 마할리와 제사장의 아들은 빔비사라 왕에게 가서 선물을 바치고 여기에 온 이유를 밝혔다.

"대왕이시여, 우리나라로 부처님을 보내 주십시오."

그들의 요청은 왕이 수락할 성질의 것이 아니었다.

"당신이 지혜로운 사람이라면 직접 부처님께 가서 은혜를 베풀어 달라고 요청해 보시오."

그들은 부처님께 가서 삼배를 올리고 간청했다.

"부처님이시여, 웨살리에 세 가지 재앙이 들이닥쳤습니다. 부처님께서 가신다면 재앙이 물러갈 것입니다. 부처님이시여, 저희를 어여삐 여기시어 함께 가 주셨으면 합니다."

부처님께서는 그들의 요청을 듣고 앞으로 일어날 일을 예측해 보셨다.

'웨살리에서 보배경이 처음으로 울려 퍼지면 경에서 나오는 위신력이 십억 세계에 미칠 것이다. 이 경전을 암송하면 많은 중생이 법에 대한 이해를 얻고 재앙은 가라앉을 것이다.'

부처님께서는 그들의 요청을 수락하셨다.

부처님께서 웨살리를 방문하는 데 동의하셨다는 소식이 라자가하의 온 도시에 알려졌다. 이 소식을 듣고 빔비사라 왕은 부처님께 다가가 여쭈었다.

"부처님이시여, 웨살리를 방문하는 데 동의하셨다는데 그 말이 사실입니까?"

"대왕이여, 그렇습니다."

"부처님이시여, 그러면 제가 가시는 길을 준비할 동안만 잠깐 기다려 주십시오."

왕은 라자가하에서 갠지스 강까지 다섯 요자나 거리를 부드럽게 고르고 1요자나마다 쉬어갈 수 있는 간이건물을 지었다. 모든 것이 준비되자 왕은 부처님께 가서 떠날 시간이 됐다고 알렸다. 부처님께서는 500명의 비구를 데리고 출발하셨다.

왕은 1요자나마다 오색 꽃을 뿌리고 깃발을 달고 높고 낮은 두 개의 하얀 일산을 준비해 부처님 머리 위에 드리웠다. 그리고 500개의 하얀 일산을 준비해 500명의 비구에게도 드리웠다. 왕은 신하들을 데리고 부처님에게 꽃과 향을 올리고 1요자나마다 세운 쉼터에서 하룻밤을 머물게 하고 맛있는 음식을 올렸다. 5일이 지나 왕은 부처님을 모시고 갠지스 강가에 도착했다. 왕은 즉시 배를 준비하고 웨살리 주민들에게 소식을 전했다.

"길을 닦고 나와서 부처님을 맞이하시오."

웨살리 주민들은 빔비사라 왕이 부처님께 보인 존경심보다 두 배의 존경심을 표하겠다고 생각하고 웨살리에서 갠지스 강까지 3요자나의 거리를 부드럽게 고르고 부처님에게는 네 개의 흰 일산을 준비하고 스님들에게는 각각 두 개의 크고 작은 일산을 준비했다. 준비가 끝나자 그들은 갠지스 강가에 나와서 기다렸다.

빔비사라 왕은 두 개의 배를 하나로 묶고 배 위에 꽃으로 장식한 천막을 치고 부처님께서 앉으실 보배 의자를 준비했다. 부처님께서 배에 올라 의자에 앉으시고 비구들도 뒤따라 승선해서 주위에 앉았다. 왕은 직접 부하들과 함께 강물에 들어가 물이 목에 찰 때까지 배를 밀어 드리고 부처님께 말씀드렸다.

"부처님이시여, 부처님께서 돌아오실 때까지 여기 갠지스 강가에서 기다리겠습니다."

부처님께서는 1요자나 길이의 갠지스 강을 건너 웨살리족의 영토에 닿았다.

릿차위 왕자들은 부처님을 맞이하려고 물이 목에 찰 때까지 물속으로 뛰어 들어와 배를 강가로 끌어당기고 부처님이 배에서 내리는 것을 도와드렸다.

부처님께서 배에서 내려 발이 땅에 닿는 순간 먹구름이 몰려오더니 폭우가 쏟아지기 시작했다. 사방에 물이 흘러넘쳐 무릎, 넓적다리, 허리까지 차올라와 여기저기 널려 있는 시체들을 갠지스 강으로 쓸고 가버렸다. 순식간에 거리는 청결해졌다. 릿차위 왕자들은 1요자나마다 부처님께서 쉬어갈 수 있는 시설을 마련하고 빔비사라 왕이 올린 것보다 두 배로 경의를 표했다. 3일째 되는 날 왕자들은 부처님을 모시고 웨살리에 도착했다.

삭까 천왕은 자신의 권속을 거느리고 하늘에서 내려왔다. 하늘에서 위력 있는 천신들이 모여들자 악귀들은 줄행랑을 놓았다. 저녁에 부처님께서는 성의 북문에 서서 아난다 장로에게 말씀하셨다.

"아난다여, 내가 설하는 보배경을 받아들고 웨살리의 세 개의 성벽 안을 릿차위 왕자들과 함께 돌아다니며 이 빠릿따(保護呪)를 암송해라."

장로는 보배경을 받아들고 부처님의 돌발우에 물을 담아 들고 성문에 가서 섰다. 장로는 부처님의 공덕을 회상했다. 붓다가 되기를 서원하는 것에서부터 시작해서, 기본 십바라밀, 중간 십바라밀, 최상 십바라밀을 회상하고,74) 다섯 가지 위대한 포기75)를 회상하고, 모든 중생의 행복을 위한, 친척의 행복을 위한, 깨달음을 위한 세 가지 실천76)을 회상했다. 장로는 또한 부처님께서 태어나서 깨달음을 얻기까지의 일대기를 회상했다. 뚜시따 천에서 내려와 어머니 모태에 드는 모습, 탄생, 위대한 출가, 6년 고행, 금강보좌에서 마라를 항복시키고 일체지를 얻어 붓다가 되는 모습을 회상했다.77)

---

74) 기본 바라밀(Pārami)은 아들, 딸, 부인, 재산 등 나 밖의 것을 보시하는 것을 말하고, 중간 바라밀(Upapārami)은 자기의 눈 등 신체의 일부를 보시하는 것을 말하고, 최상 바라밀(Paramattha pārami)은 자신의 목숨을 보시하는 것을 말한다. 이것은 보시 바라밀만 예를 든 것이다. 보시, 지계, 출리, 지혜, 정진, 인욕, 진리, 결심, 자애, 평등 바라밀의 10바라밀 각각마다 기본바라밀, 중간바라밀, 최상 바라밀이 있으므로 모두 30바라밀이 된다.
75) 다섯 가지 위대한 포기(Mahāpariccāga): 짜가cāga는 단념, 포기, 버림을 뜻하는 단어다. 다섯 가지 포기에는 재산, 왕위, 처자식, 몸의 부분, 목숨이 있다. 포기와 보시가 일치하지만 의도가 다를 수 있다. 보시는 주면서도 복덕을 바라면서 주는 것을 말하고, 포기는 소유하려 하거나 거두려는 마음을 버리는 것을 말한다.
76) 세 가지 실천(Cariya): 여기서 실천(Cariya)은 '자신과 남의 행복을 위한 행위, 행동, 실천'을 뜻하는데 여기에는 세 가지가 있다. ① 모든 존재의 행복을 위한 실천(lokattha-cariya) ② 자신의 친지, 친척의 행복을 위한 실천(ñātattha-cariya) ③ 깨달음을 얻기 위한 실천(buddhattha-cariya)이다.

장로는 그렇게 하고 나서 도시에 들어가 초경부터 말경까지 밤새도록 세 개의 성벽으로 둘러싸인 도시를 돌며 빠릿따(보호주)로서 보배경78)을 낭송했다.

여기 모인 모든 존재79)는
지상이나 하늘이나 어디에 있든지
기쁜 마음으로 정중하게 가르침을 경청하기를!

실로 모든 이는 이 경을 경청하여
밤낮으로 제물을 바치는
인간들에게 자비를 베풀고
게으름 없이 그들을 보호하기를!

이 세상과 저세상의 어떤 재물이든
천상의 뛰어난 보배라도
여래와 견줄 수는 없으니

---

77) 부처님 일대기는 후대에 팔상성도八相聖圖로 정리됐다. 팔상성도는 이렇다. ① 도솔래의상兜率來義相: 도솔천에서 흰 코끼리를 타고 내려와 어머니의 모태에 드는 모습. ② 비람강생상毘藍降生相: 마야부인이 룸비니동산에서 무우수 나뭇가지를 잡고 아이를 낳는 모습. ③ 사문유관상四門遊觀相: 네 성문에서 노병사의 괴로움과 출가수행자의 거룩한 모습을 보고 출가를 결심하는 모습. ④ 유성출가상踰城出家相: 태자의 나이 29세에 위대한 출가를 하는 모습. ⑤ 설산수도상雪山修道相: 깨달음을 얻기 위해 6년 동안 고행하는 모습. ⑥ 수하항마상樹下降魔相: 35세 되던 해 보리수 아래서 마라를 항복시키고 일체지를 얻어 붓다가 되는 모습. ⑦ 녹원전법상鹿苑傳法相: '범천의 권청'을 받아들여 같이 수행했던 다섯 비구에게 최초로 법을 설하는 모습. ⑧ 쌍림열반상雙林涅槃相: 꾸시나라의 살라나무 아래에서 대열반에 드시는 모습.
78) 보배경(Ratana Sutta): 숫따니빠따(Sn2.1)와 쿳다까빠타(Khp6)에 나오는 경이다.
79) 존재들: 여기서의 존재들은 인간이 아닌 비인간들로 신, 야차, 용, 건달바, 긴나라, 아수라 등을 말한다.

부처님이야말로 훌륭한 보배
이 진실에 의해 행복하기를!

사꺄야족 성인께서 삼매에 들어 성취하신
번뇌의 소멸, 집착 없음, 불사不死, 최상승법,80)
이 가르침과 견줄 것 아무것도 없으니,
이 가르침이야말로 훌륭한 보배
이 진실에 의해 행복하기를!

훌륭하신 부처님께서 칭찬하시는 청정한 삼매
즉시 결과를 가져오는 것.
그 삼매와 견줄 것 아무것도 없으니,
이 가르침이야말로 훌륭한 보배
이 진실에 의해 행복하기를!

사람들에 의해 칭찬받으시는
네 쌍으로 여덟이 되는 성인들81)
선서善逝의 제자로서 공양받을 만하여
그들에게 보시하면 큰 복덕 받으니
승단僧團이야말로 훌륭한 보배
이 진실에 의해 행복하기를!

확고한 마음으로 욕심 없이
고따마의 가르침에 열심인 이들
불사不死에 뛰어들어 목적을 성취하여
지복을 얻어 적멸을 즐기나니

---

80) 번뇌의 소멸, 집착 없음, 불사, 최상승법은 모두 열반(열반)을 지칭한다.
81) 네 쌍으로 여덟이 되는 성인(四雙八輩): 진리의 흐름에 들기 시작한 수다원도부터 수다원과, 사다함도, 사다함과, 아나함도, 아나함과, 아라한도와 궁극의 경지에 도달한 아라한과를 말한다. 이 여덟 사람이 승보僧寶에 해당한다.

승단이야말로 훌륭한 보배
이 진실에 의해 행복하기를!

마치 인드라의 기둥이 땅 위에 서 있으면
사방에서 부는 바람에 흔들리지 않듯이
성스러운 진리82)를 분명히 보는 이도
이와 같다고 제가 말하노니
승단이야말로 훌륭한 보배
이 진실에 의해 행복하기를!

심오한 지혜를 지닌 부처님께서 잘 설하신
성스러운 진리를 분명히 이해하는 이들
아무리 게을리 수행할지라도
여덟 번째의 윤회를 받지 않으오니83)
승단이야말로 훌륭한 보배
이 진실에 의해 행복하기를!

또한 통찰지를 얻는 순간에
유신견 有身見, 의심, 계금취 戒禁取 의84)
세 가지 법을 모두 소멸하고
사악처 四惡處에서 벗어나
여섯 가지 큰 잘못85)을 짓지 않으니

---

82) 성스러운 진리는 사성제를 말한다.
83) 성인의 흐름에 든 수다원은 7생 이내에 아라한과를 성취해 더 이상 윤회하지 않는다.
84) 수다원이 되면 10가지 족쇄 중 유신견, 계금취견, 의심이 풀려난다. 유신견은 오온에 실체가 있다는 견해이고 계금취견은 소나 개의 행위를 하면 천상에 태어난다는 그 당시 바라문교의 잘못된 수행법과 미신을 말한다. 의심은 부처님, 부처님의 가르침, 승가, 수행, 과거, 미래, 연기를 믿지 않고 의심하는 것이다.
85) 여섯 가지 큰 잘못: 보배경 주석에는 여섯 가지 큰 잘못을 나열하고 있다.

승단이야말로 훌륭한 보배
이 진실에 의해 행복하기를!

경우에 말하기를 진리를 본 사람은
몸과 말과 뜻으로
어떠한 잘못을 저질렀어도
사소한 허물조차 감추지 못하니
승단이야말로 훌륭한 보배
이 진실에 의해 행복하기를!

여름의 첫더위가 다가오면
숲속의 나뭇가지에 꽃이 피듯이
열반에 이르는 위없는 법으로
이와 같은 최상의 이익을 가르치셨나니
부처님이야말로 훌륭한 보배
이 진실에 의해 행복하기를!

으뜸이시며, 으뜸을 아시며
으뜸을 주시고, 으뜸을 가져오시는 분이
위없는 법을 설하셨나니
가르침이야말로 훌륭한 보배
이 진실에 의해 행복하기를!

과거는 소멸하고 다음생은 없으니,
마음은 다음생에 집착하지 않고
번뇌의 종자를 파괴하고 그 성장을 원치 않는

---

① 어머니 살해(Mātu-ghāta), ② 아버지 살해(pitu-ghāta), ③ 아라한 상해(arahanta-ghāta) ④ 부처님 몸에서 피를 냄(lohituppāda), ⑤ 승가의 분열(saṅgha-bheda) ⑥ 붓다가 아닌 다른 스승들의 가르침을 따름(añña-satthā-uddesa)

현자들은 등불처럼 열반에 드오니
승단이야말로 훌륭한 보배
이 진실에 의해 행복하기를!

이곳에 모인 모든 존재
지상이나 하늘 어디에 있든지
신과 인간의 존경을 받는
부처님을 공경하여 행복하기를!

이곳에 모인 모든 존재
지상이나 하늘 어디에 있든지
천신과 인간의 존경받는
이 가르침을 공경하여 행복하기를!

이곳에 모인 모든 존재
지상이나 하늘 어디에 있든지
천신과 인간의 존경받는
승가를 공경하여 행복하기를!

    장로가 세 번째 게송을 읊으면서 하늘로 청정수를 뿌리자 청정수가 악귀들의 머리에 떨어졌다. 게송에서 작은 은빛 장미 송이를 닮은 물방울이 나와 병자의 몸에 떨어졌다. 물방울이 병자들의 몸에 닿자 즉시 병이 나아 스스로 일어나 장로를 따라다녔다. 게송이 울려 퍼지자 관솔가지, 쓰레기 더미, 지붕 꼭대기, 담장 등에서 우글거리는 악귀들이 물방울을 맞고 성문을 통해 꽁무니를 빼고 도망치기에 바빴다. 여러 개의 성문이 있었지만, 문을 통해 도망칠 공간이 부족하자 악귀들은 벽을 무너뜨리고 도망쳤다.

    시민들은 도시 한가운데 있는 의사당을 깨끗이 청소하고 향수를 바르고 황금별로 장식된 닫집을 세우고 부처님께서 앉으실 자리를 마련했다. 부처님께서 준비된 자리에 앉으시자 비구들과 릿차위 왕자들도 부처님 주위에

둥글게 모여 앉았다. 삭까 천왕은 권속을 거느리고 자리에 앉았다. 아난다 장로는 온 도시를 돌아다닌 후 병이 치료된 군중들과 함께 들어와 부처님께 삼배를 올리고 자리에 앉았다. 부처님께서는 모인 대중들을 살피시고 보배경을 다시 한번 낭송하셨다. 낭송이 끝나자 많은 중생이 법에 대한 이해를 얻었다. 스님들은 일주일 동안 보배경을 낭송했다.

부처님께서는 모든 재앙이 다 물러갔다는 것을 릿차위 왕자들에게 알리고 웨살리를 떠나셨다. 릿차위 왕자들은 부처님께 두 배로 존경심을 표하고 3일 동안 갠지스 강까지 호위했다.

갠지스 강에 살고 있는 용왕들은 이렇게 생각했다.
'인간들이 부처님께 경배를 올리는데 우리도 하면 안 될까?'
용왕들은 금, 은, 보석으로 장식된 많은 배를 만들고, 금, 은, 보석으로 장식된 의자를 만들고, 강물 위를 오색 연꽃으로 뒤덮게 하고, 부처님께 배에 오르시기를 권했다.
"부처님이시여, 우리에게도 호의를 베풀어 주십시오."
그러자 땅에 의지해서 살아가는 지신들부터 범천의 천신들까지 모든 천신이 이렇게 생각했다.
'인간들과 용들이 부처님께 경배를 올리는데 우리도 하면 안 될까?'
모든 천신도 부처님께 경배를 올렸다.

용들이 많은 일산을 세우자 나무와 숲속의 신들과 하늘의 천신들도 일산을 세웠다. 용들의 세계에서 범천의 세계까지 일산이 드리워졌다. 일산들 사이에는 깃발이 세워지고 또 그 사이에 꽃으로 장식된 줄이 달리고 향과 향수가 뿌려졌다. 천녀들은 곱게 단장하고 줄을 지어 하늘로 솟아올라 소리 높여 환호했다.

전통에 따르면 세 가지 큰 모임이 있다고 한다. 부처님께서 쌍신변을 보이실 때의 큰 모임, 하늘의 천신들이 내려왔을 때의 큰 모임, 갠지스 강에서 용들이 올라왔을 때의 큰 모임이 그것이다.

반대편 강변에는 빔비사라 왕이 릿차위 왕자들이 보인 존경보다 두 배의 존경을 보일 만반의 준비를 하고 부처님께서 도착하기를 기다리며 서 있었다. 부처님께서는 갠지스 강 양쪽의 왕들이 올린 훌륭한 공양을 바라보고 용들과 천신들이 경배하는 의도를 아시고 신통으로 각각의 배 위에 500명의 비구를 거느린 붓다로 화현하셨다. 이렇게 부처님께서는 각각의 흰 일산과 화환 아래에 앉았다. 이처럼 하늘의 천신들 사이에도 각기 500비구를 거느린 부처님의 분신을 만들었다. 이렇게 철위산 안의 온 세계는 축제 분위기였다. 부처님께서는 용들에게 호의를 베풀기 위해 인자하신 모습으로 각각의 배에 오르셨다.

용들은 부처님과 스님들을 용들의 세계로 모시고 가서 밤새도록 법문을 듣고 다음 날 부처님과 스님들에게 천상의 음식을 올렸다. 부처님께서는 공양 축원을 하시고 갠지스 강을 건너셨다. 빔비사라 왕은 강가로 내려와서 부처님께서 배에서 내리는 것을 도와드리고 릿차위 왕자들보다 두 배나 더 많은 경의를 표했다. 그리고 부처님을 호위해서 닷새에 걸쳐 라자가하로 돌아왔다.

다음 날 비구들이 탁발에서 돌아와 저녁에 법당에 모여 이야기를 나누었다.

"오, 부처님의 신통력은 정말 불가사의합니다. 용들과 천신들은 부처님에게 확고한 신심을 보여주었습니다. 갠지스 강변 양쪽으로 여덟 요자나의 거리를 왕들은 부처님에 대한 신심으로 땅을 고르고 모래를 뿌리고 오색의 꽃을 뿌렸습니다. 용왕들은 신통으로 갠지스 강을 오색 연꽃으로 뒤덮게 하고 하늘 꼭대기까지 일산을 드리웠습니다. 온 세계가 장엄한 축제였습니다."

이때 부처님께서 가까이 와서 물으셨다.

"비구들이여, 여기 앉아서 무슨 이야기를 나누고 있는가?"

비구들이 대답하자 부처님께서 말씀하셨다.

"비구들이여, 여래의 신통력 때문에 또는 용들과 천신들의 신통력 때문에 사람들이 나에게 존경을 표하고 공양을 올린다고 한 말은 사실이 아니다. 반대로 그것은 과거생에 내가 지은 작은 공덕 때문이다."

비구들이 그 이야기를 해 달라고 요청하자 부처님께서 과거생에 있었던 일을 이야기하기 시작하셨다.

부처님의 과거생: 상카 바라문

오랜 옛날에 딱까실라에 상카 바라문이 수시마라는 아들을 데리고 살고 있었다. 수시마가 열여섯 살이 되자 아버지에게 가서 말했다.

"아버지, 저는 베나레스에 가서 경을 공부하고 싶어요."

"좋다, 아들아. 베나레스에 가면 바라문 친구가 한 사람 있단다. 그에게 가서 배우도록 해라."

"그렇게 하겠습니다."

아들은 아버지의 말씀에 따라 베나레스에 도착하자 바라문에게 가서 아버지가 보내서 왔노라고 말했다.

바라문은 젊은이가 친구의 아들이라는 것을 알고 제자로 받아들였다. 여행의 피로를 풀고, 다음 날부터 그는 경을 배우기 시작했다. 젊은이는 짧은 기간에 많은 경을 배웠다. 마치 황금그릇에 담긴 사자기름이 한 방울도 흘리지 않고 그대로 있는 것처럼 그는 한 번 배운 것은 절대로 잊어버리지 않았다. 그는 얼마 지나지 않아 스승에게서 배울 수 있는 것은 모두 다 배웠다. 그는 처음부터 끝까지 정확히 암송할 수 있었다. 하지만 처음부터 중간부분까지는 이해할 수 있었지만, 끝부분은 이해할 수 없었다.

그는 스승에게 다가가서 물었다.

"저는 이 가르침의 처음과 중간부분은 이해했지만 끝부분은 이해할 수 없습니다."

"제자여, 끝부분은 나도 이해하지 못한다."

"스승님, 그러면 이 세상에 이것을 이해하는 사람이 있습니까?"

"제자여, 여기서 가까운 이시빠따나(녹야원)에 살고 있는 성인들은 이해하고 있을 것이다. 그들에게 가서 물어보아라."

젊은이는 이시빠따나로 가서 벽지불에게 물었다.

"존자님께서 이 가르침의 끝을 알고 있다고 들었습니다."

"알고 있지."

"제게 가르쳐주시기 바랍니다."

"우리는 출가자가 아니면 가르치지 않는다. 알고 싶다면 비구가 돼야 한다."

"그렇게 하겠습니다."

젊은이는 출가해 비구가 됐다.

"그대는 먼저 이것부터 익히도록 해라."

벽지불들은 먼저 출가수행자의 예절부터 가르쳤다.

"아랫가사는 이렇게 입는 것이고 웃가사는 이렇게 입는다."

그들은 사소한 의무부터 가르쳤다.

젊은이는 벽지불들의 제자가 되어 그들이 가르치는 모든 것을 배웠다. 그는 모든 자질을 갖추고 있어서 짧은 시간에 깨달음을 얻어 벽지불이 됐다. 그의 명성은 하늘의 보름달처럼 베나레스 전역에 퍼져 최상의 이득과 찬사를 받았다. 하지만 그는 지나친 활동으로 수명이 단축되어 얼마 가지 않아서 대열반에 들었다. 벽지불들과 시민들은 그의 유체를 다비하고 사리를 수습해 성문 근처에 사리탑을 세웠다.

상카 바라문은 아들의 소식이 궁금했다.

'아들이 유학을 떠난 지 오래됐구나. 어찌 됐는지 한번 찾아가봐야겠다.'

그는 아들을 보려고 딱까실라를 떠나 베나레스로 향했다. 베나레스에 도착해 많은 사람이 모여 있는 것을 보고 아들을 알고 있는 사람이 여기에 틀림없이 있을 것이라고 생각했다.

"수시마라는 젊은이가 오래전에 여기에 왔는데 혹시 아시는 분 있습니까?"

"바라문이여, 잘 압니다. 그분은 바라문에게서 삼베다를 배우고 출가해 비구가 됐습니다. 그리고 벽지불의 깨달음을 얻은 후 며칠 전 대열반에 들었습니다. 이 탑은 바로 그분의 사리를 안치한 탑입니다."

바라문은 땅바닥에 쓰러져 머리로 땅을 찧으며 서럽게 울었다. 그는 탑을 둘러싸고 있는 담장 안으로 들어가 풀을 뽑고 웃옷으로 모래를 퍼 와 뿌리고 물항아리에 물을 담아 와 뿌렸다. 그리고 존경의 표시로 꽃을 뿌리고 옷을 찢어 깃발을 만들어 하늘 높이 달고 탑 꼭대기에 일산을 드리웠다. 그리고서 그는 길을 떠나 고향으로 돌아갔다.(과거 이야기 끝)

부처님께서 과거생을 이야기하고 나서 말씀하셨다.

"비구들이여, 그때의 상카 바라문이 바로 나였다. 수시마 벽지불의 탑 주위에 자라고 있는 잡초를 뽑은 과보로 왕과 왕자들이 여덟 요자나 길에 있는 나무 그루터기와 가시나무를 제거하고 땅을 고르고 부드럽게 정비했다. 모래를 뿌린 과보로 왕과 왕자들이 여덟 요자나의 길에 모래를 뿌렸다. 존경의 표시로 꽃을 뿌린 과보로 오색 꽃이 여덟 요자나의 길에 뿌려지고 1요자나의 갠지스 강이 오색 연꽃으로 뒤덮였다. 물항아리에 물을 떠 와 뿌린 과보로 웨살리에 소나기가 쏟아졌다. 탑에 깃발을 달고 일산을 드리운 과보로 하늘 꼭대기까지 철위산 안의 모든 세계가 많은 깃발로 펄럭이고 일산이 드리워졌다. 비구들이여, 사람들이 나에게 올린 공양과 존경은 붓다의 신통력으로 생긴 것이 아니고 용들과 천신들의 신통력으로 생긴 것도 아니다. 반대로 이것은 내가 과거생에 지었던 아주 조그마한 공덕으로 생긴 것이다."

부처님께서는 이렇게 말씀하시고 게송을 읊으셨다.

조그만 행복을 버려야
큰 행복86)을 얻을 수 있다면
지혜로운 이는 큰 행복을 위해
조그만 행복은 버려야 한다.(290)

---

86) 큰 행복(vipulaṁ sukhaṁ): 이것은 열반의 지복을 말한다.

두 번째 이야기
암탉의 알을 먹은 여인

부처님께서 제따와나에 계실 때 암탉의 알을 먹은 여인과 관련해서 게송 291번을 설하셨다.

사왓티에서 그리 멀지 않은 빠두뿌라라는 마을에 한 어부가 살고 있었다. 어느 날 그는 사왓티로 가는 도중에 아찌라와디 강변에서 거북이 알들을 발견했다. 그는 알들을 가지고 어느 집에 들어가 요리해서 먹었다. 그 집에 사는 소녀가 그에게서 알 하나를 얻어먹었다. 소녀는 그 후부터 밥보다 알을 더 먹고 싶어 했다. 그녀의 어머니는 암탉의 둥지에서 달걀 하나를 꺼내 소녀에게 주었다. 소녀는 달걀을 먹어보고 그 맛에 폭 빠져버렸다. 그 때부터 그녀는 직접 암탉의 둥지에서 알을 꺼내 먹었다.

암탉은 알을 낳을 때마다 소녀가 와서 알을 꺼내 먹어버리자 원한을 품었다.
'내가 이생에서 죽으면 야키니(여자 야차)로 태어나 네 자식들을 잡아먹겠다.'
암탉은 죽어 고양이로 태어나고 소녀는 죽어 암탉으로 태어났다. 암탉이 알을 낳으면 고양이가 와서 먹어버렸다. 두 번째 세 번째로 고양이가 알을 먹어버리자 암탉이 원한을 품었다.
'네가 세 번이나 알을 먹어버리고 이제 나까지 잡아먹으려고 하는구나. 내가 죽으면 다음생에서는 너와 네 자식을 먹어치우겠다.'
암탉은 죽어 표범으로 태어나고 고양이는 죽어 암사슴으로 태어났다. 사슴이 새끼를 낳을 때 표범이 와서 사슴과 새끼를 잡아먹었다. 이들은 이렇게 500생 동안 서로를 잡아먹으며 상대에게 고통을 안겨주었다. 마침내 그들 중 하나는 야키니로 태어나고 하나는 사왓티의 한 가정에 여인으로 태어났다.

여기서부터는 게송 5번 이야기와 같이 전개된다. 부처님께서는 '원한은 원한으로 푸는 것이 아니고 용서와 자비로 풀어야 한다.'라고 말씀하시고 두 여인을 위해 게송을 읊으셨다.

**자신의 행복을 위해
남의 행복을 짓밟는 이는
원한의 사슬에 얽매여
원한에서 벗어나지 못하리라.**(291)

이 게송 끝에 약키니는 부처님께 오체투지로 삼배를 올리고 삼보에 귀의했다. 여인은 수다원과를 성취하고 원한을 풀었다. 그리고 그곳에 모인 대중들도 이 가르침에서 많은 이익을 얻었다.

세 번째 이야기
신발을 장식하는 데 여념이 없는 밧디야의 비구들[87]

부처님께서 밧띠야[88] 근처의 자띠야와나에 머물고 계실 때 밧디야의 비구들과 관련해서 게송 292, 293번을 설하셨다.

밧디야의 비구들은 자신들의 신발을 장식하고 꾸미는 데 여념이 없었다. 율장 대품에는 이렇게 기록하고 있다.

"그때 밧디야의 비구들은 여러 가지 모양으로 자신들의 신발을 꾸미는 작업에 몰두하며 지냈다. 그들은 티나 풀로 신발을 만들고, 문자 풀(갈대의 일종)로 만들고, 밥바자 풀(갈대)로 만들었다. 그들은 힌틸라 풀(야자나무 일종)로 신발을 만들고, 까말라 풀(연꽃 색깔의 풀)로 만들었다. 나무 신발도 만들었다. 그들은 가르침과 질문, 높은 계, 높은 삼매, 높은 지혜에는 관심이 없었다."

비구들은 밧디야의 비구들이 그렇게 살아가는 것을 알고 언짢고 불쾌하게 여겨 부처님께 말씀드렸다. 그러자 부처님께서 밧디야의 비구들을 질책하며 말씀하셨다.

"비구들이여, 그대들은 깨달음을 성취하겠다는 목적으로 여기에 왔는데 이런 부질없는 짓을 하며 지내는구나."

부처님께서는 이렇게 말씀하시고 게송을 읊으셨다.

해야 할 일을 팽개치고
하지 말아야 할 일을 하고

---

87) 이 이야기는 율장 대품(VinMv. v. 8. 1)에서 유래한다.
88) 밧디야Bhaddiya: 앙가Aṅga국의 도시로 부처님께서 이 도시에 여러 번 방문하시어 자띠야와나Jātiyāvana 사원에 머무셨다. 이곳에는 재정관 멘다까Meṇḍaka 장자가 살았으며 장자의 손녀 위사카Visākā의 고향이기도 하다. 현재의 벵갈 지방이다.

교만하고 제멋대로 방일하게 지내는 자에게
번뇌만 늘어난다.(292)

언제나 몸에 대한 알아차림89)을 열심히 닦고
하지 말아야 할 일을 하지 않고
해야 할 일을 하며
언제나 분명하게 알아차리는 이에게
번뇌는 사라진다.(293)

  이 게송 끝에 밧디야의 비구들은 아라한과를 성취하고 모인 대중들도 많은 이익을 얻었다.

---

89) 몸에 대한 알아차림(Kāyagatā sati) : 염신경(念身經, M119), 대념처경(大念處經, D22), 염처경(念處經, M10)에 나오는 몸에 대한 알아차림 수행을 종합해 보면 다섯 가지가 있다. ① 호흡에 대한 알아차림 ② 네 가지 자세에(행주좌와) 대한 알아차림 ③ 분명한 알아차림-몸의 움직임에 대한 알아차림 ③ 몸의 32부분에 대한 관찰(嫌惡感) ④ 사대요소(地水火風)에 대한 관찰 ⑤ 아홉 가지 묘지에서의 관찰(九不淨觀)이다. 사념처 중에서 느낌에 대한 알아차림, 마음에 대한 알아차림, 법에 대한 알아차림은 오직 위빳사나 수행에만 해당하지만, 몸에 대한 알아차림은 사마타 수행과 위빳사나 수행이 함께 있다. 호흡에 대한 알아차림은 사마타와 위빳사나 둘 다의 수행 주제가 되고(방법은 다름), 네 가지 자세와 몸의 움직임에 대한 알아차림은 위빳사나 수행법이다. 나머지 몸의 32부분에 대한 혐오감 명상, 사대요소에 대한 명상, 묘지에서의 관찰은 사마타 수행법이다. 법구경 주석서에 나오는 몸에 대한 알아차림은 주로 몸의 32부분에 대한 관찰을 말한다. 아비담마에서는 이 수행법으로 초선정까지만 성취가 가능하다고 말하지만, 법구경 주석에서는 이 수행으로 아라한과를 성취했다고 자주 언급하고 있다. 이는 32부분에 대해 관찰하는 방법에 따라 사마타 수행이 될 수도 있고 위빳사나 수행이 될 수도 있기 때문이다.

네 번째 이야기
라꾼다까 밧디야 장로

부처님께서 제따와나에 계실 때 라꾼다까 밧디야와 관련해서 게송 294, 295번을 설하셨다.

어느 날 부처님께서 낮 수행처에 앉아 계실 때 여러 명의 비구가 다가와서 삼배를 올리고 공손하게 한쪽에 앉았다. 이때 라꾼다까 밧디야 장로가 멀지 않은 곳을 지나가고 있었다. 부처님께서는 비구들의 근기를 알아보고 밧디야 장로를 바라보며 말씀하셨다.

"보라! 비구들이여, 저기 어머니와 아버지를 죽이고 괴로움에서 벗어난 비구가 걸어가고 있구나!"

"부처님께서 지금 무슨 말씀을 하시고 계시지?"

비구들은 서로 얼굴을 쳐다보며 의견을 나누다가 의혹을 떨쳐버리지 못하고 부처님께 여쭈었다.

"부처님이시여, 그게 무슨 말씀입니까?"

부처님께서 게송으로 대답을 대신하셨다.

어머니와 아버지를 죽이고
두 깟띠야 왕을 암살하고
신하를 없애고 왕국을 파괴한
아라한은 걱정 없이 걸어간다.[90] (294)

---

90) 어머니는 '갈애, 탐욕, 욕망'을 의미하고 아버지는 '자만, 교만, 자존심, 이기심'을 의미한다. 깟띠야(끄샤뜨리야) 두 왕은 나는 영원히 존재한다는 '영원주의(常見)'와 죽으면 끝이라는 '허무주의(斷見)'를 의미한다. 두 가지 양극단은 잘못된 견해다. 신하는 삶에 대한 '집착'을 의미한다. 왕국은 12처(處, āyatana), 즉 여섯 감각기관과 여섯 감각 대상을 말한다. 왕국을 파괴한다는 말은 안이비설신의眼耳鼻舌身意의 여섯 감각기관을 통해 들어오는 어떠한 대상(色聲香味觸法)에도 마음이 흔들림 없는 부동의 경지를 말한다.

어머니와 아버지를 죽이고
학식 있는 두 왕을 암살하고
다섯 마리 흉포한 호랑이를 없애버린[91]
아라한은 괴로움 없이 걸어간다.(295)

이 게송 끝에 비구들은 아라한과를 성취했다.

　　이 의미를 모두 포함해서 시를 재구성하면 다음과 같다: 욕망이라는 어머니와 이기심이라는 아버지를 죽이고, 단견斷見과 상견常見의 두 왕을 죽이고, 감각기관과 대상이라는 국토를 파괴하고, 집착이라는 부패한 신하를 없애버린 아라한은 아무 근심걱정 없이 걸어간다.

91) 다섯 마리 흉포한 호랑이는 '다섯 가지 장애(五障碍, nīvaraṇa)'를 말한다. 다섯 가지 장애는 ① 감각적 욕망(kāmacchanda) ② 악의(vyāpāda) ③ 해태와 혼침(thina & middha) ④ 들뜸과 후회(uddhacca & Kukkucca) ⑤ 의심(vicikicchā)이다. 이들 다섯은 깨달음, 열반으로 나아가는 길을 방해하는 흉포한 호랑이다.

다섯 번째 이야기
소년과 두 야차

부처님께서 제따와나에 계실 때 땔나무 짐마차꾼의 아들과 관련해서 게송 296, 297, 298, 299, 300, 301번 게송을 읊으셨다.

라자가하에 사는 두 소년은 종일 구슬치기를 하며 놀았다. 그중 한 명은 불교 신도의 아들이었고 다른 한 명은 이교도의 아들이었다. 불교 신도의 아들은 구슬을 던질 때마다 붓다의 공덕을 회상하고 '나모 붓닷사!(부처님께 귀의합니다!)'라고 외치며 구슬을 던졌다. 다른 소년은 이교도 스승의 공덕을 외치며 '스승에게 귀의합니다!'라고 외치며 구슬을 던졌다. 하지만 매번 불교 신도의 아들이 이겼고 이교도의 아들은 구슬을 잃었다. 이교도의 아들은 그가 어떻게 해서 매번 이기는지 알려고 그의 행동을 유심히 지켜보았다.

'이 소년은 부처님의 공덕을 회상하고 '나모 붓닷사!'라고 외치고 구슬을 던진다. 그렇게 해서 항상 나를 이긴다. 나도 그렇게 해야겠다.'

그래서 그도 붓다에 대한 명상(佛隨念)에 익숙해지기 시작했다.

어느 날 아버지가 땔나무를 하려고 아들을 데리고 수레를 끌고 출발했다. 아버지는 숲으로 가서 수레에 장작을 가득 싣고 되돌아오다가 도시 밖 화장터 가까이에 있는 우물가에서 멈추었다. 아버지는 소의 멍에를 풀어주고 먹이를 주었다. 저녁이 되자 소가 도시로 들어가는 다른 소 떼를 따라 들어가 버렸다. 짐마차꾼은 소를 찾아 성으로 들어갔다. 아직 해가 지지 않은 시간에 소를 찾아 출발했지만, 성문을 찾지 못해 헤매다가 도착했을 때는 이미 성문이 굳게 닫힌 후였다. 소년은 아버지가 오기를 기다리다가 밤이 되자 수레 아래에 누워 잠이 들어버렸다.

라자가하는 원래 약카가 자주 출몰하는 지역이었고 소년이 자고 있는 곳은 화장터와 아주 가까운 곳이었다. 이때 두 약카가 돌아다니다가 소년이 자고 있는 것을 발견했다. 한 약카는 화장터에서 먹이를 구하는 잘못된 믿음(邪見)을 가진 자였고 다른 약카는 바른 믿음(正見)을 가진 자였다. 사견을 가진 약카가 정견을 믿는 약카에게 말했다.

"이 녀석은 우리 먹이다. 이 녀석을 잡아먹자."

"그만둬! 이젠 그런 나쁜 생각을 좀 버려라!"

정견을 믿는 약카가 사견을 가진 약카를 말렸음에도 불구하고 사견을 가진 약카는 그의 말을 무시하고 소년의 발을 잡고 끄집어내리려고 했다.

이 순간 소년은 붓다에 대한 명상에 아주 익숙해져 있었기 때문에 깜짝 놀라며 습관적으로 외쳤다.

"나모 붓닷사!"

그러자 사견을 가진 약카가 두려움에 휩싸여 뒤로 물러났다. 이때 정견을 가진 약카가 말했다.

"우리는 해서는 안 될 짓을 했다. 우리는 벌을 받을 것이다."

그렇게 말하고 정견을 믿는 약카는 소년을 보호하고 사견을 믿는 약카는 성으로 들어가서 왕의 접시에 음식을 가득 담아서 돌아왔다. 두 약카는 마치 부모처럼 소년을 일으켜 음식을 먹이고 소년을 보살폈다. 그리고 신통으로 왕 이외에는 보이지 않게 왕의 접시에 자신들이 한 일을 적어서 수레 위에 얹어놓고 밤새도록 서서 수레를 지키다가 떠나갔다.[92]

다음 날 왕궁 부엌에서 당황한 소리가 터져 나왔다.

"도둑들이 왕의 접시를 훔쳐갔다!"

사람들은 성문을 잠그고 도시를 수색했다. 성안에서 접시를 찾지 못하자 그들은 성밖으로 나가 수색하다가 장작수레 위에 놓여 있는 황금접시를 발견했다. 그들은 소년을 도둑으로 생각하고 즉시 체포했다.

---

92) 청정도론 제12장 신통변화(Vis12.29)에서 짐승과 야차들이 들끓는 성문 밖에서 아이가 살아난 것을 '지혜가 충만함으로 인한 신통'이라고 언급하고 있다.

"도둑을 잡았다."

그들은 소년을 왕 앞으로 데려갔다. 왕은 접시에 적혀 있는 글을 읽고 소년에게 물었다.

"이게 무슨 말이냐?"

"폐하, 저는 아무것도 모릅니다. 어머니 아버지가 밤새 나를 지켜주었고 저는 두려움 없이 잠만 잤습니다. 제가 아는 것은 그것뿐입니다."

그때 소년의 부모가 왕궁에 와서 자초지종을 보고했다. 왕은 세 사람을 부처님께 데려가서 이 일을 전부 말씀드렸다.

"부처님이시여, 붓다에 대한 명상(佛隨念)만으로 위험으로부터 보호를 받을 수 있습니까? 아니면 법에 대한 명상(法隨念)이나 다른 명상으로도 보호를 받을 수 있습니까?"

"대왕이여, 붓다에 대한 명상만이 보호를 받는 것이 아닙니다. 여섯 가지 명상수행에 잘 숙달돼 있으면 다른 보호수단이나 방어수단이나 주문이나 귀신을 쫓는 풀 같은 것은 필요 없습니다."

부처님께서는 게송으로써 여섯 가지 명상을 설명하셨다.

**늘 성성하게 깨어있는 고따마의 제자들은
밤이나 낮이나 항상
붓다의 덕성을 명상**(佛隨念)[93] **한다.**(296)

**늘 성성하게 깨어있는 고따마의 제자들은
밤이나 낮이나 항상
법에 대해 명상**(法隨念)[94] **한다.**(297)

---

93) 붓다에 대한 명상(佛隨念): 게송 79번 이야기에 나오는 정형구를 암송하며 부처님의 열 가지 덕(혹은 아홉 가지)을 계속해서 가슴에 새기며 부처님에 대한 신심을 불러일으키는 수행이다. 자세한 수행법은 부록 II.A.7 참조.

94) 법에 대한 명상(法隨念): 게송 79번에 나오는 정형구를 암송하며 부처님의

늘 성성하게 깨어있는 고따마의 제자들은
밤이나 낮이나 항상
승가의 공덕에 대해 명상(僧隨念)95) 한다.(298)

늘 성성하게 깨어있는 고따마의 제자들은
밤이나 낮이나 항상
몸의 삼십이 부분에 대해 명상(身隨念)96) 한다.(299)

늘 성성하게 깨어있는 고따마의 제자들은
밤이나 낮이나 항상
해치지 않음(不殺生)을 즐거워한다.(300)

늘 성성하게 깨어있는 고따마의 제자들은
밤이나 낮이나 항상
마음공부에서 즐거움을 느낀다.(301)

가르침(법)의 위대함을 가슴에 새기며 법에 대한 신심을 불러일으키는 수행이다.
95) 승가에 대한 명상(僧隨念): 게송 79번에 나오는 정형구를 암송하며 스님들의 거룩한 덕을 가슴에 새기며 승가에 대한 신심을 불러일으키는 수행이다.
96) 몸의 32부분에 대한 명상: 부록 II.A.3 참조.

여섯 번째 이야기
비구가 된 왓지족 왕자[97]

부처님께서 웨살리 근처의 마하와나[98]에 계실 때 비구가 된 왓지족 왕자와 관련해서 게송 302번을 설하셨다.

비구가 된 왓지국의 왕자가 웨살리 근처 숲에 머물고 있었다. 그때 웨살리에는 밤새 축제가 열리고 있었다. 축제가 열리는 곳에서 북 치고 장구 치며 흥겹게 웃고 떠드는 소리가 들려왔다. 그는 이 소리를 듣고 기분이 울적해져서 처량한 목소리로 노래를 불렀다.

숲속에 버려진 통나무처럼
숲속에 홀로 살고 있으니
이 같은 밤에
우리보다 더 처량한 사람이 어디 있을까?

그는 출가 전에는 왓지국의 왕자였으며 자신이 통치할 차례가 됐을 때 왕국을 버리고 출가해 비구가 된 사람이었다.

캇띠까 달(음10월) 보름날 밤에 웨살리의 온 도시에 오색 깃발이 휘날리며 축제가 시작됐다. 축제가 밤새도록 계속됐으므로 북소리와 류트 등 악기 연주하는 소리가 밤새 들려왔다. 7천707명의 왕자와 그 숫자만큼의 어린 왕자들과 장군들이 축제 복장으로 화려하게 꾸미고 거리로 나와 축제에 참가하고 있을 때, 비구는 쓸쓸히 60완척[99] 길이의 경행대를 따라 걷다가 하늘을 쳐다보았다. 하늘에는 보름달이 환하게 떠 있었다. 그는 경행대 끝

---

97) 이 이야기는 상윳따 니까야 왓지족 사람 경(S9.9)에서 유래한다.
98) 마하와나Mahāvana(大園林): 마하와나는 까삘라왓투와 웨살리 두 군데에 있었다. 둘 다 히말라야까지 이어지는 거대한 숲이었다.
99) 완척(hattha): 1완척腕尺은 팔꿈치에서 가운뎃손가락 끝까지의 길이(약 46~56cm)이다. 그러므로 60완척은 60×50=3000Cm(30m)이다.

에 서서 숲속에 버려진 통나무처럼 축제복도 입지 않고 장식도 없는 자신의 몸을 둘러보았다. 비구는 그때 '우리보다 더 처량한 사람이 어디 있을까?'라고 한탄하고 있었던 것이다.

평소 같았으면 그는 숲속 두타행의 공덕을 생각하며 검소한 생활에 만족했겠지만 그날은 옛날의 화려한 삶을 생각하니 짜증과 불쾌감이 일어나 노래를 부른 것이었다. 이때 숲에 거주하는 신이 '이 비구를 깨우쳐줘야겠다.'라고 결심하고 이같이 시를 읊었다.

숲속에 버려진 통나무처럼
숲속에 홀로 살아가는 당신을
많은 사람이 부러워하네.
마치 지옥에서 고통 받는 중생들이
천상으로 가는 이를 부러워하듯이.

이 게송을 들은 비구는 다음 날 부처님께 다가가서 삼배를 올리고 한쪽에 공손히 앉았다. 부처님께서는 그에게 일어난 일을 아시고 세속 생활이 얼마나 어려운지 깨우치게 하려고 다섯 가지 괴로움에 대해 게송을 읊으셨다.

출가하기 어렵고
출가 생활을 즐기기도 어려우며
세속에 사는 것도 어렵다.
뜻이 맞지 않는 사람과 살기도 괴롭고
윤회의 먼 길을 가는 것도 괴로우니
먼 길을 가지도 말고 괴로움을 쫓지도 마라. (302)

일곱 번째 이야기
신심이 깊은 찟따 장자

부처님께서 제따와나에 계실 때 찟따 장자와 관련해서 게송 303번을 설하셨다.

이 이야기는 '어리석은 자의 품'에 "어리석은 비구는 덕도 없으면서 존경받기를 원하고……." 등으로 시작하는 게송 73, 74번 이야기에서 상세하게 설명하고 있다. 이때 아난다 장로가 부처님께 여쭈었다.

"부처님이시여, 그가 순전히 부처님을 친견하려고 왔기 때문에 이런 환대를 받습니까, 아니면 그가 다른 곳에 갔더라도 이런 환대를 받게 됩니까?"

"아난다여, 그가 나에게 오든 다른 사람에게 가든 상관없이 그는 똑같은 환대를 받았을 것이다. 왜냐하면 이 재가신도는 신심이 있고 믿음이 강하고 계율을 잘 지키기 때문이다. 그 때문에 그는 어디를 가든 이익과 존경을 받을 것이다."

부처님께서 이렇게 말씀하시고 게송을 읊으셨다.

신심이 있고
계율을 잘 지키고
명성과 부귀를 갖춘 사람은
어디를 가나 존경을 받는다.(303)

여덟 번째 이야기
확고한 신심이 있는 쭐라수밧다

부처님께서 제따와나에 계실 때 아나타삔디까의 딸 쭐라수밧다100)와 관련해서 게송 304번을 설하셨다.

이 이야기는 아나타삔디까가 아직 소년이었을 때로 거슬러 올라간다. 그는 욱가101)에 사는 욱가라는 재정관의 아들과 아주 친한 친구 사이였다. 그들은 같은 스승 밑에서 동문수학할 때 이렇게 약속했다.

"우리가 자라 결혼해서 아들딸을 낳으면 우리 중 한 사람이 상대방의 딸을 택해서 며느리로 삼기로 하자."

두 소년이 자라서 성인이 되자 두 도시의 재정관에 임명됐다.

어느 때 욱가 재정관은 500대의 수레에 물건을 싣고 장사를 하려고 사왓티로 출발했다. 그러자 아나타삔디까는 딸 쭐라수밧다를 불러 기쁜 소식을 전했다.

"사랑하는 나의 딸아, 네 시아버지가 될 욱가 재정관이 오고 있단다. 네가 예절을 갖추어 접대하도록 해라."

"잘 알겠습니다."

쭐라수밧다는 아버지의 말씀에 잘 따르겠다고 대답했다. 욱가 재정관이 도착한 날부터 쭐라수밧다는 손수 음식을 준비해 올리고 방에 꽃과 향수, 약 등을 가져다 놓았나. 욱가 장자가 식사할 때에 목욕물을 준비하고 장자

---

100) 쭐라수밧다Cūlasubhaddā: 아나타삔디까Anāthapiṇḍika의 딸로 니간타를 신봉하는 욱가 장자의 아들과 결혼했다. 그녀는 시집가기 전에 이미 수다원과를 성취해서 확고한 신심을 가지고 있었으며 아버지 집에 있을 때부터 언니 마하수밧다Mahāsubbhaddā, 동생 수마나Sumanā와 항상 스님들에게 공양을 올리는 일을 맡아 성실히 이행했다.
101) 욱가Ugga: 꼬살라Kosala국 영토에 있는 작은 성읍으로 부처님께서 근처의 밧다라마Bhaddhārāma 사원에서 한때 머무셨다.

가 목욕한 후에도 성실하게 시중을 들었다.

욱가 장자는 그녀가 아주 예절 바르고 어른을 잘 모시는 것을 보고 기분이 좋았다. 어느 날 욱가 장자는 아나타삔디까와 즐겁게 이야기를 나누다가 옛날 젊었을 때 약속했던 기억을 상기시키고 그 자리에서 쭐라수밧다를 며느리로 달라고 요청했다. 욱가는 이교도의 집안에서 자라났기 때문에 사견을 가지고 있었다. 그래서 아나타삔디까는 부처님께 가서 이 문제를 상의했다. 부처님께서는 욱가 재정관이 수다원과를 성취할 인연이 있다는 것을 아시고 딸을 시집보내도 좋다고 말씀하셨다. 아나타삔디까 재정관은 아내에게 이 일을 말하고 욱가 재정관의 요청을 받아들여 딸의 결혼식 날을 잡았다.

다난자야 장자가 자기의 딸 위사카를 시집보낼 때와 같이 아나타삔디까 장자도 화려한 결혼선물을 준비해 주었다. 다난자야 장자가 딸 위사카에게 열 가지 훈계를 했듯이 아나타삔디까도 '사랑하는 딸아, 시댁에서 살 때는 안의 불을 밖으로 옮겨서는 안 되고…….' 등등의 열 가지 훈계를 했다. 또 딸에게 여덟 명의 보호자를 딸려 보내며 말했다.

"내 딸에게 허물이 생기면 진실을 밝혀 주시오."

딸을 시집보내는 날 장자는 부처님과 스님들을 초청해 맛있는 음식을 준비해서 올렸다. 그리고 마치 자기 딸이 과거생에 많은 공덕을 지었다는 것을 세상에 알리려는 듯이 딸을 화려하게 치장해서 떠나보냈다.

순조롭게 여행한 끝에 쭐라수밧다는 욱가 시에 도착했다. 시댁 식구들이 많은 군중과 함께 그녀를 마중 나왔다. 위사카와 마찬가지로 쭐라수밧다는 마차에 서서 자신의 모습을 한껏 드러내며 도시에 들어갔다. 모든 사람이 나와서 그녀의 화려하고 장엄한 모습을 바라보며 찬사를 보냈다. 시민들은 그녀에게 결혼 축하선물을 주었고 그녀도 각각의 지위와 기호를 고려해서 선물을 주었다. 온 도시에 그녀의 미덕과 아름다움에 대한 칭찬이 자자했다.

시아버지 욱가 장자는 집안에 경사가 있을 때는 자신이 섬기는 나체수행자 니간타들에게 공양을 대접하곤 했다. 이 결혼식 때도 그는 며느리에게 사람을 보내 말했다.

"여기 와서 우리 사문들에게 공양을 올리도록 해라."

정숙한 쭐라수밧다에게 나체수행자 니간타들을 시중든다는 것은 도저히 참을 수 없는 일이었다. 그래서 그녀는 못하겠다고 거절했다. 시아버지가 재차 그녀를 불러오라고 지시했지만, 그녀는 계속해서 거절했다. 화가 머리 끝까지 치솟은 시아버지가 하인들에게 명령했다.

"그녀를 집 밖으로 내쫓아라."

"아무 이유도 없이 죄 없는 저를 내쫓을 수 없습니다."

그녀는 반박하며 곧 자신의 보호자들을 불러서 그들 앞에서 사실을 밝히라고 말했다. 보호자들은 그녀에게 허물이 없다고 말하고 재정관에게 그녀를 내쫓으려 하는 이유를 추궁했다. 시아버지는 아내에게 가서 이 문제를 상의했다.

"며느리는 나의 스승들을 존경하려 들지 않고 '부끄러움도 모르는 뻔뻔한 자들'이라고 말한다오. 이를 어찌하면 좋겠소?"

"며느리가 존경하는 비구들은 어떤 사람들이기에 그녀가 그렇게 찬양한답니까?"

시어머니는 쭐라수밧다를 불러서 물었다.

그대가 섬기는 비구들은 어떤 사람들이기에
그대가 그렇게 찬양하는가?
그들은 어떤 계를 지키고 어떤 수행을 하는가?
나의 질문에 대답해라.

시어머니의 질문에 대답해 쭐라수밧다는 부처님과 부처님의 제자들의 공덕과 미덕에 대해 이렇게 시를 읊었다.

감관은 고요하고 마음은 평온하지요.
조용하게 걷고 침착하게 서지요.
눈은 아래로 내려다보고 말은 적게 하지요.
그런 분들이 저의 스님들이에요.

몸의 행위가 청정하고 말이 청정하고
마음이 청정하지요.
그런 분들이 저의 스님들이에요.

진주조개 껍질처럼 얼룩이 없고
안팎으로 청정하고 훌륭한 덕을 지니고 계시지요.
그런 분들이 저의 스님들이에요.

세상 사람들은 이익이 있으면 우쭐대고
손해가 있으면 풀이 죽지만
그분들은 이익과 손해에 무관심하지요.
그런 분들이 저의 스님들이에요.

세상 사람들은 명성을 얻으면 우쭐대고
잃으면 풀이 죽지만
그분들은 명성을 얻고 잃음에 무관심하지요.
그런 분들이 저의 스님들이에요.

세상 사람들은 칭찬하면 우쭐대고
비난하면 풀이 죽지만
그분들은 칭찬하거나 비난하거나 똑같은 태도를 보이지요.
그런 분들이 저의 스님들이에요.

세상 사람들은 기쁘면 우쭐대고

괴로우면 풀이 죽지만
그분들은 즐거움과 괴로움을 벗어난 사람들이지요.
그런 분들이 저의 스님들이에요.

쭐라수밧다는 이외에도 여러 가지로 스님들의 공덕을 찬양해 시어머니의 의심을 풀어드렸다. 시어머니는 매우 만족해하며 그녀에게 청했다.
"우리도 스님들을 만나 뵐 수 있을까?"
"물론이죠. 그렇고말고요."
"그럼 우리가 만나 뵐 수 있도록 준비해라."
"그렇게 하겠습니다."
쭐라수밧다는 부처님과 스님들을 위해 맛있는 음식을 준비하고 저택의 꼭대기 층으로 올라가서 제따와나를 향해 오체투지로 삼배를 올리고 부처님의 열 가지 덕(如來十號)을 회상하고 꽃과 향과 향수를 뿌려 부처님께 존경을 표하고 여덟 움큼의 재스민 꽃을 공중으로 던지며 발원했다.
"부처님이시여, 내일 부처님과 스님들을 공양에 초대합니다."
꽃송이들이 공중으로 날아가 사부대중 가운데서 법을 설하고 계시는 부처님의 머리 위에서 닫집 모양을 그리며 머물렀다.

이때 법문을 듣고 있던 아나타삔디까가 내일 공양에 부처님을 초청하자 부처님께서 말씀하셨다.
"장자여, 나는 내일 공양에 이미 초대를 받았다."
"부처님이시여, 저보다 먼저 온 사람이 없는데 누구의 초대를 받아들이셨습니까?"
"쭐라수밧다가 나를 초청했다."
"부처님이시여, 쭐라수밧다는 여기서 120요자나 정도 멀리 떨어져 살고 있지 않습니까?"
"그렇다. 그러나 착한 사람은 멀리 떨어져 있어도 마치 얼굴을 대하고 있는 것처럼 자신을 드러낸다."

부처님께서는 이렇게 말씀하시고 게송을 읊으셨다.

눈 덮인 히말라야처럼
착한 사람은 멀리 있어도 잘 드러나고
밤에 쏜 화살처럼
악한 사람은 가까이 있어도 잘 드러나지 않네.(304)

삭까 천왕은 부처님께서 쭐라수밧다의 공양청을 받았다는 것을 아시고 신들의 목수 윗사깜마에게 명령했다.
"500개의 탑을 만들어 내일 부처님과 스님들을 욱가 시로 모시도록 하라."
다음 날 윗사깜마는 500개의 탑을 만들어 제따와나 정문에 대기하고 있었다. 부처님께서는 500명의 아라한을 선발해 함께 탑에 앉아서 욱가 시로 날아갔다. 수밧다가 말한 대로 욱가 재정관도 가족들과 함께 부처님께서 오실 길을 내려다보고 서 있었다. 그는 부처님께서 화려하고 장엄하게 공중으로 날아오는 것을 보고 기쁨이 넘쳐흘렀다. 그는 꽃과 향을 부처님께 올려 존경을 표하고 자신의 집으로 모시고 나서 삼배를 올리고 맛있는 공양을 올렸다. 그는 부처님과 스님들에게 일주일 동안 공양을 올렸다. 부처님께서는 그에게 바르고 착한 마음을 불러일으키고자 법문하셨다. 이 법문 끝에 욱가 재정관과 가족과 많은 시민이 법에 대한 이해를 얻었다. 그리고 수밧다에게 호의를 베풀기 위해 부처님께서는 아누룻다 장로에게 뒤에 남아 가르침을 내리도록 했다.
"그대는 여기 남아 이들을 지도해라."
부처님께서는 이렇게 지시하고 사왓티로 돌아가셨다. 이때부터 욱가 시는 신심이 가득한 도시가 됐다.

아홉 번째 이야기
홀로있음을 즐기는 에까위하리 장로

부처님께서 제따와나에 계실 때 에까위하리(홀로 머무는 자) 장로와 관련해서 게송 305번을 설하셨다.

에까위하리 장로는 홀로 앉고 홀로 걷고 홀로 서는 사람으로 사부대중에게 알려졌다. 비구들이 그에 대해서 부처님께 말씀드렸다.
"부처님이시여, 에까위하리 장로는 홀로 앉고 홀로 걷고 홀로 서며 오직 홀로 수행합니다."
"사두! 사두! 사두!(선재라!)"
부처님께서 에까위하리 장로를 극구 칭찬했다.
"비구라면 모름지기 홀로 정진하며 살아야 한다."
부처님께서는 이렇게 홀로있음을 찬양하고 게송을 읊으셨다.

홀로 지내고 홀로 잠들고
홀로 힘써 닦으며
홀로 자신을 길들이는 자는
숲속에서 홀로있음을 즐거워한다.(305)

제22장 지옥

Niraya Vagga

제22장 지옥 Niraya Vagga

첫 번째 이야기
부처님을 망신시키려고 순다리를 살해한 외도들[102]

부처님께서 제따와나에 머물고 계실 때 유행녀 순다리와 관련해서 게송 306번을 설하셨다.

다섯 지류의 강물이 합류해 커다란 물결을 이루듯이 부처님과 비구들에게 올리는 이득과 존경이 그러했다. 반대로 태양이 떠오르면 반딧불이 빛을 잃듯이 부처님이 나타나자 이교도들의 이득과 존경은 땅에 떨어졌다. 위기감을 느낀 이교도들은 함께 모여 묘책을 강구했다.

"사문 고따마가 이 세상에 나타난 순간부터 우리는 이득과 존경을 모두 잃었다. 이제 아무도 우리가 존재하는지조차 모른다. 사문 고따마를 망신시켜 그에게 가는 이득과 명예를 떨어뜨리려면 누구와 짜고 일을 벌여야 하는가?"

이때 이들에게 유행녀 순다리가 생각났다.

"순다리와 짜고 일을 추진하면 목적을 달성할 수 있을 것이다."

어느 날 순다리가 이교도의 사원에 와서 그들에게 삼배를 올렸지만, 인사도 받지 않고 아무 말도 없었다. 그녀는 계속 말을 걸었지만 아무도 대답하지 않자 물었다.

"스승님들에게 누가 해를 끼치기라도 했나요?"

"자매여, 사문 고따마가 돌아다니며 우리에게 해를 끼치고 우리가 예전에 받았던 이득과 명예를 빼앗아간 것을 모르는가?"

---

[102] 이 이야기는 우다나의 순다리 경(Sundarī Sutta, Ud4.8)과 마니수까라 자따까(Maṇisūkara Jātaka, J285) 서문에서 유래한다.

"그럼 제가 어떻게 하면 될까요?"

"자매여, 그대는 너무나 아름답고 매력적이다. 그대가 사문 고따마의 명예를 실추시켜 사람들의 입에 오르내리게 해서 그에게서 이득과 명예를 뺏도록 하라."

"그렇게 하겠습니다."

순다리는 그렇게 하겠다고 약속했다.

그때부터 저녁이 되어 사람들이 부처님의 법문을 듣고 도시로 돌아갈 때 순다리는 정반대로 꽃, 향, 연고, 보약, 과일 등을 들고 제따와나 쪽으로 걸어갔다. 사람들은 그녀를 보고 이상하게 생각하며 물었다.

"어디로 갑니까?"

"사문 고따마에게 갑니다. 저는 항상 그이와 함께 간다꾸띠에서 밤을 보낸답니다."

그녀는 근처에 있는 이교도의 사원에서 밤을 보내고 아침 일찍 제따와나에서 도시로 가는 길을 따라 되돌아갔다. 사람들이 물었다.

"순다리여, 어디로 가는 길입니까?"

"간다꾸띠에서 사문 고따마와 함께 밤을 지내며 온갖 기쁨을 안겨드리고 이제 되돌아가는 길입니다."

며칠이 지나자 이교도들은 악당들을 매수해 살인청부를 했다.

"순다리를 죽여서 사문 고따마의 간다꾸띠 근처의 시든 꽃 쓰레기 더미 속에 시체를 던져 놓으시오."

악당들은 청부받은 대로 했다. 이교도들은 아우성을 치며 돌아다녔다.

"순다리가 없어졌다! 순다리가 없어졌다!"

그들은 왕에게 가서 이 일을 보고하며 조사해 달라고 요청했다. 그러자 왕이 물었다.

"누구를 의심하시오?"

"최근 며칠 동안 그녀는 제따와나에서 밤을 보냈다고 합니다. 그녀가 그곳에서 무슨 짓을 했는지 우리는 모릅니다."

"그러면 그곳에 가서 그녀를 찾아보시오."

이교도들은 자기들의 신자들과 함께 제따와나로 가서 찾는 시늉을 하다가 시든 꽃 쓰레기 더미 속에서 순다리의 시체를 발견했다. 이교도들은 시체를 들것에 싣고 성으로 들어가서 왕에게 보고했다.

"사문 고따마의 제자들이 자기들 스승이 저지른 비행을 은폐시키려고 순다리를 살해해서 시든 꽃 쓰레기 더미 속에 던져버렸습니다."

왕이 말했다.

"시체를 가지고 도시에 들어가도 좋소."

이교도들은 시체를 들고 도시를 돌아다니며 외쳤다.

"사끼야족 왕자의 제자들이 한 짓을 보라!"

그들은 온 도시를 돌아다니며 부처님과 비구들에게 비난을 퍼붓고 왕궁으로 되돌아갔다. 왕은 순다리의 시체를 화장터 단 위에 얹어놓고 보초를 세워 지키게 했다. 수다원과 이상을 성취한 재가신도들을 제외한 나머지 대부분의 사람은 이 말을 믿고 비구들에게 비난을 퍼부었다.

"사끼야족 왕자의 제자들이 한 짓을 보라!"

도시 안과 밖, 공원과 숲에서도 사람들은 비구들에게 악담하고 욕설을 퍼부었다. 비구들이 부처님께 이 일을 보고하자 부처님께서 조용히 말씀하셨다.

"그러면 사람들에게 이렇게 훈계하라."

부처님께서 이렇게 말씀하시고 게송을 읊으셨다.

남을 헐뜯는 자도
자신이 해놓고 하지 않았다고 하는 자도
나쁜 세상에 태어난다.
비열한 짓을 저지른 두 사람은
다음 세상에서 똑같이 고통을 겪는다. (306)

왕은 부하들을 보내 이 일을 조사하게 했다.

"남들이 아니고 본인들이 순다리를 죽였을 것이다. 이 일을 자세히 조사해라."

청부살인을 한 악당들은 그 대가로 받은 돈으로 술을 마시며 탕진하고 있었다. 어느 날 그들은 술을 마시다가 자기들끼리 싸움이 붙었다.

"네가 순다리를 죽이고 시체를 시든 꽃 쓰레기 더미 속에 던지고 받은 돈으로 술을 마시고 있지 않느냐?"

왕의 부하들이 악당들을 붙잡아가서 대령시키자 왕이 물었다.

"너희들이 순다리를 죽였느냐?"

"그렇습니다, 폐하."

"누가 사주했느냐?"

"이교도들이 사주했습니다, 폐하."

왕은 이교도들을 잡아들여서 명령했다.

"온 도시를 돌아다니며 이렇게 외쳐야 한다. '사문 고따마의 명예를 실추시키려고 우리가 이 여인을 사주해서 죽였습니다. 사문 고따마와 제자들에게는 아무런 잘못이 없습니다.'라고."

이교도들은 왕이 지시한 대로 했다. 그동안 이교도의 말에 속아 그대로 믿고 비구들을 비난했던 어리석은 중생들은 사실을 알고 자신의 잘못을 뉘우쳤다. 이교도들은 살인에 따른 벌을 받았다. 그 일로 인해 부처님의 명예와 존경은 더욱 높아졌다.

두 번째 이야기
악행의 과보로 해골아귀가 된 비구니들[103]

부처님께서 웰루와나에 계실 때 과거생에 악행을 저지른 과보로 고통을 당하는 아귀와 관련해서 게송 307번을 설하셨다.

마하목갈라나 장로가 깃자꾸따에서 락카나 장로와 함께 내려오다가 해골 모양을 한 아귀들을 보고 미소 지었다. 락카나 장로가 왜 미소 짓는지 묻자 목갈라나 장로가 말했다.

"지금은 그런 질문을 할 적당한 시간이 아닙니다. 기다렸다가 부처님 앞에서 다시 질문해 주시기 바랍니다."

두 장로가 부처님 앞에 가자 락카나 장로가 다시 질문했다. 목갈라나 장로는 해골 모양의 아귀를 보아서 그랬다고 대답했다.

"스님, 제가 깃자꾸따에서 내려오면서 공중으로 날아가는 비구니들을 보았는데 그의 온몸이 불에 휩싸여 있었습니다."

장로는 다섯 명의 비구니가 가사와 발우, 허리띠를 차고 불에 휩싸여 있는 것을 보았다고 설명했다. 그러자 부처님께서는 깟사빠 부처님 재세 시에 출가한 비구니들이 출가 목적에 따라 열심히 수행하지 않고 나쁜 짓을 저지른 일에 대해 설명해주셨다. 그리고 앞에 앉은 비구니들에게 악행의 과보를 설명하면서 게송을 읊으셨다.

가사를 걸치고서
숱한 악행을 저지르며
자신을 잘 다스리지 못하는 자들은
그 악업 때문에 나쁜 곳에 태어난다. (307)

---

103) 이 이야기는 상윳따 니까야 비구니 경(S19.18)에서 유래한다.

세 번째 이야기
거짓말(妄語)로 공양을 받은 왁구무다 강변의 비구들104)

부처님께서 웨살리 근처의 마하와나 사원에 계실 때 왁구무다 강변의 비구들105)과 관련해서 게송 308번을 설하셨다.

이 이야기는 '많은 공양을 받으려고 거짓말하는……'으로 시작하는 율장 빠라지까(波羅夷)에 언급돼 있다. 그때 부처님께서는 그 비구들에게 물으셨다.

"비구들이여, 자신의 배를 채우려고 비구들끼리 서로 초선정, 이선정, 삼선정, 사선정, 수다원, 사다함, 아나함, 아라한이라고 치켜세우며 신도들에게 거짓말했다는 것이 사실이냐?"

"사실입니다, 부처님."

부처님께서 비구들을 심하게 꾸짖고 나서 게송을 읊으셨다.

---

104) 이 이야기는 율장 빠라지까(四波羅夷 VinPr. iv. 1-2)에서 유래한다. 이 이야기는 빠라지까 네 번째 계목(大妄語)을 제정하게 된 인연담으로 계목은 다음과 같다: "어떤 비구가 알지 못하는 수승한 법들이 자신에게 있는 것처럼 '나는 이와 같이 안다, 나는 이와 같이 본다.'라고 성인의 지견을 말하고, 그 후 어떤 기회에 조사를 받거나 안 받거나 간에 허물을 인정하고 청정해지려고 '스님, 알지 못하면서 나는 안다고 했으며 보지 못하면서 나는 본다고 말했습니다. 그것은 허위고, 거짓이고, 헛된 것이었습니다.'라고 참회하더라도 증상만을 제외하고 이것도 빠라지까가 되어 함께 살 수 없습니다." 여기서 말하는 수승한 법이란 선정과 도과를 말한다. 그러므로 간략히 말하면 선정이나 도과(깨달음)를 얻지 못했으면서 얻었다고 거짓말하는 것은 빠라지까 계율을 어기는 것이다.

105) 왁구무다띠리야Vaggumudātīriyā: 왁구무다 강변에 살았던 비구들로 아마도 나중에 아라한이 된 야소자Yasoja 장로와 그의 동료들이 분명하다. (게송 334~337번 이야기) 그들은 왓지국에 기근이 들어 먹을 것이 부족하자 신도들에게 서로 상대방이 선정과 도과를 얻었다고 거짓말해 음식을 충분히 얻을 수 있었다. 부처님께서는 이 사실을 알고 그들을 꾸짖고 대망어계大妄語戒를 제정하셨다.

계율을 지키지도 않고
자기를 다스리지도 않으면서
신도가 주는 음식을 먹는 것보다
차라리 달군 쇳덩이를 삼키는 것이 더 낫다.(308)

네 번째 이야기
남의 여인과 간통한 아나타삔디까의 조카 케마

부처님께서 제따와나에 계실 때 아나타삔디까의 조카이자 부잣집 아들 케마와 관련해서 게송 309, 310번을 설하셨다.

케마는 잘생긴 미남 청년이었다. 여인들은 그를 한 번 보기만 하면 자신을 통제하지 못하고 욕정에 사로잡혔다. 유부녀들은 그를 쫓아다니며 유혹했고 그도 여인을 가리지 않고 간음을 저질렀다. 어느 날 밤 포졸들이 그를 체포해 왕에게 데리고 갔다. 왕은 재정관의 체면을 손상시킬까 봐 그에게 벌을 주지 못하고 아무 말도 하지 않고 그냥 방면했다. 하지만 케마는 악행을 그만두지 않았다. 그래서 포졸들이 몇 번이나 그를 체포해 왕에게 끌고 갔고 왕은 그냥 풀어주었다. 아나타삔디까가 이 일을 알고 조카를 데리고 부처님께 가서 죄를 참회하게 했다.

"부처님이시여, 이 젊은이를 올바른 길로 인도해 주소서."

부처님께서는 게송을 읊어 그에게 양심을 일깨우고 남의 여자와 부정한 짓을 하면 어떤 과보를 받는지 설명하셨다.

남의 여인을 건드리고
제멋대로 방탕하게 사는 자는
다음의 네 가지 불행이 뒤따른다.
악덕이 쌓임, 잠 못 이룸,
비난을 당함, 사악처에 떨어짐.(309)

악덕이 쌓여 나쁜 곳에 태어나니
두렵기 짝이 없는 불륜의 즐거움은 짧고
왕의 중벌이 뒤따르니
남의 여인을 범하지 마라.(310)

케마의 과거생의 서원

케마는 과거생에 어떤 행위를 했는가? 깟사빠 부처님 재세 시에 그는 레슬링 챔피언이었다. 어느 날 그는 두 가지 색깔의 깃발을 부처님의 황금탑에 꽂고 이같이 서원을 세웠다.

"모든 여인이 나를 한 번 쳐다보기만 해도 나와 사랑에 빠지기를!"

이것이 그가 과거생에 행한 서원이었다. 그래서 그가 태어나 살아간 여러 번의 삶에서 여인들이 케마를 보기만 하면 자신을 통제할 수 없었던 것이다.

다섯 번째 이야기
계율을 하찮게 여기는 비구

부처님께서 제따와나에 계실 때 계율을 하찮게 여기는 비구와 관련해서 게송 311, 312, 313번을 설하셨다.

한 비구가 무심코 풀잎 하나를 꺾었다. 그는 양심에 가책을 느끼고 다른 비구에게 가서 자기가 한 일을 고백하고 물었다.
"스님, 풀잎 하나를 꺾은 비구에게 무슨 일이 일어납니까?"
"스님은 그깟 풀잎 하나 꺾었다고 무슨 일이 일어난다고 생각하십니까? 그런 일은 절대 일어나지 않으니 염려하지 마십시오. 그런 일은 참회하면 죄가 없어집니다."
그렇게 말하고 그는 호기를 부리며 양손으로 한 다발의 풀을 잡고 뽑아 버렸다. 비구들이 이 일을 부처님께 보고하자 부처님께서 그 비구를 심하게 질책하시고 게송을 읊으셨다.

**갈대를 잘못 잡으면 손을 베듯이
출가자의 삶을 잘못 살면
나쁜 곳에 태어난다.(311)**

**가볍게 행동하고
추잡한 행위를 하고
고귀한 행위를 의심스러워하면
이로움이 없다.(312)**

**해야 할 일을 뒤로 미루지 말고
꾸준히 정진해야 한다.
주저하며 머뭇거리는 출가자에게
번뇌의 먼지만 자꾸 일어난다.(313)**

여섯 번째 이야기
여종의 코와 귀를 자른 질투심 많은 여자

부처님께서 제따와나에 계실 때 질투심 많은 여자와 관련해서 게송 314번을 설하셨다.

이 여인의 남편은 같은 집에 사는 여종과 애정을 나누었다. 그러자 질투심 많은 아내는 여종의 손과 발을 묶고 코와 귀를 자르고 골방에 처박아놓고 문을 잠가버렸다. 그녀는 악행을 감추기 위해 남편에게 말했다.
"여보, 우리 사원에 법문 들으러 가요."
그녀는 남편을 데리고 사원으로 가서 법문을 들었다.

마침 그녀의 친척들이 방문했다가 골방에서 들려오는 신음소리에 문을 열고 그녀가 저지른 잔인한 행위를 보고 여종을 풀어주었다. 여종은 사원으로 가서 사부대중이 모인 가운데서 그녀가 무슨 짓을 저질렀는지 부처님께 말씀드렸다. 부처님께서는 이 말을 듣고 말씀하셨다.
"남들이 모를 거라고 생각하고 나쁜 짓을 저지르지 말고, 남들이 알아주지 않아도 선행은 반드시 해야 한다. 왜냐하면 나쁜 짓은 아무리 감추려고 해도 후회하게 되고 선행은 드러내지 않아도 행복하기 때문이다."
부처님께서는 그렇게 말씀하시고 게송을 읊으셨다.

나쁜 일은 하지 않는 게 좋다.
왜냐하면 나중에 고통을 초래하니까.
착한 일은 하는 게 좋다.
왜냐하면 나중에 기쁨이 찾아오니까. (314)

이 게송 끝에 여인과 남편은 수다원과를 성취했다. 그들은 그 자리에서 여종을 노예 신분에서 해방시키고 부처님의 가르침을 따르는 신도가 되게 했다.

일곱 번째 이야기
국경에서 돌아온 비구들

부처님께서 제따와나에 계실 때 국경 지방에서 돌아온 비구들과 관련해서 게송 315번을 설하셨다.

일단의 비구들이 국경 지방으로 가서 안거에 들어갔다. 첫째 달은 평화롭고 즐겁게 지나갔지만, 둘째 달은 강도들이 마을에 쳐들어와서 쑥대밭을 만들고 주민들을 몇 명 잡아갔다. 그때부터 사람들은 강도들에 대비하려고 성을 쌓고 방비하느라 정신이 없어 비구들을 보살필 시간이 없었다. 그래서 비구들은 많은 불편을 겪으며 안거를 보내야 했다. 안거가 끝나자 비구들은 사왓티로 돌아와 부처님께 삼배를 올리고 한쪽에 공손하게 앉았다. 부처님께서는 비구들과 다정하게 인사를 나누었다.

"비구들이여, 안거를 편안하게 보냈는가?"

"부처님이시여, 첫째 달은 편안하게 보냈지만, 강도들이 마을에 쳐들어온 둘째 달부터 주민들은 강도들에 대비해서 성을 쌓고 방비하느라 정신이 없어 우리를 돌볼 시간이 없었습니다. 그래서 저희들은 아주 불편하게 안거를 보냈습니다."

"비구들이여, 그런 것을 걱정하거나 불안해하지 마라. 안거 내내 편안하게 보낸다는 것은 어려운 일이다. 사람들이 강도들에 대비해서 성을 쌓아 단단히 방어하듯이 비구들도 여섯 감각의 문으로 들어오는 강도들에 대비해서 자신을 단단히 방어해야 한다."

부처님께서는 그렇게 말씀하시고 게송을 읊으셨다.

국경의 성을 안팎으로
물샐틈없이 지키고 보호하듯이
그렇게 자신을 잘 지키고 보호하라.
한순간도 방심하지 말고 삶을 허비하지 마라.
이 삶을 헛되이 보내고 나면 나쁜 곳에 떨어져 슬퍼하리라. (315)

여덟 번째 이야기
발가벗은 니간타들의 변명

부처님께서 제따와나에 계실 때 나체수행자 니간타들과 관련해서 게송 316, 317번을 설하셨다.

어느 날 비구들이 나체수행자 니간타들을 보고 이야기를 나누었다.
"스님들이여, 니간타들은 완전히 발가벗은 아쩰라까106)들보다는 그래도 나은 편입니다. 왜냐면 니간타들은 그래도 중요한 부분은 헝겊으로 가리고 있으니까 말입니다. 니간타들은 그래도 염치가 있는 편입니다."
이 말을 듣고 니간타들이 말했다.
"그 때문에 우리가 헝겊으로 중요한 부분을 가리고 다니는 것이 아닙니다. 반대로 티끌과 먼지에도 생명이 있어 발우에 들어오면 본의 아니게 생명을 해치게 되기 때문입니다. 그래서 탁발을 할 때 천으로 그릇을 덮어 티끌과 먼지가 들어오지 않도록 앞에 차고 다니는 것입니다."
니간타들과 비구들 사이에 논쟁과 반론이 오랫동안 이어졌다. 비구들은 부처님께 돌아와서 삼배를 올리고 이 일을 말씀드리자 부처님께서 말씀하셨다.
"비구들이여, 그들은 부끄러워하지 말아야 할 일을 부끄러워하고, 정작 부끄러워해야 할 일은 부끄러워하지 않는다."
부처님께서는 그렇게 말씀하시고 게송을 읊으셨다.

부끄러워하지 말아야 할 일을 부끄러워하고
부끄러워해야 할 일을 부끄러워하지 않는 자들,

---

106) 아쩰라까acelaka: 집을 떠나 수행하는 부처님의 제자를 제외한 출가자를 유행자(paribbājaka)라고 말하는데, 유행승 중에는 옷을 입는 유행자(channa-paribbājakā)와 옷을 입지 않는 유행자(nagga-paribbājakā)가 있으며 옷을 입지 않는 유행자를 특별히 아쩰라까라고 부른다.

그들은 사견을 지녔기에 악처에 떨어진다.(316)

위험하지 않은 일에서 위험을 보고
위험 속에서 위험을 보지 않는 자들,
그들은 사견을 지녔기에 악처에 떨어진다.(317)

아홉 번째 이야기
아이들을 가르치신 부처님

부처님께서 제따와나에 계실 때 이교도의 재가신도들과 관련해서 게송 318, 319번을 설하셨다.

이교도의 재가신자들은 아이들이 불교도의 아이들과 함께 노는 것을 보고 아이들이 집으로 돌아오자 말했다.

"앞으로 사끼야 왕자의 제자들인 비구들에게 인사도 하지 말고 사원에 들어가지도 말아라."

그들은 심지어 아이들에게 '절대로 하지 않겠다'라는 맹세까지 시켰다. 어느 날 아이들이 성문 근처의 제따와나 사원 밖에서 놀다가 목이 마르자 이교도의 아이들은 불교도의 아이들에게 말했다.

"너희들이 사원에 들어가서 물을 마시고 우리가 마실 물을 떠 와라."

아이들은 사원으로 들어가서 부처님께 삼배를 올리고 이 일을 전부 말씀드렸다.

부처님께서 아이들에게 말했다.

"물을 마시고 돌아가서 이교도의 아이들을 이리로 데려오너라."

이교도의 아이들이 불교도의 아이들을 따라 모두 사원에 들어와서 물을 마셨다. 그러고 나자 부처님께서는 그들을 앉혀놓고 아이들이 이해할 수 있는 주제를 선택해서 법문하셨다. 부처님께서는 흔들리시 않는 믿음을 심어주고 삼보에 귀의하게 하고 오계를 꼭 지키도록 가르치셨다. 소년들이 집으로 돌아가서 부모에게 이 일을 전부 이야기했다. 그러자 부모들이 몹시 슬퍼하며 한탄했다.

"우리 아이들이 삿된 믿음을 가지게 됐구나."

이웃에 사는 지혜로운 사람들이 와서 그들의 슬픔을 진정시키고 바른 법을 가르쳤다. 그들은 법문을 들은 후 말했다.

"우리 아이들을 보호해 달라고 부처님께 부탁해야겠다."

그들은 곧 가족을 전부 데리고 사원으로 갔다. 부처님께서는 그들의 성향에 따라 법문하시고 게송을 읊으셨다.

**그름을 바름이라고 하고
바름을 그름이라고 하는 자들,
그들은 사견을 지녔기에 악처에 태어난다.(318)**

**그름을 그름이라고 알고
바름을 바름으로 아는 사람들,
그들은 정견을 지녔기에 선처에 태어난다.(319)**

제23장 코끼리

Nāga Vagga

제23장 코끼리 Nāga Vagga

첫 번째 이야기
비방과 욕설을 묵묵히 견디신 부처님

부처님께서 제따와나에 계실 때 자신과 관련해서 게송 320, 321, 322번을 설하셨다. 이 이야기는 불방일 품 게송 21, 22, 23번 이야기에 자세히 언급돼 있다.

사마와띠와 시녀들을 해치우지 못하자 마간디야는 다른 방법을 강구했다.
"어쨌든 사문 고따마에게 복수를 해야겠다."
그녀는 사람들을 매수해서 음모를 지시했다.
"사문 고따마가 탁발을 위해 성안에 들어오면 하인들과 함께 욕설과 비방을 퍼부어 그를 성밖으로 쫓아버려라."
삼보를 믿지 않는 이교도들은 부처님께서 성안에 들어오시자 부처님을 따라다니며 욕설을 퍼붓기 시작했다.
"강도, 못된 놈, 바보, 낙타, 황소, 얼간이, 지옥에 갈 자, 짐승 같은 자, 구제받지 못할 자, 지옥에서 영원히 고통을 받을 자."
그들은 열 가지 모욕적인 말로 비방하고 욕설을 퍼부었다.

아난다 존자는 욕설을 듣고 부처님께 간청했다.
"부처님이시여, 이 도시 사람들이 우리에게 욕설과 비방을 퍼붓고 있습니다. 다른 곳으로 가시지요."
"아난다여, 어디로 간단 말인가?"
"부처님이시여, 다른 도시로 가야 합니다."
"아난다여, 그 도시에서도 욕설과 비방을 퍼붓는다면 그땐 어디로 가야 하는가?"

"부처님이시여, 그러면 또 다른 도시로 가야 합니다."

"아난다여, 거기서도 욕설과 비방을 퍼붓는다면 그땐 또 어디로 가야 하는가?"

"부처님이시여, 또 다른 도시로 가야 합니다."

"아난다여, 그렇게 해서는 안 된다. 어려움이 일어나면 어려움이 가라앉을 때까지 그곳에서 기다려야 한다. 어려움이 가라앉은 다음에 다른 곳으로 가야 한다. 아난다여, 누가 너에게 욕설과 비방을 퍼붓느냐?"

"하인들과 종들과 이교도들 모두가 우리에게 욕설과 비방을 퍼붓고 있습니다."

"아난다여, 여래는 전쟁터에 나간 코끼리와 같다. 전쟁터에 나간 코끼리가 사방에서 날아오는 화살을 참고 견디듯이 여래는 사악한 자들이 내뱉는 말을 참고 견딘다."

부처님께서는 게송을 읊어 자기 자신과 관련된 법문을 하셨다.

전쟁터의 코끼리가
날아오는 화살을
참고 견디듯이
나는 욕설을 참고 견디리라.
사람들은 대부분 도덕과 계율을 모른다.(320)

사람들은 축제에 잘 길들인 코끼리만을 데려가고
왕은 잘 길들인 코끼리만을 탄다.
날아오는 비난의 화살을 잘 참는 사람이
자신을 가장 잘 길들인 사람이다.(321)

노새나 준마나 힘센 코끼리도
길들이면 훌륭하지만,

자신을 길들인 사람이 가장 훌륭하다.(322)

이 게송 끝에 부처님을 비방했던 자들을 제외하고 거리에 서 있던 사람들 모두가 수다원과, 사다함과, 아나함과를 성취했다.

두 번째 이야기
코끼리 조련사 출신 비구

부처님께서 제따와나에 계실 때 코끼리 조련사 출신 비구와 관련해서 게송 323번을 설하셨다.

어느 날 한 비구가 아찌라와디 강변에 서서 코끼리 조련사를 바라보고 있었다. 코끼리 조련사는 코끼리를 길들이려고 무척 애를 쓰고 있었다. 그는 코끼리에게 재주를 가르치려고 했지만 계속 실패하고 있었다. 비구는 그것을 보고 옆에 서 있는 비구에게 말했다.

"스님, 조련사가 코끼리의 어느 부분을 날카로운 송곳으로 찌르면 가르치고 싶은 재주를 쉽게 가르칠 수 있습니다."

조련사가 비구의 말을 듣고 그대로 하자 코끼리는 즉시 조련사에게 복종했다.

비구들이 이 일을 부처님께 보고했다. 부처님께서는 그 비구를 불러 물으셨다.

"네가 이런 말을 했다는데 사실인가?"

"사실입니다, 부처님."

부처님께서는 비구를 꾸짖으며 말씀하셨다.

"경솔한 자여! 네가 코끼리 타기나 코끼리 길들이기와 무슨 상관이 있느냐? 코끼리를 타고서 전에 가본 적이 없는 세계를 갈 수 있는 것도 아니다. 오직 자신을 길들여야만 전에 가본 적이 없는 미지의 세계에 갈 수 있다. 그러니 오직 네 자신을 길들여라. 동물을 길들이는 것은 그대에게 아무런 이익이 없다."

부처님께서는 그렇게 말씀하시고 게송을 읊으셨다.

코끼리나 말을 타고 가더라도

전에 한 번도 가본 적이 없는
미지의 세계를 갈 수 없다.
오직 자신을 잘 다스린 자만이
참된 행복이 있는
미지의 세계에 갈 수 있으리라.(323)

이 게송 끝에 두 비구는 수다원과를 성취했다.

세 번째 이야기
자식들에게 쫓겨나 거지 신세가 된 늙은 아버지[107]

부처님께서 사왓티에 계실 때 노쇠한 한 바라문의 아들들과 관련해서 게송 324번을 설하셨다.

사왓티에 네 아들을 둔 바라문이 살고 있었다. 그의 재산은 80만 냥이었다. 아들들이 성년이 되자 결혼시키고 네 명의 아들에게 10만 냥씩 모두 40만 냥을 주고 독립시켰다. 결혼한 후 어머니가 죽자 아들들은 모여 의견을 나누었다.

"아버지가 재혼하게 되면 아버지의 재산은 계모의 아들들이 나누어 가질 것이고 우리에게는 한 푼도 떨어지지 않을 것이다. 그러니 우리가 아버지를 불편하지 않게 모셔서 재혼을 막고 환심을 사서 재산을 물려받도록 하자."

아들들은 아버지에게 맛있는 음식과 비단옷을 올리고 손발을 주물러드리고 불편하지 않도록 성심껏 시중들었다.

그날도 아들들은 지극한 효성으로 감동을 주려는 듯이 열심히 시중들고 있었다. 아직 해가 떨어지지 않았는데 아버지는 잠이 들었다. 아버지가 한숨 푹 자고 깨어나자 아들들은 손발을 주물러드리며 혼자 사는 것이 얼마나 불편한지 설명했다.

"아버지, 혼자 사는 것이 얼마나 불편합니까? 살아 계시는 그날까지 여생을 편안히 잘 모실 테니 나머지 재산도 나누어 주십시오."

바라문은 아들들이 요구한 대로 각각 10만 냥씩 더 나누어 주었다. 이제 그가 가진 재산이라고는 옷 한 벌뿐이었다. 나머지 재산도 모두 넷으로 나누어 아들들에게 물려주었다.

---

107) 이 이야기는 상윳따 니까야 대부호 경(S7.14)에서 유래한다.

며칠 동안 장남이 아버지를 모시고 있었다. 어느 날 아버지가 강에서 목욕하고 집으로 돌아오고 있을 때 집 앞에 서 있던 며느리가 말했다.

"아버님은 다른 아들들보다 장남에게 100냥이나 천 냥이라도 더 주었나요? 네 명의 아들들에게 20만 냥씩 똑같이 주었잖아요? 다른 아들들 집에 가는 길을 혹시 모르시나요?"

바라문은 몹시 화가 나서 소리 질렀다.

"꺼져라, 이 사악한 여자야!"

그는 둘째 아들네 집에 갔지만, 거기서도 똑같이 쫓겨나고 말았다. 셋째, 넷째 아들네 집에도 가보았지만, 마찬가지로 쫓겨났다. 그는 이제 돌아갈 집도, 의지할 곳도 없는 처량한 신세가 됐다.

그는 어쩔 수 없이 빤다랑가108) 교단으로 출가해 이집 저집을 돌아다니며 구걸하며 살았다. 세월이 흘러 나이가 들자 노쇠해진 그는 부족한 음식과 불편한 잠자리 때문에 몸이 삐쩍 마른 장작처럼 됐다. 어느 날 구걸하고 돌아와 누워 잠들었다가 일어나 생각해 보니 자신의 신세가 너무나 처량했다. 몸은 노쇠하고 의지할 자식도 없는 처량한 신세를 생각하다가 그는 문득 부처님에게 가보고 싶은 생각이 들었다.

'사람들이 그러는데 사문 고따마는 얼굴 한 번 찡그리지 않고 누구에게든지 자비스럽고 진실하게 대하고 거부하지 않는다고 한다. 누구와 대화하든지 마음을 기쁘게 하고 낯선 사람이 와도 친절하고 다정하게 인사를 한다고 한다.'

그는 상의와 하의를 가다듬고 탁발 그릇을 들고 지팡이를 잡고 부처님께 갔다.

경전(상윳따 니까야)에는 이렇게 기록하고 있다.

---

108) 빤다랑가Paṇḍaraṅga: 구걸하며 살아가는 바라문교의 한 종단으로 부처님 시대부터 아소까 시대까지 존재했었다. 참회의 표시로 몸에 재를 바르고 살았다고 해서 한문으로 도회외도塗灰外道라고 번역했다.

예전에 많은 재산을 가졌었고 사회적 지위가 높았던 한 바라문이 초라하고 거친 옷을 입고 부처님 계신 곳으로 찾아왔다. 가까이 다가와서 인사하고 한쪽에 공손하게 앉았다. 그가 한쪽에 공손하게 앉자 부처님께서 말씀하셨다.

"바라문이여, 왜 그렇게 초라하고 거친 옷을 입었는가?"

"존자 고따마여, 제게 네 아들이 있습니다. 그런데 그들이 아내들과 짜고 하나같이 저를 집에서 내쫓았습니다."

"바라문이여. 그러면 노래를 하나 가르쳐줄 테니 이 노래를 배워서 사람들이 자식들과 함께 마을 회당에 모여 회의할 때 부르도록 하시오."

나는 아들이 태어나길 원했고
아들이 태어나자 마냥 기뻐했네.
하지만 그들은 자기 아내들과 짜고
개돼지처럼 나를 집에서 쫓아냈네.

이 사악하고 비열한 녀석들이
'아버지! 아버지!'라고 나를 부르네.
아들의 모습을 한 야차들이 늙은 나를 내팽개치네.

말이 늙어 쓸모가 없어지면 여물도 주지 않고 내쫓기듯이
어리석은 아버지는 집에서 쫓겨나 이집 저집에서 구걸하네.

불효막심한 자식들보다 지팡이가 훨씬 더 낫네.
성난 황소도 몰아내고 사나운 개도 쫓아주고,
어둠속에서도 앞길을 트고 깊은 곳에서도 얕은 곳을 찾아주며
넘어져도 지팡이의 힘으로 다시 일어나네.

바라문은 부처님께서 가르쳐 준 노래를 완전히 외웠다. 바라문들이 모이는 날 바라문의 네 아들은 아주 사치스러운 옷을 입고 온몸에 보석을 주렁

주렁 달고 당당하게 회당에 들어와 바라문들 한가운데 있는 호사스러운 의자에 앉았다. 이 순간을 기다려온 늙은 바라문이 마음속으로 외쳤다.
'이번에는 내 차례다.'
그는 다 떨어진 넝마를 입고 회당으로 들어가 모임의 한가운데로 가서 손을 들고 말했다.
"바라문들이여, 제가 노래를 하나 부를 테니 들어주시면 고맙겠습니다."
"바라문이여, 불러보시오."
바라문은 그 자리에서 부처님이 가르쳐 주신 노래를 불렀다.

그 당시에 이런 불문율이 있었다.
"누가 부모의 재산을 몽땅 삼키고도 아버지와 어머니를 봉양하지 않으면 그를 공개 처형하리라."
바라문의 아들들은 즉시 자리에서 일어나 아버지 발아래 엎드려 목숨을 살려달라고 애걸했다.
"아버지, 제발 목숨만은 살려주세요."
아버지는 마음이 누그러지자 바라문들에게 사정했다.
"제 아들들을 죽이지 마십시오. 이제 나를 잘 봉양할 겁니다."
바라문들이 아들들에게 말했다.
"이제부터 아버지를 잘 모시지 않으면 즉시 처형하겠다."
아들들은 겁에 질려서 아버지를 의자에 앉힌 채로 가마처럼 들고 집으로 모셔갔다. 그들은 아버지의 몸에 기름을 발라주고 허둥지둥 이리저리 공중으로 들고 다니며 향수와 방향제 가루를 사용해 목욕을 시켜드렸다. 그리고 나서 아내들을 모아놓고 말했다.
"이제부터 아버지를 잘 모시지 않고 아버지를 위해 해야 할 일을 소홀히 하면 벌을 주겠다."
그리고 아들들은 아버지 앞에 맛있는 음식을 대령했다.

좋은 음식을 먹고 편안한 잠자리에서 자며 며칠이 지나자 바라문은 힘을 되찾고 기분도 상쾌해졌다. 그는 자신의 몸을 둘러보고 생각했다.

'순전히 사문 고따마 때문에 이런 좋은 결과를 얻었다.'

그는 부처님에게 선물하고 싶어서 한 벌의 옷을 가지고 부처님께 가서 다정하게 인사를 드리고 한쪽에 공손하게 앉았다. 그는 한 벌의 옷을 부처님 발아래 놓고 말씀드렸다.

"존자 고따마시여, 우리 바라문들은 스승이라면 당연히 받아야 할 대가를 받기를 원합니다. 고따마께서는 나의 스승이시니 스승으로서 당연히 받아야 할 대가를 받으십시오."

부처님께서는 바라문에 대한 연민으로 바라문이 가져온 선물을 받고 법문을 설해주셨다. 이 법문을 듣고 바라문은 삼보에 귀의했다. 그래서 바라문은 부처님께 말씀드렸다.

"존자 고따마여, 저의 아들들은 제게 하루에 네 번 식사를 가져옵니다. 그중 한 끼 식사를 스승에게 올리고 싶습니다."

"바라문이여, 좋습니다."

부처님께서는 그렇게 말씀하시고 그를 떠나보냈다.

바라문은 집으로 돌아와서 아들들에게 말했다.

"아들들아, 사문 고따마는 나의 스승이다. 너희들이 가져오는 네 끼 식사 중에서 한 끼를 그분에게 올리기로 했다. 그분이 오시면 극진히 공양을 올리도록 해라."

"알겠습니다."

아들들은 아버지가 시킨 대로 이행하겠다고 다짐했다. 다음 날 부처님께서는 탁발을 나가서 장남의 집 앞에 섰다. 바라문의 장남은 부처님을 보자 발우를 받아들고 집으로 모신 후 고급스러운 의자를 제공하고 맛있는 음식을 올렸다. 다음 날 연이어서 부처님께서는 다른 아들들의 집을 차례로 방문했다. 아들들 모두가 부처님을 환대하고 맛있는 음식을 올렸.

어느 날 집안에 잔치가 가까워지자 장남이 아버지에게 말했다.

"아버지, 누구를 초대해서 공양을 올리고 잔치를 즐길까요?"
"사문 고따마는 나의 스승이다. 나는 다른 사람은 모른다."
"좋습니다. 그러면 내일 사문 고따마와 500명의 스님을 초청하겠습니다."

아들은 부처님과 비구들을 초청했다. 다음 날 부처님께서 비구들과 함께 바라문의 집에 도착하셨다. 집은 회벽을 새로 바르는 등 잔치 분위기를 내기 위해 곱게 단장돼 있었다. 바라문은 부처님과 비구들을 안으로 모시고 의자를 제공하고 우유죽과 여러 가지 맛있는 음식을 올렸다. 공양이 끝나자 네 아들은 부처님 앞에 앉아서 부처님께 말씀드렸다.

"존자 고따마시여, 저희는 아버지를 잘 봉양하고 있습니다. 결코 아버지를 소홀히 대하지 않습니다. 아버지를 보십시오!"

"잘했다. 옛날의 지혜로운 사람들도 그렇게 부모를 잘 봉양했다."

부처님께서는 그렇게 말씀하시면서 마뚜뽀사까 나가라자 자따까[109]를 자세하게 이야기해 주셨다. 이야기 가운데 코끼리가 없을 때 살라끼 나무와 꾸따자 풀이 어떻게 자라서 꽃이 피는지에 대해서도 설명하셨다. 부처님께서는 이야기를 마치시고 게송을 읊으셨다.

> 관자놀이에서 분비물이 흐르는 코끼리처럼
> 통제하기 매우 어려운
> 다나빨라라고 불리는 코끼리는
> 붙잡히자 음식을 한 입도 먹지 않고
> 코끼리 숲을 그리워하고 있네.(324)

게송에 대한 해석

---

[109] 마뚜뽀사까 나가라자(Mātuposaka Nāgarāja Jātaka, J455): 이 자따까에서는 법구경 주석과 달리 어머니를 봉양하는 한 비구와 관련해서 이야기하고 있다.

다나빨라: 그 당시 키키 왕은 코끼리 조련사를 아름다운 코끼리 숲으로 보내 다나빨라라는 이름의 코끼리를 붙잡아오게 했다.

관자놀이에서 분비물이 흐르는 코끼리처럼: 발정기가 되면 코끼리는 귀뿌리에서 분비물이 터져 나오는데 이때는 조련사가 코끼리를 굴복시키려고 쇠꼬챙이나 창, 작살을 사용하지만 코끼리들은 더욱 흉포해진다. 그러나 이 코끼리는 이보다 훨씬 더 흉포했다. 그래서 '관자놀이에서 분비물이 흐르는 코끼리처럼 통제하기 어려운'이라고 한 것이다.

붙잡히자 음식을 한 입도 먹지 않고: 왕의 명령으로 여러 색깔의 장막을 치고 화려한 닫집을 천장에 달고 꽃줄과 화환으로 장식한 코끼리 우리에서 지내게 했다. 그리고 왕이 직접 자신이 먹는 맛있는 음식을 주었다. 하지만 다나빨라 코끼리는 먹기를 거절했다. '붙잡히자 음식을 한 입도 먹지 않고'라는 말은 코끼리 우리에 갇힌 것을 말한다.

코끼리 숲을 그리워하고 있네: 사는 곳이 아무리 화려하고 호화스러워도 그는 코끼리 숲을 잊지 못했다. 왜냐하면 그 숲에는 눈먼 어머니 코끼리가 남아 있었는데 어머니는 효성스러운 아들이 붙잡혀가자 먹을 것을 구할 수도 없고 움직일 수도 없어서 큰 고통을 겪고 있었기 때문이다. 아들은 '눈먼 어머니에게 아들의 도리를 다하지 못하고 있는데 내가 어떻게 이 음식을 먹을 수 있겠는가?'라고 생각했다. 그는 어머니에게 효도하는 것이 아들에게 주어진 엄숙한 의무라는 것을 기억하고 있었다. 그가 숲속에 있어야만 아들의 도리를 다할 수 있기 때문에 '코끼리는 숲을 그리워하고 있다.'라고 한 것이다.

부처님께서 당신이 과거생에 아들 코끼리로 태어나 어머니에게 효도했던 자따까 이야기를 하고 나자 바라문 가족들은 눈물을 쏟으며 마음이 부드러워지면서 고개를 떨어뜨렸다. 부처님께서는 어떤 행위가 그들에게 이익을 가져오는지 가르치고 법문하셨다. 이 가르침 끝에 바라문과 아들, 며느리들은 모두 수다원과를 성취했다.

네 번째 이야기
음식을 절제 못하는 빠세나디 왕[110]

부처님께서 제따와나에 계실 때 꼬살라의 왕 빠세나디와 관련해서 게송 325번을 설하셨다.

어느 때 빠세나디 꼬살라 국왕은 한 양푼의 밥과 반찬을 먹곤 했다. 어느 날 그는 아침 식사를 마친 뒤 부처님을 뵈러 갔지만, 과식에서 오는 식곤증을 떨쳐버리지 못하고 부처님 앞에서 아주 피곤한 기색으로 몸을 가누지 못하고 비틀거렸다. 그는 바닥에 팔다리를 쭉 뻗고 누워 자고 싶었지만, 감히 부처님 앞이라 그러지 못하고 삼배를 올리고 한쪽에 앉았다. 부처님께서는 그것을 보고 말씀하셨다.
"대왕이여, 몸이 피곤해 보이는데 편히 쉬지 않고 오셨습니까?"
"아닙니다, 부처님. 제가 식사하고 나면 항상 괴로움에 시달립니다."
"대왕이여, 과식은 괴로움을 초래합니다."
부처님께서는 이렇게 말씀하시고 게송을 읊으셨다.

멍청하게 먹기만 하는 집돼지처럼
이리저리 뒹굴며 자는 어리석은 자는
계속해서 자궁에 들어감을 면치 못하리라. (325)

부처님께서는 왕을 도와주고 싶어서 게송을 읊으셨다.

언제나 알아차려 음식을 절제하면
괴로움이 적어지고 목숨을 보존해 천천히 늙어간다.

---

110) 이 이야기는 상윳따 니까야 제3 꼬살라 상응(S3.13)에서 유래한다.

왕은 게송을 외울 수 없어서 부처님은 웃따라 왕자에게 게송을 가르쳐 주셨다.

"왕이 식사를 할 때마다 그대는 이 게송을 왕에게 들려주어라. 그래서 왕이 음식을 점차 줄여나가게 해야 한다."

부처님께서는 이 방법대로 꼭 실행하도록 했고 왕자는 지시한 대로 이행했다. 얼마 후 왕은 한 그릇의 밥으로 만족했고 덕분에 몸이 날씬해지고 기분이 상쾌해졌다. 왕은 부처님을 공경해 일주일 동안 누구와도 비할 바 없는 최상의 공양을 올렸다. 부처님께서는 왕에게 법문하셨고 그곳에 모인 대중들은 모두 큰 이익을 얻었다.

다섯 번째 이야기
사누 사미와 약키니[111]

부처님께서 제따와나에 계실 때 사누 사미와 관련해서 게송 326번을 설하셨다.

사누는 한 여자 신도의 유일한 아들이었다. 그는 일곱 살에 승단에 들어가 사미가 됐다. 사미가 된 날로부터 그는 계를 철저히 지키고 해야 할 일을 성실하게 이행했다. 그는 은사와 계사, 객스님에게 해야 할 모든 의무를 성실하게 이행했다. 어느 달 초파일에 그는 아침 일찍 일어나 물을 저장해 놓은 탱크에서 물을 떠다 놓고 부처님께서 설법하시는 법당을 깨끗이 청소하고 의자를 가지런히 배열했다. 그리고 촛불을 켜고 사람들에게 와서 법문을 들으라고 낭랑한 목소리로 외치며 돌아다녔다.

비구들은 성실하고 부지런한 그가 낭랑하고 감미로운 목소리로 경전을 읊조리는 것을 듣고 싶어 자주 그에게 요청했다. 사누 사미는 요청을 받으면 '머리가 아파요, 몸이 피곤해요.'라고 하면서 뒤로 뺀다거나 마지못해 하는 시늉을 낸다든가 하지 않고 즉시 법상에 올랐다. 그리고 하늘에서 법우法雨를 쏟아 붓듯이 낭랑한 목소리로 가락을 붙여 경전을 낭송하고 법상에서 내려와 공덕을 회향했다.

"내가 경전을 낭송한 모든 공덕을 나의 어머니 아버지에게 회향합니다."

금생의 어머니와 아버지는 아들이 법상에 올라 경전을 낭송하고 얻은 공덕을 자신들에게 회향한 것을 몰랐지만, 사왕천의 약키니로 태어난 바로 전생의 어머니는 천신들과 함께 와서 법문을 듣다가 아들이 공덕을 회향한다는 말에 기뻐서 소리쳤다.

"아들아, 네가 나에게 공덕을 회향하다니 너무나 고맙구나."

---

111) 이 이야기는 상윳따 니까야 사누 경(Sānu Sutta, S10.5)에서 유래한다.

'계를 완벽하게 지키는 스님은 천신들과 인간들에게서 모두 사랑받는다.'라는 말이 있다. 그래서 천신들은 사누 사미에게 최고의 경의를 보내며 대범천이나 태양처럼 존경했다. 이 때문에 덩달아서 전생의 어머니인 약키니도 존경과 칭찬을 받았다. 약카들이 법문을 들으러 모일 때도 사누의 어머니 약키니에게 첫 번째 자리를 내주고 물과 음식도 첫 번째로 제공됐다. 위력 있는 약카들도 그녀를 보면 길에서 내려오거나 의자에서 일어나 예를 갖추곤 했다.

사누 사미가 만 20세가 되어 혈기왕성해지자 출가 생활이 지루해지기 시작했다. 짜증과 권태를 극복하지 못한 그는 어느 날 아무에게도 말하지 않고 머리와 손톱을 기르고 웃가사와 아랫가사에 흙과 먼지를 묻힌 채 발우와 두겹가사를 들고 홀로 어머니가 사는 집으로 갔다. 어머니는 아들을 보고 말했다.

"아들아, 이제까지 은사 스님이나 계사 스님을 모시고 오거나, 젊은 스님들이나 사미들과 함께 왔었는데 오늘은 어쩐 일로 홀로 왔느냐?"

사미는 출가 생활에 짜증과 권태가 일어났다고 대답했다. 이 말을 듣고 신심 깊은 어머니가 말했다.

"아들아, 세속 생활이 얼마나 힘들고 어려운지 아느냐? 세속 생활을 하며 욕망 속에 살다가 언제 끝없는 윤회의 괴로움에서 벗어나겠느냐?"

어머니가 누누이 세속 생활의 어려움을 설명하며 설득하려 했지만, 아들의 귀에는 소귀에 경 읽기였다.

결국 어머니는 설득하기를 포기했다.

'내가 설득하지 않아도 때가 되면 제정신이 돌아올 것이다.'

그녀는 이렇게 생각하고 아들에게 말했다.

"아들아, 그럼 죽과 쌀밥을 가져올 테니 여기 앉아 있어라. 죽과 밥을 먹고 나면 네게 맞는 속인의 옷을 찾아주겠다."

어머니가 아들에게 의자를 준비해 주고 죽과 과자를 가져다주었다.

"밥을 지을 동안 먼저 이걸 먹고 있어라."
그녀는 그리 멀리 떨어지지 않은 곳에서 쌀을 꺼내 씻기 시작했다.

이때 전생의 어머니인 약키니는 사방을 살피며 사미를 찾았다.
'사미가 어디 있지? 그가 음식을 탁발하고 있는가?'
약키니는 사미가 세속 생활로 되돌아가려고 어머니 집으로 가서 의자에 앉아 있다는 것을 알게 됐다.
'사미가 청정한 출가 생활을 계속해야만 나는 위력 있는 천신들로부터 계속 존경을 받을 수 있다. 그러니 그가 세속 생활로 되돌아가는 것을 막아야겠다.'
약키니는 사누의 몸으로 들어가서 그의 목을 비틀고 땅바닥에 내팽개쳤다. 사누는 눈알이 돌아가고 입에서 거품을 흘리며 땅바닥에 누워 온몸을 떨었다.

어머니는 아들에게 귀신이 들린 것을 보고 달려가서 아들을 두 팔로 가슴에 껴안았다. 마을 주민들이 모두 몰려와서 귀신에게 제물을 올리며 제발 나가 달라고 빌었지만 소용이 없었다. 어머니는 울면서 이렇게 노래했다.

열나흘, 보름, 초파일과 다른 특별한 날에
팔계八戒를 지키고 우뽀사타를 행하고
청정한 삶을 사는 사람을
약카들은 농락하지 않는다고
아라한들에게서 들었는데
나는 오늘 약카들이 사누를 가지고 노는 것을 보네.

사누의 몸에 들어간 약키니가 노래를 듣고 대답했다.

열나흗, 보름, 초파일과 다른 특별한 날에
팔계를 지키고 우뽀사타를 행하고
청정한 삶을 사는 사람을
야카들은 농락하지 않는다고
그대가 아라한들에게서 들은 말은 정확하오.

야키니는 사누에게 훈계하며 노래했다.

사누가 깨어나면 야카의 훈계를 전하시오
부처님을 멀리하지 말고
드러나든 드러나지 않든 악업을 저지르지 말라고
악업을 저지르려고 하거나, 저지르고 있다면
공중으로 날아올라 도망친다 해도
괴로움에서 해탈하지 못한다고

"그대가 악행을 저지르면 새처럼 공중으로 날아올라 도망친다 해도 해탈을 얻지 못할 것이다."
야키니는 청정한 삶이란 재일을 지키는 것이 아니라 악행을 짓지 않는 것이라고 말하면서 사미를 풀어주었다. 눈을 뜬 사미는 어머니가 머리를 풀어헤치고 숨을 헐떡이며 울고 있고, 동네 사람들이 모두 모여 있는 것을 보았다. 그는 자기가 야키니에게 사로잡혔다는 것을 몰랐다.
'조금 전까지 나는 의자에 앉아 있었고 어머니는 쌀을 씻고 있었는데 지금은 땅바닥에 누워있다니, 이게 어찌 된 일이지?'
그가 일어나 앉아서 어머니에게 노래를 불렀다.

사랑하는 어머니,
사람들은 죽은 사람이 있거나
살아 있어도 볼 수 없을 때 우는데

어머니는 내가 살아 있고 볼 수도 있는데
왜 울고 계시나요?

사누의 어머니는 세속적 즐거움과 감각적 즐거움을 포기하고 한 번 출가한 사람이 다시 세속으로 돌아오면 나쁜 과보가 닥친다는 것을 설명했다.

오! 아들아,
사람들은 죽은 사람이 있거나
살아 있어도 볼 수 없을 때 울지만
감각적 즐거움을 포기했다가
다시 세속으로 돌아온 사람을 위해서도 운단다.
왜냐하면 그는 살아 있어도 죽은 자니까.

어머니는 세속 생활이라는 것이 활활 타오르는 숯불 위에서 사는 것과 같으며 심지어 지옥과 같다고 설명하면서 다시 한번 세속 생활의 단점을 노래했다.

사랑하는 아들아,
뜨거운 숯불에서 나왔으면서
다시 뜨거운 숯불 속으로 들어가려 하느냐?
지옥에서 나왔으면서
다시 지옥으로 들어가려 하느냐?

어머니가 아들에게 말했다.
"아들아, 나는 네가 항상 행복하기를 빈단다. 하지만, 사랑하는 아들아, 내가 불난 집에서 가재도구를 끄집어내듯이 너를 건져내어 부처님 가르침 아래로 출가시켰는데 너는 세속의 불타는 집으로 다시 들어가려 하느냐? 서둘러 도망쳐서 행복을 구하라!"

그녀는 곰곰이 생각했다.

'그가 세속 생활에 혐오감을 일으킬 좋은 방법이 없을까? 세속 생활에 질색하고 되돌아가게 할 좋은 방법이 없을까?'

그녀는 그의 마음을 돌리기 위해 노래를 불렀다.

빨리 도망쳐라!
행운이 있기를 빈다!
어떻게 우리의 슬픔을 말로 표현할 수 있을까?
불난 집에서 가재도구를 끄집어내듯이
너를 급히 건져냈는데
너는 다시 불타기를 원하느냐?

어머니가 이렇게 말하자 사누는 제정신이 돌아와 말했다.
"저에게 세속 생활은 별 의미가 없습니다."
"잘 생각했다, 나의 아들아."
그녀는 너무나 기뻐서 맛있는 음식을 만들어주고 물었다.
"아들아, 네가 지금 몇 살이냐?"
그녀는 아들이 비구계를 받을 나이가 됐다는 것을 알고 웃가사와 아랫가사, 두겹가사를 새로 준비해 주었다. 사누는 발우와 가사를 완전하게 갖추고 비구계를 받았다.

사누가 비구계를 받은 후 부처님께서는 자신의 생각을 다스리는 데 열심히 정진하라고 가르치셨다.

"사람은 생각이 여기저기 돌아다니고 온갖 대상에 머무르도록 내버려 두고, 생각을 다스리려고 노력하지 않으면 결코 해탈을 성취할 수 없다. 그러니 코끼리 조련사가 발정난 코끼리를 갈고리로 다스리듯이 사람은 자신의 생각을 다스리는 데 모든 노력을 기울여야 한다."

부처님께서는 이렇게 말씀하시고 게송을 읊으셨다.

지난날 이 마음은
좋아하는 대로 즐거운 대로
제멋대로 헤매도록 놔두었지만
이제는 주의깊게 다스려야 한다.
조련사가 발정난 코끼리를 다스리듯이.(326)

이 게송을 듣고 사누와 함께 온 많은 천신이 법에 대한 이해를 얻었다. 사누는 삼장을 통달해 유명한 법사法師가 됐다. 그는 120세까지 살았으며 잠부디빠 사람들의 마음을 일깨우고 마지막에 대열반에 들었다.

여섯 번째 이야기
진흙 수렁에 빠진 빠웨이야까 코끼리

부처님께서 제따와나에 계실 때 꼬살라 왕의 소유였던 빠웨이야까 코끼리와 관련해서 게송 327번을 설하셨다.

빠웨이야까 코끼리가 젊었을 때는 강인한 힘을 가지고 있어 전쟁터를 누비고 다녔지만, 세월을 속일 수 없어 나이가 들자 쇠약해져 바람에도 부대끼는 신세가 됐다. 어느 날 코끼리는 호수를 건너가다가 진흙 수렁에 빠져 꼼짝할 수 없었다. 사람들이 코끼리를 보고 불쌍하다는 듯이 혀를 차며 안쓰러워했다.

"한때 강인한 힘을 가진 코끼리가 저렇게 약해지다니!"

왕은 이 보고를 받고 왕실 코끼리 조련사에게 즉시 명령했다.

"조련사여, 즉시 코끼리를 수렁에서 구해내라."

조련사는 호수로 가서 상황을 살펴보았다. 사람의 힘으로는 거대한 덩치의 코끼리를 도저히 끄집어낼 수 없었다. 조련사는 코끼리 머리 앞에서 마치 전쟁터에서 전투대형을 이루듯이 서서 진군 명령을 알리는 북을 힘차게 두드렸다.

코끼리의 자존심이 즉시 살아났다. 코끼리는 냉큼 일어나 진흙 수렁을 빠져나와 언덕 위로 올라섰다. 비구들이 이 사건을 보고 돌아와서 부처님께 말씀드리자 부처님께서 말씀하셨다.

"비구들이여, 코끼리는 스스로 진흙 수렁에서 빠져나왔지만, 그대들은 오히려 나쁜 욕망의 수렁 속으로 빠져드는구나. 그대들도 온 힘을 다해서 수렁에서 빠져나오거라."

부처님께서는 이렇게 말씀하시고 게송을 읊으셨다.

늘 알아차림을 즐거워하고
마음을 잘 보호하여
번뇌의 수렁에서 스스로 빠져나오거라.
진흙 수렁에 빠진 코끼리가 스스로 빠져나오듯이.(327)

일곱 번째 이야기
부처님을 시봉한 빠릴레이야까 코끼리[112]

부처님께서 빠릴레이야까 숲의 보호구역에 머무르고 계실 때 일단의 비구들과 관련해서 게송 328, 329, 330번을 설하셨다.

부처님께서 코끼리의 시중을 받으며 보호구역에서 머무르고 계신다는 이야기가 잠부디빠 전역에 알려지게 됐다. 사왓티에서 아나타삔디까 장자, 위사카, 그리고 여러 유명한 신도들이 아난다 장로에게 와서 요청했다.

"스님, 우리에게 부처님을 친견할 수 있는 기회를 만들어 주십시오."

사방에 사는 500명의 비구도 안거가 끝나자 아난다 장로에게 다가와서 요청했다.

"아난다 장로님, 부처님께 법문을 들은 지 오래됐습니다. 괜찮으시다면 우리도 부처님께 직접 법문을 들을 수 있는 기회를 가졌으면 합니다."

그래서 장로는 500비구를 데리고 보호구역으로 갔다. 보호구역에 도착하자 장로는 생각했다.

'부처님은 안거 3개월을 홀로 보내셨다. 이 많은 비구와 함께 부처님께 가는 것은 옳지 않다.'

아난다 장로는 비구들을 숲 밖에 기다리게 하고서 혼자 부처님에게 다가갔다. 빠릴레이야까 코끼리는 장로가 다가오는 것을 보고 코로 몽둥이를 들고 장로에게 돌진했다. 부처님이 돌아보시고 코끼리에게 말씀하셨다.

"빠릴레이야까야, 물러서라. 물러서라. 그를 막지 마라. 그는 부처님의 시자이니라."

코끼리는 즉시 방망이를 던져버리고 장로의 가사와 발우를 받아들려고 했으나 아난다 장로가 거절했다. 코끼리는 이렇게 생각했다.

'장로가 승가의 예법을 잘 알고 있다면 자기의 가사와 발우를 부처님께

---

112) 법구경 게송 6번 이야기에 자세하게 나온다.

서 앉아 계시는 반석 위에 놓지 않을 것이다.'

아난다 장로는 자신의 가사와 발우를 땅에 놓았다. (승가의 예법을 잘 알고 있는 사람은 스승의 자리나 침대에 자신의 소지품을 놓는 것이 아니다.) 장로는 부처님께 삼배를 드리고 한쪽 곁에 앉았다.

부처님께서 물었다.
"그대는 혼자 왔는가?"
장로는 500명의 비구와 함께 왔다고 알렸다.
"그들은 어디에 있는가?"
"숲 밖에서 기다리게 하고 혼자 들어왔습니다."
"비구들을 데리고 들어오너라."
장로가 나가서 비구들과 함께 들어와서 부처님께 삼배를 올리고 말씀드렸다.

"부처님이시여, 부처님께서는 존귀한 왕자 출신이기 때문에 매우 섬세한 분입니다. 우기 3개월 동안 홀로 사시면서 많은 어려움을 겪으셨을 것입니다. 크고 작은 여러 가지 의무를 행하며 시중들 사람도 없고, 세수할 물을 떠다 드릴 사람도 없는 이곳에서 그동안 힘들지 않으셨습니까?"

"비구들이여, 빠릴레이야까 코끼리가 나를 위해 모든 일을 시중들었느니라. 이와 같은 벗을 만난다면 함께 지내는 것이 좋지만, 이와 같은 벗을 만나지 못한다면 홀로 지내는 것이 더 낫다."

부처님께서는 이렇게 말씀하시고 세 게송을 읊으셨다.

사려 깊고 함께 할 만하며
훌륭하게 살아가는 지혜로운 벗을 만났다면
그와 함께 모든 어려움을 이겨내며
즐겁게 알아차리고 살아가야 하리라. (328)

사려 깊고 함께 할 만하며

훌륭하게 살아가는 지혜로운 벗을 만나지 못했다면
홀로 살아가야 하리라.
왕이 정복한 왕국을 버리고
덩치 큰 코끼리가 숲속에서 홀로 살아가듯이.(329)

어리석은 무리와 벗하느니
홀로 살아가는 것이 더 낫다.
코끼리가 숲속에서 걸림 없이 살아가듯이
나쁜 짓을 저지르지 말고
홀로 살아가야 하리라.(330)

여덟 번째 이야기
부처님을 유혹한 마라113)

부처님께서 히말라야 산기슭의 숲속 꾸띠에 계실 때 마라와 관련해서 게송 331, 332, 333번을 설하셨다.

그 당시 왕들은 국민들을 억압하며 통치하고 있었다. 부처님께서는 사람들이 나쁜 왕들 밑에서 벌을 받고 박해받는 것을 보고 연민심이 일어났다.
"괴롭히거나 죽이거나 정복하지 않고 정당하고 올바르게 통치할 수 없을까?"
이때 마라가 부처님의 마음을 알아챘다.
'사문 고따마는 '이렇게 통치할 수 없을까?'라고 생각하고 있다. 그가 나라를 통치하고 싶은 것이 분명하다. 통치하게 되면 알아차림을 놓치게 된다. 알아차림을 놓치면 방심한 틈을 타서 사로잡을 수 있다. 그에게 가서 권력욕을 부추겨야겠다.'

마라는 부처님께 가서 말했다.
"부처님이시여, 부처님께서 나라를 통치하십시오. 선서善逝께서 나라를 통치하십시오. 괴롭히거나 죽이거나 정복하지 않고 정당하고 올바르게 통치하십시오."
"악마여, 너는 내게 무엇을 보고 그렇게 말하는가?"
"부처님께서는 네 가지 성취수난(四如意足)을 완벽하게 닦으셨습니다. 부처님께서 '산 중의 왕 히말라야여, 황금으로 변해라.'라고 결심하신다면 산이 황금으로 변할 것입니다. 그러면 그 황금으로 할 수 있는 모든 일을 다 할 수 있을 것입니다. 그렇게 해서 바르고 공정하게 다스리십시오."
부처님께서 시로 대답하셨다.

---

113) 이 이야기는 상윳따 니까야 통치 경(S4.20)에서 유래한다.

모든 산이 황금이 되고 순금으로 이루어졌어도
한 사람에게도 충분하지 않네.
이것을 알고 바르게 살아가라.

괴로움의 원인을 본 사람이
어떻게 감각적 즐거움을 구하겠는가?
집착이라고 불리는 존재의 원인을 알았으면
그것을 극복하기 위해 노력하라.

부처님께서 일어나서 마라에게 경고했다.
"마라여, 네게 다시 훈계하겠나니 너하고는 결코 함께 할 수 없다. 이것이 내가 네게 하는 훈계다."
부처님께서 이렇게 말씀하시고 게송을 읊으셨다.

필요할 때 벗이 있으면 즐겁고
있는 것으로 만족하면 즐겁네.
목숨이 다할 때 공덕이 행복이요,
모든 괴로움을 없애면 참으로 행복하네.(331)

어머니를 잘 섬기면 즐겁고
아버지를 잘 섬기면 즐겁네.
사문을 잘 섬기면 행복하고
성인을 잘 섬기면 또한 행복하네.(332)

늙도록 계를 지키면 즐겁고
흔들림 없는 믿음을 가지면 즐겁네.
지혜를 성취하면 행복하고
악행을 하지 않으면 참으로 행복하네.(333)

제24장 갈애

Taṇhā Vagga

제24장 갈애 Taṇhā Vagga

첫 번째 이야기
법을 쇠퇴하게 만들어 고기로 태어난 까뼬라맛차

부처님께서 제따와나에 계실 때 까뼬라맛차(붉은 물고기)와 관련해서 게송 334, 335, 336, 337번을 설하셨다.

까뼬라의 과거생: 무례한 비구

옛날 깟사빠 부처님께서 대열반에 들어 부처님이 현존하지 않을 때였다. 한 유명한 가문의 두 형제가 출가해 비구가 됐다. 형의 이름은 소나였고 동생은 까뼬라(갈색)였다. 어머니 사디니와 여동생 따빠나도 출가해 비구니가 됐다. 두 형제는 비구가 된 후 은사 스님과 계사 스님을 위해서 크고 작은 의무를 규칙적이고 성실하게 이행했다. 어느 날 두 형제는 스승에게 이렇게 질문했다.

"스님, 이 교단에서는 몇 가지 의무가 있습니까?"
"두 가지 의무가 있다. 하나는 수행해서 깨달음을 성취하는 수행의 의무이고, 다른 하나는 삼장을 배워 후대에 전하는 교학의 의무다."114)

---

114) 두 가지 의무는 와사두라vāsadhura와 빠리얏띠두라parriyattidhura가 있다. 와사두라는 삶의 의무 또는 수행의 의무로 수행을 통해 일대사一大事를 해결하는 것이고, 빠리얏띠두라는 교학의 의무로 삼장을 외우고 가르쳐 삼장의 가르침이 끊어지지 않게 후대에 전하는 것이다. 하지만 출가자는 둘 중 한 가지만 택해서 평생 살아가는 것은 아니다. 일반적으로 모든 출가자는 세 가지 과정을 이수해야 한다. 첫 번째는 교학을 배우는 것(pariyatti)이고, 두 번째는 배운 바를 실천에 옮기는 것(paṭipatti), 즉 수행을 말하며, 세 번째는 깨달음을 실현(paṭivedha)해 삶을 완성하는 것이다.

형이 말했다.

"나는 수행의 의무를 이행하겠다."

그는 은사 스님, 계사 스님과 함께 5년을 보내며 계율과 승가의 법도를 익힌 후 아라한으로 인도하는 수행주제를 받아 숲으로 들어가서 열심히 정진해 아라한이 됐다.

동생은 이렇게 말했다.

"나는 아직 젊으니 나이 들어서 수행하리라."

그는 교학의 의무를 이행해 삼장을 모두 외웠다. 그는 유명한 삼장법사三藏法師가 되어 많은 제자를 거느렸으며 이 때문에 풍요로운 공양을 받았다. 하지만 그는 학문이 뛰어나다는 교만에 빠지고 명예를 얻고자 하는 갈애에 휩싸여, 남이 옳다고 한 말을 그르다고 하고 그르다고 한 말을 옳다고 하고 허물이 없는 것을 있다고 하고 허물이 있는 것을 없다고 주장했다. 그러자 친절한 비구들이 그에게 와서 말했다.

"까뻴라여, 그렇게 반대로 말하면 안 됩니다."

그들이 경전과 계율을 인용하며 훈계하자 까뻴라가 대답했다.

"스님들이 뭘 안다고 그렇게 지껄이십니까? 못난 사람들 같으니라고."

그는 되레 상대방을 타박하고 비난하며 돌아다녔다.

비구들이 이 일을 그의 형 소다나 장로에게 알렸다. 소다나 장로가 동생에게 가서 말했다.

"동생 까뻴라야, 너와 같은 사람들에게는 바른 견해(正見)가 생명이다. 왜 바른 견해를 버리고 삿된 견해(邪見)를 갖느냐? 그렇게 말해서는 안 된다."

형 소다나가 동생 까뻴라를 훈계했지만, 동생은 형의 말에 전혀 귀를 기울이지 않았다. 소다나 장로는 두 번 세 번 훈계해도 동생이 말을 듣지 않자 포기하고 떠나면서 말했다.

"너는 삿된 견해와 삿된 행위 때문에 악명을 떨칠 것이다."

그때부터 나머지 온화한 비구들은 그와 인연을 끊었다.

까뺄라 비구는 삿된 행위를 하고 삿된 행위에 동조하는 동료들과 어울려 돌아다녔다. 어느 날 그는 이렇게 말했다.

"오늘 우뽀사타 재일에는 내가 포살당(戒壇)에서 빠띠목카를 암송하겠다."

그는 부채를 들고 법상에 올라 빠띠목카를 암송하면서 의례적인 질문을 던졌다.

"대중스님들이여, 여기 모인 대중들 중에 허물이 있는 자는 참회하십시오. 참회할 사람이 있습니까?"

비구들이 생각했다.

'계율도 제멋대로 해석하는 비구가 빠띠목카(계목)을 외우다니 저런 비구에게 일일이 대답할 필요가 없다.'

비구들이 아무도 대답하지 않고 동조하지 않자 그는 화가 나서 말했다.

"스님들이여, 부처님의 가르침도 계율도 솔직히 별 쓸모가 없는 것입니다. 스님들이 빠띠목카를 듣거나 말거나 그게 무슨 차이가 있겠습니까?"

그렇게 말하면서 그는 자리에서 일어나 나가버렸다. 그는 그렇게 깟사빠 부처님의 가르침을 쇠퇴하게 하고 사라지게 했다.

형 소다나 장로는 그 생에서 바로 대열반에 들었다. 동생 까뺄라는 정해진 수명이 끝나자 무간지옥에 태어났다. 까뺄라의 어머니와 누이동생도 바른 비구들을 모욕하고 비난한 죄로 죽어 무간지옥에 태어났다.

그때 500명의 강도가 마을에서 물건을 약탈하며 살아가고 있었다. 어느 날 주민들이 그들을 추적하기 시작했다. 그들은 도망을 치다가 다급한 나머지 숲으로 들어가 숨을 곳을 찾아 헤매다 홀로 수행하는 한 비구를 만났다. 강도들이 비구에게 말했다.

"스님, 제발 저의 피난처가 되어 주십시오."

"계를 지키는 것 말고 다른 피난처는 없습니다. 모두 계를 받아 지니도록 하십시오."

"그렇게 하겠습니다."

악당들이 동의하자 장로는 그들에게 오계를 주고 훈계했다.

"이제 그대들은 오계를 받아 지녔습니다. 자신의 목숨을 잃는 한이 있더라도 계를 범해서는 안 되고 나쁜 생각을 품어서도 안 됩니다."

"꼭 지키겠습니다."

예전의 악당들은 꼭 지키겠다고 맹세를 했다.

강도 추적대가 그곳에 도착해 수색하다가 악당들을 발견하고 그들의 목숨을 모두 빼앗아버렸다. 강도들은 죽어 천신으로 태어났고, 강도의 두목은 천신 무리의 대장이 됐다. 그들은 두 부처님 사이의 세월 동안 천상에서 윤회하다가 현재의 부처님 시대에 사왓티 성문 근처의 500가구로 이루어진 어부마을에 태어났다.

천신 무리의 대장은 어부마을의 대장 집에서 모태에 들었고 나머지 천신들도 각각의 집에서 모태에 들었다. 모두가 같은 날에 모태에 들었고 같은 날에 모태에서 나왔다. 어부의 대장은 이렇게 생각했다.

'오늘 다른 집에서도 아이들이 태어나지 않았을까?'

그는 다른 집에서도 모두 같은 날 아이들이 태어난 것을 알고 생각했다.

'이들은 모두 과거생에 내 아들과 동료들이었을 것이다.'

그는 마을 사람들에게 아들의 탄생을 축하하는 음식을 보냈다. 아이들은 모두 소꿉친구로 자라나 어느덧 청년이 됐다. 어부 대장의 아들은 동네에서 제법 이름을 날리며 청년들의 대장이 됐다.

까삘라는 두 부처님 사이에 지옥에서 고통을 겪었지만, 그래도 아직 악행의 과보가 끝나지 않아 이때 아찌라와디 강의 고기로 태어났다. 그의 피부는 황금색이었지만, 입에서는 지독한 악취가 흘러나왔다.

까삘라의 현재생: 악취 나는 황금빛 고기

어느 날 500명의 청년115)이 서로에게 말했다.

"이제 우리도 어른이 됐으니 물고기를 잡으러 가자."

그들은 강으로 가서 그물을 치고 고기를 잡기 시작했다. 이때 황금빛 고기가 그물에 걸려들었다. 마을 어부들은 황금빛 고기를 보고 매우 기뻐하며 소리쳤다.

"우리 아들들이 난생처음으로 그물을 쳤는데 황금빛 물고기를 잡다니, 이 물고기를 왕에게 바치면 많은 상금을 줄 것이다."

청년들은 물고기가 죽지 않게 물이 든 커다란 대야에 담아 들고 왕에게 갔다. 왕이 물고기를 보고 물었다.

---

115) 우다나의 야소자 경(Yasoja Sutta, Ud3.3)에 나오는 왁구무다띠리야 Vaggumudātīriyā(야소자와 그의 도반들)가 바로 이 청년들이다. 그들은 황금빛 물고기의 무서운 인과와 까삘라 경(Kapila Sutta, Sn2.6)을 듣고 발심해 출가했다. 그들은 왁구무다Vaggumudā 강변에서 수행했으며 한때 거짓으로 도과를 성취했다고 속이고 신도들로부터 공양을 얻은 허물을 범해 빠라지까(바라이)의 네 번째 계율인 불망어계不妄語戒를 제정하게 된 원인제공자들이다.(게송 308번 이야기) 어느 날 그들은 부처님을 뵙기 위해 제따와나에 와서 침구를 정돈하느라 소란을 피우고 큰 소리로 떠들었다. 그래서 부처님은 그들을 만나주지 않고 내쫓았다. 그들은 여기저기 여행하다가 왁구무다 강변에서 우기를 보내며 열심히 정진해 아라한과를 성취했다. 부처님께서 유행하시다가 웨살리의 마하와나에 머무시면서 아난다를 시켜 그들을 불렀다. 그들이 부처님을 뵙기 위해 도착했을 때 부처님께서는 삼매(samādhi)에 들어계셨다. 그들도 곧 가부좌를 하고 삼매에 들어갔다. 부처님과 그들은 그렇게 밤새도록 삼매에 머물러 있었다. 아난다 존자는 부처님께서 그들을 불러놓고 아무런 말씀도 없이 삼매에 들어 계신 것을 이해할 수 없었다. 아난다는 부처님에게 그들이 도착했다고 세 번이나 말씀드렸지만, 부처님께서는 이를 무시하셨다. 아침이 되자 부처님께서는 '부동삼매야말로 진정한 대화이다.'라고 설명하셨다.

"그게 무엇인가?"

"폐하, 물고기입니다."

왕은 황금빛 물고기를 보고 생각했다.

'부처님께서는 이 물고기가 어떻게 해서 황금빛 피부를 가지게 됐는지 아실 것이다.'

왕은 부하들에게 물고기가 든 대야를 들게 하고 부처님께 갔다. 이때 물고기가 입을 열자 온 제따와나에 악취가 진동했다. 왕이 부처님께 여쭈었다.

"부처님이시여, 어떻게 해서 이 물고기가 황금빛 피부를 갖게 됐으며 입에서는 왜 이렇게 고약한 악취가 나게 됐습니까?"

"대왕이여, 깟사빠 부처님 시대에 이 물고기는 까삘라라는 비구였습니다. 까삘라는 학식이 풍부하고 많은 제자를 거느렸지만, 명예에 대한 욕망에 사로잡혀 자신의 말을 받아들이지 않는 비구들에게 욕설과 비난을 퍼부었습니다. 그는 그렇게 깟사빠 부처님의 가르침을 쇠퇴하게 하고 사라지게 했습니다. 그는 지옥에 태어나 고통을 겪고도 아직 악행의 과보가 다하지 않아서 다시 물고기로 태어난 것입니다. 그는 오랫동안 부처님의 가르침을 설했고 부처님을 찬미하는 게송을 외웠기 때문에 황금빛 피부를 갖게 된 것입니다. 하지만 비구들에게 욕설과 비난을 퍼부은 과보로 입에서 고약한 악취가 나는 것입니다. 대왕이여, 그가 자기 입으로 직접 말하도록 해보겠습니다."

부처님께서 물고기에게 물으셨다.

"네가 까삘라냐?"

"부처님이시여, 제가 까삘라입니다."

"어디서 왔느냐?"

"부처님이시여, 저는 무간지옥에서 왔습니다."

"너의 형 소다나는 어떻게 됐느냐?"

"부처님이시여, 그는 대열반에 들었습니다."
"너의 어머니 사디니는 어떻게 됐느냐?"
"부처님이시여, 그녀는 지옥에 태어났습니다."
"너의 누이동생 따빠나는 어떻게 됐느냐?"
"부처님이시여, 그녀도 지옥에 태어났습니다."
"이제 너는 어디로 가느냐?"
"부처님이시여, 다시 지옥으로 가야 합니다."

물고기는 그렇게 말하고 대야의 벽에 머리를 부딪치고 죽어 지옥에 태어났다. 그것을 본 대중들은 인과의 무서움에 몸서리치며 온몸의 털이 곤두서는 것을 느꼈다. 부처님께서는 모인 대중들의 마음을 살피시고 이 경우에 알맞은 법문을 설하셨다.

올바른 삶, 청정한 삶,
이것을 가장 값비싼 보석이라고 부르네.

부처님께서는 이 법문을 시작으로 숫따니빠따에 나오는 까삘라 경116)을 설하셨다.

집에서 집 없는 곳으로 출가했다면
법을 닦고 수행해서 통달하는 것이 최상의 보배다.

거슬리는 말을 하고 짐승처럼 남을 괴롭힌다면
그의 삶은 악하고 더러워질 뿐이다.

어리석음에 덮여 논쟁을 즐기는 비구는

---

116) 까삘라 경(Kapila Sutta, Sn2.6): 숫따니빠따에 나오는 법다운 삶 경
(Dhammacariya Sutta)을 말한다.

부처님이 가르친 법을 이해하지 못한다.

무명에 이끌려, 수행하는 사람들을 괴롭히고
번뇌가 지옥으로 가는 길임을 모르고
모래에서 모래로, 어둠에서 어둠으로 전전하는 자는
내세에 반드시 괴로움을 겪는다.

오랫동안 똥으로 가득 찬 정화조를 청소하기 어렵듯이
번뇌가 가득 찬 사람은 청정해지기 어렵다.

비구들이여, 이런 비구는 속된 것을 추구하고
삿된 욕망과 삿된 생각과 삿된 행위를 하는 자이니,
모두 합심해서 그런 자를 물리치고
쌀겨처럼 날려버리고 쓰레기처럼 내다버려라.

사문이 아니면서 사문인 체하는 자들도 쌀겨처럼 날려버리고
삿된 욕망과 삿된 행위를 하는 자들도 몰아내라.

스스로 청정을 닦고 알아차리고 청정한 사람들과 함께 살며
화합하고 지혜롭게 살면 괴로움의 끝에 도달하리라.

부처님께서는 이렇게 법문하시고 게송을 읊으셨다.

부주의하게 알아차리지 않는 사람에게
갈애가 넝쿨처럼 뻗어나가네.
과일을 찾아 헤매는 원숭이가
나무에서 나무로 넘어 다니듯
그도 이곳에서 저곳으로 헤매 다니네. (334)

저열한 갈애에 굴복당한 사람에게
온갖 슬픔이 자라나네.
비를 맞은 잡초가 무성하게 자라나듯이.(335)

벗어나기 어려운 갈애를 극복한 사람에게
온갖 근심 걱정이 떨어져나가네.
연잎 위에 물방울이 굴러 떨어지듯이.(336)

그대들에게 이르노니
여기 모인 그대들에게 행운이 있으라.
잡초의 뿌리를 뽑는 사람처럼
갈애의 뿌리를 뽑아버려라.
홍수가 갈대를 쓰러뜨리듯
마라가 그대를 쓰러뜨리지 못하게 하라.(337)

두 번째 이야기
젊은 암퇘지의 윤회

부처님께서 웰루와나에 계실 때 똥 속에서 뒹굴고 있는 젊은 암퇘지와 관련해서 게송 338, 339, 340, 341, 342, 343번을 설하셨다.

어느 날 부처님께서 라자가하에 들어가 탁발하다가 젊은 암퇘지를 보고 미소를 지었다. 아난다 장로는 부처님의 살짝 열린 입의 하얀 치아에서 반사돼 나오는 둥근 빛을 보고 미소 짓는 이유를 여쭈었다.

"부처님이시여, 왜 미소를 지으십니까?"

"아난다여, 저 젊은 암퇘지를 보아라."

"보았습니다."

"까꾸산다 부처님 재세 시에 저 암퇘지는 법당 근처에서 살았던 암탉이었다. 암탉은 비구가 열심히 정진하며 대념처경을 낭송하는 소리를 들으며 살았다. 닭은 경전의 의미는 몰랐지만 죽는 순간 그 소리를 표상으로 취해 왕실에 웁바리라는 공주로 다시 태어났다. 어느 날 그녀는 화장실에 갔다가 구더기가 우글거리는 것을 보았다. 그녀는 구더기를 지켜보다가 그 자리에서 구더기에 대한 혐오감을 대상으로 초선정에 들어갔다. 그녀는 정해진 수명 동안 살다가 죽어 색계 초선천에 태어났다. 그녀는 범천에서 즐거움을 누리다가 수명이 다하자 부잣집에 태어났다가 다시 젊은 암퇘지로 태어난 것이다. 이 사실을 알고 내가 미소 지었던 것이다."

아난다 장로를 따르는 비구들이 부처님의 말씀을 듣고 윤회의 무서움에 충격을 받았다. 부처님께서는 비구들이 윤회에 대한 두려움을 일으키는 것을 알고 갈애의 어리석음을 말씀하시며 길 한가운데서 게송을 읊으셨다.

뿌리가 상하지 않고 든든하면
나무를 베어내도 다시 자라나듯이

갈애라는 잠재성향117)을 뿌리째 뽑지 않으면
괴로움은 계속해서 자라난다.(338)118)

좋아하는 대상으로 치닫는
서른여섯 가지 갈애119)가 강하게 흐르는
어리석은 자는
욕망이라는 급류에 휩쓸려간다.(339)

갈애의 물줄기는 사방으로 흘러가며
여섯 감각의 문120)을 통해 뻗어나가
여섯 감각의 대상121)에 머문다.

---

117) 잠재성향(anusaya): 고질적이라는 뜻에서 잠재성향이라 한다. 여기에는 일곱 가지가 있다. ① 감각적 욕망(kāmarāga) ② 적의(paṭigha) ③ 자만(māna) ④ 사견(diṭṭhi) ⑤ 의심(vicikicchā) ⑥ 존재에 대한 욕망(bhavarāga) ⑦ 무명(avijjā)이다. 이것들은 계속해서 끈질기게 일어날 조건을 잠재적으로 항상 가지고 있기 때문에 잠재성향이라 한다.(청정도론 Vis22.60)
118) 청정도론 제16장(Vis16.62)에서도 이 게송을 인용하고 있다.
119) 갈애(taṇha): 갈애는 괴로움의 가장 큰 뿌리이며, 끊임없이 이어지는 윤회의 가장 큰 원인이다. 여기에는 감각적 욕망에 대한 갈애(kāma taṇha), 존재에 대한 갈애(bhava taṇha), 비존재에 대한 갈애(vibhava taṇha)의 세 가지가 있다. 존재에 대한 갈애는 상견常見(sassata-diṭṭhi)과 결합된 갈애이고 비존재에 대한 갈애는 단견斷見(uccheda-diṭṭhi)과 결합된 갈애이다. 세 가지 갈애가 색상, 소리, 냄새, 맛, 감촉, 뜻의 6가지 대상에 따라 일어나므로 3×6=18가지 갈애가 있게 된다. 거기에 안팎으로 일어나니 18×2=36가지 갈애가 있다. 거기에 과거・현재・미래에 일어나는 갈애를 곱하면 36×3=108가지 갈애가 있게 된다. 갈애는 괴로움의 뿌리이며 윤회의 원인이다. 갈애는 12연기에서 여덟 번째 연결 고리에 들어 있다.
120) 감각의 문(dvāra): 문은 마음이 대상을 만나러 나가는 곳이며 동시에 대상이 마음 안으로 들어오는 곳으로 눈, 귀, 코, 혀, 몸, 뜻(意, mano)의 여섯 가지가 있다.
121) 감각의 대상(ārammaṇa): 마음은 대상 없이 홀로 일어나지 않는다. 마음

갈애의 넝쿨이 자라는 것을 보고
지혜로 뿌리를 잘라버려라.122)(340)

감각대상을 향해 달려가는 사람에게
세속의 즐거움이 일어난다.
즐거움에 집착하고 찾아 헤매는 사람은
또다시 태어나 늙어간다.(341)

중생은 갈애에 얽매여
덫에 걸린 토끼처럼 두려움에 떨며,
족쇄와 속박에 묶여
오래도록 괴로움을 겪는다.(342)

갈애에 얽매이면
덫에 걸린 토끼처럼 두려웁나니
무욕無慾 속에 노닐고자 하거든
갈애를 없애야 하리라.(343)

젊은 암퇘지는 그 생에서 죽어 수완나부미123)의 왕실에 태어났다. 다음

이 일어나게 만드는 대상에는 형상, 소리, 냄새, 맛, 감촉, 법의 여섯 가지가 있다. 형상은 안식眼識의 대상이고 소리는 이식耳識의 대상이고 냄새의 비식鼻識의 대상이고 맛은 촉식觸食의 대상이고 법은 의식意識의 대상이다. 아비담마에서 의식의 대상인 법을 감성의 물질, 미세한 물질, 이전의 마음, 마음부수, 열반, 개념의 여섯 가지로 들고 있다.(자세한 것은 아비담마 길라잡이 참조)

122) 갈애는 통찰지로 현상의 실체를 보아 도의 지혜(maggañāṇa)가 일어났을 때야 뿌리가 잘린다.
123) 수완나부미Suvaṇṇabhūmi: 제3차 결집 후 아소까 왕 때 불교를 전파하기 위해 전법사를 파견한 곳 중의 하나로 소나Soṇa 장로와 웃따라Uttara 장로가 이 나라에 파견됐다. 수완나부미는 몬mon 왕국으로 현재의 미얀마 남부 몰라민Moulmein 지역이라고 하며 중심부인 수담마나가라

생에는 베나레스에 태어났다. 그다음 생에는 숩빠라까124) 항구의 말장수 집에 태어났다. 그 다음생에는 아누라다뿌라125)의 귀족가문에 태어났다. 그다음 생에는 세일론의 남쪽 복깐따126)라는 마을에 수마나의 딸로 태어나 아버지 이름을 따라 수마나로 불리었다.

주민들이 떠나고 마을이 황폐해지자 아버지는 가족을 데리고 디가와삐 왕국으로 가서 마하무니 마을에서 살았다. 이때 둑타가마니127) 왕의 대신이 업무로 마을에 왔다가 그녀를 만나 성대하게 결혼식을 올렸다. 그리고 그녀를 데리고 마하뿐나 마을로 가서 살았다. 어느 날 꼬띠뺏바따의 마하위하라(大寺)에 살고 있던 아눌라 장로가 탁발을 나왔다가 그녀를 보고 동료 비구들에게 말했다.
"스님들이여, 옛날의 젊은 암퇘지가 라꾼다까 아띰바라 대신의 아내가 되다니 정말 놀라운 일입니다!"

그녀는 이 말을 듣고 과거생의 기억을 회복하고 전생을 기억하는 지혜(宿命通)를 얻었다. 그녀는 격동을 금치 못하고 즉시 남편에게 달려가서 출가를 허락받고, 빤짜발라까 비구니 사원으로 출가해 비구니 됐다. 그녀는 마하위하라의 띳사 장로가 대념처경을 설하는 것을 듣고 수다원과를 성취

Sudhammanagara는 현재의 타톤Thaton이라고 한다.
124) 숩빠라까Suppāraka: 현재의 인도 뭄바이Mumbay 북쪽 타나Thāna지역의 소빠라Sopāra라고 한다. 뿐나Puṇṇ(북방에서 설법제일, 부르나) 장로의 고향이며 바히야다루찌리야가 난파당한 후 이곳에서 잠시 살았다.
125) 아누라다뿌라Anurādapura: 기원전 약 400년께 세워져서 15세기 동안 세일론Ceylon(현재의 스리랑카)의 수도였던 곳이다. 이곳에서 북쪽으로 8km에 있는 미힌탈레에서 아소까 왕의 아들인 마힌다 장로가 기원전 250년에 스리랑카에 최초로 불교를 전했다.
126) 복깐따Bhokkanta: 세일론의 닥킨나데사Dakkinṇadesa 지역에 있던 마을이었다.
127) 둣타가마니 압바야Duṭṭhagāmaṇi Abhaya: 세일론의 왕으로 기원전 101~77년까지 24년간 통치했다.

했다. 얼마 후 담밀라스(타밀족, 드라비다족, 힌두교)들이 쳐들어와 사원을 부숴버리자 부모가 살고 계시는 복간따 마을로 되돌아가서 머물렀다. 그녀는 거기서 깔라까 장로가 설하는 아시위소빠마 경128)을 듣고 아라한과를 성취했다. 어느 날 수마나 비구니가 대열반에 들려고 할 때 비구와 비구니들의 요청으로 비구니 승가 앞에서 자신의 과거생을 전부 이야기했다. 그리고 법구경 암송자인 마하띳사 장로와 만달라라마 사원에 거주하는 비구 승가 앞에서도 자신의 과거생을 이야기했다. 그녀의 이야기를 간추리면 이렇다.

"과거생에 나는 암탉으로 태어나 매에게 머리가 잘렸습니다. 다음에는 라자가하에 공주로 태어나 출가해서 유행녀가 됐습니다. 그때 초선정을 얻었습니다. 다음에는 색계 초선천에 태어났고 다음에는 부잣집에 태어났고 다음에는 암퇘지로 태어났습니다. 거기에서 얼마 살지 못하고 죽어 수완나

---

128) 아시위소빠마 경(Āsīvisopama Sutta): 상윳따 니까야 독사 경(Āsīvisa Sutta, S35.238)을 말하며 그 내용을 간추리면 이렇다. 무서운 맹독을 지닌 네 마리 독사(mahābhūta, 四大)가 있다. 그 뒤를 다섯 명의 잔인한 적(upādānakkhandhā, 五取蘊)들이 쫓아오고 있다. 그 뒤를 칼을 빼든 살인강도(nandirāga, 환락과 탐욕)가 뒤쫓고 있다. 그들에게서 도망치다가 텅 빈 마을(ajjhattikāyatana, 6가지 내적 감각영역, 六內處)에 들어간다. 그 마을에 약탈하는 도둑(bāhirāyatana, 6가지 외적 감각영역, 六外處)이 들어온다. 거기서 도망치다가 넓은 물결(ogha, 네 가지 폭류)을 만났는데 이쪽은 공포와 위험으로 가득 차고 저쪽은 안온하고 평화롭지만, 건널 배도 다리도 없다. 그는 뗏목(八正道)을 엮어서 손발로 저어(精進) 저 언덕(열반)에 건너가서 땅 위에 섰다.(아라한과의 성취) 여기서 사대四大는 지수화풍으로 이루어진 몸을 말하고, 오취온五取蘊은 집착으로 이루어진 물질, 느낌, 지각, 형성, 식의 모임을 말한다. 육내처六內處는 눈・귀・코・혀・몸・뜻을 말하고 육외처六外處는 형상・소리・냄새・맛・감촉・법을 말한다. 네 가지 폭류暴流(물결)는 감각적 쾌락의 폭류, 존재의 폭류, 사견의 폭류, 무명의 폭류를 말한다. 팔정도는 바른 견해, 바른 사유, 바른 언어, 바른 행위, 바른 생계, 바른 정진, 바른 알아차림, 바른 집중을 말한다.

부미의 왕실에 태어났고 다음에 베나레스에 태어났습니다. 다음에는 숩빠라까 항구에 태어났고 다음에는 까위라 항구에 태어났습니다. 다음에는 아누라다뿌라에 태어났고 금생에 복깐따 마을에 태어난 것입니다. 이렇게 좋거나 나쁘거나 열한 번의 생을 지나서 윤회에 대한 두려움을 느껴 출가했고 비구니가 되어 아라한과를 성취한 것입니다. 여러분도 모두 주의깊게 알아차리고 열심히 정진해서 스스로 해탈을 구하십시오."

그녀는 이 말과 함께 사부대중에게 경각심을 일깨워주고 대열반에 들었다.

세 번째 이야기
환속해 도둑이 된 비구

부처님께서 웰루와나에 계실 때 환속한 비구와 관련해서 게송 344번을 설하셨다.

이 비구는 마하깟사빠 장로의 제자였다. 그는 열심히 수행해 사선정을 성취했다. 어느 날 사선정에 들었다가 나온 후 천안으로 금세공사인 삼촌의 집을 들여다보다 눈을 즐겁게 하는 다양한 대상들을 보고 집착이 일어나 환속했다. 하지만 그는 게으르고 일하기 싫어해서 집에서 쫓겨났다. 그 후 그는 나쁜 패들과 어울려 도둑질하며 살았다. 그러던 어느 날 그는 붙잡혀 손발을 뒤로 묶인 채 사방에서 날아오는 가죽채찍을 얻어맞으며 사형장으로 끌려갔다.

마하깟사빠 장로가 탁발하러 성으로 들어가다가 남문 밖으로 끌려 나오는 환속한 옛날 제자를 보았다. 장로는 손발의 묶인 밧줄을 풀어주게 하고 그에게 말했다.

"한 번 더 옛날에 닦았던 수행주제를 회상해서 마음을 집중해라."

환속한 자는 장로의 훈계에 따라 사형장으로 끌려가면서 수행주제에 마음을 집중해서 다시 사선정을 성취했다. 포졸들이 그를 사형장으로 끌고 가서 말했다.

"이제 사형을 집행할 시간이다."

사형집행관들이 쇠꼬챙이를 불에 달구기 시작했다. 하지만 도둑은 전혀 두려워하거나 동요하는 기색이 없었다. 사형집행관들이 사방에서 칼과 창과 작살을 들어 올렸다.

사형집행관들은 악당이 전혀 두려워하는 기색을 보이지 않자 탄성을 질렀다.

"이 사람을 좀 보십시오! 사람들이 사방에서 무기를 들고 서 있는 가운데서 벌벌 떨거나 동요하지 않고 고요히 앉아 있다니 정말 놀라운 일입니다!"

사람들은 놀라움과 경이로움에 가득 찬 목소리로 외치며 왕에게 가서 이 일을 보고했다. 왕은 이 말을 듣고 말했다.

"그를 방면하라."

왕은 부처님께 가서 이 일을 말씀드렸다. 부처님께서는 광명의 모습을 나투시어 그 앞에 서서 게송을 읊으셨다.

욕망의 숲을 떠나
수행의 숲으로 갔으나
다시 욕망의 숲으로 되돌아간 자를 보아라.
풀려났다가 다시 속박으로 되돌아간 자를.(344)

이 게송을 듣고 환속한 이는 왕의 부하들이 둘러싸인 가운데 못이 박힌 판자 위에 누워 있으면서 일어나고 사라지는 현상을 관찰하기 시작했다. 그는 무상·고·무아의 삼특성을 통찰해 존재의 본질을 깨닫고 수다원과를 성취했다. 그리고 깨달음의 기쁨을 경험하면서 공중으로 솟아올라 웰루와나 사원으로 날아가서 부처님께 삼배를 올렸다. 그는 다시 출가해 왕과 대중들이 보는 가운데서 아라한과를 성취했다.

네 번째 이야기
감옥129)

부처님께서 제따와나에 계실 때 감옥과 관련해서 게송 345, 346번을 설하셨다.

어느 날 강도들, 노상강도들, 살인자 등 죄인들이 꼬살라의 왕 앞에 붙잡혀왔다. 왕은 족쇄와 밧줄, 사슬로 묶어서 감옥에 집어넣으라고 명령했다. 이때 30명의 비구가 먼 곳에서 와서 부처님을 친견하고 객실로 돌아갔다. 다음 날 비구들은 사왓티에 들어가 탁발하다가 감옥에 죄인들이 갇혀있는 것을 보았다. 그들은 탁발에서 돌아와 저녁 무렵 부처님께 다가가 여쭈었다.

"부처님이시여, 저희는 오늘 탁발하다가 죄인들이 감옥에 갇혀 있는 것을 보았습니다. 그들은 족쇄와 밧줄, 사슬에 묶이어 많은 고통을 겪고 있었습니다. 그들은 족쇄를 풀고 도망칠 수도 없습니다. 세상에 이보다 더한 족쇄가 있겠습니까?"

"비구들이여, 그런 족쇄를 대단하다고 여기느냐? 나쁜 욕망의 족쇄, 갈애라는 족쇄, 재물, 곡식, 자식, 아내에 대한 집착이라는 족쇄를 생각해 보아라. 이것이 그대들이 보았던 족쇄보다 수백 배, 아니 수천 배 더 강한 족쇄다. 옛날의 지혜로운 사람은 이 강한 족쇄를 부수고 히말라야 산으로 가서 출가했었다."

부처님께서는 그렇게 말씀하시고 자따까를 설하셨다.

부처님의 과거생: 남편과 아내

오래된 옛날 브라흐마닷따 왕이 베나레스를 통치하고 있을 때 보디삿따

---

129) 이 이야기는 반다나가라 자따까(Bandhanāgāra Jātaka, J201)에서 유래한다.

가 한 가난한 가정에 태어났다. 그가 성년이 되자 아버지가 죽었다. 그는 남의 집에 가서 일해주고 번 돈으로 어머니를 봉양하며 살았다. 어머니는 결혼하지 않겠다는 아들을 좋은 가문의 딸과 억지로 결혼시켰다. 얼마 후 어머니가 죽고 아내는 아이를 가졌다. 남편은 아내가 임신한 줄 모르고 말했다.

"이제 그대가 스스로 알아서 살아가구려. 나는 출가해 사문이 되겠소."
"제가 아이를 가졌어요. 그러니 아이를 낳을 때까지 기다렸다가 출가하세요."
"알았소."
남편은 그렇게 하기로 약속했다.

아내가 아이를 낳자 남편이 아내에게 말했다.
"이제 아이를 낳았으니 나는 출가해야겠소."
"당신 아들이 젖을 뗄 때까지만 기다리세요."
아들이 젖을 뗄 때까지 기다리는 동안 아내는 또 둘째 아이를 가졌다.

남편은 이렇게 생각했다.
'그녀가 원하는 대로 한다면 결코 떠날 수 없을 것이다. 그녀에게 말하지 않고 도망쳐서 출가해야겠다.'
그는 아내에게 아무 말도 하지 않고 한밤중에 일어나서 몰래 도망쳤다. 성의 문지기가 붙잡았지만, 그는 거짓말로 둘러대며 풀어달라고 설득했다.
"제가 어머니를 봉양하고 있으니 좀 풀어주십시오."

그는 한곳에서 잠시 머무르다가 히말라야로 가서 은둔수행자가 됐다. 그는 팔선정과 신통력을 성취하고 삼매의 즐거움을 누리면서 머물렀다. 그는 마음이 고양돼 이렇게 중얼거렸다.
'나쁜 욕망의 족쇄, 아들과 아내에 대한 족쇄, 그 깨기 어려운 족쇄를 깨뜨렸다.'(과거생 이야기 끝)

부처님께서는 자신의 과거생 이야기를 하시고 나서 게송을 읊으셨다.

쇠, 나무, 삼으로 만든 족쇄는
오히려 강하지 않네.
보석에 대한 탐욕
아이와 아내에 대한 애착이
훨씬 더 강하다네.(345)

이 족쇄가 강하나니
느슨해 보여도 풀기가 어렵네.
지혜로운 이는 이 족쇄를 끊어버리고
집착과 즐거움을 버리고 세상을 벗어나네.(346)

다섯 번째 이야기
케마 왕비의 출가[130]

부처님께서 제따와나에 계실 때 빔비사라[131] 왕의 왕비인 케마[132]와 관련해서 게송 347번을 설하셨다.

케마는 과거 빠두뭇따라 부처님 아래서 서원을 세운 결과로 뛰어나게 아름답고 귀여운 모습을 지녔다. 그녀는 부처님께서 아름다운 모습도 안에는 피, 똥, 오줌과 장기 등 깨끗하지 못한 것들로 가득 찼다고 말씀하신다는

---

130) 이 이야기는 장로니게경의 케마 주석(ThigA. vi. 3)에 나온다.
131) 빔비사라Bimbisāra: 마가다Magadha의 왕으로 15세에 왕위에 올라 52년간 통치했다. 그의 나이는 부처님보다 5년 아래다. 부처님께서 정각 후 첫해에 깟사빠 삼형제를 제도하고 나서 그를 방문했을 때 12만 명의 라자가하 시민과 함께 부처님께 가서 법문을 들었다. 이 법문을 듣고 그는 11만 명의 시민과 함께 수다원과를 성취했다(게송 11, 12번 이야기). 왕비는 빠세나디 왕의 누이인 꼬살라데위Kosaladevī와 케마Khemā가 있었다. 아들로는 꼬살라데위에게서 난 아자따삿뚜Ajātasatu, 웃제니에서 데려온 기생 빠두마와띠Padumavatī에게서 난 아바야Abhaya, 기생 암바빨리Ambapālī에게서 난 위말라 꼰단냐Vimala Koṇḍañña, 다른 두 후궁에게서 난 실라와Sīlava와 자야세나Jayasena 왕자가 있었고, 딸로는 쭌디Cundī가 있었다. 그는 꼬살라의 빠세나디Pasenadi 왕과 처남 매부 관계였고, 딱까실라의 뿍꾸사띠Pukkusāti 왕, 웃제니의 짠다빳조따Caṇḍapajjota 왕과도 친밀한 관계였다. 그는 아들 아자따삿뚜에게 살해당할 때까지 37년간 헌신적으로 부처님을 후원했다. 그는 죽어 사대천왕 중의 하나인 웻사와나Vessavaṇa 천왕 아래 약카로 태어났다. 그가 천신으로 태어나 부처님을 방문한 이야기는 자나와사바 경(Janavasabha Sutta, D18)에 나온다.
132) 케마Khemā: 그녀는 비구니 상수제자 중 한 명으로 비구니 중에서 지혜 제일mahāpaññānaṃ aggā이다. 그녀는 맛다madda 왕국의 사갈라Sāgala에서 태어났다. 그녀는 황금빛 피부를 가졌으며 빔비사라Bimbisāra 왕의 첫째 왕비가 됐다. 그녀는 아라한이 된 후에 빔비사라 왕의 승낙을 얻어 비구니가 됐다.

말을 듣고 부처님 앞에 가기를 꺼렸다. 왕은 왕비가 자신의 아름다움에 도취되어 부처님께 가서 법문을 들을 생각을 하지 않는 것을 알고 시인들에게 웰루와나의 아름다움을 찬미하는 시를 짓게 하고 가수에게 노래하게 했다.133)

케마는 노래를 듣자 웰루와나(대나무 숲)를 전에 본 적이 없다는 생각이 들어 물었다.

"그대는 어떤 숲(와나)을 노래하고 있나요?"

"왕비마마, 우리는 부처님이 계시는 웰루와나를 노래하고 있습니다."

그녀는 곧 웰루와나에 가고 싶은 마음이 들었다. 부처님께서는 케마 왕비가 오는 것을 알고 사부대중들에게 설법하시면서 아름다운 여인을 만들

---

133) 웰루와나를 찬탄하는 노래

  부처님이 머무시는 대나무 숲
  웰루와나를 보지 못한 불행한 사람은
  천상의 환희동산을 보지 못했네.

  세상이 흠모하고 백성들이 사랑하는 통치자,
  라자가하의 빔비사라 왕이 소중히 여기는 곳,
  바로 그 웰루와나를 본 사람은
  그곳에서 삭까 천왕의 환희동산을 보았네.

  많은 도리천의 천신들이 환희동산을 떠나
  잠부디빠로 내려와 웰루와나를 보고
  너무 놀라 눈이 휘둥그레졌네.
  그들은 근심걱정을 잊고
  웰루와나에서 눈을 뗄 줄 모르네.

  웰루와나는 왕의 복덕으로 생겨났으며
  부처님의 장엄으로 치장되었으니
  어느 시인이 이 한없는 공덕을 노래할 수 있을까?

어 야자잎 부채로 당신에게 부채질하게 했다.

케마 왕비가 들어와서 그 여인을 보고 생각했다.

'부처님께서는 아름다운 모습을 더러움이라고 말씀하신다고 들었는데 저토록 아름다운 여인이 부처님께 부채질하고 있잖은가? 저 여인의 아름다움에 비하면 나는 16분의 1에도 미치지 못한다. 사실 난 저렇게 아름다운 여인은 본 적이 없다. 사람들은 부처님을 잘못 알고 말하는 것 같구나.'

그녀는 부처님께서 설법하고 계시는데도 부처님의 목소리에는 전혀 귀를 기울이지 않고 그 여인만 뚫어지게 바라보았다. 부처님께서는 그녀가 이 여인만을 생각하고 있다는 것을 알고 젊고 아름다운 여인을 늙어서 쭈글쭈글한 여인으로 변화시켰다. 여인은 결국 해골만 남았다. 케마는 여인의 변화에 놀라며 생각했다.

'오, 그렇게 아름답던 여인이 한순간에 늙어서 죽어버리다니! 정말 이 물질형상에는 실체가 없구나!'

부처님께서는 그녀에게 일어나는 생각의 흐름을 읽으시고 말씀하셨다.

"케마여, 그대는 아름다운 모습에 실체가 있다고 잘못 생각하고 있구나. 보라! 어디에 실체가 있는가?"

부처님께서는 그렇게 말씀하시고 게송을 읊으셨다.

케마여, 어리석은 이들이 집착하는 오온(몸)을 보라!
늙고 병들게 되며 배설물과 분비물이 흐르는 불결한 이 몸을.

이 게송 끝에 케마는 수다원과를 성취했다. 부처님께서는 계속해서 말씀하셨다.

"케마여, 이 세상의 중생들은 탐욕에 물들고 성냄으로 타락하며 어리석음에 미혹돼 갈애의 강물을 건너지 못하고 거기에 붙들린다."

부처님께서는 법을 설하시고 게송을 읊으셨다.

거미가 자신이 쳐놓은 거미줄에 얽히듯이
욕망에 빠진 사람은 욕망의 물살에 휩쓸려간다.
지혜로운 이는 이것을 잘라버리고
괴로움에서 벗어나 무욕無慾 속에 노닌다.(347)

이 게송 끝에 케마는 아라한과를 성취했고 대중들도 많은 이익을 얻었다.

부처님께서는 빔비사라 왕에게 말씀하셨다.
"대왕이여, 케마는 이제 출가해 비구니가 되거나 아니면 대열반에 들어야 합니다."134)
"부처님이시여, 그녀를 출가하게 해 주십시오. 대열반에 드는 것은 원치 않습니다."
그녀는 출가해 비구니 상수제자가 됐다.

---

134) 남방불교 교리에 따르면 재가신도가 아라한이 된 경우에는 속인으로 계속 살 수 없고 즉시 출가하거나 아니면 즉시 대열반에 들어야 한다. 아나함까지는 속인으로 살 수 있다. 하지만 아나함도 성욕이 없기 때문에 성생활을 할 수 없다. 사다함까지는 속인으로 살 경우 성생활도 가능하다.

여섯 번째 이야기
곡예사 욱가세나 부부

부처님께서 웰루와나에 계실 때 욱가세나와 관련해서 게송 348번을 설하셨다.

일 년에 한 번 또는 반년에 한 번씩 500명의 곡예사가 라자가하에 와서 왕을 위해 공연하고 많은 돈을 받았다. 그리고 공연하는 도중에도 사람들에게 받은 선물이 끝이 없었다. 사람들은 침상 위에 침상을 쌓고 그 위에 올라가서 곡예사들이 부리는 묘기를 관람했다.

그때 한 여자 곡예사가 장대 끝에 올라가서 공중제비를 돌고 장대 끝에서 균형을 잡고 마치 공중을 밟는 것처럼 춤추고 노래를 불렀다. 이때 라자가하의 은행가의 아들이 친구들과 함께 와서 침상 꼭대기에 올라가서 구경하고 있었다. 그녀의 우아하고 노련한 손과 발동작이 그의 마음을 사로잡았다.

"그녀를 얻을 수 있으면 살고 얻을 수 없으면 죽어버리겠다."

그는 집으로 돌아와 밥 먹는 것도 거부하고 드러누웠다.

그의 부모가 와서 물었다.

"아들아, 무슨 일이냐?"

"곡예사의 딸을 얻을 수 있으면 살고 얻을 수 없으면 당장 죽어버리겠습니다."

"그러지 마라. 우리 신분에 걸맞은 참한 처녀를 데려오겠다."

하지만 그는 계속 침대에 누워 고집을 부렸다. 아버지가 오랫동안 그를 설득했지만, 소용이 없었다. 아버지는 하는 수 없이 아들의 친구를 불러 천 냥을 주면서 곡예사에게 보냈다.

"곡예사에게 이 돈을 받고 딸을 넘기라고 해라."

이 말을 전해들은 곡예사가 대답했다.

"나는 돈을 받고 딸을 넘길 수 없소. 내 딸 없이 살 수 없다는 말이 사실이라면 우리와 함께 유랑생활을 해야만 하오. 그러면 딸을 주겠소."

부모가 이 말을 아들에게 전하자 아들이 즉시 집을 나서며 말했다.

"곡예단과 함께 유랑생활을 하겠어요."

부모는 극구 말렸지만, 그는 부모의 말을 듣지도 않고 곡예단으로 가버렸다. 곡예사는 그를 자기 딸과 결혼시키고 함께 마을과 성읍, 도시들을 떠돌아다니며 공연했다. 결혼한 지 얼마 지나지 않아 여자 곡예사는 아들을 낳았다. 그녀는 아들과 함께 놀면서 아들에게 '짐마차나 끄는 자의 자식, 나무나 하고 물이나 긷는 자의 자식, 무능한 자의 자식'이라고 불렀다. 왜 그런가 하면 남편은 마차를 관리하고 곡예사들의 뒷바라지나 하고 있었기 때문이다. 남편은 마차가 멈추면 소에게 풀을 먹였다. 공연 준비를 하려고 무대를 설치할 때면 그는 필요한 장비를 가져와서 설치하고 공연이 끝나면 치우는 일을 했다.

여인은 아들과 놀아주면서 그렇게 불렀다. 남편은 아내가 노래하듯 빈정대는 말을 듣고 물었다.

"나를 조롱하는 것이오?"

"그래요."

"내가 그렇게 못마땅하다면 이혼하겠소."

"좋을 대로 하시구려."

그녀는 계속해서 빈정대듯 노래를 불렀다. 미모와 많은 수입을 믿고 그녀는 남편을 무시하고 깔보았다.

'그녀는 왜 그렇게 콧대가 높은가?'

남편은 이 문제를 곰곰이 생각하다가 그녀가 왜 그렇게 도도한지 알아냈다.

'곡예기술을 가지고 많은 돈을 벌고 있다는 자부심 때문이다.'

그는 자기도 곡예사가 되기로 결심했다.
'좋다. 나도 곡예기술을 배우겠다.'
그는 장인에게 가서 온갖 묘기를 배웠다. 그는 마을이나 성읍, 도시 등지에서 묘기를 공연하며 유랑하다가 마침내 라자가하로 돌아왔다. 그는 온 도시에 공연 계획을 알리게 했다.
"앞으로 일주일 동안 은행가의 아들 욱가세나가 도시 주민들에게 온갖 재주를 선보이겠다."
도시 주민들은 단을 쌓아 관람석을 만들었다. 7일째 되는 마지막 날에는 시민들이 모두 몰려왔다. 욱가세나는 60자 높이의 장대 꼭대기로 올라가서 균형을 잡았다.

그날 새벽, 부처님께서 세상을 살피실 때 욱가세나가 지혜의 그물에 들어오는 것을 보았다. 부처님께서는 앞일을 예측해 보셨다.
'부잣집 아들 욱가세나는 묘기를 부리기 위해 장대 꼭대기에서 균형을 잡을 것이다. 많은 군중이 그의 묘기를 보기 위해 몰려올 것이다. 이때 내가 네 구절로 된 게송을 읊으면 이 게송을 듣고 많은 사람이 법에 대한 이해를 얻을 것이고 욱가세나는 아라한과를 성취할 것이다.'
다음 날 부처님께서는 공연 시간에 맞추어 비구들을 데리고 사원을 나섰다. 부처님께서는 라자가하에서 들어가서 탁발하셨다.

부처님께서 공연장에 들어가기 바로 전에 욱가세나는 장대 끝에서 군중들에게 박수를 유도하는 동작을 취하고서 균형을 잡았다. 그리고 공중제비를 일곱 번 돌고 가볍게 장대 끝에 내려서서 다시 균형을 잡았다. 그 순간 부처님께서 공연장에 들어섰다. 그러자 군중들은 욱가세나를 보지 않고 부처님에게 고개를 돌렸다. 욱가세나는 관중들을 둘러보다가 그들이 전혀 자기를 보지 않는 것을 알고 몹시 실망했다.
'내가 일 년이나 걸려서 힘들게 묘기를 익혔는데 부처님께서 들어오시자 관중들이 나를 보지 않고 부처님만 쳐다보는구나. 나의 공연은 완전히 실

패했다.'
　부처님께서는 욱가세나의 마음을 읽으시고 마하목갈라나 장로에게 말했다.
　"목갈라나여, 욱가세나에게 가서 공연을 계속하라고 말해라."
　장로는 장대 밑으로 가서 욱가세나에게 노래를 불렀다.

놀라운 묘기를 가진 곡예사, 욱가세나여,
관중을 위해 묘기를 보여 사람들을 흥겹게 해 보시오

　욱가세나는 장로의 말을 듣고 매우 기뻐했다.
　"의심할 여지없이 부처님께서 나의 묘기를 보고 싶어 하신다."
　그는 장대 끝에서 균형을 잡고서 노래를 불렀다.

놀라운 지혜, 놀라운 신통을 지닌 목갈라나 장로님,
제가 묘기를 부려 관중들을 흥겹게 해보겠습니다.

　그는 장대 끝에서 공중으로 뛰어올라 공중제비를 열네 번 돌고 장대 끝에 사뿐히 내려서서 다시 한 번 균형을 잡았다. 부처님께서 그에게 말씀하셨다.
　"욱가세나여, 현명하다면 과거, 현재, 미래의 오온(五蘊, 몸과 마음)에 대한 집착을 버려라. 그러면 태어나서 늙고 병들어 죽는 괴로움에서 해탈할 수 있다."
　부처님께서는 그렇게 말씀하시고 게송을 읊으셨다.

　　이미 지나버린 과거도
　　아직 오지 않은 미래도
　　현재에 대한 집착도 버려라.

업이 다한 저 언덕에 이르면
다시 태어나 늙지 않으리라.(348)

이 게송 끝에 많은 사람이 법에 대한 이해를 얻었고, 욱가세나는 장대 끝에 선 채로 아라한과를 성취했다.

욱가세나는 즉시 장대 끝에서 내려와 부처님께 나아가서 오체투지로 삼배를 올리고 출가를 요청했다. 부처님께서는 오른손을 뻗으며 말씀하셨다.
"에타 빅카오!"
그 순간 욱가세나는 저절로 비구팔물比邱八物이 갖추어지며 오랫동안 수행한 장로의 모습이 됐다. 비구들이 그에게 물었다.
"욱가세나 스님, 60자 높이의 장대 끝에서 내려올 때 무섭지 않았나요?"
"무섭지 않습니다."
비구들이 부처님께 말씀드렸다.
"부처님이시여, 욱가세나가 '무섭지 않다.'고 마치 자신이 아라한인 것처럼 말하고 있습니다."
"비구들이여, 나의 아들 욱가세나와 같이 모든 족쇄를 잘라버린 사람에게는 두려움도 동요도 없다."
부처님께서는 이렇게 말씀하시고 게송을 읊으셨다.

모든 얽매임을 잘라버리고
두려움에 떨지 않으며
집착을 벗어나 자유로운 사람,
그를 일컬어 아라한이라고 한다.(397)

어느 날 비구들이 법당에서 모여 이 일로 이야기를 나누고 있었다.
"스님들이여, 아라한과를 성취할 인연이 무르익은 사람이 어떻게 곡예사의 딸을 위해서 곡예단을 따라 유랑생활을 할 수 있었습니까? 그리고 어떻게 아라한과를 성취할 인연을 갖추었습니까?"

부처님께서 들어오셔서 비구들에게 물으셨다.

"여기 모여 무슨 이야기를 나누고 있는가?"

비구들이 대답하자 부처님께서 말씀하셨다.

"비구들이여, 두 가지가 모두 그가 과거에 지은 인연 때문이다."

부처님께서는 욱가세나의 과거생에 대해 이야기해 주셨다.

욱가세나의 과거생: 서원 속의 농담

오랜 옛날, 사람들이 깟사빠 부처님의 사리를 봉안할 황금 사리탑을 세우고 있었다. 베나레스에 사는 귀족의 자식들이 탑에서 일하는 일꾼들을 위해 많은 음식을 수레에 싣고 탑 공사현장으로 가고 있었다. 그들은 가는 길에 한 장로가 탁발하려고 도시로 들어오는 것을 보았다. 젊은 여인이 장로를 보고 남편에게 말했다.

"여보, 장로님께서 탁발하려고 성으로 들어오고 있어요. 여기 수레에 음식은 충분히 있으니 장로님의 발우를 받아서 여러 가지 음식을 올리도록 합시다."

남편은 장로의 발우를 받아서 여러 가지 맛있는 음식으로 발우를 가득 채워서 장로에게 올렸다. 그리고 남편과 아내는 서원을 세웠다.

"장로님, 당신께서 보았던 진리를 저희도 함께 볼 수 있기를 서원합니다."

장로는 아라한이었다. 장로는 그들의 서원이 이루어지려는지 알아보려고 미래를 살펴보고 미소 지었다. 여인은 장로의 미소를 보고 남편에게 말했다.

"여보, 장로께서 미소 짓는 모습이 마치 배우 같아요."

"그런 것 같소."

남편은 아내의 말에 동의하며 수레를 몰고 지나갔다. 이것이 그들이 과

거에 지은 행위였다.(과거생 이야기 끝)

그들은 정해진 수명을 살다가 죽어 천상에 태어났다. 그들은 천상에서 죽어 현재의 부처님 재세 시에 여인은 곡예사의 가정에 태어났고, 남자는 부자의 아들로 태어났다. 그는 아내의 말에 동의했기 때문에 곡예사들과 함께 유랑생활을 했고, 아라한에게 음식을 올리고 서원을 세웠기 때문에 아라한과를 성취했던 것이다. 곡예사의 딸은 이렇게 생각했다.

'남편이 걸어간 길은 내가 가야 할 길이다.'

그녀도 출가해 비구니가 됐고 열심히 정진해서 아라한과를 성취했다.

일곱 번째 이야기
여인에게 유혹당한 쭐라다눅가하 빤디따 비구

부처님께서 제따와나에 계실 때 쭐라다눅가하 빤디따(현명한 젊은 궁수) 비구와 관련해서 게송 349, 350번을 설하셨다.

어느 날 젊은 비구가 음식표를 받아 우유죽을 탁발해서 사원으로 돌아왔다. 그는 음식을 먹다가 마실 물이 없자 가까운 집에 물을 얻으러 들어갔다. 그 집에 사는 젊은 여인이 비구를 보고 한눈에 반해서 말을 걸었다.

"스님, 물이 필요하시면 언제든지 오세요. 다른 데 가지 말고 꼭 여기로 오세요."

그 후로 비구는 마실 물이 필요하면 다른 곳은 가지 않고 언제나 그녀의 집으로 갔다. 그녀는 발우를 받아서 물을 부어드렸다. 며칠이 지나자 그녀는 우유죽을 올렸다. 또 어느 날에는 그에게 의자를 제공하고 쌀밥을 올리고 가까이 앉아 말을 걸기 시작했다.

"스님, 이 집에는 살림이 다 갖추어져 있는데 함께 살 사람이 없어요."

그녀는 애정 어린 눈빛으로 바라보며 유혹했다. 비구는 이제 출가 생활이 싫어지기 시작했다.

어느 날 객스님들이 핼쑥한 그를 보고 물었다.

"스님, 안색이 별로 안 좋아 보이는데 어디 편찮은 데라도 있습니까?"

"스님들이여, 저는 출가 생활이 힘들고 지겨워집니다."

비구들은 그를 스승에게 데려갔다. 스승은 그를 데리고 부처님께 가서 이 일을 보고하자 부처님께서 물으셨다.

"비구여, 출가 생활이 지겹다는 말이 사실이냐?"

"사실입니다."

"비구여, 수많은 세월이 흘러도 만나기 어려운 붓다의 가르침 아래로 출가한 사람이 성스러운 수다원과 사다함과를 얻었다는 좋은 소식은 들려주지 않고 기껏 한다는 말이 출가 생활이 힘들다는 것이냐? 너는 지금 커다란 잘못을 범하고 있다는 것을 아느냐?"

부처님께서 말씀을 계속하셨다.

"그래 무슨 이유로 출가 생활이 불만스러운지 말해보아라."

"부처님이시여, 한 젊은 여인이 저와 함께 살자고 합니다."

"비구여, 이런 일이 일어난 것은 전혀 이상한 일이 아니다. 과거생에 그녀는 강도에게 애욕이 일어나자 한순간의 욕정에 눈이 멀어 지혜로운 남편을 죽게 만들었다."

비구들이 이 이야기를 자세하게 말해 달라고 청하자 부처님께서는 젊은 비구의 과거생에 대해 이야기하기 시작하셨다.

비구의 과거생: 쭐라다눅가하 빤디따(현명한 젊은 궁수)135)

옛날에 쭐라다눅가하 빤디따라는 이름을 가진 젊은이가 살고 있었다. 그는 딱까실라에 가서 유명한 스승의 지도로 궁술과 무술 등을 배웠다. 스승은 그가 모든 기술을 완벽하게 익히자 매우 기뻐하며 딸과 결혼시켰다. 쭐라다눅가하 빤디따는 수업을 끝마치고 아내를 데리고 베나레스로 출발했다. 그가 숲속 길로 접어들었을 때 50명의 강도가 칼을 빼 들고 다가왔다. 그는 화살을 쏘아 49명의 강도를 죽였다. 그런 후 화살이 다 떨어지자 마지막 남은 두목을 맨손으로 땅바닥에 쓰러뜨리고 아내에게 소리쳤다.

"여보, 내 칼을 좀 건네주시오."

하지만 아내는 강도의 두목을 보는 순간 갑자기 애욕의 불길이 솟아올랐다. 그녀는 칼을 남편에게 주지 않고 강도의 손에 쥐여 주었다. 두목은 칼을 잡은 즉시 쭐라다눅가하를 찔러 죽이고 여인을 데리고 길을 떠났다.

강도는 길을 가면서 생각했다.

---

135) 젊은 비구의 과거생 이야기는 쭐라다눅가하 자따까(Culladhanuggaha Jātaka, J374)에서 유래한다.

'이 여인이 또 다른 남자에게 욕정을 느끼면 남편처럼 나를 죽일 것이다. 그러니 이 여인을 데려가 봐야 내 목숨만 위태로울 뿐이다.'

그들이 가는 길에 강이 나타났다. 강도는 여인을 강가에 남겨두고 그녀의 값비싼 패물을 들고 강을 건너며 말했다.

"이 패물을 강 건너편에 갖다 놓고 올 때까지 여기서 기다리시오."

그런데 강도는 강을 건너가서 돌아올 생각은 않고 그대로 떠나는 것이었다. 여인은 당황해서 소리를 질렀다.

여보세요, 패물을 들고 강을 건넜으면
빨리 되돌아와서 나를 강 건너편으로 건네주세요.

강도가 비웃으며 대답했다.

여인이여, 그대는 오랫동안 잘 알고 지내온 남편을 버리고
생판 알지도 못하는 남자를 택했다.
믿음직한 남편을 버리고 믿을 수 없는 강도를 택했다.
이제 또 새로운 남자가 나타나면 나를 버리고 그를 택할 것이 아니냐?
그러니 여기서부터는 나 홀로 가련다.

패물을 가지고 강도가 떠나자 여인은 숲속으로 들어가 울고 있었다. 그때 삭까 천왕은 여인에게 부끄러움을 일깨워 주기 위해 마부와 악사를 데리고 내려갔다. 삭까는 자칼로 변신하고, 마부는 물고기로, 악사는 새로 변신했다. 자칼이 살코기를 입에 물고 여인 앞에 서 있을 때 물고기 한 마리가 강물에서 강둑으로 뛰어올랐다. 자칼은 살코기를 땅에 내려놓고 물고기를 잡으려고 뛰어 내려갔다. 그 순간 새가 살코기를 낚아채서 하늘로 날아올라가 버리고 물고기도 꼬리를 흔들며 물속으로 뛰어 들어가 버렸다. 자칼은 살코기와 물고기를 둘 다 잃고 강가에 서 있었다. 여인이 그걸 보고

깔깔대며 웃었다. 그러자 자칼이 말했다.

아카시아 나무숲에서 깔깔대는 여인은 누구인가?
지금은 손뼉치고 춤추고 노래 부를 때가 아니고
울며 애석해해야 할 때에
통통한 궁둥이 살이여,
그대는 왜 웃고 난리인가?

여인이 대답했다.

어리석고 바보 같은 자칼이여,
지혜가 전혀 없는 자칼이여,
살코기와 물고기를 모두 잃었으니 거지처럼 애통해해라.

자칼이 말했다.

남의 허물은 보기가 쉽고 자신의 허물은 보기가 어렵네.
너도 남편과 애인을 모두 잃었으니 애통해해야 할 것 아니냐?

여인이 말했다.

짐승의 왕, 자칼이여.
당신이 말한 대로 이곳을 떠나 남편을 얻는다면
앞으로는 남편의 뜻을 잘 따라야겠네.

자칼이 말했다.

토기그릇을 훔친 자는 금은그릇도 훔치는 법.

너는 한 번 나쁜 짓을 했으니 또 하게 될걸!

부처님께서는 쭐라다눅가하 자따까를 이야기해 주시고 나서 말씀하셨다.
"그때 너는 쭐라다눅가하 빤디따였고 그 여인은 지금 너를 유혹하는 바로 그 여인이다. 자칼로 변해서 내려와 여인에게 부끄러움을 느끼게 했던 천왕은 바로 나. 그 여인이 강도를 한 번 보고 강한 욕정을 느껴 과거생에 너의 목숨을 빼앗았는데 또 그런 고통을 당하려고 하느냐? 비구여, 네 마음속에 꿈틀거리는 여자에 대한 애욕의 뿌리를 뽑아버리고 파괴해라."
부처님께서는 이렇게 비구를 훈계하시고 게송을 읊으셨다.

**삿된 생각에 휘둘리고 애욕이 넘쳐
대상을 아름답다 착각하는 사람에게
갈애는 더욱 자라나
자신을 점점 더 옭아맨다.**(349)

**삿된 생각을 이겨내는 것을 즐거워하고
알아차리며 부정관**不淨觀**을 닦는 이는
갈애를 없애고 마라의 얽매임을 끊어버린다.**(350)

여덟 번째 이야기
라훌라를 놀라게 하려 한 마라

부처님께서 제따와나에 계실 때 마라와 관련해서 게송 351, 352번을 설하셨다.

어느 날 여러 명의 장로가 늦은 시간에 제따와나에 도착해서 라훌라의 방으로 가서 그를 깨워 내보내고 그 방을 사용했다. 라훌라는 잠잘 곳이 없자 부처님의 간다꾸띠로 가서 방문 앞에 누웠다. 라훌라[136]는 비구계를 받은 지 얼마 지나지 않았지만, 아라한과를 성취한 성인이었다.[137] 마라 와사왓띠는 라훌라가 간다꾸띠 앞에 누워 있는 것을 보고 생각했다.

'사문 고따마의 아들이 간다꾸띠 밖에 누워 있고 자신은 간다꾸띠 안에 누워 있구나. 자식을 괴롭히면 아버지도 괴로움을 느낄 것이다.'

마라는 거대한 코끼리로 변해서 라훌라에게 다가가 코로 그의 목을 감고 커다랗게 나팔 같은 소리를 냈다. 부처님께서는 간다꾸띠 안에 누워 있으면서 그것이 마라의 짓임을 알고 말했다.

"마라여, 너 같은 악마가 수천 명이 몰려온다 해도 나의 아들을 놀라게 할 수 없다. 나의 아들은 두려움과 갈애가 없고 정진력과 지혜를 갖추었

---

[136] 라훌라Rāhula: 부처님의 아들로 부처님께서 출가하는 날 태어났다. 그는 부처님께서 정각 후 2년째 되던 해에 고향을 방문했을 때 출가했다.(게송 13, 14번 이야기) 그리고 많은 경이 그에게 설해졌다.(상윳따 니까야 제18 라훌라 상응) 그는 부처님의 가르침을 열심히 배우고 잘 받아들였다. 그래서 그는 열심히 배우는(受持) 데서(sikkhakā-mānaṃ) 제일이다(북방에서는 밀행제일密行第一). 그가 18세 됐을 때 라훌라를 가르친 긴 경(Mahārāhulovāda Sutta, M62)이 설해졌고, 그가 20세가 됐을 때 라훌라를 가르친 짧은 경(Cūḷarāhulovāda Sutta, M147)이 설해졌다. 그는 이 경을 듣고 아라한이 됐다. 그는 12년 동안 침대에 눕지 않았다고 하며 부처님과 사리뿟따 장로보다 먼저 대열반에 들었다고 한다.(DA.ii.549)
[137] 라훌라를 가르친 짧은 경(Cūḷarāhurovāda Sutta, M147)과 라훌라 경(Rahula Sutta, S35.121)에서 이 사실을 언급하고 있다.

다."
부처님께서는 이렇게 말씀하시고 게송을 읊으셨다.

구경究竟**에 이르러**
두려움도 갈애도 번뇌도 다하였다.
그는 존재의 가시를 뽑아버렸기에
이번이 마지막 삶이다.(351)

갈애와 집착이 없고
언어에 능통하고
문자와 그 활용을 잘 알고
마지막 몸을 받은 사람,
그를 큰 지혜를 가진 사람, 성인이라 한다.(352)

마라는 이 게송을 듣고 '사문 고따마가 나를 알고 있구나.'라고 중얼거리며 줄행랑을 놓았다.

아홉 번째 이야기
의심이 많은 아지와까 교단의 우빠까138)

부처님께서 이시빠따나로 가시는 도중에 만난 아지와까 교단의 우빠까139)와 관련해서 게송 353번을 설하셨다.

부처님께서 보드가야 금강보좌에서 일체지를 얻으신 후 49일을 보내시고, 법륜을 굴리기 위해 열여덟 요자나 거리에 있는 베나레스의 이시빠따나로 향하셨다. 부처님께서는 길을 가다가 아지와까 교단의 제자를 만났다. 그가 부처님을 보고 여쭈었다.

"형제여, 그대의 감관은 고요하고 피부색은 맑고 깨끗합니다. 그대는 누구 아래로 출가했으며 그대의 스승은 누구입니까? 그대는 누구의 가르침을 따릅니까?"

"나에게는 스승이 없다."

부처님께서는 이렇게 말씀하시고 게송을 읊으셨다.

나는 모든 것을 이겨내고 일체를 깨달았다.
나는 어떤 것도 집착하지 않고
일체를 포기하고 갈애를 소멸시키고 해탈했다.
나는 스스로 올바른 깨달음을 성취했나니
누구를 나의 스승이라 하겠는가?(353)

---

138) 이 이야기는 율장 대품(VinMv. i. 6. 7-9)과 맛지마 니까야 성스러운 구함 경(Ariyapariyesanā Sutta, M26)에서 유래한다.
139) 우빠까Upaka: 우빠까는 나중에 사냥꾼의 딸과 사랑에 빠져 결혼해 아들을 낳았으나 아내가 자꾸 자기를 경멸하며 바가지를 긁자 사왓티로 부처님을 찾아가서 출가했다. 그는 아나함과를 성취한 후 죽어 아위하Avihā, (정거천의 첫 번째 하늘인 무번천無煩天)에 태어났다. 상윳따 니까야 제1 천신 상응(S1.50)에는 부처님께서 이 하늘을 방문했을 때 가띠까라 범천이 우빠까 등 여섯 명의 제자가 이곳에 태어났음을 설명하고 있다.

이 게송을 듣고 아지와까 교도인 우빠까는 부처님의 말씀을 긍정도 부정도 하지 않고 다만 고개를 갸웃거리고 혀를 차며 샛길로 가버렸다.

열 번째 이야기
삭까 천왕의 네 가지 질문

부처님께서 제따와나에 계실 때 삭까 천왕과 관련해서 게송 354번을 설하셨다.

어느 날 천신들이 삼십삼천에 모였을 때 네 가지 질문이 제기됐다.
① 어떤 보시가 최상의 보시인가?
② 어떤 맛이 최상의 맛인가?
③ 어떤 즐거움이 최상의 즐거움인가?
④ 갈애의 제거가 왜 모든 것 중에서 최상인가?

한 천신이 다른 천신에게 묻고 다른 천신이 또 다른 천신에게 묻는 식으로 모든 천신이 서로에게 물었지만, 단 한 명도 이 질문에 대답하지 못했다. 12년 동안이나 천신들이 일만 천상세계를 돌아다니며 물어보았지만, 한 명도 대답하는 천신이 없었다.

결국 일만 세계의 천신들이 사대천왕에게 몰려갔다. 사대천왕은 그들을 보고 물었다.

"친구들이여, 무슨 일로 나에게 몰려왔습니까?"

"네 가지 질문이 제기됐는데 대답하는 사람이 아무도 없습니다. 그래서 이렇게 온 것입니다."

"친구들이여, 질문이 무엇입니까?"

"보시 중에서, 맛 중에서, 즐거움 중에서 각각 최상은 무엇인가? 갈애의 제거가 왜 모든 것 중에서 최상인가? 이 질문들은 우리의 지혜로는 알 수가 없어서 이렇게 온 것입니다."

"친구들이여, 우리도 이 질문에 대답할 수 없습니다. 하지만 우리의 왕은 문제를 수천 가지로 사유할 수 있기 때문에 대답을 알 수 있을 것입니다. 그분은 우리보다 지혜와 공덕이 훨씬 뛰어납니다. 그분에게 함께 갑시다."

사대천왕은 천신들을 모두 데리고 삭까 천왕에게 갔다. 삭까 천왕이 그들을 보고 물었다.

"친구들이여, 무슨 일로 몰려왔습니까?"

삭까 천왕은 그들의 방문 목적을 알고 대답했다.

"친구들이여, 부처님을 제외하고 이런 질문에 대답할 사람은 아무도 없습니다. 이런 문제들은 범부의 영역이 아니고 부처님들의 영역입니다. 부처님께서 지금 어디에 계십니까?"

"제따와나에 계십니다."

"우리 모두 함께 갑시다."

삭까 천왕은 밤중에 모든 천신을 데리고 제따와나를 환하게 밝히고 부처님께 다가가서 삼배를 올리고 한쪽에 섰다. 부처님께서 그들을 보고 물었다.

"대왕이여, 무슨 일로 이 많은 천신을 데리고 이곳에 오셨습니까?"

"부처님이시여, 신들 사이에 이런 문제들이 제기됐는데 부처님을 제외하고 이 문제에 대답할 사람이 아무도 없습니다. 이 문제를 명확히 밝혀주십시오."

"대왕이여, 이런 의심을 풀기 위해서 나는 바라밀을 닦으며 다섯 가지 위대한 포기를 하고 일체지를 얻었습니다. 그 질문에 대한 대답은 이렇습니다.

① 보시 중의 최상은 법보시입니다.

② 맛 중의 최상은 법의 맛입니다.

③ 즐거움 중의 최상은 법의 즐거움입니다.

④ 갈애를 제거하면 아라한과를 성취하기 때문에 모든 것 중에서 최상이라고 하는 것입니다."

부처님께서는 이렇게 말씀하시고 게송을 읊으셨다.

어떤 보시보다 법보시가 뛰어나고
어떤 맛보다 법의 맛이 뛰어나다.
어떤 기쁨보다 법의 기쁨이 뛰어나고
갈애를 제거하면 모든 괴로움을 이겨낸다.(354)

게송에 대한 해석

어떤 보시보다 법보시가 뛰어나고: 갈색 가사를 시방세계의 모든 부처님과 벽지불과 아라한에게 공양을 올리는 것보다 뭇 중생들에게 사구게송 하나 설하는 것이 더 낫다. 가사 보시는 사구게송 하나 설하는 것의 16분의 1에도 미치지 못한다. 법을 설하고 법을 암송하고 법을 듣는 것이 그만큼 중요하다.

시방세계의 모든 부처님과 벽지불과 아라한의 발우에 가장 맛있는 음식으로 가득 담아준다 해도 이런 음식 보시보다 법문을 듣게 해 주는 공덕이 더 크다. 발우에 버터기름, 꿀 등을 가득 담아준다 해도 이런 약 보시보다 더 크고, 마하 위하라(대사원)나 로하 빠사다(구리누각)와 같은 거대한 사원을 수십만 개 세워 기증한다 해도 이런 거처를 보시하는 것보다 더 크다. 아나타삔디까와 같은 대시주자들이 많은 재산을 사용해 사원을 짓고 그 과보로 받은 복덕보다 더 크다. 이 막대한 공덕보다 게송을 암송하며 법문을 듣게 해 주는 법보시가 훨씬 더 크다.

왜 그런가? 법문을 들었기 때문에 공덕을 짓는다. 법문을 듣지 않으면 공덕을 짓는 법을 모른다. 이 세상의 중생들은 법문을 듣지 않는다면 한 국자의 죽이나 한 주걱의 밥도 보시할 줄 모를 것이다. 이 때문에 법보시가 다른 보시보다 뛰어난 것이다.

사실, 부처님들이나 벽지불들은 제외하고 사리뿟따와 같은 비구들은 한 차례 쏟아붓는 빗방울의 숫자를 계산할 수 있는 지혜가 있어도 남의 도움을 받지 않고 스스로 수다원과나 그 이상의 도과를 얻을 수 없다. 그래서 비구들은 앗사지와 같은 깨달음을 얻은 장로들이 설하는 한두 구절의 게송을 듣고 수다원과를 성취했고, 부처님의 법문을 듣고 아라한과를 성취했던 것이다. 이 때문에 보시 중에서는 법보시가 최상이라고 말한다.

어떤 맛보다 법의 맛이 뛰어나다: 설탕과 같은 달짝지근한 맛에서부터 천상의 음식에서나 맛볼 수 있는 감로미(甘露味)에 이르기까지 중생들은 맛에 탐착해 맛을 즐기기에 여념이 없다. 그래서 윤회를 하며 괴로움을 겪는다. 그러나 깨달음을 돕는 서른일곱 가지 필수품(三十七助道品)을 이해하는 것에서 아홉 가지 출세간의 법들(수다원도와 과, 사다함도와 과, 아나함도와 과, 아라한도와 과 그리고 열반)을 얻는 순간에 느끼는 법의 맛은 모든 맛 중에서 최상이다.

어떤 기쁨보다 법의 기쁨이 뛰어나고: 아들딸에 대한 즐거움, 재물에 대한 즐거움, 애인에 대한 즐거움, 춤추고 노래 부르고 악기를 연주하는 데서 오는 즐거움들에 집착해 중생들은 즐기기에 여념이 없다. 이런 즐거움은 오래가지 않고 영원히 붙들 수 없어서 괴로움을 겪는다. 그러나 법문을 듣고 경전을 암송해 깨달음을 얻을 때 내면에서 우러나오는 즐거움은 기쁨과 평온에 들게 하고 환희의 눈물을 흐르게 하고, 지복을 느끼게 하고, 윤회를 끝내게 하고, 구경의 경지인 아라한과에 도달하게 한다. 그래서 즐거움 중에서는 법의 즐거움이 최상이라고 한 것이다.

갈애를 소멸하면 모든 괴로움을 이겨낸다: 마지막으로 갈애가 제거되면 아라한과를 성취한다. 갈애를 제거하면 윤회의 괴로움을 모두 제거한다. 그래서 갈애를 제거하면 모든 괴로움에서 벗어난다고 한 것이다.

부처님께서 법에 대해 자세하게 설명하시자 삭까 천왕이 삼배를 올리고 말씀드렸다.

"부처님이시여, 법보시가 그렇게 중요하다면서 부처님께서는 지금까지 왜 우리 천신들에게 법문을 들을 기회를 주지 않으셨습니까? 앞으로 부처님께서 비구들에게 법문을 설하실 때 우리에게도 법문을 들을 기회를 주십시오."

부처님께서는 삭까 천왕의 요청을 듣고 비구들을 모아 말씀하셨다.

"비구들이여, 오늘부터 공식적인 법회에서 법문하거나 일상적으로 법문하거나 간략하게 법문하거나 공양을 끝내고 감사의 표시로 법문할 때도 시방세계의 모든 중생을 다 초청해 법문을 들을 기회를 제공해라."

열한 번째 이야기
자식이 없는 부자[140]

부처님께서 제따와나에 계실 때 자식이 없는 부자와 관련해서 게송 355번을 설하셨다.

꼬살라의 국왕 빠세나디는 자식이 없는 부자가 죽었다는 말을 듣고 신하들에게 물었다.

"자식이 없이 죽은 사람의 재산은 누구에게 귀속되오?"

"폐하에게 귀속됩니다."

왕은 일주일 동안 죽은 사람의 재산을 왕궁으로 옮기라고 명령하고, 재산이 다 옮겨지자 부처님을 찾아뵈었다. 부처님께서 왕을 보고 물으셨다.

"대왕이여, 이 늦은 오후에 어디서 오는 길입니까?"

"부처님이시여, 사왓티의 부자가 일주일 전에 자식 없이 죽어서 그의 재산을 왕궁으로 모두 옮기고 돌아오는 길입니다."

경전에는 이렇게 기록돼 있다.

왕이 말했다.

"부자에게 온갖 맛있는 음식을 황금접시에 담아서 가져오면 그는 '누가 이처럼 맛없는 음식을 먹는가? 내 집에서 나를 놀리는가?'라고 말하며 음식을 만들어온 하인을 막대기로 두들겨 패고 흙덩이와 돌덩이를 던지며 내쫓았다고 합니다. 그리고는 쭉정이 쌀로 만든 죽을 시큼한 국물과 함께 먹으며 '사람들은 이처럼 맛있는 음식을 먹어야지.'라고 말하며 먹었다고 합니다. 그리고 하인이 아름답고 화려한 옷이나 마차나 일산을 가져오면 부자는 하인을 막대기로 두들겨 패고 흙덩이와 돌덩이를 던지며 내쫓았다고 합니다. 그리고는 거친 삼베옷을 입고 낡고 찌그러진 마차를 몰고 나뭇잎

---

140) 이 이야기는 상윳따 니까야 아들 없음 경(S3.20)에서 유래한다. 그리고 마이하까 자따까(Mayhaka Jātaka, J390)에서 아주 자세하게 나온다.

으로 만든 일산을 쓰고 다녔다고 합니다."

그러자 부처님께서 부자가 과거생에 지은 행위에 대해 이야기해 주셨다.

부자의 과거생: 인색한 부자

오랜 옛날, 이 부자는 따가라시키 벽지불에게 공양을 올렸다.

"저 비구에게 공양을 올리도록 하시오."

그는 아내에게 말하고 자리에서 일어나 외출했다. 신심도 없는 어리석은 부자가 외출하자 신심이 깊은 아내는 이렇게 생각했다.

'남편에게서 실로 오랜만에 '공양을 올려라.'라는 말을 들어보는구나. 오늘 나는 가장 맛있는 공양을 올려서 그동안 못 지은 공덕을 채워야겠다.'

그녀는 벽지불의 발우를 받아서 가장 맛있는 음식으로 채워 벽지불에게 올렸다.

부자는 외출했다가 돌아오면서 다시 벽지불을 만났다.

"비구여, 음식을 좀 얻으셨소?"

그는 발우를 열어보고 온갖 맛있는 음식으로 가득 채워져 있는 것을 보고 후회가 몰려왔다.

'하인과 종들에게 이 음식을 주는 것이 훨씬 좋았을 뻔했다. 그들이 이런 맛있는 음식을 먹으면 기뻐서 더욱 열심히 일할 테니까. 하지만 이 비구는 음식을 먹고 드러누워 잠이나 자겠지? 내 음식이 헛되이 낭비되는구나.'

게다가 부자는 죽은 형의 유산을 가로채기 위해 유일한 조카의 목숨을 빼앗았다. 조카가 삼촌의 손을 잡고 걸어가면서 '이 마차는 우리 아버지 것이에요. 이 소는 우리 아버지 것이에요.'라고 말하곤 했다. 삼촌이 이 말을 듣고 조카를 죽여 입을 봉해야겠다는 악한 생각이 일어났다.

'어린 나이에도 이렇게 말하는데 어른이 되면 이 집에 있는 자기 재산을 보고 가만히 있겠는가?'

어느 날 그는 조카를 데리고 숲으로 들어가서 마치 무를 비틀어 쪼개듯이 목을 잡고 비틀어 꺾어서 살해한 뒤 시체를 수풀 속에 던져버렸다. 이것이 그가 과거생에 저지른 악업이었다.(과거 이야기 끝)

대왕이여, 이 부자는 따가라시키 벽지불에게 공양을 올린 공덕이 무르익어 연속해서 일곱 번이나 천상에 태어났습니다. 그리고도 이 선한 공덕이 다하지 않아서 일곱 번이나 사왓티의 부자로 태어나는 특전을 얻었습니다. 대왕이여, 반면에 이 부자가 공덕을 짓고 '차라리 이 음식을 하인이나 종에게 먹게 했더라면 좋았을 것'이라고 후회했기 때문에 이 악업으로 맛있는 음식은 싫어하고 쭉정이 죽을 좋아하고, 화려한 비단옷은 싫어하고 거친 삼베옷을 좋아하고, 화려하고 안락한 마차는 싫어하고 낡고 삐꺼덕거리는 마차를 타고, 오욕락五慾樂을 싫어해 즐기지 못한 것입니다.

대왕이여, 이 부자는 조카의 유산을 탈취하려고 형의 유일한 아들의 목숨을 빼앗았기 때문에 이 악행의 과보가 무르익자 지옥에서 수백 년, 수천 년, 수십만 년 동안 고통을 겪었습니다. 그리고도 악업이 다하지 않아서 일곱 생 동안 아들 없이 죽었으며 그의 재산은 왕의 창고로 옮겨지게 된 것입니다. 이번이 일곱 번째입니다. 대왕이여, 그는 이제 과거에 지은 공덕이 소진됐는데 새로 쌓은 공덕이 없습니다. 그래서 그는 마하로루와 지옥(大叫喚地獄)에서 고통을 겪고 있습니다.

왕은 부처님이 하신 법문을 듣고 말씀드렸다.
"부처님이시여, 그는 재산이 남아 있을 때 자신을 위해서도 사용하지 않고 사원 가까이 살면서도 승가에 공양을 올리는 공덕도 짓지 않았습니다. 이런 어리석은 자의 죽음은 정말 슬프기 짝이 없습니다."
"대왕이여, 그렇습니다. 어리석은 사람들이 부자가 되면 열반을 구하는 것이 아니라 마음속에 일어나는 욕망에 따라 악업을 저지릅니다. 그래서 부유함이 오히려 자신을 오랫동안 괴롭히는 원인이 됩니다."

부처님께서는 이렇게 말씀하시고 게송을 읊으셨다.

재물은 어리석은 자를 파괴하지만
피안을 구하는 이는 파괴할 수 없다.
어리석은 자는 재물에 대한 갈애 때문에
남을 파괴하고 자기도 파괴한다.(355)

열두 번째 이야기
많은 공덕을 짓고 적은 복을 받은 안꾸라 천신

부처님께서 삭까 천왕의 홍옥보좌에 계실 때 안꾸라 천신과 관련해서 게송 356, 357, 358, 359번을 설하셨다. 이 이야기는 인다까 천신과 관련해서 설한 게송 181번 이야기에 자세히 설명돼 있다.

인다까가 과거에 어떤 공덕을 지었는가? 아누룻다 장로가 탁발하려고 마을에 들어섰을 때 그는 자신의 음식에서 한 주걱을 퍼서 올렸다. 이것이 인다까가 과거생에 지은 공덕이었다. 안꾸라는 1만 년 동안 음식 항아리를 12요자나 길이에 늘어놓고 많은 공양을 올렸지만, 인다까가 지은 공덕보다 못했다. 인다까가 대답하자 부처님께서 안꾸라에게 말씀하셨다.
"안꾸라여, 보시는 가려서 해야 한다. 잘 가려서 한 보시는 기름진 밭에 뿌린 씨앗처럼 많은 이익을 가져온다. 그대는 이와 같이 하지 않았기에 그대의 보시는 큰 이익을 가져오지 못했다."
부처님께서는 이를 강조하려고 시를 읊으셨다.

보시는 가려서 해야 하네.
그렇게 하면 많은 복덕을 가져오네.
가려서 보시한 사람은 천상에 태어나네.

가려서 한 보시는 부처님이 칭찬하네.
공양을 올릴 가치가 있는 사람에게 보시하면
기름진 밭에 뿌린 씨처럼 많은 복덕을 가져오네.

부처님께서는 이렇게 말씀하시고 게송을 읊으셨다.

잡초가 밭을 망치듯
탐욕이 사람을 망친다.
탐욕이 없는 사람에게 보시하면
큰 이로움을 얻으리라. (356)

잡초가 밭을 망치듯
성냄이 사람을 망친다.
성냄이 없는 사람에게 보시하면
큰 이로움을 얻으리라. (357)

잡초가 밭을 망치듯
어리석음이 사람을 망친다.
어리석음이 없는 사람에게 보시하면
큰 이로움을 얻으리라. (358)

잡초가 밭을 망치듯
갈애가 사람을 망친다.
갈애가 없는 사람에게 보시하면
큰 이로움을 얻으리라. (359)

제25장 비구

Bhikkhu Vagga

제25장 비구 Bhikkhu Vagga

첫 번째 이야기
감각의 문을 보호하지 못한 다섯 명의 비구

부처님께서 제따와나에 계실 때 다섯 명의 비구와 관련해서 게송 360, 361번을 설하셨다.

다섯 명의 비구가 각기 다섯 감각의 문(눈·귀·코·혀·몸) 중 하나를 지키고 보호하는 수행을 하고 있었다. 어느 날 그들은 서로 만나 자신이 다스리는 감각의 문이 수행하기 가장 어려운 문이라고 주장했다.
"내가 가장 지키기 어려운 문을 지키고 있지."
"아니야, 내가 가장 보호하기 어려운 문을 보호하고 있지."
결론을 낼 수 없자 그들은 부처님께 찾아가 여쭈었다.
"부처님이시여, 우리들은 모두 각각 다섯 감각의 문 중 하나를 보호하는 수행을 하고 있습니다. 우리들은 각자 자기가 지키고 다스리는 문이 가장 어려운 문이라고 주장하고 있습니다."

부처님께서는 어느 누가 더 낫다거나 못하다고 말하지 않고 대답하셨다.
"비구들이여, 모든 문이 다 지키고 보호하기 어려운 것이다. 그대들이 감각의 문을 다스리지 못한 것은 이번이 처음이 아니다. 그대들은 과거생에서도 감각의 문을 다스리지 못해서 죽임을 당했던 적이 있다."
"그런 일이 언제 일어났습니까?"
비구들의 요청으로 부처님께서는 딱까실라 자따까를 자세하게 이야기해 주셨다.

다섯 비구와 보디삿따의 과거생: 딱까실라 자따까[141]

먼 옛날에 딱까실라의 왕과 권속들이 모두 약키니(여자 야차)들에게 잡아먹힌 후 보디삿따가 왕위 관정식을 받고 왕위에 올랐다. 그는 하얀 일산 아래에 있는 화려한 왕좌에 앉아 자신의 권위와 영광을 둘러보고 '사람들은 모름지기 강한 의지력을 가져야 한다.'라고 생각하며 가슴에서 우러나는 감흥을 노래했다.

현자의 가르침에 따라
강인한 용맹심으로 굳건하게 마음을 다잡아
공포와 두려움을 드러내지 않았네.
그래서 약키니의 유혹에 굴복하지 않고
위험한 곳을 무사히 통과해 안전한 곳에 도착했네.

부처님께서는 이 시를 읊고 나서 자따까를 간략하게 설명하셨다.
"그 당시 나는 베나레스의 왕자였는데 형제들이 많아 베나레스에서는 왕이 될 수 없었다. 그래서 벽지불들에게 어디 가면 왕이 될 수 있는지 묻자 딱까실라에 가면 왕이 될 수 있다고 했다. 딱까실라로 가는 길에는 약키니들이 살고 있었는데 그들은 형상, 소리, 냄새, 맛, 감촉으로 지나가는 이들을 시험해서 유혹에 넘어가면 잡아먹는다고 했다. 그들은 내게 유혹을 이겨내고 딱까실라에 가면 왕에 오를 수 있다고 했다. 내게는 다섯 명의 부하가 있었는데 그들이 바로 그대들이었다. 내가 딱까실라의 왕국을 얻기 위해 출발하자 그대들은 무기를 손에 쥐고 따라나섰다. 가는 길에 약키니들에게 잡아먹힐 위험이 있으니 따라나서지 말라고 그토록 말렸지만, 그대들의 고집을 꺾지 못했다. 길을 가는 도중에 약키니들이 나타나 우리를 유혹하기 시작했다. 한 명은 요정처럼 아름다운 형상에 유혹당해 잡아먹혔다. 또 한 명은 달콤한 목소리에 유혹당해 잡아먹혔다. 또 한 명은 향기로운 냄

---

141) 딱까실라 자따까(Takkasilā Jātaka, J96): 자따까에서는 뗄레빳따 자따까(Telapatta Jātaka)라고 나온다.

새에 유혹당해 잡아먹혔다. 또 한 명은 감미로운 맛에 유혹당해 잡아먹혔다. 또 한 명은 부드러운 감촉에 유혹당해 잡아먹혔다. 그렇게 그대들은 모두 감각의 문을 다스리지 못하고 벽지불들의 가르침을 가벼이 여겨 약키니의 유혹에 넘어가 모두 잡아먹히고 말았다. 하지만 나는 감각의 문을 현명하게 잘 다스려 천상의 요정 같은 약키니의 미모에도 흔들리지 않고 유혹에도 넘어가지 않아 무사히 딱까실라에 도착해 왕이 됐다."

부처님께서는 자따까를 요약해서 이야기해 주시고 나서 말씀하셨다.

"비구들이여, 모든 감각의 문을 잘 보호해라. 감각의 문을 굳게 지키고 보호해야만 모든 고통에서 해탈할 수 있다."

부처님께서는 이어서 게송을 읊으셨다.

눈을 잘 지키는 것이 좋고
귀를 잘 지키는 것이 좋다.
코를 잘 지키는 것이 좋고
혀를 잘 지키는 것이 좋다.(360)

몸을 잘 지키는 것이 좋고
입을 잘 지키는 것이 좋다.
마음을 잘 지키는 것이 좋고
모든 감각의 문을 잘 지키는 것이 좋다.
감각의 문을 잘 지키는 비구는
모든 괴로움에서 벗어난다.(361)

두 번째 이야기
기러기를 죽인 비구[142]

부처님께서 제따와나에 계실 때 기러기를 죽인 비구와 관련해서 게송 362번을 설하셨다.

사왓티에 사는 두 친구가 비구가 되어 항상 함께 다녔다. 어느 날 그들은 아찌라와디 강으로 가서 목욕하고 강둑에 서서 햇볕에 몸을 말리며 즐거운 대화를 나누고 있었다. 그때 두 마리의 기러기가 공중으로 날아오고 있었다. 그러자 한 비구가 조약돌을 주워들며 말했다.
"내가 기러기의 한쪽 눈을 맞춰보겠소."
"맞추기가 쉽지 않을 텐데요."
"보고만 있으시오. 이쪽 눈을 먼저 맞추고 다음에 반대쪽 눈도 맞추겠소."
"그건 더더구나 불가능한 일이오."
"제대로 맞췄는지 확인만 하시오."
그는 두 개의 조약돌을 들고 기러기에게 던졌다. 기러기는 돌이 공기를 가르며 날아오는 윙 소리를 듣고 고개를 돌려 뒤를 돌아보았다. 그때 비구는 두 번째 조약돌을 날렸다. 조약돌은 한쪽 눈을 뚫고 들어가 반대쪽 눈으로 나왔다. 기러기는 고통에 찬 비명을 질러대고 공중에서 몸을 뒤집더니 두 비구의 발아래 떨어졌다.

가까이 서 있던 비구들이 그 비구가 기러기를 죽이는 것을 보고 말했다.
"스님, 부처님 아래로 출가한 비구가 살아 있는 생명을 죽이다니 이건 전혀 법답지 않은 행동입니다."
비구들은 두 비구를 데리고 부처님 앞에 가서 그들의 범계 행위를 말씀

---

142) 이 이야기는 꾸루담마 자따까(Kurudhamma Jātaka, J276)에서 유래한다.

드렸다. 부처님께서는 살생한 비구에게 물으셨다.

"그대가 살아 있는 생명의 목숨을 빼앗았다는 게 사실이냐?"

"사실입니다."

"비구여, 해탈을 구하기 위해 나의 교단에 출가한 이가 어쩌자고 그런 나쁜 짓을 저질렀단 말이냐? 옛날의 현명한 사람들은 가정을 보살피며 살아가면서도 아주 사소한 일로도 양심의 가책을 느꼈는데 그대는 부처님 가르침 아래로 출가한 이가 전혀 양심의 가책도 느끼지 않는단 말이냐?"

부처님께서는 비구들의 요청으로 과거생에 있었던 일에 대해 이야기해 주셨다.

사소한 일로도 양심의 가책을 느끼는 사람들: 꾸루담마 자따까

오랜 옛날, 다난자야 왕이 인다빳따나 성에서 꾸루 왕국을 통치하고 있을 때 왕비가 보디삿따를 낳았다. 보디삿따가 판단력을 갖출 나이가 되자 딱까실라로 가서 학문과 무술을 익히고 돌아왔다. 왕은 아들이 돌아오자 부왕副王에 임명했고 아버지가 죽자 그가 왕위를 물려받았다. 그는 왕의 열 가지 계율을 지키려고 노력했고, 중요한 오계를 받아 지켰다. 보디삿따는 오계를 완벽하고 청정하게 지켰다. 보디삿따가 오계를 지키는 수행을 하자 그의 어머니인 태후, 왕비, 부왕副王인 동생, 궁중 제사장인 바라문, 농사를 감독하는 대신, 마부, 재정관, 곡물창고 관리인, 왕궁 문지기, 기생 등 모두 열한 명이 동참해서 오계를 지켰다.

이때 이웃 나라에 깔링가143) 왕국이 있었다. 깔링가 왕이 단따뿌라에서

---

143) 깔링가Kāliṅga: 인도 남부에 있는 나라로 고대 인도 16대국에는 들어 있지 않다. 수도는 단따뿌라Dantapura였다. 경에는 이름이 나오지 않으나 자따까에 많이 등장한다. 부처님의 치아사리가 깔링가에 안치됐다가 깔링가의 왕 구하시와Guhasiva의 딸 헤마말라Hemamālā와 그녀의 남편인 웃제니의 왕자 단다꾸마라Dantakumāra에 의해 싱할리(스리랑카)로 옮겨져 싱할리 왕조의 수호물이 됐다. 현재 부처님의 치아사리는 많은

나라를 다스리고 있을 때 오랜 가뭄으로 국민들은 굶주림의 고통을 겪고 있었다. 보디삿따에게 큰 복덕을 지닌 난자나산닙바라는 코끼리가 있었다. 깔링가의 국민들은 보디삿따의 상서로운 코끼리를 자기 나라에 데려오면 비가 내릴 거라고 생각했다. 그래서 이웃 나라에서 코끼리를 데려오라고 왕에게 건의했다. 깔링가 왕은 바라문 사절단을 보내 코끼리를 데려오라고 명령했다. 바라문들은 이웃나라에 가서 보디삿따에게 코끼리를 요청했다.

오, 왕이시여. 당신의 믿음과 높은 덕을 잘 압니다.
왕께서 코끼리를 주실 거라고 믿고
깔링가의 주민들은 종자 씨까지 모두 먹어버렸습니다.

그러나 코끼리를 왕궁에 데려온 후에도 가뭄이 계속되자 깔링가 왕은 이렇게 생각했다.
'꾸루의 왕은 오계를 수행한다고 한다. 아마도 그 때문에 그의 왕국에는 비가 풍족하게 내리지 않을까?'
그래서 깔링가 왕은 바라문과 신하들을 꾸루 왕에게 다시 보냈다.
"꾸루 왕이 지키는 오계를 황금 액자에 적어서 가져오시오."
깔링가의 바라문과 신하들은 꾸루에 가서 오계를 가르쳐 달라고 청했다. 하지만 왕부터 계를 지키는 열 명 모두가 자신들이 계를 깨뜨리지 않고 잘 지키고 있다는 것에 대해 양심의 가책을 느낀다며 알려주기를 꺼렸다.
"우리는 계를 완벽하게 지킨다고 말하기가 부끄럽습니다."
이웃 나라의 바라문들과 신하들은 제발 가르쳐 달라고 사정했다. 결국 그들은 계율을 알려주었다. 바라문들과 신하들은 황금 액자에 계율을 적어서 자기 나라로 돌아가 왕에게 바쳤다. 왕은 황금 액자에 적힌 계율을 읽어

우여곡절 끝에 캔디의 달라다 말리가와Dalada Maligawa(佛齒寺)에 모셔져있다. 아소카Asoka 왕은 재위 13년째에 깔링가를 정복하고 나서 전쟁을 그만두었다고 한다.

보고 똑같이 성실하게 지켰다. 그러자 왕국에 비가 내리기 시작했고 곡물이 풍성하게 자라나서 풍년을 이루었다.(과거 이야기 끝)

부처님께서는 과거생의 이야기를 마치시고 나서 그때의 인물들을 확인시켜주셨다.

"그 당시 기생은 웁빨라완나이고 왕궁 문지기는 뿐나이고 농사감독관은 마하깟짜나이고 곡물창고 관리인은 꼴리따이고 재정관은 사리뿟따이고 마부는 아누룻다이고 바라문은 깟사빠 장로이고 선왕은 난다이고 태후는 마야데위이고 왕비는 라훌라마따이고 꾸루의 왕은 바로 나였다."

부처님께서는 이어서 훈계하셨다.

"비구여, 이와 같이 옛날에도 현명한 사람들은 아주 사소한 것에도 자신들이 지키는 계율에 허물이 있을까 걱정했다. 그런데 너는 붓다의 가르침에 귀의해 출가한 자가 어찌 살아 있는 생명을 죽이는 큰 계율을 범한단 말이냐? 비구는 모름지기 자신의 손과 발과 혀를 잘 다스려야 한다."

부처님께서는 이렇게 말씀하시고 게송을 읊으셨다.

밖으로 손발과 입을 다스리고,
안으로 수행하는 데서 기쁨을 찾고
고요하고 홀로 있으며
만족할 줄 아는 사람,
그런 사람을 비구라 한다.(362)

세 번째 이야기
두 상수제자를 비난한 꼬깔리까 비구[144]

부처님께서 제따와나에 계실 때 꼬깔리까[145]와 관련해서 게송 363번을

---

144) 이 이야기는 상윳따 니까야 꼬깔리까 경(Kokālika Sutta, S6.10)에서 유래한다.
145) 꼬깔리까Kokālika, Kokāliya: 경전에는 꼬깔리까가 두 명이 등장한다. 그 둘을 구별하기 위해서 마하꼬깔리까Mahā Kokālika와 쭐라꼬깔리까 Cūla Kokālika라고 불렀다. 마하꼬깔리까는 데와닷따Devadatta의 동료로 그가 교단을 분열시킬 때 동조하고 비구들이 데와닷따를 비난할 때 그를 방어하고 옹호하며 칭찬했던 인물이다. 여기에 나오는 꼬깔리까는 쭐라꼬깔리까이다. 그는 꼬깔리Kokāli 지방의 부잣집 아들이었고 아버지가 세운 사원에서 살았다. 어느 날 두 상수제자가 조용한 곳에서 지내려고 이 사원에 와서 함께 안거를 보냈다. 두 장로는 자신들이 이곳에 있다는 것을 아무에게도 알리지 말아달라고 요청했다. 안거가 끝나고 두 장로가 되돌아가려고 하자 꼬깔리까는 두 장로가 이곳에서 안거를 보냈는데도 환대하지 않았다고 주민들을 비난했다. 주민들은 급히 여러 가지 공양물을 가지고 왔지만, 두 장로는 받기를 거절하고 나중에 다시 방문하겠다고 약속하고 떠났다. 꼬깔리까는 두 장로에게 들어 온 시주물이 자기에게도 돌아오리라고 잔뜩 기대했다가 두 장로가 거절하고 떠나버리자 크게 실망했다. 두 장로가 많은 비구를 데리고 도시를 다시 방문하자 주민들은 많은 공양물을 올렸고 두 장로는 비구들에게 골고루 나누어 주었다. 하지만 꼬깔리까는 아무것도 받지 못했다. 그래서 그는 두 장로에게 욕설을 퍼부었고 장로들은 떠나버렸다. 주민들은 화가 나서 꼬깔리까가 장로들을 떠나게 했다고 주장했다. 장로들에게 되돌아오기를 요청했으나 거절당하자 꼬깔리까는 사왓티로 가서 부처님 앞에서 두 장로를 비난했다. 그는 '부처님이시여, 사리뿟따와 목갈라나는 나쁜 마음을 품은 자로서 나쁜 욕망의 지배를 받고 있습니다.'라고 세 번이나 비난했고, 부처님께서는 '꼬깔리까여, 그렇게 말하지 마라. 사리뿟따와 목갈라나에게 청정한 믿음을 가져라. 사리뿟따와 목갈라나는 자애롭다.'하고 세 번이나 반복했다. 부처님의 경고에도 아랑곳하지 않고 두 상수제자를 비난한 과보로 그의 몸에서 즉시 종기가 생겨나더니 커다랗게 부풀어 올라 터졌다. 그는

설하셨다. 이 이야기는 상윳따 니까야 꼬깔리까 경과 주석서에 언급돼 있다.146)

꼬깔리까는 죽어 홍련지옥에 태어났다. 비구들이 법당에 모여 이 사건을 가지고 이야기를 나누었다.

"오, 세상에! 꼬깔리까 비구는 자신의 혀를 다스리지 못해서 스스로 파멸을 초래했구나! 두 상수제자를 비난해 결국 지옥에 떨어졌다."

이때 부처님께서 들어와 물으셨다.

"비구들이여, 여기 모두 모여 앉아서 무슨 이야기를 나누고 있는가?"

비구들이 대답하자 부처님께서 말씀하셨다.

"비구들이여, 꼬깔리까가 자신의 혀를 다스리지 못해 스스로 파멸을 맞이한 것은 이번이 처음이 아니다. 과거생에서도 또한 이런 일이 있었다."

부처님께서는 비구들의 요청으로 과거생 이야기를 시작하셨다.

꼬깔리까의 과거생: 말 많은 거북이147)

한때 거북이가 히말라야 근처 호수에 살고 있었다. 어느 날 두 기러기가 날아와 음식을 찾으려고 호수를 돌아다니다가 거북이를 만나 사귀게 됐다. 얼마 안 가서 그들은 절친한 친구가 됐다. 어느 날 기러기가 거북이에게 말했다.

제따와나 정문을 벗어나지 못하고 땅에 쓰러져 죽었다. 상윳따 니까야 제6 범천 상응에는 사함빠띠Sahampati 범천이 나타나 그가 홍련지옥 (Paduma niraya)에 태어났음을 증언하고 있다. 이 기록은 상윳따 니까야 (S6.10)와 숫따니빠따의 꼬깔리야 경(Kokāliya Sutta, Sn3.10)과 주석서에 언급돼 있다.

146) 꼬깔리까 경: Kokālika Sutta, S6.10
147) 이 과거생 이야기는 바후바니 자따까(Bahubhāni Jātaka, J215)에서 유래한다. 자따까에서는 깟차빠 자따까(Kacchapa Jātaka)라는 제목으로 나온다.

"친구 거북이여, 우리는 히말라야에 있는 찟따꾸따 산148)의 황금 동굴에 살고 있다네. 매우 아름답고 살기 좋은 곳이지. 우리와 함께 가지 않겠나?"
"내가 어떻게 그곳에 갈 수 있나?"
"그대가 입만 굳게 닫고 있을 수 있다면 우리가 데려다주지."
"입을 굳게 닫고 있을 테니 날 데려다줘."
"좋아."
두 기러기는 거북이에게 막대기의 가운데를 입으로 꽉 물게 하고 양쪽 끝은 부리로 물고 공중으로 날아올랐다.

마을 소년들은 거북이 한 마리가 두 기러기가 물고 가는 막대기에 대롱대롱 매달려 가는 것을 보고 소리 질렀다.
"두 기러기가 막대기로 거북이를 데리고 가는 것 좀 봐라!"
거북이가 이 소리를 듣고 생각했다.
'이 거지같은 부랑자들아, 내 친구가 나를 데려가는 것이 너희들과 무슨 상관이냐?'
그 순간 거북이는 마음속에 있는 생각을 말하려고 입을 열었다. 이때 기러기들은 베나레스 궁전 바로 위를 빠르게 날아가는 순간이었다. 그래서 물고 있는 막대기를 놓치자 거북이는 궁전 뜰 한가운데에 떨어져 두 조각으로 갈라져 죽었다.

거북이가 목소리를 높이려다 죽고 말았네.
막대기를 꽉 물고 가다가 말하려는 통에 그리되었네.
이것을 본보기로 삼아, 훌륭한 자여, 현명하게 알맞은 때에만 말하게나.
말이 많아서 파멸을 맞이한 이 거북이를 좀 보게나.

---

148) 찟따꾸따 산(Cittakūta): 아노땃따 호수 주위의 다섯 봉우리 중 하나로 보석으로 이루어진 산이라고 한다. 거기에 황금 동굴(Kañcanaguhā)이 있는데 그 안에 황금 기러기들이 살고 있다는 전설이 있다. 현재의 분델칸드Bundelkhand에 있는 깜쁘따나쓰기리Kāmptanāthgiri라고 한다.

부처님께서는 바후바니 자따까를 이야기해 주시고 나서 말씀하셨다.
"비구들이여, 비구는 혀를 잘 다스리고 고요하게 살고 우쭐거리며 자만심을 일으키지 말고 나쁜 생각에서 벗어나야 한다."
부처님께서는 이렇게 말씀하시고 게송을 읊으셨다.

비구가 입을 조심하여
차분하고 슬기롭게 말하며
경전과 그 의미를 바르게 설명하면
그의 설법은 감로수처럼 달콤하리라.(363)

네 번째 이야기
부처님을 진정으로 존경하는 담마라마 비구

부처님께서 사왓티에 계실 때 담마라마 비구와 관련해서 게송 364번을 설하셨다.

"앞으로 4개월 후 대열반에 들겠다."

부처님께서 이렇게 선언하시자 비구들은 부처님께서 살아 계신 동안에 단 일 분이라도 함께 있으려는 듯이 부처님 곁을 떠날 줄을 모르고 지키고 있었다. 그리고 아직 수다원과도 성취하지 못한 비구들은 눈물을 감추지 못하고 슬퍼하고 있었고 아라한과를 성취한 비구들은 감정의 흔들림 없이 평온한 마음을 유지하고 있었다. 모두가 '이제 우리는 어떻게 하지?'라고 말하면서 돌아다녔다. 이때 담마라마(法悅, 법의 희열 속에서 사는 자) 비구는 동료 비구들과 함께 어울리지 않았다. 그러자 동료 비구들이 그에게 물었다.

"스님은 왜 우리와 함께 어울리지 않습니까?"

담마라마는 비구들의 질문에 대답하지 않았다.

'부처님께서는 앞으로 4개월 후 대열반에 들겠다고 선언하셨는데 나는 아직 욕망의 얽매임에서 벗어나지 못했구나. 부처님이 아직 살아계실 때 분투노력해서 아라한과를 성취해야지.'

담마라마는 이렇게 생각하며 부처님께서 설하신 법을 기억하고 숙고하고 관찰했다.

비구들이 이 일을 부처님께 보고했다.

"부처님이시여, 담마라마는 부처님에 대한 존경심이 전혀 없습니다. 우리가 '앞으로 4개월 후 부처님께서 대열반에 드시면 이제 우린 어떻게 하지?'라고 걱정하는 말을 듣고서도 그는 아무런 걱정도 하지 않고 홀로 지냅니다."

부처님께서 담마라마를 불러서 물으셨다.

"그대가 홀로 지내며 다른 비구와 어울리지 않는다는데 그 말이 사실인가?"

"부처님이시여, 사실입니다."

"왜 그렇게 행동하는가?"

"부처님께서 앞으로 4개월 후 대열반에 들겠다고 선언하셨는데 저는 아직 욕망의 얽매임에서 벗어나지 못했습니다. 부처님이 아직 살아계실 때 아라한과를 성취해야겠다고 생각했습니다. 그래서 저는 부처님께서 설하신 법을 기억하고 숙고하고 관찰하며 홀로 지냈습니다."

"사두! 사두! 사두!(훌륭하다!)"

부처님께서는 기뻐 외치며 크게 칭찬하시고 나서 비구들에게 말씀하셨다.

"비구들이여, 담마라마가 하는 것처럼 나를 존경해야 한다. 꽃과 향을 올리며 공경 예배하는 것은 진정으로 나를 존경하는 것이 아니다. 법에 따라 수행하는 것이 진정으로 나를 존경하는 것이다."

부처님께서는 이렇게 말씀하시고 게송을 읊으셨다.

진리(法)에 머물고 진리를 기뻐하며
진리를 명상하고 늘 마음에 새기는 비구는
참된 진리(正法)에서 결코 멀어지지 않는다.(364)

이 게송 끝에 담마라마는 아라한과를 성취했고 대중들도 많은 이익을 얻었다.

다섯 번째 이야기
이단자에게 가서 공양을 한 비구

부처님께서 웰루와나에 계실 때 이단자인 데와닷따 종단에 가서 공양을 한 비구와 관련해서 게송 365, 366번을 설하셨다.

라자가하에 아주 친한 두 비구가 살고 있었다. 한 비구는 부처님의 가르침을 따르고 다른 한 비구는 교단을 분열시키고 새로 자신의 종단을 세운 데와닷따를 추종하고 있었다. 두 비구는 우연히 만나기도 하고 일부러 찾아가서 만나기도 하며 우정을 유지했다. 어느 날 부처님을 따르는 비구가 탁발을 마치고 돌아오는 길에 데와닷따를 추종하는 종파분리자 비구를 만났다. 종파분리자가 그에게 물었다.
"친구여, 어디 갔다 오는 길인가?"
"여기저기 탁발하고 돌아오는 길이네."
"음식을 좀 얻었는가?"
"약간 얻었다네."
"우리는 데와닷따 장로에게 귀의한 아자따삿뚜 대왕이 매일 500대의 수레에 온갖 맛있는 음식을 가득 싣고 와서 올리기 때문에 일부러 탁발 나갈 필요도 없이 사원에 앉아서 배불리 먹는다네. 얼마간 우리와 함께 머물러 보게나."

비구는 친구가 제안한 대로 며칠 동안 데와닷따 무리와 함께 지내고 나서 웰루와나로 되돌아왔다.

비구들이 그가 저지른 행위를 부처님께 보고했다.
"부처님이시여, 그는 데와닷따에게 제공된 풍요로운 공양물을 즐기고 있습니다. 그는 데와닷따를 추종하는 이단자 무리입니다."
부처님께서 그를 불러서 물으셨다.
"그대가 그런 나쁜 짓을 저질렀다는데 사실인가?"

"부처님이시여, 저는 친구가 이끄는 바람에 며칠 동안 데와닷따의 무리와 함께 지냈지만, 데와닷따의 견해에 동조하는 것은 아닙니다."

"그대가 그들의 사악한 견해에 동조하지 않은 것은 인정하지만, 줏대 없이 돌아다니며 그들의 견해를 수용한다는 듯이 함께 어울려 다니지 않았느냐? 그대가 그렇게 행동한 것은 이번이 처음이 아니다. 과거생에서도 또한 이런 일을 저질렀었다."

비구들이 여쭈었다.

"부처님이시여, 그가 지금 저지른 행위는 저희 눈으로 직접 보았지만, 과거생에서는 누구의 삿된 견해를 따랐는지 말씀해 주십시오."

부처님께서는 비구들의 요청에 따라 이렇게 이야기를 시작하셨다.

줏대 없는 비구의 과거생: 마힐라무카(여자 얼굴) 코끼리149)

왕에게 마힐라무카라는 코끼리가 있었다. 이 코끼리는 착해서 절대 남을 해치지 않았다. 그런데 어느 날 밤이었다. 강도들이 코끼리 우리 가까이 와서 벽을 뚫고 굴을 파고 들어가 물건을 훔칠 계략을 꾸미고 있었다.

"우리는 강도다. 강도는 모든 선한 마음을 없애고 무자비하고 잔인하고 난폭해야 한다."

코끼리는 강도들의 대화를 듣고 나서 그들이 자기를 가르치기 위해 왔다고 생각하고 무자비하고 잔인하고 난폭해졌다. 다음 날 아침, 코끼리 조련사들이 오자 코로 그들을 들어 올렸다가 땅바닥에 내리쳐서 죽여 버렸다. 코끼리는 자기에게 다가오는 사람을 모두 살해했다.

왕은 마힐라무카 코끼리가 미쳤다는 보고를 받고 바라문(보디삿따)을 보내서 왜 그렇게 변했는지 조사하게 했다. 바라문은 코끼리 몸에는 병이 없다는 것을 알고 밤중에 누군가가 한 사악한 말을 듣고 그렇게 변했다고 추측했다. 바라문은 현자들을 보내 밤중에 코끼리 우리 가까이에 모여 앉

---

149) 마힐라무카 자따까: Mahilāmukha Jātaka, J26

아 선행에 대해 이야기하게 했다.

"남을 학대하거나 다치게 해서는 안 되고 죽여서는 더욱 안 됩니다."

코끼리는 이 말을 듣고 다시 착해졌다. 이 마힐라무카 코끼리가 잠시 이 단자의 무리와 함께 지냈던 비구였다.

강도들의 대화를 듣고
마힐라무카 코끼리는 미쳐 날뛰며
사람을 죽이고 해쳤네.
그러나 마음을 다스리는 사람들의 말을 듣고
착한 마음을 회복했네.

부처님께서는 마힐라무카 자따까를 이야기하시고 나서 말씀하셨다.

"비구들이여, 비구라면 모름지기 자기 것에 만족하고 남이 받은 것을 탐내서는 안 된다. 남이 받은 것을 탐내는 자는 삼매나 통찰지, 도와 과 중에 어느 것도 얻을 수 없다. 받은 것에 만족하는 자는 삼매와 도와 과를 성취할 수 있다."

부처님께서는 이렇게 말씀하시고 게송을 읊으셨다.

자기가 받은 것을 가벼이 하지 말고
남이 얻은 것을 부러워하지 마라.
남이 얻은 것을 부러워하는 비구는
고요한 마음을 얻을 수 없다.(365)

비구가 조금밖에 얻지 못했더라도
받은 것을 가벼이 하지 않으며
생계가 청정하고 게으르지 않으면
천신들도 그를 찬탄한다.(366)

여섯 번째 이야기
다섯 번 첫 수확물로 공양을 올리는 빤짝가다야까 바라문150)

부처님께서 제따와나에 계실 때 빤짝가다야까(다섯 번이나 첫 번째로 공양을 올리는 자) 바라문과 관련해서 게송 367번을 설하셨다.

빤짝가다야까 바라문은 곡식이 익으면 첫 번째로 수확한 쌀로 밥을 지어 스님들에게 올렸다. 타작하면 탈곡장에서 처음 탈곡한 쌀로 밥을 지어 올렸다. 자루에 넣어 저장하면 맨 처음 저장한 쌀로 밥을 지어 올렸다. 솥에 넣어 밥을 지을 때 처음 지은 밥으로 공양을 올렸다. 밥그릇에 밥을 담을 때 처음 담은 밥으로 공양을 올렸다. 그는 이렇게 다섯 번이나 맨 처음 것으로 공양을 올렸다. 그는 어떤 스님이 탁발을 나오든지 공양을 올리지 않고 먼저 먹은 적이 없었다. 이 때문에 사람들은 그를 빤짝가다야까라고 불렀다.

부처님께서는 이 바라문 부부가 아나함과를 성취할 인연이 무르익었다는 것을 아시고 탁발 시간에 바라문의 집 앞으로 가서 서 계셨다. 그런데 바라문은 집 안쪽으로 향해 앉아 식사하고 있었기 때문에 부처님께서 문 앞에 서 계시는 것을 보지 못했다.

바라문의 아내는 남편의 식사를 시중들고 있었기 때문에 부처님이 문 앞에 서 계시는 것을 볼 수 있었다. 그녀는 부처님을 보고 이렇게 생각했다.

'남편은 다섯 번이나 첫 번째 것으로 공양을 올리는 사람이기 때문에 사문 고따마가 문 앞에 서 있는 것을 보면 자신의 음식을 그에게 올릴 것이다. 그렇게 되면 밥을 또 해야 한다.'

그래서 그녀는 부처님에게 등을 보이고 남편의 뒤로 가서 마치 보름달을 손으로 가리려는 듯이 남편이 부처님을 보지 못하게 몸을 수그려 가렸다.

---

150) 이 이야기는 숫따니빠따의 성인 경(Muni Sutta, Sn1.12)의 11번째 게송 주석에 나온다.

그녀는 부처님이 가셨나 안 가셨나 곁눈으로 살짝 쳐다보았다.

부처님이 여전히 문 앞에 서 계시자 바라문의 아내는 남편이 들을까 봐 그 자리에서 말하지 않고 뒤로 몇 걸음 돌아서서 낮은 목소리로 부처님께 말했다.

"그냥 지나가세요."

부처님께서는 가지 않겠다고 고개를 가로저었다. 바라문의 아내는 세상의 큰 스승이신 부처님께서 가지 않겠다고 고개를 가로젓는 모습을 보고 참지 못하고 웃음을 터뜨렸다.

그 순간 부처님께서는 몸에서 빛을 뿜어 집안을 비추셨다. 부처님을 등지고 앉아 있던 바라문은 아내의 웃음소리와 동시에 여섯 색깔의 빛이 쏟아져 들어오는 것을 보고 고개를 돌려 부처님께서 자기 집 앞에 서 계시는 것을 보았다. 부처님들은 마을에서나 숲에서나 어디서든지 깨달음을 성취할 인연이 있는 중생들에게 모습을 보이지 않고 떠나는 법이 없었다. 바라문이 부처님을 보고 소리 질렀다.

"아내여, 당신이 나를 망치는구려! 왕 중의 왕께서 내 집 앞에 와 계시는데도 나에게 알리지 않다니! 당신은 지금 큰 잘못을 저질렀다는 것을 아시오?"

바라문은 자신이 반쯤 먹다 남은 밥그릇을 들고 부처님께 가서 말씀드렸다.

"스승, 고따마이시여, 저는 다섯 번이나 첫 번째 것으로 공양을 올린 후에 식사를 합니다. 하지만 오늘은 미리 음식을 준비하지 못했습니다. 이 밥은 저를 위해 준비한 음식인데 둘로 나누어 반은 제가 벌써 먹었습니다. 괜찮으시다면 나머지 반을 받으시겠습니까?"

부처님께서는 남이 먹던 밥도 거부하지 않고 어떤 음식이든 개의치 않으셨다.

"바라문이여, 미리 나를 위해 준비한 음식도 좋고, 자신이 먹던 음식을 둘로 나누어 준 것도 좋고, 먹다 남은 음식도 좋다. 바라문이여, 우리는 남이 준 음식으로 살아가는 사람들이다."

부처님께서는 그렇게 말씀하시고 게송을 읊으셨다.

**새것이든 먹던 것이든 남은 것이든
남이 준 음식으로 살아가는 사람은
한 숟갈의 음식을 받을지라도
좋은 음식이라고 칭찬하거나
형편없는 음식이라고 비난하지 않는다.
현명한 자라면 이들이 성인임을 잘 알아야 하느니.** (숫따니빠따 성인경 11번째 게송)

바라문은 이 말씀을 듣고 내면에서 흘러나오는 기쁨을 감추지 못하고 감탄사를 발했다.

'왕 중의 왕, 인천의 스승께서 '먹다 남은 밥은 필요 없다.'라고 말씀하시지 않고 이렇게 말씀하시다니 얼마나 놀라운 일인가!'

그는 문 앞에 그대로 서서 부처님께 여쭈었다.

"스승, 고따마시여, 당신께서는 제자들을 '비구'라고 부르시는데 어떤 사람을 비구라 합니까?"

부처님께서는 잠시 생각에 잠겼다.

'이 사람들에게 어떻게 법을 설해야 가장 좋은 법문이 될까?'

부처님께서는 이들의 과거를 살펴보셨다.

'깟사빠 부처님 재세 시에 이 두 사람은 정신과 물질(몸과 마음)에 알아차리고 살아가는 법에 대해 가르침을 받았다. 이 기회를 놓치지 않고 정신과 물질에 대해 가르침을 설해야겠다.'

부처님께서는 이 부부에게 말씀하셨다.

"비구란 정신과 물질에 마음을 빼앗기지 않고, 얽매이지 않고, 묶이지 않는 사람이다."

부처님께서는 이렇게 말씀하시고 게송을 읊으셨다.

**자신의 몸과 마음 작용에 대해
'나'라거나 '나의 것'이라고 생각하지 않고
그것이 사라지더라도 슬퍼하지 않는 사람,
그를 진정 비구라 하네.(367)**

이 게송 끝에 바라문 부부는 아나함과를 성취했다.

일곱 번째 이야기
소나 꾸띠깐나 비구와 강도였다가 출가한 비구들[151]

부처님께서 제따와나에 계실 때 강도였다가 출가한 비구들과 관련해서 게송 368, 369, 370, 371, 372, 373, 374, 375 ,376번을 설하셨다.

어느 때 마하깟짜나 장로는 아완띠국의 꾸라라가라 성 근처의 빠왓따 산에 살고 있었다. 마하깟짜나 장로의 재가 제자인 소나 꾸띠깐나[152]는 장로의 법문을 듣고 신심을 일으켜 장로 아래로 출가하고 싶은 생각이 일어나 요청했다.

"마하깟짜나 스승이시여, 저의 출가를 허락해 주소서."

"소나여, 일생동안 하루에 한 끼만 먹고 홀로 머물고 청정범행을 닦기란 쉬운 일이 아니다. 재가 생활을 하면서 때때로 하루 한 끼 식사와 청정행을 닦고 수행해라."

소나는 출가를 단념하고 홀로 삼매에 잠겨 있다가 또 출가하고픈 생각이

---

151) 이 이야기는 우다나의 소나 경(Soṇa Sutta, Ud5.6)과 율장 대품(VinMv v. 12~13)에 나온다.
152) 소나 꾸띠깐나Soṇa Kūṭikaṇṇa 또는 소나 꼬띠깐나Koṭikaṇṇa: 경전에는 소나라는 이름의 사람들이 많이 등장하는데 우선 소나 꼴리위사Soṇa Koḷivisa와 비구니 소나Soṇā와 구분해야 한다. 소나 꼴리위사는 짬빠Campā의 부유한 상인의 아들로 두 발에 솜털이 나 있는 부드러운 발의 소유자다. 그는 발에 피가 흐를 정도로 경행하며 정진하다가 부처님의 거문고 비유를 듣고 균형 잡힌 수행법을 배워 아라한이 된 인물이다. 그는 정진제일 비구로 불린다. 소나 비구니도 정진 제일 비구니다. 여기에 나오는 소나 꾸띠깐나는 아완띠Avanti국의 꾸라라가라Kuraraghara에서 어머니 깔리의 아들로 태어났다. 그는 출가 전에 천 냥(Koṭi)의 가치가 있는 귀걸이를 하고 다녔다고 해서 꾸띠깐나라는 수식어가 붙었다. 그는 마하깟짜나(대가전연)를 은사로 출가했다. 그는 부처님 앞에서 낭랑한 목소리로 숫따니빠따 제4장을 정확하게 외워 부처님의 칭찬을 들었다. 그래서 그는 '낭랑한 목소리에서(Kayāṇavākkaraṇa) 제일'이라고 불린다.

일어나 스승에게 말했다.

"스승이시여, 집에서 청정범행을 닦기가 쉽지 않습니다. 출가를 허락해 주십시오."

장로는 두 번째도 거절했다. 며칠 지나서 소나는 세 번째로 비구가 되겠다고 결심하고 스승에게 말하자 장로는 그에게 사미계를 주었다. 그 무렵 남쪽 나라인 아완띠에는 비구가 거의 없었기 때문에 소나가 비구계를 받기까지는 3년이 걸렸다. 장로는 여기저기서 열 명의 비구를 겨우 모아 승단을 구성해 비구계를 줄 수 있었다.153) 소나 비구가 안거를 마치고 홀로 정진하다가 이런 생각이 떠올랐다.

'나는 아직 부처님을 만나 뵙지 못했다. 부처님은 이러이러한 분이라고 전해 들었을 뿐이다. 스승께서 허락하시면 존귀하고 스스로 올바로 깨달으신 부처님을 뵈러 가야겠다.'

그는 마하깟짜나 장로에게 가서 삼배하고 부처님을 뵙고 싶다고 말씀드리자 장로가 흔쾌히 승낙하며 말했다.

"소나여, 참으로 훌륭하다. 존귀하신 분이시며 스스로 올바로 깨달으신 부처님을 뵈러 가거라. 소나여, 부처님을 만나 뵙게 되면 부처님의 발에 이마를 대면서 나의 이름으로 '부처님이시여, 저의 은사인 마하깟짜나 장로가 부처님의 발에 절을 올립니다.'라고 전하면서 삼배를 올려라. 그리고 다음의 다섯 가지 계율을 완화해 달라고 요청하라.

① 남쪽 지방인 아완띠에는 비구가 거의 없으니 더 적은 수로도 비구계를 줄 수 있도록 허락해 주십시오.(율장 대품 1편 6항: 열 명 이상의 비구가 없으면 구족계를 줄 수 없다.)

② 아완띠국의 남쪽 지방은 토양이 검고 소의 발굽으로 다져지고 거칠어서 얇은 신발로는 다니기가 힘드니 여러 겹의 바닥을 댄 신발을 신게 해

---

153) 사미계는 한 명의 비구가 줄 수 있지만 비구계는 열 명의 비구가 있어야 한다. 후에 중심지역을 제외한 변방에서는 다섯 명의 비구가 있으면 계를 줄 수 있도록 계율을 완화했다.

주십시오.(율장 대품 5편 3항: 바닥이 한 겹 이상인 신발을 신어서는 안 된다.)

③ 아완띠국의 남쪽 지방 사람들은 목욕을 중히 여기고 물로써 깨끗해진다고 여기고 있으니 수시로 목욕하는 것을 허락해 주십시오.(빠찟띠야 57조: 울력 등 특별한 경우가 아니라면 보름마다 목욕해야 한다.)

④ 아완띠국의 남쪽 사람들은 양가죽, 산양가죽, 사슴가죽을 깔개154)로 사용합니다. 그러므로 양가죽, 산양가죽, 사슴가죽을 깔개로 사용할 수 있도록 허락해 주십시오.(율장 대품 5편 10항: 어떤 가죽도 지녀서는 안 된다.)

⑤ 비구들이 교구 밖에 있을 때 신도들이 '이 가사를 어느 스님에게 올립니다.'라고 맡겼는데 그 비구가 돌아와서 알려주면 그 비구는 '니삭기야 빠찟띠야를 범해서는 안 된다고 하면서 받지 못합니다. 이 계율을 완화해 주십시오.(니삭기야 빠찟띠야(니살기) 제1조: 여분의 가사는 10일 이상 보관해서는 안 된다.)

소나여, 이와 같이 말씀드리도록 해라."

소나는 순조롭게 유행해 제따와나에 도착했다. 그는 부처님께 삼배를 올리고 스승의 이름으로 안부를 전했다.

"부처님이시여, 저의 스승이신 마하깟짜야나 장로가 부처님의 발에 이마를 대고 절하며 '어려움이 없고 언제나 평안하십니까? 언제나 쾌적하게 잘 지내십니까?'라고 인사를 올립니다."

부처님께서도 그에게 다정한 인사를 건넸다.

"비구여, 몸은 건강하고 편안한가? 불편한 일은 없는가? 오는데 피로하지 않았는가? 탁발하느라 힘들지 않았는가?"

---

154) 깔개(坐具, 尼師檀): 비구육물 중의 하나이며 일종의 얇은 방석(좌구)이다. 보통 두 겹의 천으로 만들거나 가죽을 잘라서 사용하기도 한다. 비구는 좌구를 항상 휴대하고 다녀야 하며 앉을 때는 언제 어디서나 좌구를 깔고 앉아야 한다. 방석이나 의자에 앉을 때도 좌구를 깔고 앉아야 한다.

"부처님이시여, 저는 건강하고 편안합니다. 여행은 힘들지 않았고 탁발하는 데 힘들지 않았습니다."

부처님은 아난다 장로에게 비구의 침대와 의자를 간다꾸띠 안에 준비하라고 지시했다. 아난다 장로는 소나의 침대와 의자를 간다꾸띠 안에 마련했다. 그래서 소나는 간다꾸띠에서 부처님과 함께 밤을 지내게 됐다.

부처님께서는 밤이 늦도록 밖에서 지내시다가 이윽고 발을 씻고 간다꾸띠에 들어가 누우셨다. 소나도 밤이 깊도록 밖에서 명상하다가 발을 씻고 간다꾸띠에 들어가 잠을 잤다. 부처님께서는 새벽에 일어나셔서 소나를 깨워 말씀하셨다.

"소나여, 그대가 아는 경이 있으면 한 번 외워보아라."

소나는 앗타까왁가(여덟 게송의 품)에 나오는 열여섯 개의 경155)을 모두 낭랑하게 가락을 붙여 암송했다. 소나가 경을 모두 완벽하게 암송하자 부처님께서는 크게 기뻐하며 칭찬하셨다.

"사두! 사두! 사두!(선재!) 비구여, 앗타까왁가에 나오는 열여섯 개의 경을 잘 이해하고 깊이 관찰하고 있구나. 그대의 목소리는 감미롭고 명료하고 틀린 곳이 없구나."

부처님께서 칭찬하시는 소리를 듣고 용들과 가루다 등 땅의 신들부터 범천에 이르기까지 모든 천신이 손뼉을 치고 환호했다.

제따와나에서 120요자나 떨어져 있는 꾸라라가라에는 소나의 어머니가 살고 있었다. 이때 그 집에 살고 있던 천신이 손뼉을 치며 찬탄했다. 소나의 어머니인 깔리 꾸라라가리까156)가 물었다.

---

155) 앗타까왁가Aṭṭhaka Vagga: 숫따니빠따의 제4장 「여덟 게송의 품」을 말한다. 이 장은 16개의 경을 모아놓은 것인데 하나의 경이 여덟 게송으로 이루어져 있다.
156) 깔리 꾸라라가리까Kāli Kuraragharikā: 그녀는 소나 꾸띠깐나Soṇa Kuṭikaṇṇa 장로의 어머니이고, 남편은 아완띠Avantī의 꾸라라가라Kuraraghara 지방 사람이다. 그녀가 소나를 임신해 출산이 가까워지자

"누가 손뼉을 치고 찬탄하는가?"

"자매여, 접니다."

"당신은 누구요?"

"당신 집에 사는 천신입니다."

"전에는 한 번도 나에게 박수갈채를 보낸 적이 없었는데 오늘은 무슨 일로 손뼉을 치고 칭찬하는가요?"

"저는 당신에게 박수를 보내는 것이 아닙니다."

"그럼 누구에게 박수를 보내는 건가요?"

"당신의 아들 소나 꾸띠깐나 스님에게 보내는 것입니다."

"내 아들이 무슨 칭찬받을 일을 했나요?"

"오늘 간다꾸띠에서 부처님과 함께 머물면서 경을 암송했고 부처님께서 그가 정확하게 암송하는 것을 보고 크게 칭찬하셨습니다. 그래서 저도 또한 박수를 보내는 것입니다. 지신부터 범천의 천신까지 모든 천신도 부처님께서 당신의 아들에게 칭찬하는 소리를 듣고 손뼉을 치고 크게 환호했습니다."

"내 아들이 부처님께 경을 암송했다는 말이 정말인가요? 부처님께서 나의 아들에게 경을 암송한 것이 아니고요?"

"당신의 아들이 부처님께 경을 암송했습니다."

> 아이를 낳기 위해 라자가하의 친정집으로 갔다. 그녀가 저녁에 발코니에서 시원한 바람을 즐기고 있을 때 사따기라Sātāgira와 헤마와따 Hemavata라는 두 약카가 부처님과 부처님의 가르침이 얼마나 탁월한지에 대해 이야기 하는 것을 듣고 부처님에 대한 신심이 일어나 수다원과를 성취했다.(숫따니빠따의 헤마와따 경, Sn.1.9) 그날 밤 그녀는 소나를 낳았다. 깔리는 꾸라라가라로 돌아와서 마하깟짜나Mahā Kaccāna 장로의 신도가 되어 그를 후원했다. 소나가 장로 아래로 출가해 부처님을 뵈러갈 때 그에게 값비싼 융단을 주어 간다꾸띠에 깔도록 했다. 그녀는 여자 신도 중에서 '소문만 듣고도 청정한 믿음을 일으킨 자들 가운데서 (anussavappasannānaṃ) 제일'이라는 칭호를 얻었다.

천신이 그렇게 말하자 소나의 어머니는 다섯 가지 희열이 온몸 가득 차오르는 것을 느꼈다.

"아들이 간다꾸띠에서 부처님과 함께 지내면서 경을 암송했다면 내게도 경을 암송할 수 있을 것이다. 아들이 돌아오면 법석法席을 마련하고 그의 법문을 들어야겠다."

부처님께서 그를 칭찬할 때 소나는 이렇게 생각했다.
'지금이 은사 스님께서 분부하신 일을 부처님께 말씀드릴 기회다.'
소나는 자리에서 일어나 부처님께 삼배를 올리고 말씀드렸다.
"부처님이시여, 저의 은사 스님이신 마하깟짜나 장로가 부처님의 발에 절하고 다섯 가지 계율을 완화해 달라고 요청합니다."
부처님께서 비구들을 모이게 하고 말씀하셨다.
"비구들이여, 아완띠의 남쪽 지방에는 비구들이 적다. 변방157)에서는 한 명의 계율에 정통한 자를 포함해서 다섯 명이 모이면 비구계를 줄 수 있다. 변방에서는 여러 겹의 바닥을 댄 신발을 신어도 된다. 변방에서는 수시로 목욕해도 된다. 변방에서는 양가죽, 산양가죽, 사슴가죽으로 깔개를 만들어 사용해도 된다. 교구 밖에 있을 때 신도들이 '이 가사를 어느 비구에게 올립

---

157) 변방(Paccantimadesa, 邊方): 부처님께서 불교지역을 두 종류로 나누었는데 중심지역과 변방이다. 중심지역(majjhimadesa)은 불교가 탄생해서 초기에 활동했던 지역으로 계율을 엄격하게 적용한 곳이고 변방은 계율을 완화해 지키게 했던 곳이다. 율장 대품에 나오는 중심지역은 동쪽으로는 까장갈라Kajaṅgala, 동남쪽으로 살라와띠Salavatī 강, 남서쪽으로는 사따깐니까Satakaṇṇika 읍, 서쪽으로는 투나Thūna 바라문 마을, 북쪽으로는 우시랏다자Usiraddhaja 산을 경계로 안쪽은 중앙국이고 바깥쪽은 변방이다. 중심지역은 길이가 300요자나, 넓이가 250요자나, 둘레가 900요자나로 그 당시 인도 16대국 중 간다라Gandhāra와 깜보자Kamboja를 제외한 14개국이 포함돼 있고 사왓티, 사께따, 짬빠, 베나레스, 바이샬리, 라자가하, 꼬삼비의 7개 주요도시가 포함돼 있다. 이곳의 주민들은 지혜롭고 계를 잘 지키고 붓다를 포함해서 많은 성인이 태어났던 곳이다.

니다.'라고 하며 맡긴 가사는 그 비구가 돌아와 손이 닿기 전까지의 날짜는 계산할 필요가 없다."

그는 부처님께 작별인사를 하고 제따와나를 떠나 순조롭게 유행한 끝에 스승이 거처하는 사원에 도착했다.

다음 날 마하깟짜나 장로는 소나 비구를 데리고 탁발을 나가서 소나의 어머니 집 앞으로 갔다. 소나의 어머니는 아들을 보자 온몸에 기쁨이 가득 차올랐다. 그녀는 장로와 아들에게 공양을 올리고 아들에게 물었다.

"스님이 간다꾸띠에서 부처님과 함께 지내며 부처님께 경을 암송했다는 말이 사실이오?"

"신도님, 그걸 어떻게 아셨습니까?"

"우리 집에 사는 천신이 크게 손뼉을 치고 찬탄하기에 '누가 손뼉을 치는 가?'라고 물었더니 자초지종을 다 말해 주었지요. 천신이 하는 말을 듣고 아들이 부처님께 경을 암송했다면 나에게도 경을 암송할 수 있을 것이라는 생각이 들었지요. 스님, 부처님께 경을 암송했는데 내게도 경을 암송해 줄 수 있겠지요? 내가 다음에 법석을 마련해서 스님의 법문을 듣고 싶소."

소나는 어머니의 요청에 동의했다.

어느 날 소나의 어머니는 비구들에게 공양을 올리고 생각했다.

'오늘은 아들의 법문을 들어야겠다.'

그녀는 집 지키는 하녀 한 명만 남겨두고 집안의 모든 하인과 식구들을 데리고 법문을 들으러 갔다. 성안에는 법석을 마련하기 위해 대형 천막이 세워지고 장엄하게 장식된 법상法床이 놓였다. 소나는 법상에 올라 법문하기 시작했다.

이때 900명의 강도가 소나 어머니 집에 들어갈 기회를 엿보고 있었다. 강도의 침입을 막기 위한 방비책으로 그녀의 집은 일곱 겹의 벽으로 둘러싸여 있었다. 일곱 개의 문은 망루가 달린 성문처럼 세워져 있었고, 벽 둘레에는 좁은 간격으로 맹견이 끈에 매어져 있었다. 안으로는 해자垓字가 파여 있고 지붕에서 떨어진 물이 모여 가득 차 있었다. 물속에는 납 성분의 액체가 있어서 낮에는 햇빛을 받아 녹아서 끈적거리고 밤에는 표면이 굳으면서 매끄러워서 건너갈 수 없었다. 해자를 지나면 굵은 쇠기둥을 땅속 깊이까지 박아 놓아서 땅을 뚫고 들어오는 침입을 막았다. 이것이 강도의 침입을 막기 위한 방비책으로 거의 난공불락의 요새를 방불케 했다.

완벽한 방어시설과 집주인이 항상 집안에 있는 까닭에 강도들은 침입할 기회를 얻지 못했다. 그러나 그 특별한 날에 강도들은 집주인이 온 집안사람들을 데리고 밖으로 나갔다는 정보를 입수했다. 그들은 해자와 쇠기둥 밑으로 굴을 파고 들어가 집안으로 침입하는 데 성공했다. 집안으로 들어간 강도들은 두목을 법회가 열리는 곳으로 보내 여주인을 감시하게 했다.

"혹시 집안에 강도가 들었다는 전달을 받고 그녀가 자기 집으로 출발하면 죽여 버리시오."

두목은 법회가 열리는 곳으로 가서 그녀 곁에 서 있었다. 집안에 들어간 강도들은 불을 밝히고 동전이 있는 창고의 문을 열었다. 집을 지키고 있던 하녀가 강도들을 보고 소나의 어머니에게 달려가서 말했다.

"마님, 강도들이 집안에 침입해서 동전 창고의 문을 열었어요."

"강도들이 동전을 가져가도록 내버려 두어라. 나는 지금 아들의 법문을 듣고 있으니 방해하지 말고 집에 가 있어라."

그녀는 하녀를 집으로 돌려보냈다.

강도들이 동전 창고를 다 털고 은전 창고의 문을 열었다. 하녀는 다시 그녀에게 와서 은전 창고가 털리고 있다고 보고했다.

"강도들이 무얼 가져가든지 내버려 두고 법문을 듣고 있는 나를 방해하지 마라."

그녀는 다시 하녀를 돌려보냈다. 강도들이 이제 은전 창고를 다 털고 금전 창고의 문을 열었다. 하녀는 안절부절못하고 또다시 그녀에게 달려와서 금전 창고가 털리고 있다고 보고했다. 그러자 소나의 어머니가 말했다.

"여인아, 네가 두 번째 왔을 때 '도둑들이 무엇을 가져가든지 내버려 두 라.'고 말했지 않았느냐? 나는 지금 아들의 법문을 듣고 있으니 귀찮게 하지 마라. 이렇게 세 번이나 말했는데도 불구하고 또다시 오면 응분의 벌을 내리겠다. 즉시 집으로 돌아가거라."

그렇게 말하며 그녀는 하녀를 돌려보냈다.

강도의 두목은 여주인의 신심을 보고 자신의 악행을 후회하기 시작했다.

"이런 바른 법을 지키는 여인의 재산을 털었다가는 인드라(번개의 신) 의 벼락이 우리의 머리를 산산조각 내버릴 것이다."

그는 강도들에게 가서 말했다.

"서둘러서 훔친 재산을 원래대로 되돌려놓아라."

강도들은 동전과 은전, 금전을 창고에 되돌려놓았다. 바른 법을 따르는 사람은 바른 법의 보호를 받는다는 말은 변함없는 진리다. 그래서 부처님 께서 이렇게 말씀하신 것이다.

**법은 법을 닦는 자를 보호하고
법을 잘 닦으면 행복이 찾아온다.
법을 닦는 사람은 괴로움을 겪지 않으니
이것이 법을 닦는 이익이다.**

강도들은 법회가 열리는 곳으로 와서 법문을 들었다. 아침이 밝아오자 소나 비구는 법문을 끝내고 법상에서 내려왔다. 그때 강도의 두목은 소나 어머니 발아래 엎드려 말했다.

"마님, 저를 용서해 주십시오."

"그게 무슨 말씀인가요?"

"제가 당신 재산을 훔치려다 들키면 당신을 죽이려는 생각으로 곁에 있었습니다."

"좋아요. 용서해 드리겠어요."

나머지 강도들도 모두 용서를 빌었다.
"좋아요. 모두 용서해 드리겠어요."
강도들이 여주인에게 말했다.
"마님, 용서해 주신다면 우리를 당신의 아들 아래로 출가하도록 허락해 주십시오."

소나의 어머니는 아들에게 삼배를 올리고 말했다.
"스님, 이들이 설법을 듣고 스님의 덕을 흠모해 출가하고 싶다고 하는데 허락해 주시오."
"그렇게 하겠습니다."
소나는 강도들이 입고 있는 옷을 잘라 황토로 염색해 가사를 만들어 입히고, 머리와 수염을 깎게 하고, 계를 주어 출가시켰다. 소나는 그들을 출가시킨 후 수행주제를 주었다. 900명의 비구는 각자 받은 수행주제를 가지고 산으로 들어가 나무 그늘에 자리를 잡고 수행에 전념했다.

부처님께서는 120요자나 떨어진 제따와나의 간다꾸띠에 앉아 계시면서 비구들의 수행 진척을 자세히 살피시고 광명의 모습을 나투시어 마치 그들과 마주하고 있는 듯이 앉아서 각각의 기질과 성향에 맞게 게송을 읊으셨다.

자비관을 닦으며
부처님의 가르침을 믿고 따르는 비구는
평화로움, 상카라(行)**의 소멸인 행복을 성취한다.**(368)

오, 비구여!
배 안에 고인 물을 퍼내면158)
빠르게 건너편에 닿으리니

---

158) 여기서 배란 자신의 마음을 말하고 물은 삿된 견해를 말한다.

탐욕과 성냄을 잘라버리고 열반을 성취하라.(369)

다섯 가지를 잘라버리고
다섯 가지를 없애고
다섯 가지를 키워나가라.
다섯 가지 얽매임을 벗어난 비구를
거센 물결을 건넌 자라고 한다.(370)159)

오, 비구여!
방일하지 말고 힘써 수행하며
마음을 욕망에 빠지지 않게 하라.
방일하여 벌겋게 달구어진 쇠구슬을 삼키고서
불타는 뜨거움을 맛본 뒤에야
"아, 괴로워!"하며 울부짖지 마라.(371)

지혜가 없는 이에게 삼매도 없고
삼매가 없는 이에게 지혜도 없다.
삼매와 지혜를 함께 갖추어야만
열반에 가까워지리라.(372)

한적하고 조용한 곳에 들어가
마음을 고요히 하고
바르게 법을 관찰하는 이에게
범부를 뛰어넘는 기쁨이 솟아나리라.(373)

---

159) 여기서 잘라버려야 할 다섯 가지는 다섯 가지 낮은 족쇄(五下分結 : 유신견, 계금취견, 의심, 감각적 욕망, 악의)를 말하고, 없애야 할 다섯 가지는 다섯 가지 높은 족쇄(五上分結 : 색계에 대한 집착, 무색계에 대한 집착, 자만, 들뜸, 무명)를 말한다. 키워야 할 다섯 가지는 다섯 가지 기능(五根 : 믿음, 정진, 알아차림, 선정, 지혜)을 말하고, 벗어나야 할 다섯 가지는 다섯 가지 얽매임(탐욕, 성냄, 어리석음, 자만, 사견)을 말한다.

오취온이 일어나고 사라짐을 볼 때마다
기쁨과 즐거움을 얻으리니
깨달은 이에게 이것이 불사不死의 열반이다.(374)

감각기관을 잘 다스리고
얻은 것에 만족하고
빠띠목카(계목)를 잘 지키는 것,
지혜로운 비구에게 여기가 수행의 시작이다.(375)

생계가 청정하고
게으르지 않은 도반을 가까이하라.
조화롭게 살며
해야 할 바를 힘써 하면
기쁨이 넘치고 괴로움의 끝에 이르리라.(376)

여덟 번째 이야기
재스민 꽃이 떨어지기 전에 깨달은 500비구

부처님께서 제따와나에 계실 때 500비구와 관련해서 게송 377번을 설하셨다.

500명의 비구가 부처님에게 수행주제를 받아 숲으로 들어가서 수행에 매진했다. 이렇게 정진하는 동안 재스민 꽃이 활짝 피었다가 그날 저녁에 떨어지는 것을 보고 생각했다.
'재스민 꽃이 떨어지기 전에 탐욕, 성냄, 어리석음에서 벗어나야겠다.'
비구들은 새로운 활기를 되찾아 수행에 전념했다. 부처님께서 이 비구들을 살펴보시고 말씀하셨다.
"비구들이여, 재스민 꽃이 줄기에서 벗어나듯이 비구는 열심히 정진해서 나고 죽는 고통에서 해탈해야 한다."
부처님께서는 간다꾸띠에 계시면서 광명의 모습을 나투시어 게송을 읊으셨다.

재스민나무가
시든 꽃을 떨어뜨리듯이
오, 비구여!
탐욕과 성냄을 떨어뜨려라.(377)

이 게송 끝에 모든 비구가 아라한과를 성취했다.

아홉 번째 이야기
항상 침착하고 점잖은 산따까야 비구

부처님께서 제따와나에 계실 때 산따까야 비구와 관련해서 게송 378번을 설하셨다.

산따까야 비구는 필요 없는 동작은 하지 않았다. 그는 하품하지도 않았고 손과 발이 피곤하다고 뻗지도 않았다. 그는 항상 침착하고 품위 있게 행동했다.

과거생에 이 비구는 사자였다고 한다. 이 사자는 먹이를 잡아먹고 나면 동굴에 들어가 붉은 비소와 노란 웅황가루가 깔린 잠자리에 일주일 동안을 꿈쩍 않고 누워 있다가, 7일째 되는 날 일어나서 자기가 누웠던 자리를 살펴보고, 꼬리나 귀나 앞발이나 뒷발이 움직여서 붉은 비소와 노란 웅황 가루가 흩어진 흔적이라도 발견하게 되면 이렇게 중얼거렸다.

'이것은 네가 아직 사자의 혈통을 이어받지 못했다는 증거다.'

그리고 다시 일주일 동안 굶은 채 누워 있다가 일어나서 가루가 흩어진 흔적이 보이지 않으면 이렇게 중얼거렸다.

'이제야 네가 진정 사자의 혈통을 이어받았다.'

그리고는 잠자리에서 나와 하품하고 기지개를 쫙 펴고 사방을 둘러본 다음 사자후를 세 번 하고 사냥에 나섰다. 산따까야 비구는 이런 사자였다가 금생에 사람으로 태어나 비구가 된 것이다.

산따까야 비구가 침착하고 품위 있게 행동하는 모습은 비구들의 주의를 끌었다. 비구들은 이 일을 부처님께 보고했다.

"부처님이시여, 산따까야와 같은 비구를 전에 본 적이 없습니다. 그가 한 번 앉으면 손발을 움직이지도 않고, 몸을 뒤척이지도 않습니다."

부처님께서 이 말을 듣고 대답하셨다.

"비구들이여, 비구라면 모름지기 산따까야 비구처럼 몸과 말과 마음가짐에서 고요하고 침착하고 품위 있게 해야 한다."
부처님께서는 이렇게 말씀하시고 게송을 읊으셨다.

**몸과 입과 마음을
잘 다스려 고요히 하고
온갖 욕망을 뱉어버리는 비구를
평화로운 사람이라고 한다.**(378)

열 번째 이야기
누더기 옷을 경책으로 삼은 낭갈라꿀라

부처님께서 제따와나에 계실 때 낭갈라꿀라 비구와 관련해서 게송 379, 380번을 설하셨다.

한 가난한 사람이 남의 집 일을 해 주고 살아가고 있었다. 어느 날 그는 여기저기 기운 누더기를 입고 쟁기를 어깨에 메고 가고 있었다. 어떤 장로가 그를 보고 말했다.
"이렇게 힘들게 살아가는 것보다 비구가 되는 것이 어떻습니까?"
"스님, 이렇게 살아가는 사람을 누가 비구로 만들어줍니까?"
"원한다면 비구로 만들어 드리겠습니다."
"좋습니다, 스님. 그러면 비구가 되겠습니다."
장로는 그를 제따와나로 데리고 가서 손수 목욕을 시켜주고, 머리와 수염을 깎아주고, 포살당(戒壇)으로 데리고 가서 비구계를 주었다. 그리고 장로는 누더기 옷과 쟁기를 사원 경내에 울타리를 이루고 있는 나뭇가지 위에 걸어두게 했다. 비구계를 받고 승가의 구성원이 된 그는 낭갈라꿀라(쟁기꾼)라는 이름을 받았다.

부처님께 올려지는 풍족한 공양을 즐기며 얼마간 지내고 나니 낭갈라꿀라는 출가 생활이 권태롭고 짜증나기 시작했다. 아무리 마음을 잡으려고 해도 불만족이 사그라지지 않았다.
'신심 깊은 신도들이 올리는 가사를 입고 올바르게 살지 않으면 빚만 늘어날 뿐이다.'
그는 나무 아래로 가서 누더기와 쟁기를 바라보고 자신을 훈계했다.
"이 부끄러움도 없고 염치도 없는 놈아! 그래 다시 누더기를 입고 세속으로 돌아가 남의 집 고용살이나 하겠다는 것이냐?"
그는 이렇게 자신을 훈계하고서 마음을 굳게 무장하고 사원으로 되돌아왔다. 그러나 며칠이 지나자 또다시 권태와 짜증이 밀려왔다. 그는 다시 나무 아래로 가서 전처럼 자신을 훈계하고 마음을 다잡아 되돌아왔다. 이렇게 불만스러울 때마다 누더기와 쟁기를 바라보며 자신을 훈계했다.

비구들은 그가 자꾸 나무 아래로 가는 것을 보고 물었다.

"낭갈라꿀라여, 무엇 때문에 그곳에 자주 갑니까?"

"스님, 제 스승을 만나러 갑니다."

그는 누더기를 경책으로 삼으며 열심히 정진해서 마침내 아라한과를 성취했다. 비구들은 그가 이제 나무 아래로 가지 않는 것을 보고 놀리며 말했다.

"낭갈라꿀라여, 전에 자주 왔다 갔다 했던 길을 이제는 더 이상 이용하지 않는 것 같습니다. 스승에게 더 이상 가지 않아도 되는 것입니까?"

"맞습니다, 스님. 제 마음이 세속에 있을 때는 이 길을 왔다 갔다 했지만, 이제는 세속과의 관계를 완전히 잘라버렸기 때문에 더 이상 스승에게 가지 않아도 됩니다."

비구들은 이 말을 듣고 부처님께 보고했다.

"부처님이시여, 그는 마치 자신이 아라한인 것처럼 말하고 있습니다."

"비구들이여, 그가 하는 말은 모두 사실이다. 나의 아들은 스스로 자신을 경책警策해 출가의 목표인 구경에 도달했다."

부처님께서는 이렇게 말씀하시고 게송을 읊으셨다.

스스로 자신을 꾸짖고
스스로 자신을 잘 살펴라.
자신을 잘 지키고 늘 알아차리면
오, 비구여!
그대는 행복하게 살리라.(379)

자신이야말로 자신의 보호처이고
자신이야말로 자신의 의지처이니
말장수가 좋은 말을 잘 보호하듯이
그렇게 자신을 잘 보호하라.(380)

열한 번째 이야기
신심 제일 왁깔리 장로160)

부처님께서 웰루와나에 계실 때 왁깔리161) 장로와 관련해서 게송 381번

---

160) 이 이야기는 상윳따 니까야 왁깔리 경(Vakkali Sutta, S22.87)에서 유래한다. 하지만 상윳따 니까야에서는 법구경 주석과 달리 왁깔리 장로가 자살로 끝을 맺는다.
161) 왁깔리Vakkali: 부처님께서 그를 신심제일 비구이며, 믿음으로 해탈한 자의 본보기로 거명하셨다. 그는 사왓티의 바라문 가문 출신이며 삼베다에 능통했다. 그가 부처님을 흠모해 출가하고 항상 부처님을 가까이하고 지낸 것은 법구경 주석과 장로게경 주석, 경전이 일치하지만 아라한과의 증득과 죽음에 대해서는 경들마다 다르다. 장로게경 주석서(ThagA. v. 8)에서는 깃자꾸따Gijjakūta에 살고 계시는 부처님과 떨어져 살면서 부처님께서 가르쳐 주신 수행법으로 정진했지만, 슬픈 감정 때문에 진척이 없었고 더구나 복통이 일어나 고통을 겪었다. 이때 부처님께서 방문해 그에게 기운을 북돋우는 게송을 읊었고 왁깔리는 그것에 답해 네 게송을 읊으며 통찰지를 닦아서 아라한이 됐다고 기록하고 있다. 하지만 상윳따 니까야 제22 상응(S.22.87)에서는 법구경 주석, 장로게경 주석과 다르다. 왁깔리가 도공의 집에 있으면서 중병이 들어 괴로움을 겪을 때 시자를 보내 부처님께 자기를 방문해 달라고 요청했다. 부처님께서는 그의 요청에 응해 그를 방문해서 위로하고 물었다. "계행을 지키는 데 한 점 허물이 없는가? 후회스러운 일은 없는가?" "계행에 한 점 허물이 없지만 부처님을 오랫동안 친견하지 못해서 후회스럽습니다." "왁깔리여, 나의 무너져 가는 몸을 보아서 무슨 이익이 있겠느냐? 법을 보는 자가 나를 본다." 부처님께서 돌아가시자 왁깔리는 고통스러운 목숨을 구차하게 이어가는 것보다 자살을 택하겠다고 생각하고 시자에게 명해서 자신을 침상과 함께 들어서 이시길리Isigili의 깔라실라Kālasilā(검은 바위)로 데려가 달라고 했다. 그는 그곳에서 오온이 무상하고 괴롭고 변하는 것이며 그것에 조금도 애착이 없다는 말을 부처님에게 전해달라고 말하고 칼을 뽑아 자살했다. 부처님께서는 왁깔리의 시체가 있는 곳으로 가서 그가 아라한과를 성취해 대열반에 들었다고 선언하셨다. 하지만 붓다고사는 주석서에서 '왁깔리 장로가 자존심이 있어 남은 번뇌의 활동을 보지 못하고 스스

을 설하셨다.

왁깔리 비구는 사왓티의 바라문 가문에서 태어났다. 어느 날 성년이 됐을 때 그는 부처님께서 탁발하려고 성으로 들어오는 것을 보았다. 부처님의 거룩한 모습을 본 후로 그는 자꾸만 부처님을 보고 싶어 미칠 것 같았다.
"출가하면 부처님의 모습을 항상 볼 수 있으리라."
그는 부처님 아래로 출가해 비구가 됐다. 그는 경을 외우지도 않고 수행도 하지 않고 온종일 부처님을 볼 수 있는 곳에 서서 부처님을 바라보며 시간을 보냈다. 부처님께서는 그런 모습을 바라보면서도 나무라지 않고 그의 지혜가 무르익기를 기다리셨다. 어느 날 부처님께서는 그의 지혜가 무르익었다는 것을 아시고 이렇게 훈계하셨다.
"왁깔리여, 나의 무너져 가는 몸을 보아서 무슨 이익이 있겠느냐? 왁깔리여, 법을 보는 자가 나를 보고, 법을 보지 못하는 자는 나를 보지 못하리라."

그러나 부처님의 훈계에도 불구하고 왁깔리 비구는 부처님에게서 눈을 뗄 수도 없고 부처님 곁을 떠날 수도 없었다. 부처님께서는 결국 좀 더 강한 방편을 쓰기로 하셨다.
'이 비구는 충격을 받지 않으면 결코 법을 이해하지 못할 것이다.'
안거철이 가까이 오자 부처님께서는 라자가하로 가셨다. 결제일에 부처님께서는 왁깔리를 쫓아내며 다른 곳에서 안거를 보내라고 말씀하셨다.
"왁깔리여, 떠나거라. 떠나거라."
왁깔리는 3개월 동안 부처님을 뵐 수 없다고 생각하자 슬픔이 몰려왔다.

로 완전히 번뇌를 소멸한 자라고 착각했다가 칼로 목을 긋는 순간 괴로운 고통이 밀려오며 자신이 아직 범부라는 것을 알았다. 그는 고통으로 인해 일어나는 마음에 정신을 집중해 죽기 직전에 아라한과를 성취했다.'라고 언급하고 있다.

'부처님께서는 함께 안거를 보내는 것을 허락하지 않으신다. 이제 부처님을 뵐 수 없는데 더 이상 살아서 무얼 하겠는가? 절벽에서 뛰어내려야겠다.'

그는 이렇게 생각하며 깃자꾸따 산으로 올라갔다.

부처님께서는 그가 삶의 의욕을 완전히 잃고 자살을 결심하고 있다는 것을 아시고 이렇게 생각하셨다.

'이 비구가 나의 위로를 받지 못한다면 도와 과를 성취할 인연을 스스로 무너뜨리게 될 것이다.'

부처님께서는 광명의 모습을 나투시어 왁깔리 앞에 나타나셨다. 왁깔리는 부처님을 본 순간 그를 짓눌렀던 절망적인 슬픔이 사라졌다. 부처님께서는 마치 쩍쩍 갈라진 호수 바닥에 물을 채우듯이 왁깔리의 마음에 기쁨과 즐거움을 샘솟게 하고서 게송을 읊으셨다.

붓다의 가르침에 기뻐하며
믿고 따르는 비구는
상카라의 소멸, 행복, 평화, 열반을 얻으리라. (381)

부처님께서는 왁깔리에게 손을 뻗으며 말씀하셨다.

오라, 왁깔리여!
두려워 말고 나를 바라보아라.
수렁에 빠진 코끼리를 건져내듯이
내가 너를 건져주리라.

오라, 왁깔리여!
두려워 말고 나를 바라보아라.
라후(아수라)의 심연에서 태양을 구해내듯이

내가 너를 구해주리라.

오라, 왁깔리여!
두려워 말고 나를 바라보아라.
라후의 심연에서 달을 구해내듯이
내가 너를 구해주리라.

왁깔리 비구는 이렇게 생각했다.
'내가 부처님을 뵙자 부처님께서 '오라, 왁깔리여!'라고 말씀하신다.'
그는 곧 온몸에 기쁨이 충만해지는 것을 느꼈다. 그는 '내가 어떻게 가지?'라고 생각하면서 산꼭대기에 서서 길을 찾았지만, 보이지 않자 공중으로 솟아올라 부처님이 읊으신 게송의 의미를 숙고하고 기쁨을 제어하며 신통력을 갖춘 아라한이 됐다. 그는 공중에서 부처님께 삼배를 올리고 땅으로 내려와 부처님 앞에 섰다. 부처님께서는 그를 믿음을 가진 자 중에서 제일이라고 인정하셨다.

열두 번째 이야기
아누룻다 장로와 수마나 사미

부처님께서 뿝바라마에 계실 때 수마나 사미와 관련해서 게송 382번을 설하셨다.

아누룻다162) 장로의 과거생: 가난한 안나바라와 부자 수마나

빠두뭇따라 부처님 재세 시에 한 젊은이가 부처님께서 사부대중 가운데서 한 비구에게 천안을 가진 사람들 중에서 제일이라고 인정하시는 것을 보았다. 그는 자신도 똑같은 경지를 얻고 싶어서 부처님과 비구대중을 초청해 일주일 동안 공양을 올리고 서원을 세웠다.
"부처님이시여, 저도 훗날에 미래의 부처님 아래에서 천안 제일이 되기를 서원합니다."
부처님께서는 10만 겁의 미래를 살펴보시고 그의 서원이 이루어지리라는 것을 아시고서 수기를 내리셨다.
"지금부터 10만 겁 후 고따마 부처님이 세상에 출현하실 때 이 젊은이가 천안 제일이 될 것이고 그때의 이름은 아누룻다가 될 것이다."

젊은이는 수기를 받자 다음 날이면 천안을 얻을 것 같은 생각으로 살았다. 부처님께서 대열반에 드시자 그는 비구들에게 천안을 얻으려면 무슨

---

162) 아누룻다Anuruddha: 그는 숫도다나 왕의 동생이며 붓다의 삼촌인 아미또다나Amitodana의 아들이며 마하나마Mahānāma의 동생이다. 그는 다섯 명의 사끼야족 왕자와 이발사 우빨리와 함께 아누삐야Anupiya 망고 숲으로 가서 출가했다. 그는 대인상에 대한 숙고 경(Mahāpurisavitakka Sutta, A8.30)을 듣고 아라한이 됐다. 그는 24년간 잠을 자지 않았다고 하며 나머지 30년간은 말경에만 잠깐 잠을 잤다고 한다. 그는 왓지Vajji국의 웰루와 마을(Veḷuvagāma)에서 대열반에 들었다. 그는 천안제일天眼第一이다.

공덕을 지어야 하는지 물었다. 그는 비구들이 가르쳐준 대로 부처님의 황금 사리탑 주위에 수천 개의 등잔을 세우고 등불 공양을 올렸다. 그는 죽어 천상에 태어나 즐거움을 누리다가 죽었다. 그리고 10만 겁을 윤회하다가 베나레스의 한 가난한 가정에 태어났다. 그는 재정관 수마나에게 고용돼 가축들에게 먹일 꼴을 베어 나르며 살았으며 이름은 안나바라(음식을 나르는 사람)였다. 재정관 수마나는 도시에서 항상 많은 보시를 베푸는 사람이었다.

어느 날 우빠릿타라는 벽지불이 멸진정에서 일어나 생각했다.
'오늘은 누구에게 공덕을 쌓을 기회를 줄까?'
이때 안나바라의 영상이 눈에 들어왔다.
'오늘은 안나바라에게 기회를 주어야겠다.'
이 순간 안나바라가 숲속에서 풀을 베어 싣고 집으로 돌아오고 있다는 것을 알고 벽지불은 가사와 발우를 들고 신통력으로 날아가 안나바라 앞에 나타났다. 안나바라는 벽지불의 발우가 비어 있는 것을 보고 물었다.
"존자님, 음식을 받으셨습니까?"
"아직 받지 못했습니다."
"그렇다면 잠깐만 기다리십시오."

그는 풀단을 내던지고 집으로 달려가서 아내에게 물었다.
"여보, 내 식사가 준비돼 있소?"
"준비돼 있어요."
안나바라는 즉시 벽지불에게 달려와서 발우를 받아들고 생각했다.
'이제까지 내가 공양을 올리고 싶을 때 올릴 음식이 없었고, 올릴 음식이 있을 땐 받을 분이 없었다. 그러나 오늘은 공양을 받을 분도 있고 올릴 음식도 있다. 나는 정말 운이 좋은 사람이다.'
그는 집으로 가서 발우에 음식을 가득 채워서 돌아와 벽지불에게 올리고 서원을 세웠다.

"존자님, 이 보시 공덕으로 가난한 삶을 살지 않고 '없다'라는 말을 듣지 않기를 기원합니다."
"그렇게 되기를!"
벽지불은 공양 축원을 하고 돌아갔다.

재정관 수마나의 집에 사는 천신이 탄성을 질렀다.
"오, 우빠릿타 벽지불에 올린 공양은 최고의 공양이로다!"
그가 세 번이나 손뼉을 치고 찬탄하자 수마나 재정관이 물었다.
"그대는 내가 늘 보시하는 것을 보아왔으면서 오늘따라 왜 이렇게 박수를 치고 난리인가?"
"재정관님이 베푸는 보시에 대해 손뼉을 친 건 아닙니다. 안나바라가 우빠릿타 벽지불에게 올린 공양을 보고 기쁨과 만족감이 일어나 손뼉을 친 것입니다."
"정말 훌륭하구나!"
재정관이 탄성을 지르고 말했다.
"나는 이제까지 많은 보시를 하면서도 아직 천신의 찬탄을 받아본 적이 없는데 내게 고용돼 살아가는 안나바라는 단 한 번 공양을 올리고 찬탄을 받았다. 나는 그에게 적당한 가격을 주고 공덕을 사야겠다."

재정관은 안나바라를 불러서 물었다.
"그대는 오늘 누구에게 공양을 올렸는가?"
"주인님. 우빠릿타 벽지불에게 제가 먹을 음식을 올렸습니다."
"여기 이 돈을 줄 테니 그 공덕을 나에게 파시게나."
"팔 수 없습니다, 주인님."
재정관은 점점 가격을 올려 천 냥을 제시했다. 그래도 안나바라가 공덕을 팔려고 하지 않자 재정관이 말했다.
"공덕을 팔지 않겠다면 할 수 없지. 그러면 천 냥을 가지고 자네 공덕을 좀 나누어 주시게나."

"제가 벽지불님께 가서 상의해 보고 결정해서 알려드리겠습니다."
그는 즉시 벽지불에게 가서 여쭈었다.
"존자님, 수마나 재정관이 천 냥을 제시하면서 제가 존자님께 올린 보시 공덕을 나누어 달라고 하는데 어떻게 하면 좋을까요?"

벽지불이 미소를 지으며 대답했다.
"현명한 자여, 100가구의 마을이 있는데 한 집에서 기름등잔에 불을 밝히자 나머지 집에서 기름이 가득 찬 등잔을 가져와서 불을 붙여갔다면 첫 번째 등불이 없어졌거나 줄어들었는가, 아니면 그대로 있는가?"
"존자님, 그런 경우에는 첫 번째 등불은 그대로 있고 등불의 숫자가 늘어난 것입니다."
"현명한 자여, 그대가 올린 공양도 이와 같다. 한 국자의 국물이든 한 숟갈의 밥이든 자기가 올린 공양 공덕을 다른 사람에게 나누어 주면 나누어 준 숫자만큼 공덕이 늘어난다. 그대는 딱 한 끼를 올렸지만, 재정관에게 공덕을 나누어 주면 한 끼가 두 끼가 되어 한 끼는 그대의 공덕이 되고 다른 한 끼는 재정관의 공덕이 된다."

"존자님, 잘 알겠습니다."
안나바라는 벽지불을 떠나 재정관에게 가서 말했다.
"주인님, 제 공덕을 나누어 드릴 테니 받으십시오."
"고맙네, 그럼 이 돈을 받게나."
"저는 공덕을 팔지 않습니다. 단지 재정관님의 신심에 감동해서 나누어 드리는 것입니다."
"친구여, 나도 그대의 선행공덕에 대한 보답으로 돈을 주는 것이니 아무 생각 없이 받게나. 오늘부터 더 이상 나를 위해 일할 필요가 없으니 위치 좋은 곳에 집을 짓고 살게나. 그리고 무엇이든지 필요한 것이 있으면 내 창고에서 꺼내 가게나."
멸진정에서 나온 벽지불에게 공양을 올린 과보가 바로 그날 나타났다.

왕도 이 이야기를 듣고 안나바라를 불러 공덕을 나누어 받고 많은 재산을 주며 재정관에 임명했다.

이렇게 안나바라는 수마나 재정관의 친구가 됐다. 그는 죽는 날까지 많은 공덕을 짓고 다음생에 천상에 태어났다. 그는 천상과 인간세계를 윤회하다가 현재의 부처님 재세 시에 까삘라왓투에 사는 사끼야족 아미또다나의 아내에게 잉태됐다. 열 달이 차서 그의 어머니는 그를 낳아 아누룻다라고 이름 지었다. 그는 마하나마의 동생이고 부처님과 사촌이었다. 그는 타고난 복덕으로 아주 세심한 보살핌을 받으며 자라났다.

아누룻다의 현재생: 출가

어느 날 여섯 사끼야족 왕자가 과자를 내기로 걸고 구슬치기를 하며 놀고 있었다. 아누룻다가 놀이에 져서 어머니에게 사람을 보내서 과자를 보내 달라고 했다. 어머니는 황금접시에 과자를 가득 담아 아들에게 보냈다. 왕자들은 과자를 먹고 다시 구슬치기를 시작했다. 아누룻다가 연속해서 세 번이나 놀이에 져서 어머니는 세 번이나 과자를 보내야만 했다. 그러나 네 번째는 과자가 다 떨어져서 어머니는 하인에게 이제 과자가 '없다'라는 말을 전하라고 했다. 아누룻다는 이제까지 '없다'라는 말을 들어본 적이 없었다. 그래서 이것은 틀림없이 새로운 과자일 거라고 생각하고 하인에게 말했다.

"어머니에게 가서 '없다' 과자를 가져와."

어머니는 '없다' 과자를 보내 달라는 아들의 말을 듣고 곰곰이 생각했다.

'나의 아들은 이제까지 '없다'라는 말을 들어본 적이 없다. 어떻게 하면 '없다'라는 말의 의미를 가르칠 수 있을까?'

그녀는 황금그릇을 깨끗이 닦고 거기에 황금접시를 포개서 아들에게 보내면서 하인에게 말했다.

"이걸 아들에게 가져다주게나."

이때 도시를 지키는 천신들이 이 광경을 지켜보고 생각했다.
'사끼야족 아누룻다가 과거생에 안나바라였을 때 자기 몫의 음식을 우빠릿타 벽지불에게 올리고 '앞으로 '없다'라는 말을 듣지 않도록 해 주소서. 앞으로 음식이 어디서 나오는지 알 필요가 없게 해주소서.'라고 서원을 세웠다. 그가 지금 텅 빈 그릇을 보게 된다면 나는 천신들의 모임에도 들어갈 수 없고 내 머리가 일곱 조각으로 갈라질 것이다.'

천신들은 빈 그릇에 천상의 과자를 가득 채워 주었다. 하인이 도착해 그릇을 열자 진기한 향기가 온 도시 전체를 진동시켰다. 그리고 과자를 입에 넣자 그 맛이 온몸의 칠천 가닥의 신경선들을 짜릿하게 흥분시켰.

아누룻다는 이렇게 생각했다.
'어머니는 나를 사랑하지 않나 봐. 이때까지 이렇게 맛있는 '없다' 과자를 구워주시지 않았다니. 지금부터는 다른 과자는 절대 먹지 않을 거야.'

그는 집으로 와서 어머니에게 따졌다.
"어머니는 저를 사랑하지 않나요?"
"사랑하는 아들아, 무슨 말을 하는 거냐? 너를 내 눈에 넣어도 아프지 않고 너를 위해 내 심장도 내놓을 수 있단다."
"어머니, 그렇게 사랑한다면서 이제껏 '없다' 과자를 구워주시지 않았던 거예요?"

어머니는 하인을 보고 물었다.
"자네, 그 그릇에 무엇이 들어 있던가?"
"마님, 그 접시에는 제가 전에 보지 못했던 과자로 가득 차 있었습니다."
어머니는 곰곰이 생각해 보았다.
'나의 아들은 전생에 커다란 공덕을 쌓고 서원을 세운 게 틀림없어. 그래서 천신들이 천상의 과자로 가득 채워 보낸 것이 틀림없어.'

아들이 어머니에게 말했다.
"어머니, 지금부터는 이 과자 외에 다른 과자는 절대 먹지 않을 거예요.

그러니 앞으로는 '없다' 과자만을 구워주세요."

그날 이후로 아들이 과자를 먹고 싶다고 전갈을 보내면 어머니는 텅 빈 그릇에 접시를 덮어서 보내곤 했다. 그러면 천신들은 빈 그릇에 천상의 과자를 가득 채워주었다. 아누룻다는 이렇게 가정의 과잉보호 속에서 자라났다. 그는 '없다'라는 의미도 모르고 천상의 과자를 먹으며 살았다.

사끼야족 아들들이 잇달아 출가하자 사끼야족 마하나마가 동생 아누룻다에게 말했다.

"아우야, 우리 집에서는 아무도 출가하지 않았구나. 너와 나 둘 중 한 명은 출가해서 비구가 돼야 한다."

"저는 세심한 보살핌 속에서 자라났기 때문에 출가해서 비구로 살아갈 수 없을 겁니다."

"그럼 농사를 짓도록 해라. 내가 비구가 되겠다."

"'농사를 짓는다.'는 말이 무슨 말입니까?"

아누룻다는 음식이 어디서 나오는지도 모르는데 어떻게 농사짓는다는 말을 이해할 수 있겠는가? 그래서 이렇게 물어볼 수밖에 없었던 것이다.

어느 날 아누룻다, 밧디야, 낌빌라 세 왕자 사이에서 '음식이 어디서 나오는가?'라는 문제로 열띤 토론이 벌어졌다.

낌빌라가 말했다.

"음식은 창고에서 나오는 거야."

낌빌라는 언젠가 사람들이 창고에서 쌀을 꺼내는 것을 보았던 것이다. 그래서 그는 음식은 창고에서 나온다고 생각하고 있었다. 밧디야가 낌빌라에게 말했다.

"너는 아무것도 모르는구나. 음식은 솥에서 나오는 거야."

밧디야는 어느 날 사람들이 솥에서 밥을 푸는 것을 보았던 것이다. 그래서 그는 밥은 솥에서 나온다고 생각하고 있었다. 아누룻다가 둘에게 말했다.

"너희들은 정말 아무것도 모른다. 음식은 보석 손잡이가 달린 커다란 황금그릇에서 나오는 거야."

아누룻다는 사람들이 벼를 빻는 것도 본 적이 없고, 쌀을 씻어 솥에 넣고 불을 때는 것도 본 적이 없었다. 그는 솥에서 밥을 퍼서 황금그릇에 담아 자기 앞에 놓였을 때에야 볼 수 있었다. 그래서 아누룻다는 음식은 그릇에서만 나온다고 생각하고 있었다. 음식이 어디서 나오는지도 모르는 단순한 젊은이가 어떻게 '농사짓는다.'라는 말을 이해하겠는가?

마하나마는 동생에게 말했다.

"아누룻다야, 가정생활을 하며 살아가는 사람이 해야 할 일이 무엇인지 가르쳐주겠다. 먼저 논을 갈아야 한단다."

마하나마는 동생에게 자세하게 가정에서 해야 할 여러 가지 일을 가르쳤다. 아누룻다는 형이 가정생활을 하면서 해야 할 일을 끝없이 열거하는 것을 보고 기가 질려서 말했다.

"저에게 가정생활은 별 의미가 없는 것 같군요."

그는 어머니에게 가서 출가를 허락받았다. 그는 다섯 사끼야 왕자와 합류해서 도시를 떠나 아누삐야 망고동산으로 가서 부처님 아래로 출가했다. 그는 출가해서 부처님의 가르침에 따라 열심히 정진해 천안통, 숙명통, 누진통의 세 가지 거룩한 지혜(三明)를 성취했다. 그는 의자에 기대어 천안으로 일천 세계를 손바닥의 자두씨 보듯이 훤히 볼 수 있었다. 그는 이때 가슴에서 일어나는 감흥을 노래했다.

나는 과거생도 볼 수 있고 천안으로 온 우주를 볼 수 있네.
나는 삼명三明(숙명통, 천안통, 누진통)을 얻고 신통력도 갖추었네.
나는 부처님의 가르침을 모두 통달했네.

"내가 이것을 얻기 위해 과거생에 무슨 공덕을 지었을까?"

아누룻다 장로는 곧 과거생의 기억을 회상해냈다.

"빠두뭇따라 부처님 재세 시에 나는 서원을 세웠지. 그 뒤에 윤회를 계속하다가 베나레스에 태어나서 수마나 재정관에게 고용돼 하인으로 살았지. 안나바라가 그때의 나의 이름이었지."

과거생에 풀을 베어 나르는 가난뱅이 안나바라였을 때
나는 우빠릿타 벽지불에게 한 끼 공양을 올렸었지.

이때 이런 생각이 장로에게 떠올랐다.
'그때 내가 우빠릿타 벽지불에게 올린 공양 공덕을 받고 나에게 돈을 준 친구 수마나 재정관은 어디에 태어났을까? 그는 그 공덕으로 큰 복을 받았을 거야.'
장로는 곧 천안으로 그를 보고 중얼거렸다.
'숲 가까이에 문다라는 성읍이 있고, 그곳에 마하문다라는 재가신도가 살고 있다. 그에게 마하수마나와 쭐라수마나라는 두 아들이 있는데 수마나 재정관은 쭐라수마나로 태어났구나.'
장로는 그에게 가면 이로움을 줄 수 있을지 미래를 관찰해 보았다.
'그는 아직 일곱 살밖에 되지 않았지만, 내가 그곳에 가면 그는 출가해 사미가 될 것이다. 그는 머리를 깎기 위해 삭도를 대는 순간 아라한과를 성취할 것이다.'
이때가 우기 안거철이 가까워졌기 때문에 그는 공중으로 날아서 마을 입구에 내려섰다.

현재의 이야기: 수마나 사미와 아노땃따 호수의 용왕

재가신도인 마하문다는 장로와 안면이 있었다. 그래서 장로가 가사를 걸치고 탁발하고 있는 모습을 보자 마하문다는 아들 마하수마나에게 말했다.
"아들아, 아누룻다 장로님이 오셨는데 아무도 발우를 받아들지 않으면 네가 가서 발우를 받아들고 오너라. 나는 의자를 준비하겠다."

마하수마나는 아버지가 시키는 대로 했다. 재가신도는 장로를 집안으로 모시고 공양을 올리고 세심하게 시중들었다. 그리고 이곳에서 3개월의 안거를 지내 달라고 청하자 장로는 기꺼이 수락했다. 재가신도는 마치 단 하루만 시중드는 것처럼 3개월의 안거 동안 장로를 정성스럽게 후원해 주었다.

해제날 자자自恣가 끝난 후 그는 가사와 당밀과 기름 등을 가져와서 장로의 손에 올리면서 말했다.

"장로님, 이걸 좀 받으십시오."

"신도님. 나는 이런 것이 필요 없습니다."

"장로님, 이것은 안거가 끝난 사람에게 올리는 일반적인 시주물입니다. 제발 받아주십시오."

"받지 않겠습니다, 신도님."

"왜 받지 않으십니까?"

"나에게는 시중들 사미가 없으니 받아도 소용이 없습니다."

"장로님, 그러면 마하수마나를 사미로 받아주시겠습니까?"

"재가신도여, 마하수마나는 소용이 없습니다."

"그럼 쭐라수마나는 받아주시겠습니까?"

"좋습니다."

장로는 동의하고 쭐라수마나를 출가시켰다. 쭐라수마나는 삭발하려고 칼날을 머리에 대는 순간 아라한이 됐다. 장로는 거기서 쭐라수마나와 함께 보름을 보낸 후 쭐라수마나의 가족들을 떠나 히말라야로 날아가서 히말라야의 아란야꾸띠까(숲속의 암자)에 내려섰다.

장로는 원래 활기 넘치는 성품이어서 항상 밤늦게까지 경행했지만, 그날은 소화불량 증세를 느끼며 고통을 겪었다. 사미는 핼쑥한 장로의 얼굴을 보고 여쭈었다.

"장로님, 어디 편찮으십니까?"

"내가 지금 소화불량에 걸렸다."
"장로님, 전에도 소화불량에 걸린 적이 있으십니까?"
"그런 적이 있지."
"그럼 어떻게 해야 낫는지도 아시겠군요."
"사미여, 아노땃따 호수에서 가져온 물을 먹으면 나을 것이다."
"그럼 제가 가서 호숫물을 길어오겠습니다."
"사미여, 그렇게 할 수 있는가?"
"할 수 있습니다, 장로님."
"호수에 살고 있는 빤나까 용왕이 나를 알고 있다. 그에게 병을 치료할 물이 필요해서 심부름 왔다고 말하고 한 항아리만 길어오너라."
"그렇게 하겠습니다."

사미는 스승에게 인사를 올리고 항아리를 들고 500요자나 떨어진 아노땃따 호수로 날아갔다.

그날 용왕은 춤추는 용녀龍女들과 함께 물에서 흥겹게 놀 궁리를 하고 있었다. 그래서 사미가 다가오자 화가 나서 소리 질렀다.

"이 까까머리 중이 감히 내 머리 위에서 먼지를 풀풀 날리고 돌아다니니!"

용왕은 즉시 55요자나 길이의 아노땃따 호수를 마치 솥뚜껑으로 밥솥을 덮어버리듯이 자신의 몸을 펼쳐서 모두 덮어버렸다. 사미는 용왕의 행위를 보고 화가 단단히 났다는 것을 알고 노래를 불렀다.

엄청난 불과 어마어마한 힘을 가진 용왕이여, 내 말을 들어보시오
물 한 항아리만 좀 주시오, 약으로 쓰려고 그런다오

이 말을 듣고 용왕이 노래로 대답했다.

동쪽에 갠지스라고 커다란 강이 바다로 흘러 들어가고 있는데

거기서 물을 떠가는 게 어떤가?

사미가 이 말을 듣고 생각했다.
'용왕이 순순히 물을 주지 않을 모양이군. 신통력으로 그를 굴복시키고 물을 가져가야겠다.'
사미는 용왕에게 말했다.
"강한 힘을 가진 용왕이여, 나의 스승이 아노땃따 호수에서 물을 떠 와야지 다른 곳의 물은 소용이 없다고 하셨소. 이 물을 반드시 떠가야겠으니 방해하지 말고 길을 터주시오."
사미는 그렇게 말하고서 노래를 불렀다.

나는 여기에서 물을 떠가야겠소.
내가 원하는 건 이 물이오.
힘과 능력이 있다면, 용왕이여,
어디 한 번 막아 보시지.

용왕이 사미에게 노래로 대답했다.

사미여, 사나이다운 용기가 있다면
어디 한 번 능력껏 떠가 보시지.

사미는 용왕에게 말했다.
"힘센 왕이여, 내가 물을 떠가겠소."
"능력이 있다면 떠가 보시오."
"좋습니다. 나중에 후회하지 말고 확고하게 결심하시오."
사미는 용왕에게 세 번이나 확인하고 이렇게 생각했다.
'이 물을 떠가면서 부처님의 위대한 가르침을 최대한으로 드러내 보여야겠다.'

사미는 하늘에 거주하는 천신들에게 올라갔다. 천신들이 그에게 다가와서 인사하고 물었다.

"스님께서 무슨 일입니까?"

"아노땃따 호수의 표면을 덮고 있는 빤나까 용왕과 나 사이에 싸움이 있을 것입니다. 내려가서 누가 이기는지 구경하시오."

사미는 사대천왕과 삭까 천왕, 수야마 천왕(야마천의 왕), 산뚜시따 천왕(도솔천의 왕), 빠라니밋따 와사와띠 천왕(타화자재천의 왕)에게 가서도 똑같이 말했다. 그는 위로 더 올라가서 아홉 개의 범천의 신들에게 가자 범천들이 다가와서 인사하고 물었다.

"스님, 무슨 일입니까?"

사미는 그들에게도 앞으로 일어날 일을 설명했다. 사미는 순식간에 모든 천상을 다니면서 무상유정천과 무색계의 천신들을 제외하고 모든 천신을 방문해서 앞으로 일어날 일을 설명했다. 사미의 말을 듣고 모든 천신이 아노땃따 호수로 몰려와 공중을 빼곡히 채웠다. 천신들이 몰려오자 사미는 공중에 서서 용왕에게 노래를 불렀다.

내 말을 들어보시오,
엄청난 불과 어마어마한 힘을 가진 용왕이여.
물 한 항아리만 좀 주시오
약으로 쓰려고 그런다오.

용왕이 노래로 대답했다.

사미여, 힘이 있고 사나이라면
어디 한번 능력껏 떠가 보시지.

사미는 용왕의 말을 세 번이나 정확히 확인하고서 공중에 선 채로 12요자나 크기의 범천으로 변해서 하늘에서 내려가 용왕의 머리를 밟고 힘껏 짓눌러 찌그러뜨렸다. 마치 힘센 자가 젖은 나무를 밟아 찌그러뜨리듯이 사미가 용왕의 머리를 찌그러뜨리자 용왕의 머리는 숟가락처럼 주름이 접히며 미끄러지듯 밀려났다. 용왕의 머리가 주름이 접히며 밀려나고 호숫물이 드러난 곳에서 물줄기가 야자나무 높이로 분수처럼 솟아오르자 사미는 공중에서 항아리를 내밀어 마실 물을 가득 채웠다.

승부가 끝나자 모든 천신이 손뼉을 치고 환호했다. 용왕은 창피를 당하자 사미에 대한 분노에 가득 차서 눈이 딸기처럼 붉게 물들었다.

"이 조그만 녀석이 천신들을 모두 불러 모아놓고 내 머리를 밟고 공개적으로 창피를 주었겠다. 그를 붙잡아 손을 물고 심장을 갈기갈기 찢어버리거나 아니면 발뒤꿈치를 잡아들고 갠지스 강에 던져버리겠다."

용왕은 최대한의 속력으로 사미를 뒤쫓아 갔지만 따라잡을 수 없었다.

사미가 장로에게 돌아와서 스님의 손에 물항아리를 올리고 말했다.

"스님, 이 물을 드십시오."

용왕이 사미의 뒤에 도착해서 장로에게 말했다.

"장로님, 제가 물을 주지 않았는데 당신의 사미가 강제로 물을 길어가지고 온 것입니다. 그러니 물을 마시면 계율에 어긋납니다."

"사미여, 이 말이 사실인가?"

"스님, 이 물은 마셔도 됩니다. 제가 가져온 물은 용왕이 저에게 준 것입니다."

장로는 아라한과를 성취한 사람이 거짓말을 한다는 것은 불가능하다는 것을 알고 물을 마셨다. 장로가 물을 마시자 병이 씻은 듯이 나았다.

용왕이 장로에게 말했다.

"장로님, 당신의 사미가 천신들을 모두 모아놓고 공개적으로 저에게 창피를 주었습니다. 저는 사미의 심장을 갈기갈기 찢어버리거나 발꿈치를 잡아들고 갠지스 강에 던져버리려고 합니다."

"힘센 용왕이여, 사미는 그대보다 훨씬 큰 신통력을 가지고 있어서 사미와 싸워 결코 이길 수 없을 것이다. 그러니 그에게 용서를 구하고 돌아가거라."

용왕은 다른 사람이 이야기해 주지 않아도 사미가 자기보다 훨씬 큰 신통력을 가지고 있다는 것을 알고 있었지만, 수치심을 못 이겨 그를 쫓아왔던 것이다. 용왕은 장로의 말에 복종하고 사미에게 용서를 구하고 친구가 되어 말했다.

"이후로 아노땃따 호수의 물이 필요하면 수고스럽게 직접 오시지 마십시오. 기별만 넣어주시면 제가 직접 물을 떠서 가져다 드리겠습니다."

용왕은 그렇게 말하고 떠나갔다.

장로는 사미를 데리고 다시 길을 떠났다. 부처님께서는 장로가 오는 것을 알고 뿝바라마에 앉아서 장로가 다가오기를 기다렸다. 비구들은 장로가 오는 것이 보이자 마중 나가서 가사와 발우를 받아들었다. 어린 비구들과 사미들은 수마나 사미가 귀엽다는 듯이 머리를 톡톡 치고 귀를 잡아당기고 말했다.

"꼬마 사미야, 너 짜증나고 피곤하지 않으냐?"

부처님께서는 비구들이 사미에게 장난치는 것을 보고 생각했다.

'이들이 사미에게 무례한 짓을 하며 큰 잘못을 저지르고 있구나. 그들은 마치 독사를 목에 걸듯이 사미를 붙잡고 있구나. 그들은 사미가 얼마나 대단한 능력을 지니고 있는지 모른다. 그들에게 수마나 사미의 능력을 알게 해서 다시는 실수를 저지르지 않도록 해야겠다.'

아누룻다 장로가 부처님께 다가와서 삼배를 올리고 앉았다. 부처님께서는 아누룻다 장로에게 정답게 인사를 건네고 아난다 장로에게 지시하셨다.

"아난다여, 아노땃따 호숫물로 발을 씻고 싶구나. 사미에게 항아리를 주어 물을 길어오라고 해라."

아난다 장로는 사원 안에 있는 500명의 사미를 불러 모았다. 그중에서 수마나 사미가 가장 나이가 어렸다. 장로는 가장 나이가 많은 사미에게 말했다.
"사미여, 부처님께서 아노땃따 호숫물로 발을 씻고 싶어 하신다. 네가 항아리를 들고 가서 물을 길어오너라."
"장로님, 저는 그런 능력이 없습니다."
가장 나이가 많은 사미가 난색을 표하자 장로는 그 아래 나머지 사미 모두에게 차례로 물었다. 하지만 모두가 난색을 표했다. 그중에 아라한과를 성취하고 신통력을 갖춘 사미들이 있었지만 이 일이 자기들을 위한 것이 아니라는 것을 알고 있었기 때문에 거절했다.
'이 꽃바구니는 우리를 위해 마련된 것이 아니다. 이것은 순전히 쭐라수마나 사미를 위한 것이다.'
아직 수다원과도 성취하지 못한 사미들은 감히 그런 일을 맡을 능력이 없다는 것을 알고 있었기 때문에 거절했다.
결국 쭐라수마나 차례가 됐다. 아난다 장로는 수마나에게 말했다.
"사미여, 부처님께서 아노땃따 호숫물로 발을 씻고 싶어 하신다. 네가 항아리를 들고 가서 물을 길어오너라."
"부처님께서 제가 물을 길어오기를 원하신다면 길어오겠습니다."
사미는 그렇게 대답하고 부처님께 가서 삼배를 올리고 말씀드렸다.
"부처님이시여, 제가 아노땃따 호수에 가서 물을 길어오기를 원하십니까?"
"그렇다, 수마나여."
수마나는 사원에서 위사카가 만들어 기증한 60개의 항아리가 들어갈 정도로 큰 물통을 골라 들고 생각했다.
'이 정도 가지고는 어깨에 메고 갈 필요도 없다.'
이렇게 중얼거리고 그는 물통을 대롱대롱 들고 공중으로 솟아올라 히말라야 산으로 날아갔다.

사미가 멀리서 날아오는 것을 보고 용왕은 마중 나가서 통을 받아서 어깨에 메고 말했다.

"스님, 나와 같은 심부름꾼이 한 명도 없습니까? 왜 이렇게 손수 오십니까? 물이 필요하시면 전갈을 보내시라니까요."

용왕은 통에 물을 가득 채워서 들고 사미에게 말했다.

"먼저 가십시오, 스님. 제가 물을 들고 가겠습니다."

"용왕께선 여기 계십시오. 이 일은 부처님께서 제게 직접 시키신 일입니다."

사미는 용왕을 돌려보내고 통의 가장자리를 손으로 잡고 하늘로 날아올랐다.

부처님께서는 사미가 다가오는 것을 보고 비구들에게 말했다.

"비구들이여, 저 사미의 우아한 모습을 보아라. 마치 하늘을 나는 백조처럼 우아하고 아름답구나."

사미가 물통을 부처님 앞에 내려놓고 삼배를 올리자 부처님께서 물으셨다.

"수마나여, 그대가 올해 몇 살인가?"

"일곱 살입니다, 부처님."

"수마나여, 그대는 오늘부터 비구가 되어라."

부처님께서는 그에게 비구계를 주었다. 일곱 살에 비구계를 받은 사미는 수마나와 소빠까163) 둘밖에 없었다.

---

163) 소빠까Sopāka: 그는 묘지기의 아들로 태어났다. 그래서 소빠까(부랑아)라고 불렸다. 어떤 학자는 그가 상인의 아들로 태어났고 소빠까는 단지 이름일 뿐이라고 말하기도 한다. 그가 태어나고 4개월 후 아버지가 죽었고 그는 삼촌의 양자가 됐다. 일곱 살이 됐을 때 그는 사촌(삼촌의 아들)과 싸웠다. 화가 난 삼촌은 그를 데리고 시체 버리는 곳으로 가서 시체처럼 꽁꽁 묶어서 자칼의 밥이 되게 했다. 밤이 되어 자칼이 다가오자 소년은 두려움에 비명을 질러댔다. 부처님께서는 소빠까가 아라한과를 성취

수마나 사미가 비구계를 받자 비구들이 법당에 모여 감탄사를 발했다.
"정말 놀라운 일입니다! 사미의 신통력은 정말 대단합니다! 우리는 그렇게 경이로운 신통력을 본 적이 없습니다!"

이때 부처님께서 가까이 오셔서 비구들에게 물으셨다.

"비구들이여, 여기 모두 모여 무슨 이야기를 나누고 있는가?"

비구들이 대답하자 부처님께서 말씀하셨다.

"비구들이여, 나의 가르침을 바르게 닦는 사람은 아무리 나이가 어린 사미라도 놀라운 능력을 얻을 수 있다."

부처님께서는 이렇게 말씀하시고 게송을 읊으셨다.

**나이가 어리더라도
붓다의 가르침을 힘껏 닦는 비구,
그가 세상을 비추네.
구름을 벗어난 달처럼.**(382)

할 인연이 무르익었다는 것을 알고 광명의 모습을 나투시어 신통으로 밧줄을 풀어주고 간다꾸띠 앞으로 오게 했다. 이때 그는 수다원과를 성취했다. 그의 어머니는 아이가 어디 갔는지 삼촌에게 물었으나 삼촌은 모른다고 시치미를 뗐다. 어머니는 부처님은 모든 것을 다 아시기 때문에 아들의 행방을 알 거라고 생각해서 부처님을 찾아왔다. 부처님께서는 신통으로 아들을 보지 못하게 하고 '아들이 피난처가 되지 못하고 혈육이 의지처가 되지 못한다.'라고 법문하셨다. 그녀는 법문을 듣고 수다원과를 성취했고, 소년은 아라한과를 성취했다. 부처님께서는 아들을 어머니 앞에 나타나게 했고 그녀는 아들의 출가를 허락했다. 얼마 후에 부처님께서는 꾸마라빵하(Kumārapañha, 동자에게 한 질문, Khp.4)라고 알려진 질문을 그에게 던졌고 그는 정확히 대답했다. 부처님께서는 이에 만족해 아직 20세가 되지 않았는데도 그에게 구족계를 주어 비구가 되게 했다.

제26장 바라문

Brāhmaṇa Vagga

제26장 바라문[164] Brāhmaṇa Vagga

첫 번째 이야기
공양 올리는 데 기쁨을 느끼는 빠사다바훌라 바라문

부처님께서 제따와나에 계실 때 빠사다바훌라 바라문과 관련해서 게송 383번을 설하셨다.

빠사다바훌라 바라문은 부처님의 법문을 듣고 신심이 나서 그 후로 매일 자기 집에서 열여섯 명의 비구에게 공양을 올렸다. 비구들이 집에 오면 바라문은 발우를 받아들고 말했다.
"아라한이시여, 어서 오소서. 아라한이시여, 앉으소서."
그는 누구에게 말하든지 모든 비구에게 '아라한'이라고 불렀다. 그러자 그들 중에 깨달음을 얻지 못한 비구들은 이렇게 생각했다.
'이 재가신도는 우리를 아라한이라고 착각하나 보다.'
아라한들은 이렇게 생각했다.
'이 재가신도는 우리가 아라한과를 성취했다는 것을 알고 있구나.'
그래서 모든 비구가 의심이 생겨 그의 집에 가지 않았다.

스님들이 오지 않자 재가신도는 매우 슬펐다.
'고귀한 스님들이 왜 우리 집에 오지 않는 거지?'

---

164) 바라문(brāhamaṇa): 이 장에서 자주 등장하는 바라문이라는 단어는 바라문 계급의 사람을 말하는 것이 아니고 '수행자' 내지는 수행을 완성한 자인 '아라한(arahat)'을 그 당시의 최고 계급인 바라문으로 호칭한 것이다. 진정한 바라문은 가문과 혈통으로 정해지는 것이 아니고 번뇌를 완전히 소멸하고 최고의 깨달음을 얻은 아라한이라는 의미이다. 그래서 이 장에 나오는 '바라문'이라는 단어는 결국 수행자 또는 아라한을 의미하므로 독자들이 이해하기 쉽게 '수행자'나 '아라한'으로 바로 옮겼다.

그는 사원으로 가서 부처님께 삼배를 올리고 이 일을 말씀드렸다. 부처님께서는 비구들을 불러 물으셨다.
"비구들이여, 무슨 일이 있는가?"
비구들이 일어난 일을 이야기하자 부처님께서 말씀하셨다.
"비구들이여, 바라문이 그대들에게 '아라한'이라고 부르며 인사하는 것을 좋아하지 않는가?"
"부처님이시여, 우리는 그렇게 불리는 것을 좋아하지 않습니다."
"비구들이여, 이것은 바라문이 비구들을 존경하기에 그렇게 부르는 것일 뿐이다. 존경하는 마음에서 그렇게 부르는 것은 허물이 되지 않는다. 그러니 그대들은 열심히 정진해서 갈애의 흐름을 끊고 아라한과를 꼭 성취해야 한다."
부처님께서는 이렇게 말씀하시고 게송을 읊으셨다.

오, 비구들이여!
힘써 갈애의 흐름을 끊고
감각적 욕망을 버려라.
오, 비구들이여!
상카라(有爲)165)의 소멸을 잘 알고
무위(無爲)166)를 깨달은 자가 되어라.167) (383)

---

165) 상카라saṅkhāra: 12연기에 나오는 상카라(行)는 능동적인 측면에서의 '행위', 선하거나 악하거나 의도적으로 몸과 말과 마음으로 짓는 행위 (kāya-saṅkhāra, vācī-saṅkhāra, citta-saṅkhāra)를 의미한다. 오온에 나오는 상카라(行)는 느낌과 지각을 뺀 나머지 50가지 마음부수를 말한다. 여기에는 의도적으로 일으키거나 자동적으로 일어나는 모든 정신현상을 말한다. '모든 상카라는 무상하다.'라는 문장에서 나오는 상카라는 '조건에 따라 일어난 것'을 말한다. 존재의 모든 현상은 조건에 따라 일어났다가 조건이 소멸하면 사라지는 덧없는 것이다.
166) 무위(akata): 조건 지어지지 않은 상태, 즉 열반을 말한다.

두 번째 이야기
두 가지 법

부처님께서 제따와나에 계실 때 여러 명의 비구와 관련해서 게송 384번을 설하셨다.

어느 날 먼 지방에 거주하던 30명의 비구가 제따와나에 와서 부처님께 삼배를 올리고 한쪽에 앉았다. 사리뿟따 장로는 비구들이 아라한과를 성취할 인연이 무르익었다는 것을 알고 부처님께 가서 선 채로 부처님께 질문했다.
"부처님이시여, '두 가지 법'이라고 하는데 두 가지 법이란 무엇입니까?"
"사리뿟따여, 두 가지 법이란 사마타와 위빳사나168)이다."
부처님께서는 그렇게 말씀하시고 게송을 읊으셨다.

수행자가 두 가지 법을 온전히 알았을 때
온전히 아는 그에게
모든 얽매임이 풀려난다.(384)

이 게송 끝에 30명의 비구는 아라한과를 성취했다.

---

168) 사마타samatha와 위빳사나vipassanā: 사마타는 마음을 하나의 대상에 집중해 삼매(jhāna)를 성취하는 수행을 말한다. 위빳사나는 현재의 몸과 마음에서 일어나는 모든 현상이 관찰의 대상이며, 현상의 본질인 무상·고·무아를 통찰해 열반을 성취하는 수행을 말한다. 자세한 것은 부록 II 수행주제와 수행방법 참조.

세 번째 이야기
피안彼岸

부처님께서 제따와나에 계실 때 마라와 관련해서 게송 385번을 설하셨다.

마라가 어느 날 남자로 변신하고 부처님께 다가와서 여쭈었다.
"부처님이시여, '피안彼岸'이라고 자주 언급하시는데 피안이 무엇입니까?"

부처님께서는 그가 마라라는 것을 단박에 알아채고 말씀하셨다.
"마라여, 네가 피안과 무슨 상관이 있느냐? 그것은 욕망에서 벗어난 사람들만이 얻을 수 있는 것이다."

부처님께서는 이렇게 말씀하시고 게송을 읊으셨다.

차안此岸에도 없고
피안彼岸에도 없고
차안과 피안 둘 다에도 없는 사람[169],
근심이 없고 얽매임이 없는 사람,
그를 일컬어 아라한이라 한다. (385)

---

169) 주석서의 설명에 의하면 차안(이 언덕)이란 여섯 감각기관 즉 눈, 귀, 코, 혀, 몸, 뜻을 말하며, 피안(저 언덕)이란 여섯 감각 대상 즉, 형상, 소리, 냄새, 맛, 감촉, 법을 말한다. 감각대상이 감각기관을 통해 들어오면 각각의 기관에 해당하는 식識이 인식을 한다. 예를 들어 형상이 눈을 통해 들어오면 안식眼識이 먼저 알아차린다. 알아차리면 마음이 좋거나 싫다거나 아니면 무덤덤한 반응을 일으키며 탐욕과 성냄과 무지를 드러낸다. 이런 반응들이 상카라이며 업이 형성되는 과정이다. 아라한은 대상이 감각기관을 통해 들어와 알아차리는 과정까지는 일어나지만, 거기에 좋아하고 싫어하거나 무덤덤한 반응을 일으키지 않는다. 예를 들어 '보는 행위'는 있지만 '보는 자'는 없다. '듣는 행위'는 있지만 '듣는 자'는 없다. 이것이 차안과 피안 둘 다에도 없는 사람이다.

네 번째 이야기
바라문 1

부처님께서 제따와나에 계실 때 어떤 바라문과 관련해서 게송 386번을 설하셨다.

어느 날 어떤 바라문은 이렇게 생각했다.

'부처님께서는 당신의 제자들을 '바라문'이라고 부른다. 나는 태생으로 보나 혈통으로 보나 바라문이다. 그러니 나도 바라문이라고 불러 주어야 한다.'

그가 부처님께 가서 이 일을 여쭙자 부처님께서 대답하셨다.

"나는 단지 태생과 혈통 때문에 바라문이라고 부르지 않는다. 구경의 목표에 도달한 사람, 즉 아라한만을 바라문이라고 부른다."

부처님께서는 그렇게 말씀하시고 게송을 읊으셨다.

고요하고 탐욕이 없으며
홀로있음을 즐기는 사람,
해야 할 일을 모두 마치고
번뇌가 없으며 구경의 목표에 도달한 사람,
그를 일컬어 바라문이라 한다.(386)

다섯 번째 이야기
밤낮으로 빛나는 몸

부처님께서 뿝바라마에 계실 때 아난다 장로와 관련해서 게송 387번을 설하셨다.

해제날 자자를 하려고 할 때 빠세나디 꼬살라 국왕이 온갖 장신구로 치장하고 손에 향수와 꽃 등을 들고 사원에 도착했다. 이때 깔루다이 장로가 대중들 뒤에 앉아 있다가 삼매에 들어갔다. 그러자 그의 몸이 황금빛 광명을 내뿜으면서 보는 사람들을 황홀하게 했다. 이때 태양이 지고 달이 떠오르고 있었다. 아난다 장로는 밝은 보름달을 바라보고, 왕의 황금 장신구에서 반사되는 빛을 바라보고, 깔루다이 장로의 삼매 속에서 나오는 빛을 바라보고, 부처님의 몸에서 뿜어져 나오는 빛을 바라보았다. 그중에서 부처님의 광명이 모든 빛을 능가했다.

아난다 장로는 부처님께 삼배를 올리고 말씀드렸다.

"부처님이시여, 저는 오늘 여러 가지 빛을 보았는데 부처님의 몸에서 나오는 빛만이 저를 기쁘게 합니다. 부처님의 몸에서 나오는 빛은 나머지 모든 빛을 능가합니다."

"아난다여, 태양은 낮에만 빛나고, 달은 밤에만 빛나고, 왕은 장신구를 걸쳤을 때만 빛나고, 아라한은 삼매에 들었을 때만 빛나지만, 여래는 밤이나 낮이나 다섯 가지 광명으로 빛난다."

해는 낮에 빛나고
달은 밤에 빛난다.
왕은 장신구로 치장했을 때 빛나고
수행자는 삼매에 들었을 때 빛난다.
그러나 붓다는 밤낮으로 찬란히 빛난다. (387)

여섯 번째 이야기
비구

부처님께서 제따와나에 계실 때 어떤 이교도 바라문과 관련해서 게송 388번을 설하셨다.

어떤 바라문이 다른 교단에 출가하고 나서 이렇게 생각했다.
'사문 고따마는 제자들을 '비구'라고 부른다. 나도 출가했으니 비구이다. 그러니 사문 고따마는 나를 비구라고 불러야 한다.'
그는 부처님께 다가가서 이 문제에 대해 어떻게 생각하느냐고 묻자 부처님께서 대답하셨다.
"나는 단지 그런 이유로 비구라고 부르지 않는다. 번뇌와 더러움에서 떠났기 때문에 출가자, 즉 비구라고 부른다."
부처님께서는 이렇게 말씀하시고 게송을 읊으셨다.

악을 버렸기에 바라문이라고 부르고
고요함을 닦아나가기에 사문이라고 부르고
더러움을 쫓아버리기에 출가자라고 부른다.(388)

일곱 번째 이야기
분노를 제거한 성인 사리뿟따 장로

부처님께서 제따와나에 계실 때 사리뿟따 장로와 관련해서 게송 389, 390번을 설하셨다.

어느 날 여러 사람이 모여 사리뿟따 장로의 고귀한 덕을 칭송하고 있었다.
"우리의 거룩한 스승님은 참으로 놀라운 인내력을 가지고 있다. 다른 사람들이 모욕하고 때리더라도 조금도 화내지 않는다."
그러자 한 사견을 가진 바라문이 물었다.
"절대로 분노를 일으키지 않는 사람이 도대체 누구지요?"
"사리뿟따 장로님입니다."
"아무도 그를 화나게 할 수 없는가 보지요?"
"바라문이여, 그렇습니다."
"그러면 내가 그를 화나게 해보겠소."
"할 수 있다면 해보시구려."
"그를 화나게 하려면 어떻게 해야 할지 난 알고 있소."

사리뿟따 장로가 도시에 들어와 탁발하는 것을 보고 바라문은 등 뒤로 다가가서 주먹으로 장로의 등짝을 한 방 갈겼다.
장로는 '무슨 일인가?'라고 하면서 뒤도 돌아보지 않고 그대로 길을 걸어갔다. 바라문은 이걸 보고 자신이 한 일이 몹시 후회스러웠다.
'오, 장로님은 정말 고귀한 덕성을 갖추고 계시는구나.'
그는 장로의 발아래 엎드려 말했다.
"장로님, 저를 용서해 주십시오."
"무슨 말씀입니까?"
"제가 감히 장로님의 인내력을 시험하려고 등을 후려쳤습니다."

"용서해 드리겠소."

"장로님, 저를 용서해 주신다면 오늘부터 저의 집에 오셔서 공양을 받아 주십시오."

바라문이 이렇게 말하면서 장로의 발우를 받아들자 장로가 순순히 그를 따랐다. 바라문은 장로를 집으로 모시고 가서 공양을 올렸다.

바라문이 장로에게 해를 끼치는 것을 본 시민들이 화가 나서 말했다.

"이 나쁜 놈이 감히 분노가 없는 우리의 고귀한 장로님을 후려치다니! 그냥 놔둘 수 없다. 그놈을 죽여 버리겠다."

그들은 흙덩이, 몽둥이, 돌 등을 들고 바라문이 집에서 나오기를 기다렸다. 장로는 자리에서 일어나 나가면서 발우를 바라문의 손에 들린 채로 집을 나섰다. 사람들은 바라문이 장로와 함께 나오는 것을 보고 말했다.

"장로님, 발우를 받고 바라문을 돌려보내십시오."

"신도님들이여, 무슨 일입니까?"

"바라문이 감히 장로님을 때렸으니 그에게 응분의 대가를 치르게 할 작정입니다."

"그게 무슨 말이오? 그가 당신들을 쳤습니까, 아니면 나를 쳤습니까?"

"장로님을 쳤습니다."

"그가 나를 쳤고 나는 그를 용서했으니 그대들은 그냥 돌아가십시오."

장로는 시민들을 해산시키고 나서야 바라문을 돌려보내고 사원으로 돌아갔다.

비구들이 이 일을 알고 흥분했다.

"도대체 이게 말이나 되는가? 바라문이 사리뿟따 장로를 때렸는데 장로는 배알도 없이 자기를 때린 바라문의 집으로 가서 공양을 받다니! 그가 장로를 때리고 나서 지금까지 어느 누구에게 부끄러운 마음을 가졌겠는가? 그는 다른 스님들도 때리고 돌아다닐 거야."

이때 부처님께서 들어오셔서 물으셨다.

"비구들이여, 여기 모두 모여 무슨 이야기를 하고 있는가?"

비구들이 대답하자 부처님께서 말씀하셨다.

"비구들이여, 바라문은 다른 바라문을 때릴 수 없다. 속인 바라문이 비구 바라문을 때린 것이다. 아나함과를 성취하면 분노가 완전히 파괴돼 더 이상 화내지 않는다."

부처님께서는 이렇게 말씀하시면서 법문을 설하시고 나서 게송을 읊으셨다.

수행자를 때려서도 안 되지만
때린 자에게 화내서도 안 된다.
수행자를 때리는 것도 부끄러운 일이지만
때린 자에게 화내는 것은 더욱 부끄러운 일이다.(389)

남을 괴롭히지 않는 것도 훌륭하지만
괴롭힘을 당하고서도
화내지 않는 것은 더욱 훌륭하다.
해치려는 마음이 엷어질수록
괴로움도 사라지리라.(390)

여덟 번째 이야기
마하빠자빠띠 고따미의 출가170)

부처님께서 제따와나에 계실 때 마하빠자빠띠 고따미171)와 관련해서 게송 391번을 설하셨다.

부처님께서는 비구니팔경계比邱尼八敬戒를 제정하시기 전에 먼저 마하빠자빠띠 고따미와 500명의 여인에게 이 계를 지킬 수 있다면 비구니로 받아

---

170) 이 이야기는 율장 소품(VinCv. x. 1-2)에 나온다. 고따미와 500명의 비구니의 출가는 고따미 경(A8.51)에 나온다.
171) 마하빠자빠띠 고따미Mahāpajāpati Gotamī: 그녀는 꼴리야족 숩빠붓다 Suppabuddha의 딸이며 마하마야Mahāmāyā의 동생이다. 두 자매는 숫도다나 왕과 결혼했다. 마하마야가 붓다를 낳고 7일 만에 죽었다. 빠자빠띠 고따미는 며칠 뒤 난다를 낳았다. 그녀는 자기 아들인 난다Nanda를 유모에게 맡기고 자신은 붓다에게 젖을 물려 키웠다. 부처님이 웨살리에 있을 때 숫도다나 왕이 죽자(부처님 정각 후 5년째), 빠자빠띠는 출가를 결심하고 기회를 기다리고 있었다. 이때 사끼야족과 꼴리야족이 로히니 (Rohiṇī) 강의 물 때문에 싸움이 벌어졌을 때 부처님께서 까삘라왓투에 오셔서 중재하셨다. 그리고 부처님께서 숫따니빠따에 나오는 깔라하위와다 경(Kalahavivāda Sutta, Sn.8.11)을 설하자 500명의 사끼야족 젊은이가 출가했다. 졸지에 과부가 된 여인들도 빠자빠띠를 따라 부처님께 가서 출가를 허락해 달라고 요청했지만 부처님께서는 거절하셨다. 부처님이 웨살리에 가서 머물자 마하빠자빠띠와 500명의 여인은 용기를 잃지 않고 스스로 머리를 깎고 노란 가사를 만들어 입고 웨살리Vesāli까지 걸어갔다. 여인들이 상처 난 발로 사원에 도착해 다시 출가를 요청했지만, 부처님은 다시 거절하셨다. 아난다는 여인들의 편에 서서 부처님을 설득해 비구니팔경계比邱尼八敬戒를 받아들이는 조건으로 출가를 허락받았다. 그녀는 출가 전에 이미 수다원이었다. 그녀는 간략하게 경(Sankhitta Sutta, A8.53)을 듣고 아라한이 됐으며, 500명의 비구니들은 난다까 교계 경 (Nandakovāda Sutta, M146)을 듣고 모두 수다원과 이상을 성취했다. 그녀는 120세에 500명의 동료 비구니와 함께 대열반에 들었다. 그녀는 비구니 중에서 최초로 비구니계를 받은 스님이다.

줄 수 있다고 제안하셨다.172) 온몸을 장식하는 데 익숙한 사람이 단지 머리를 숙임으로써 향기로운 꽃다발을 목에 걸듯이 마하빠자빠띠 고따미는 고개를 숙여 비구니팔경계를 받아들였다. 그녀와 함께 온 500명의 여인도 그녀를 따라 비구니팔경계를 받아들이는 조건으로 출가를 허락받았다. 부처님께서는 비구들에게 이렇게 율을 제정하셨다.

"비구니들은 비구들에게서 계를 받아야 한다."

그러나 정작 마하빠자빠띠 고따미는 부처님 외에 은사도 계사도 없었다. 그녀는 특별히 계를 받지 않고 비구니가 됐던 것이다.

500명의 비구니는 정식으로 계를 받고 나자, 빠자빠띠를 정식 비구니로 인정할 수 없다는 태도를 취하며 비평했다.

"마하빠자빠띠 고따미는 은사도 계사도 없다. 그녀는 자기 혼자서 노란 가사를 입었다."

이 말을 듣고 다른 비구니들도 불만을 나타내며 그녀와 우뽀사타와 자자를 함께 하려고 하지 않았다. 비구니들이 부처님께 가서 이 일을 보고하자 부처님께서 대답하셨다.

"내가 마하빠자빠띠 고따미에게 비구니팔경계를 주었기 때문에 내가 그녀의 은사이고 내가 그녀의 계사이다. 몸과 말과 생각으로 악업을 멀리 여읜 아라한에게 어떤 의심도 품어서는 안 된다."

부처님께서는 이렇게 말씀하시고 게송을 읊으셨다.

몸과 말과 마음으로 나쁜 짓을 하지 않고
그 세 가지를 잘 다스리는 사람,
그를 일컬어 아라한이라고 한다.(391)

---

172) 다른 모든 계율은 불미스러운 사건이 일어나고 나서 그런 행위를 금하는 계율로 제정했지만, 비구니팔경계는 동기가 없이 먼저 제정된 계율이다.

아홉 번째 이야기
스승에 대한 존경심이 깍듯한 사리뿟따 장로

부처님께서 제따와나에 계실 때 사리뿟따 장로와 관련해서 게송 392번을 설하셨다.

사리뿟따 장로는 앗사지173) 장로에게서 처음으로 법문을 듣고 수다원과를 성취하고 출가했다.174) 그날부터 사리뿟따는 앗사지 장로가 어디에 머무르고 있다는 말이 들리면 그 방향으로 합장하고 잠을 잘 때도 그 방향으로 머리를 두고 잤다. 비구들은 이걸 보고 서로 수군거렸다.

"사리뿟따 장로는 사견을 가진 것이 틀림없어. 그는 육방예경175)을 하고

---

173) 앗사지Assaji: 싯닷타Siddhattha 왕자가 태어났을 때 명명식에 초대된 8명의 바라문 중 한 명인 꼰단냐가 싯닷타 왕자가 29세가 되어 출가하자 나머지 7명의 바라문 아들들에게 가서 함께 출가하기를 권했다. 이때 7명의 아들 중에서 4명이 꼰단냐를 따라나섰다. 앗사지는 이때 따라나섰던 4명 중 한 명이며, 꼰단냐를 포함해 최초로 승단을 구성했던 오비구 중 한 명이다. 그는 초전법륜경(Dhammacakkappavattana Sutta, S56.11)을 듣고 수다원과를 성취했고, 무아경(Anattalakkhaṇa Sutta, S22.59)를 듣고 아라한과를 성취했다.(게송 11, 12번 이야기) 그는 사리뿟따와 목갈라나의 개종에 중요한 역할을 했다.(게송 번 11, 12번 이야기) 참고로 또 다른 앗사지 비구가 있는데 그는 육군 비구 중 한 명이다.
174) 법구경 게송 11, 12번 이야기 참조.
175) 육방예경六方禮敬: 디가 니까야 교계 싱갈라 경(Siṅgālovāda sutta, D31)에 나오는 말이다. 부처님께서 라자가하에 탁발을 나갔을 때 바라문 장자의 아들 싱갈라라는 청년이 동, 서, 남, 북, 상, 하 육방六方을 향해 예배하고 있었다. 부처님께서 그 이유를 묻자 청년은 부모의 유언에 따라 그렇게 할 뿐이라고 대답했다. 베다의 전통에서는 여섯 방위에 사는 신들의 보호를 받기 위해 예배드리는 것이 관습이었다. 부처님은 이와 같은 미신을 바로잡기 위해 육방예경의 의미를 재해석해 주셨다. 간략하게 요약하면 이렇다. "동방은 부모, 남방은 스승, 서방은 아내와 자식, 북방은 친구, 친척, 이웃, 하방은 하인, 일꾼, 고용인, 상방은 수행자를 의미한다. 이들

있는 것 같다."

이 일이 부처님께 보고됐다.

부처님께서는 장로를 불러 물으셨다.
"사리뿟따여, 그대가 육방예경을 한다는 게 사실인가?"
"부처님께서는 제가 육방예경을 하는지 하지 않는지 잘 알고 계실 것입니다."

부처님께서는 비구들에게 말씀하셨다.
"비구들이여, 사리뿟따는 육방예경을 하고 있는 것이 아니다. 그는 앗사지 장로에게서 처음으로 법문을 듣고 수다원과를 성취했기 때문에 앗사지 장로를 스승으로 존경하는 것이다. 비구는 마땅히 자신에게 법문을 들려주고 깨달음으로 이끌어 준 스승을 바라문이 불을 숭배하는 것처럼 존경해야 한다."

부처님께서는 이렇게 말씀하시고 법문을 설하시고 게송을 읊으셨다.

누군가에게서
붓다의 가르침을 배워 깨달았다면
그분을 온 마음으로 받들어라.
마치 바라문이 불을 섬기듯이.(392)

여섯 부류 사람과의 인간관계 속에는 윗사람을 섬기며 존경하고, 주변 사람들에게는 친절하게 대하고 도움을 주고, 아랫사람은 아끼고 보호하는 등 해야 할 의무를 다하는 것이 진정한 예경이다."

열 번째 이야기
바라문 2

부처님께서 제따와나에 계실 때 자띨라(結髮修行者) 바라문과 관련해서 게송 393번을 설하셨다.

자띨라 바라문은 어느 날 이렇게 생각했다.
'나는 아버지 혈통으로 보나 어머니 혈통으로 보나 순수한 혈통의 바라문 가문에서 태어났다. 사문 고따마는 자신의 제자들을 '바라문'이라고 부른다고 한다. 그는 나에게도 '바라문'이라고 불러야 한다.'
바라문은 부처님께 가서 이 일을 묻자 부처님께서 대답하셨다.
"바라문이여, 단지 결발結髮을 하고 있다거나 태생과 혈통이 바라문이라고 해서 바라문이라고 부르지 않는다. 진리를 꿰뚫어 아는 사람만을 바라문이라고 부른다."
부처님께서는 이렇게 말씀하시고 게송을 읊으셨다.

머리를 땋아 뒤로 묶었다고 해서
혈통과 가문에 의해서
바라문이 되지 않는다.
그 누구든 진리를 알고 법이 있다면[176]
그가 청정한 사람이며 바라문이다. (393)

---

[176] 진리와 법: 여기서 진리는 사성제를 말하고 법은 수다원도와 과, 사다함도와 과, 아나함도와 과, 아라한도와 과 그리고 열반을 말한다.

열한 번째 이야기
사기꾼 바라문

부처님께서 웨살리의 탑177)에 머무르고 계실 때 박쥐를 흉내 내는 사기꾼 바라문과 관련해서 게송 394번을 설하셨다.

사기꾼 바라문은 웨살리 성문 가까이에서 자라고 있는 까꾸다 나무에 올라가서 두 다리를 나무에 걸치고 박쥐처럼 머리를 아래로 하고 대롱대롱 매달려 고래고래 소리를 질렀다.

"나에게 100마리 소를 달라! 나에게 돈을 달라! 나에게 여자 노예를 달라! 내가 요구하는 것을 주지 않으면 나무에서 떨어져 죽어버리겠다. 그러면 이 도시는 폐허가 될 것이다."

부처님께서 비구들을 데리고 도시로 들어오다가 나무에 매달려 있는 바라문을 보았다. 부처님과 비구들이 도시를 떠날 때도 그는 여전히 나무에 매달려 있었다. 도시 주민들은 이렇게 생각했다.

'이 사람은 이른 아침부터 지금까지 매달려 있다. 만약에 그가 정말 나무에서 떨어진다면 도시는 폐허가 될지도 모른다.'

주민들은 도시가 폐허가 될지도 모른다는 두려움에 그가 요구하는 것을 모두 들어주었다.

---

177) 웨살리 탑(cetiya): 디가 니까야 대반열반경(Mahāparinibāna Sutta, D16)을 보면 부처님께서 대열반에 드시기 위해 꾸시나라Kusināra로 가시는 도중에 짜빨라Sāpala 탑에서 낮의 휴식을 취하면서 웨살리 탑들을 바라보고 묘사하는 장면이 나온다. "아난다여, 웨살리는 아름답다. 우데나Udena 탑도 아름답고, 고따마Gotama 탑도 아름답고, 삿땀바까Sattambaka 탑도 아름답고, 바후뿟따Bahuputta 탑도 아름답고 짜빨라 탑도 아름답다." 이렇듯 부처님 당시에 웨살리에는 신(약카)들을 모신 탑들이 많았으며 부처님께서 지나가시다가 이 탑에서 자주 머무셨다고 한다. 부처님께서는 짜빨라 탑에서 3개월 후 대열반에 들겠다고 아난다에게 선언하셨다.

"우리는 당신이 요구하는 것을 모두 드렸습니다."

주민들이 그렇게 말하자 그는 나무에서 내려와 전리품을 챙겨들고 유유히 사라졌다.

비구들은 사기꾼 바라문이 사원 근처에서 마치 암소처럼 배불뚝이가 되어 어슬렁거리며 돌아다니는 것을 보자 곧 그를 알아보았다.

"바라문이여, 그래 요구했던 것을 모두 얻었소?"

"물론이지요. 요구했던 것을 다 얻었지요."

바라문은 넉살좋게 히죽거리며 대답했다. 비구들이 사원에 돌아와서 이 일을 보고하자 부처님께서 말씀하셨다.

"비구들이여, 바라문이 사기꾼 강도가 된 것은 이번이 처음이 아니다. 그는 과거생에서도 사기꾼 강도였다. 그는 금생에서는 어리석은 사람들을 속이는 데 성공했지만 과거생에서는 현명한 이를 속이는 데 실패했었다."

부처님께서는 비구들의 요청에 의해서 과거생에 있었던 일을 이야기해 주셨다.

사기꾼 수행자와 도마뱀 왕: 고다 자따까[178]

어느 때 한 농부들의 마을 가까이에 사기꾼 수행자가 살고 있었다. 이 수행자는 수행하는 척 흉내나 내며 음식을 얻어먹는 위선자였다. 마을의 한 남자가 그를 성심성의껏 보살펴주었다. 그는 마치 자기 자식들에게 맛있는 음식을 먹이듯 낮에는 여러 가지 맛있는 음식을 만들어 올리고 저녁식사를 준비하면서 음식을 풍족하게 해서 남겨 두었다가 다음 날 아침에 그에게 올렸다.

어느 날 저녁에 그들은 도마뱀 고기를 구해 정성스럽게 요리를 해서 남

---

178) 고다 자따까(Godha Jātaka, J325 ; Godha Jātaka J138)에 나오는 이야기로 두 자따까가 내용이 같다.

겨두었다가 다음 날 수행자에게 올렸다. 그는 고기를 먹고 나서 그 맛에 대한 갈애에 단단히 얽매였다. 그는 호기심을 참지 못하고 물었다.

"이게 무슨 고기입니까?"

"도마뱀 고기입니다."

그는 공양을 끝내고 나서 버터기름과 우유와 후추 등 온갖 요리 재료를 얻어서 오두막집으로 돌아와 저장해 두었다.

오두막집에서 가까이 있는 개미언덕에 도마뱀 왕이 살고 있었다. 도마뱀 왕은 때때로 수행자에게 찾아와서 예를 올리고 돌아가곤 했다. 그날 수행자는 이렇게 생각하고 있었다.

'도마뱀이 오면 죽여서 요리해 먹어야겠다.'

그는 몽둥이를 가사자락에 숨기고 개미언덕 가까이에 누워서 잠든 체하고 있었다. 도마뱀 왕이 개미언덕에서 나와서 수행자에게 다가가다가 수행자가 누워 있는 특이한 자세를 보고 생각했다.

'나의 스승이 오늘은 어째 이상해 보인다.'

도마뱀은 되돌아서 반대방향으로 기어갔다. 수행자는 도마뱀이 되돌아가는 것을 보고 즉시 일어서서 몽둥이를 힘껏 던져 죽이려고 했지만, 몽둥이는 목표물을 빗나가버렸다. 도마뱀은 얼른 개미언덕으로 들어가서 고개를 내밀고 주위를 둘러보고 수행자에게 말했다.

마음도 다스리지 못하는 그대를
수행자로 잘못 알고 가까이했네.
몽둥이로 나를 때리려는 것을 보니
그대는 수행자가 아니군요.

오, 어리석은 자여!
머리를 땋아 묶는 것이 무슨 소용이며
사슴가죽 옷이 무슨 소용인가?[179]
그대 안에 욕망의 숲이 무성한데

겉모습만 번지르르한들 무슨 소용인가?(394)

수행자가 음식으로 그를 유혹하며 말했다.

도마뱀이여, 이리 오너라.
다시 되돌아와 이 맛있는 우유죽을 먹어라.
기름과 소금과 후추도 충분히 준비했단다.

도마뱀 왕이 이 말을 듣고 말했다.
"말 많은 놈은 사기꾼이라더니 당신이 그러네. 내가 어떻게 그런 유혹에 넘어가랴."
도마뱀은 그렇게 말하면서 노래를 불렀다.

내가 백 사람의 키만큼 높은 개미언덕에 들어가는 이유가 또 있지.
당신이 말하는 버터기름과 소금과 후추는 나에게 해로운 식품이라네.

도마뱀은 계속해서 말을 이었다.
"이제까지 당신을 수행자라고 생각했는데 나를 죽이려고 몽둥이를 던지다니. 이제 보니 가짜 수행자로구나. 당신처럼 어리석은 자가 머리를 헝클어 맨들 무슨 소용이 있으랴? 발톱이 달린 사슴가죽 옷을 입은들 무슨 소용이 있으랴? 당신의 내면에 욕망의 숲이 무성한데 겉만 번지르르한들 무슨 소용이 있으랴?"(과거생 이야기 끝)

부처님께서 과거생 이야기를 마치고 나서 자따까에 등장하는 인물들을 확인해 주셨다.

"그때 수행자는 지금의 사기꾼 바라문이고 도마뱀 왕은 바로 나이다."
부처님께서는 현명한 도마뱀이 사기꾼 바라문을 꾸짖었던 게송을 다시 반복하셨다.

---

179) 머리를 땋아 묶는 것(結髮)과 사슴가죽 옷: 바라문교 수행자는 머리를 땋아 뒤로 묶고 사슴가죽 옷을 입는다고 한다.

오, 어리석은 자여!
머리를 땋아 묶는 것이 무슨 소용이며
사슴가죽 옷이 무슨 소용인가?
그대 안에 욕망의 숲이 무성한데
겉모습만 번지르르한들 무슨 소용인가?(394)

열두 번째 이야기
누더기를 입는 데서 제일인 끼사고따미

부처님께서 깃자꾸따에 계실 때 끼사고따미[180]와 관련해서 게송 395번을 설하셨다.

초경에 삭까 천왕은 천신들의 무리를 거느리고 부처님을 찾아왔다. 그들은 삼배를 올리고 공손하게 한쪽에 앉아 부처님의 설법을 기쁜 마음으로 듣고 있었다. 이때 끼사고따미는 자신의 꾸띠에 앉아 있다가 부처님을 친견해야겠다는 생각이 일어났다. 그녀는 즉시 공중으로 날아왔다가 삭까 천왕과 천신들이 먼저 와 있는 것을 보고 되돌아갔다. 삭까 천왕은 끼사고따미가 부처님께 삼배만 올리고 돌아가는 것을 보고 부처님께 여쭈었다.
"부처님이시여, 방금 여기 와서 부처님을 뵙고 돌아간 비구니는 누구입니까?"
"천왕이여, 그녀는 누더기 가사를 걸치고 살아가는 비구니 중에서 제일인 나의 딸 끼사고따미입니다."
부처님께서는 이렇게 말씀하시고 게송을 읊으셨다.

**누더기 가사를 걸치고
몸이 마르며 힘줄이 튀어나오고
숲속에서 홀로 명상하는 사람,
그를 일컬어 아라한이라 한다.(395)**

---

[180] 끼사고따미Kisāgotamī는 아이를 잃고 겨자씨를 구하러 다녔던 그 비구니 스님이다.(법구경 게송 114번 이야기 참조)

열세 번째 이야기
바라문 3

부처님께서 제따와나에 계실 때 한 바라문과 관련해서 게송 396번을 설하셨다.

어느 날 어떤 바라문이 이렇게 생각했다.
'사문 고따마는 자신의 제자들을 '바라문'이라고 부른다. 나는 바라문 어머니의 모태에서 태어났으니 그는 내게도 바라문이라고 불러야 한다.'
그가 부처님께 와서 이런 생각을 말하자 부처님께서 대답하셨다.
"단지 바라문 어머니의 모태에서 태어났다고 해서 바라문이라고 부르지 않는다. 번뇌가 없고 세속적인 재물에 집착하지 않는 사람을 나는 바라문이라고 부른다."
부처님께서는 이렇게 말씀하시고 게송을 읊으셨다.

바라문 어머니의 모태에서 태어났다고
바라문이라고 부르지 않는다.
번뇌에서 벗어나지 못한 자는
보와디 바라문[181]일 뿐.
번뇌가 없고 집착이 없는 사람,
그가 진정한 바라문이다.(396)

---

181) 보와디Bhovādi: 보bho는 '그대여, 벗이여'라는 뜻으로 바라문들이 동료나 아랫사람을 부르는 호칭이다. 윗사람에 대해서는 '반떼bhante'라고 부른다. 그래서 '보와디'라는 호칭은 '건방지고 교만한 자'라는 의미가 들어 있다. 불교도들이 바라문을 비난할 때 사용하는 용어다.

열네 번째 이야기
곡예사 욱가세나

부처님께서 웰루와나에 계실 때 욱가세나라고 불리는 부잣집 아들과 관련해서 게송 397번을 설하셨다. 이 이야기는 게송 348번 이야기에 자세히 나온다.

그때 비구들이 부처님께 말씀드렸다.
"부처님이시여, 욱가세나가 '무섭지 않다.'라고 말하고 있는데, 그는 마치 자신이 아라한인 것처럼 말합니다."
"비구들이여, 나의 아들 욱가세나와 같이 족쇄를 끊어버린 사람에게는 두려움이 없다."
부처님께서는 이렇게 말씀하시고 게송을 읊으셨다.

모든 얽매임을 잘라버려
두려움에 떨지 않으며
집착을 벗어나 자유로운 사람,
그를 일컬어 아라한이라 한다.(397)

열다섯 번째 이야기
외부의 끈과 내면의 끈

부처님께서 제따와나에 계실 때 두 바라문과 관련해서 게송 398번을 설하셨다.

두 바라문 중 한 명은 쭐라로히따라는 황소를, 다른 한 명은 마하로히따라는 황소를 각각 가지고 있었다. 어느 날 둘은 서로 자기 황소가 힘이 세다고 주장하며 다투기 시작했다.

"내 황소가 힘이 더 세다!"

"아니야, 내 황소가 힘이 더 세다!"

둘은 다투어도 결론이 나지 않자 서로에게 말했다.

"여기서 다투어 봐야 무슨 소용이 있겠는가? 직접 소를 몰아서 누구의 소가 더 센지 확인해 보자."

둘은 아찌라와디 강으로 가서 수레에 모래를 잔뜩 싣고 소에게 멍에를 맸다. 두 바라문은 채찍으로 소의 등짝을 사정없이 후려치면서 소리 질렀다. 하지만 수레는 한 발짝도 움직이지 않고 수레의 끈이 끊어지면서 소가 앞으로 뛰쳐나갔다. 강가에서 목욕을 하며 이 광경을 목격한 비구들은 목욕을 마치고 사원으로 돌아와 부처님께 보고했다. 부처님께서는 비구들의 보고를 듣고 말씀하셨다.

"비구들이여, 그런 끈은 누구든지 끊을 수 있는 외부의 끈이다. 비구는 내면에 있는 분노의 끈, 갈애의 끈을 끊어버려야 한다."

부처님께서는 그렇게 말씀하시고 게송을 읊으셨다.

성냄의 끈, 갈애의 끈
미세번뇌와 사견의 밧줄을 끊어버린 사람,
무지의 빗장을 뽑아버리고
진리를 깨달은 사람,
그를 일컬어 아라한이라 한다.(398)

열여섯 번째 이야기
바라드와자 사형제의 출가[182]

부처님께서 웰루와나에 계실 때 악꼬사까 바라드와자와 관련해서 게송 399번을 설하셨다.

악꼬사까 바라드와자에게는 바라드와자라는 이름의 형이 있었다. 형의 아내는 수다원과를 성취한 다난자야니[183]였다. 그녀는 재채기를 하거나 기침하거나 비틀거리기라도 하면 감흥어를 읊어댔다.

"나모 땃사 바가와또 아라하또 삼마삼붓닷사."
(가장 존귀하고 거룩하고 스스로 바르게 깨달으신 부처님께 귀의합니다.)

어느 날 집안에 잔치가 열려 많은 바라문이 몰려왔다. 이때 그녀는 음식을 나르다가 비틀거리며 그릇을 떨어뜨렸다. 그녀는 즉시 평소처럼 큰 목

---

182) 이 이야기는 상윳따 니까야 제7 바라문 상응(S.7.1~4)에 나온다.
183) 다난자야니Dhānañjayanī 혹은 다난자니Dhānañjanī: 그녀는 라자가하에 사는 바라문 여인으로 바라드와자 족성(Bhāradvāja-gotta)을 가진 바라문과 결혼했다. 붓다고사에 의하면 위 사건의 발단은 이렇다. 그녀는 수다원이었으며 무슨 일을 하든지 항상 삼보三寶를 찬양하는 감흥어를 노래했다. 어느 날 남편은 많은 친구를 불러 잔치를 열었다. 그는 전날 아내에게 자신의 친구들 앞에서 부처님의 덕을 찬탄하는 감흥어를 부르지 말라고 요청했지만, 그녀는 거절했다. 남편은 칼로 목을 그어버리겠다고 위협했지만 그녀는 기꺼이 고통을 받을 준비가 돼 있다며 부처님을 찬탄하는 500개의 게송을 노래했다. 바라문은 어쩔 수 없이 항복할 수밖에 없었다. 다음 날 그녀는 남편 친구들에게 음식을 나르며 시중을 들다가 어떤 충격으로 비틀거리며 그릇과 수저 등을 땅에 떨어뜨렸다. 그녀는 즉시 삼보를 찬탄하는 감흥어를 외웠고, 손님들은 이교도로 인해 오염됐다며 음식을 뱉어버리고 떠나버렸다. 남편은 잔치를 망친 아내에게 비난을 퍼붓고 부처님과 논쟁하려고 사원으로 갔다.

소리로 감흥어를 읊었다.

바라문 남편은 몹시 화가 나서 중얼거렸다.
'이 비천한 여인은 비틀거리기라도 할라치면 시간과 장소를 가리지 않고 빡빡머리 까까중의 공덕을 읊어댄다.'
그는 아내에게 소리 질렀다.
"이 비천한 여인아, 내가 지금 사원으로 가서 그대의 스승과 논쟁해서 패배시키고 말겠다."
"바라문이여, 가보십시오. 저는 이제까지 부처님과 논쟁해서 이긴 사람을 보지 못했습니다. 그래도 가서 부처님께 질문하십시오. 가면 스스로 아실 겁니다."
바라문은 부처님께 가서 인사도 하지 않고 한쪽에 서서 시를 읊어 질문을 던졌다.

무엇을 부수어야 편안히 살고
무엇을 부수어야 슬프지 않은가?
단 하나 부수어야 할 게 있다면 무엇을 부수어야 좋을까요, 고따마여?

부처님께서는 바라문의 질문에 시를 읊어 대답하셨다.

성냄을 부수어야 편안히 살고
성냄을 부수어야 슬픔이 없네.
뿌리에는 독이 있지만 꼭지는 달짝지근한
성냄을 부수는 것을 성인들이 칭찬하나니
성냄을 부수면 더 이상 슬픔이 없기 때문이네.

이 노래 끝에 바라문은 부처님에 대한 신심이 일어나 출가해서 구족계를 받았다. 그리고 열심히 정진해 아라한과를 성취했다.
그의 동생인 악꼬사 바라드와자는 형이 출가했다는 말을 듣고 화가 나서 부처님께 가서 무례하고 거친 말로 비난하고 모욕했다. 부처님께서는 집에 손님이 왔을 때 음식을 대접하는 것을 예로 들어 그를 감화시켰다.184) 그는 이 말에 신심이 생겨 출가했다. 그도 열심히 정진해 얼마 지나지 않아 아라한과를 성취했다.

이와 같이 그의 두 동생 순다리 바라드와자와 빌랑기까 바라드와자도 부처님께 와서 비난을 퍼부었으나 부처님께서 간단한 법문으로 그들을 굴복시켰다.185) 그들도 출가해 아라한이 됐다.

---

184) 경전(S7.2)에서 이렇게 설명하고 있다. 부처님께서는 그의 모욕을 듣고 이렇게 말씀하셨다. "바라문이여, 어떻게 생각하는가? 그대에게 친구나 친척이 찾아오는가?" "고따마여, 나에게 때때로 친구나 친척이 찾아옵니다." "바라문이여, 어떻게 생각하는가? 손님이 오면 여러 가지 맛있는 음식을 제공하는가?" "고따마여, 손님에게 여러 가지 맛있는 음식을 제공합니다." "바라문이여, 손님이 음식을 받지 않으면 음식은 누구에게 돌아가는가?" "고따마여, 손님이 음식을 받지 않으면 그것은 나에게 돌아옵니다." "바라문이여, 이처럼 그대가 나에게 비난하고 화내고 욕했지만, 나는 받아들이지 않았으니 그것은 도로 그대에게 되돌아갔다."

185) 경전(S7.3~7.4)에서 부처님께서 두 형제를 굴복시키는 장면을 이렇게 묘사하고 있다. 그의 동생 순다리 바라드와자가 두 형이 출가했다는 말을 듣고 화가 나서 부처님께 찾아와 무례하고 추악한 말로 비난하고 모욕했다. 부처님께서는 모욕을 듣고도 침묵하자 순다리가 말했다. "사문 고따마여, 그대가 졌다. 그대가 졌다." 그러자 부처님께서는 시를 읊으셨다. "어리석은 자는 모욕을 퍼부으면서 이겼다고 생각하네. 하지만 인내가 무엇인지 아는 자에게 승리가 돌아가리. 성내는 자에게 다시 성내는 자는 아직 법이 무르익지 않은 자이네." 이에 순다리 바라드와자는 감화를 받고 출가했다. 그도 열심히 정진해 얼마 지나지 않아 아라한과를 성취했다. 그 밑에 동생 빌랑기까 바라드와자는 세 형이 출가했다는 말을 듣고 화가 나서 부처님을 찾아왔다. 그는 가까이 와서 말없이 한쪽에 앉았다. 부처님께서는 빌랑기까 바라드와자의 마음을 읽고서 시로써 말씀하셨다. "악이 없고 청정하고 허물이 없는 사람에게 잘못을 저지르면, 악의 과보가 자신에게 돌아가네. 바람을 거슬러 먼지를 날리면 자신이 뒤집어쓰듯이." 빌랑기까 바라드와자도 감화를 받고 출가했다. 그도 열심히 정진해 얼마

어느 날 비구들이 법당에 모여 이야기를 나누었다.
"부처님의 덕은 정말 놀랍습니다! 사형제가 부처님을 비난하고 모욕했지만, 부처님께서는 몇 마디 말로 그들을 귀의시켰습니다."
이때 부처님께서 들어오셔서 물으셨다.
"비구들이여, 여기 함께 모여 무슨 이야기를 나누고 있는가?"
비구들이 대답하자 부처님께서 말씀하셨다.
"비구들이여, 나는 인욕의 힘을 가지고 있고, 악한 자들 가운데서도 악을 짓지 않았기 때문에 많은 사람의 귀의처가 되는 것이다."
부처님께서는 이렇게 말씀하시고 게송을 읊으셨다.

욕설과 매질을 당하고
밧줄에 묶여 괴롭힘을 당하더라도
화내지 않고 참아내며
인욕의 힘이 강하기가 장군과 같은 사람,
그를 일컬어 아라한이라고 한다.(399)

지나지 않아 아라한과를 성취했다.

열일곱 번째 이야기
사리뿟따 장로의 어머니

부처님께서 웰루와나에 계실 때 사리뿟따 장로와 관련해서 게송 400번을 설하셨다.

사리뿟따 장로가 500명의 비구를 데리고 날라까 마을로 탁발을 가서 속가 어머니 집 앞에 섰다. 이때 장로의 어머니는 의자를 제공하고 음식을 주면서 대놓고 장로를 비난했다.

"남이 먹다 남은 찌꺼기나 먹는 자여! 시큼한 쌀죽도 제대로 얻지 못하고 낯선 이들과 섞여 이집 저집 돌아다니며 국자 뒤에 붙어 있는 시큼한 쌀죽이나 핥고 다니는 자여! 이렇게 동냥질이나 하려고 8억 냥의 재산을 던져버리고 비구가 됐느냐? 나를 망친 녀석아! 밥이나 먹어라."

그녀는 비구들에게도 욕설을 퍼부었다.

"내 아들을 심부름꾼으로 만든 녀석들아! 밥이나 먹어라!"

장로는 음식을 얻고 사원으로 돌아왔다.

라훌라가 탁발해 온 음식을 올리자 부처님께서 물으셨다.

"라훌라여, 오늘은 어디 가서 탁발했느냐?"

"부처님이시여, 할머니 마을에 갔었습니다."[186]

"그래 할머니가 네 스승에게 무슨 말을 하더냐?"

"심한 비난을 퍼부었습니다."

"네 은사가 뭐라고 대답하더냐?"

"아무 말씀도 하지 않았습니다, 부처님."

비구들이 이 말을 듣고 법당에서 이야기를 나누었다.

"스님들이여, 사리뿟따 장로의 덕은 정말 놀랍습니다! 어머니가 그렇게

---

[186] 라훌라 은사의 어머니이므로 할머니라고 부른 것이다.

심하게 모욕을 퍼부었어도 전혀 화내지 않았습니다."
부처님께서 다가와서 비구들에게 물으셨다.
"비구들이여, 여기 모여 앉아서 무슨 이야기를 나누고 있었는가?"
비구들이 대답하자 부처님께서 말씀하셨다.
"비구들이여, 번뇌가 다한 사람은 성냄에서 해탈한다."
부처님께서는 이렇게 말씀하시고 게송을 읊으셨다.

**화를 내지 않고
해야 할 바를 하는 사람,
계율을 잘 지키고
감각기관을 잘 다스리고
이번이 마지막 몸인 사람,
그를 일컬어 아라한이라 한다.(400)**

열여덟 번째 이야기
겁탈 당한 웁빨라완나 장로니

부처님께서 제따와나에 계실 때 웁빨라완나 장로니와 관련해서 게송 401번을 설하셨다. 이 사건은 게송 69번 이야기에 자세히 나온다.

얼마 후에 대중들이 법당에 모여 이 사건에 대해 이야기를 나누기 시작했다.

"아무리 번뇌를 제거한 아라한이라도 사랑의 기쁨을 좋아하고 쾌감을 느끼려 하겠지? 그들은 말라비틀어진 꼴랍빠 나무도 아니고 개미집 언덕도 아니고 젖은 살로 된 몸을 가진 살아 있는 생명이 아닌가? 그러니 그들도 사랑의 기쁨을 즐기려 하는 것은 당연하다."

그 순간 부처님께서 들어와서 물으셨다.

"비구들이여, 여기 앉아서 무슨 이야기를 나누고 있는가?"

비구들이 말씀드리자 부처님께서 말씀하셨다.

"그렇지 않다, 비구들이여. 번뇌를 완전히 제거한 사람은 사랑의 기쁨도 즐기지 않고 애욕을 느끼지도 않는다. 마치 연잎에 떨어진 물방울이 붙어 있지 못하고 굴러떨어지듯이, 겨자씨가 송곳 끝에 머물지 못하고 떨어지듯이, 번뇌에서 벗어난 사람의 마음에 사랑의 감정은 들러붙지도 않고 머무르지도 않는다."

부처님께서는 이렇게 말씀하시고 게송을 읊으셨다.

> 연잎에 물방울이 붙어있지 못하고
> 송곳 끝에 겨자씨가 머물지 못하듯이
> 어떤 욕망에도 매이지 않는 사람,
> 그를 일컬어 아라한이라 한다. (401)

열아홉 번째 이야기
짐을 내려놓은 노예 출신 비구

부처님께서 제따와나에 계실 때 한 바라문과 관련해서 게송 402번을 설하셨다.

도망친 노예는 출가를 받아주어서는 안 된다는 계율이 제정되기 전에 한 바라문의 노예가 도망쳐서 승단에 들어와 비구가 된 후 열심히 정진해 아라한과를 성취했다. 바라문은 사방으로 노예를 찾아다녔으나 결국 찾지 못했다. 어느 날 과거의 노예였던 비구가 부처님을 따라 성으로 들어갔다. 이때 바라문이 성문에서 그를 보고 가사자락을 단단히 붙들자 부처님께서 뒤돌아서서 물으셨다.
"바라문이여, 지금 무슨 짓을 하는 건가?"
"고따마여, 이 사람은 제 노예입니다."
"바라문이여, 그는 이미 짐을 내려놓은 사람이다."
바라문은 이 말이 '그는 아라한이다.'라는 말이라고 즉시 이해하고 부처님께 다시 여쭈었다.
"고따마여, 정말 그렇습니까?"
"그렇다, 바라문이여. 그는 이미 짐을 내려놓은 사람이다."
부처님께서는 이렇게 말씀하시고 게송을 읊으셨다.

지금 여기에서
스스로 괴로움의 소멸을 깨달아
무거운 짐을 내려놓고[187] 초연한 사람,
그를 일컬어 아라한이라 한다.(402)

---

187) 여기서 괴로움의 소멸은 열반을 말하고, 짐은 오취온五取蘊을 말한다.

스무 번째 이야기
지혜 제일 케마 장로니

부처님께서 깃자꾸따에 계실 때 케마 비구니와 관련해서 게송 403번을 설하셨다.

어느 날 초경이 지난 후 삭까 천왕이 천신들을 거느리고 하늘에서 내려와 부처님을 찾아뵈었다. 그리고 부처님 앞에 앉아서 법문을 듣고 마음에 새기고 있었다. 이때 케마 비구니가 자신의 거처에 앉아 있다가 부처님을 친견하려고 공중으로 날아서 부처님께 다가갔다. 케마는 삭까 천왕이 먼저 와 있는 것을 보고 공중에서 부처님께 삼배를 올리고 되돌아갔다. 삭까 천왕이 그녀를 보고 부처님께 여쭈었다.

"부처님이시여, 부처님께 다가와서 공중에서 삼배하고 되돌아간 저 비구니는 누구입니까?"

"천왕이여, 그녀는 나의 딸 케마입니다. 도와 도 아님을 잘 아는[188] 지혜제일 비구니입니다.

부처님께서는 그렇게 말씀하시고 게송을 읊으셨다.

지혜가 깊어 현명하고
바른 길과 그른 길을 잘 알고
구경의 목표에 도달한 사람,
그를 일컬어 아라한이라 한다. (403)

---

188) 도와 도 아님을 잘 아는(maggāmaggassa kovidaṃ) : '이것은 악처로 가는 길(道)이고, 이것은 선처로 가는 길이고, 이것은 열반으로 가는 길이고, 이것은 길이 아니다.'라고 이렇게 길과 길 아닌 것에 능숙한 것을 말한다.

스물한 번째 이야기
석굴 속의 여신과 빱바라와시 띳사 장로

부처님께서 제따와나에 계실 때 빱바라와시(산의 동굴에 사는) 띳사 장로와 관련해서 게송 404번을 설하셨다.

띳사 장로가 부처님에게 수행주제를 받아 숲으로 들어가서 수행하기 알맞은 거처를 찾아다니다가 한 석굴을 발견했다. 그는 석굴에 들어선 순간 마음이 고요해지자 이렇게 생각했다.

'여기에 거처를 정하면 출가본분사出家本分事를 끝마칠 수 있을 것이다.'
석굴에 거주하는 여신은 비구가 굴에 들어오자 이렇게 생각했다.
'계행이 청정한 비구가 왔는데 한곳에서 함께 거주할 수 없는 일이다. 아마도 그는 하룻밤 머물다 떠날 것이다.'
여신은 아이들을 데리고 밖으로 나갔다.

다음 날 이른 아침에 장로가 탁발하려고 마을로 들어갔다. 한 여자 신도가 장로를 보고 자기 집으로 모시고 가서 의자를 제공하고 공양을 올렸다. 그리고 이곳에 머무르면 안거에 필요한 필수품을 제공하겠다고 제의했다. 장로는 그녀의 도움으로 해탈을 성취할 수 있을 거라고 생각하고 그녀의 제안을 기꺼이 받아들인 후 석굴로 돌아왔다.

여신은 장로가 돌아오는 것을 보고 생각했다.
'누군가가 내일 공양에 초대한 모양이다. 그는 내일이나 모레쯤이면 떠날 것이다.'
여신이 장로가 내일 떠날까 모레 떠날까 생각하는 동안 반달이 지나갔다.
'장로가 여기서 안거를 보낼 거라는 생각에 의심의 여지가 없다. 하지만 내가 아이들을 데리고 계행이 청정한 비구와 함께 거주한다는 것은 매우 어려운 문제다. 그렇다고 장로에게 '여기서 나가 달라.'라고 할 수도 없다.

그의 계행에 허물이 있는가?'

여신은 천안으로 비구가 포살당(戒壇)에서 비구계를 받은 날부터 지금까지 모든 비구 생활을 자세히 살펴보았지만, 계행에서 허물을 발견할 수 없었다.

'장로의 계행은 청정하고 한 점 얼룩이 없다. 하지만 뭔가 쫓아낼 구실을 만들어야 비난을 퍼부어 쫓아낼 수 있지.'

여신은 장로를 후원하는 여자 신도의 집으로 가서 그녀의 막내아들의 몸에 들어가 목을 비틀었다. 그러자 즉시 아이의 눈알이 튀어나오고 입에 게 거품을 물고 온몸이 뒤틀렸다. 여자 신도가 이걸 보고 비명을 지르며 소리쳤다.

"이게 어찌된 일이야?"

여신은 모습을 보이지 않고 말했다.

"내가 네 아들 몸에 들어왔다. 하지만 내게 제물로 바치라고는 하지 않겠다. 대신 너는 네 집에 오는 장로에게 약초에서 기름을 짜서 아들의 코에 발라 달라고 요청해라. 그렇게 하면 네 아들을 풀어주겠다."

"아들이 죽으면 죽었지 장로님에게 약초를 발라 달라고 요구할 수 없어요."

"약초를 발라 달라고 할 수 없다면 아위(미나리과의 약용 식물)가루를 아들의 코에 넣어 달라고 해라."

"그렇게도 할 수 없어요."

"좋아, 그러면 장로의 발을 씻겨주고 그 씻은 물로 아들의 머리에 뿌려 달라고 해라."

"그건 할 수 있어요."

장로가 제시간에 오자 그녀는 의자를 제공하고 쌀죽과 음식을 올렸다. 장로가 음식을 먹고 있을 때 그녀는 장로의 발을 씻어주고 나서 그 물을 가지고 장로에게 요청했다.

"장로님, 이 물을 제 아들의 머리에 뿌려주십시오."
"그렇게 하겠습니다."
장로는 아들의 머리에 물을 뿌려주었다.

여신은 즉시 아이를 풀어주고 석굴로 돌아와 입구에서 지키고 서 있었다. 장로가 공양을 마치고 자리에서 일어나 수행주제를 놓치지 않고 몸의 서른두 가지 구성요소를 되풀이해 관찰하면서 여자 신도의 집을 출발했다. 장로가 석굴 입구에 도착하자 여신이 모습을 드러내며 말했다.
"훌륭한 의사 양반! 의사 양반은 이곳에 들어올 수 없습니다."
장로가 서서 물었다.
"그대는 누구인가?"
"나는 여기 석굴에 사는 여신입니다."

장로가 생각했다.
'내가 의사 노릇을 한 적이 있었나?'
장로는 계단에서 비구계를 받는 순간부터 지금까지 출가 생활 전체를 회상해 보고 자신의 계행에 티끌만큼의 허물도 없다는 것을 발견하고 여신에게 말했다.
"내가 의사 노릇을 한 적이 없는데 왜 그렇게 말하는가?"
"그런 적이 없다고요?"
"눈을 씻고 봐도 그런 적이 없다."
"그럼 제가 가르쳐줘야겠군요."
"제발 가르쳐주게나."
"멀리 갈 필요도 없어요. 바로 오늘 신도의 아들에게 귀신이 들렸을 때 당신이 발 씻은 물로 머리에 뿌려주지 않았나요?"
"그렇다. 물을 뿌려주었지."
"이제 아셨나요?"
"그걸 보고 말하는 것인가?"

"바로 그걸 보고 말하는 거예요."

장로는 곰곰이 생각해 보았다.

'나는 확고한 결심으로 이제껏 살아왔다. 이제까지 눈곱만큼이라도 계율을 어겨본 적이 없었다. 여신은 나의 계행에서 티끌만큼의 허물도 발견하지 못했다. 내가 네 가지 계청정[189]을 완벽하게 지켰기 때문에 여신은 내게서 조그마한 허물도 보지 못하고 발 씻은 물로 아이의 머리에 뿌린 것만 겨우 보았을 뿐이다.'

장로는 자신의 계행이 완벽하다고 생각하자 강한 희열이 내면에서 솟아올라 온몸을 가득 채웠다. 장로는 희열을 가라앉히고 땅에서 한 발짝도 내딛지 않고 그 자리에서 아라한과를 성취했다. 그는 여신에게 이렇게 훈계했다.

"그대는 나와 같이 청정하고 한 점 허물이 없는 비구를 어리석게 비난했으니 여기에 더 이상 살 수 없다. 여기를 떠나거라."

장로는 그렇게 말하고서 일어나는 감흥을 노래했다.

오! 나의 삶은 청정하고 한 점 허물도 없었네.

---

[189] 네 가지 계청정(戒淸淨, sila-visuddhi): 청정도론 제1장 계율 부분에 나오는 것으로 계청정을 단순히 비구계나 비구니계의 계목만을 지키는 것이 아니고 네 가지로 정의하고 있다.

① 계목의 단속(pāṭimokkha saṁvara): 비구계, 비구니계, 사미계, 사미니계 등 계복에 제정된 규칙을 순수하는 것을 말한다.

② 감각 기능의 단속(indriya saṁvara): 감각의 대상들이 감각기관을 통해 들어올 때 좋아하거나 싫어하는 마음을 일으키지 않는 것을 말한다.

③ 생계의 청정(ājīva pārisuddhi): 음식, 옷, 약, 거처의 네 가지 필수품을 구하는 데 있어서 부정한 방법으로 구해서는 안 된다. 예를 들어 점을 쳐주거나, 치료행위를 해주고 음식 등을 얻어서는 안 된다.

④ 필수품에 대한 반조(paccaya sannissita): 음식, 옷, 약, 거처의 네 가지 필수품을 사용할 때 항상 사용하는 목적을 반조해 보고 사용해야 한다.

그대여! 한 점 부끄러움도 없는 사람을 비난하지 말고 이 숲을 떠나시게.

장로가 그곳에서 안거를 보내고 해제가 되어 돌아오자 비구들이 물었다.
"스님, 이번에 출가본분사出家本分事를 끝마쳤습니까?"
장로는 그가 석굴에 도착했을 때부터 경험한 것을 모두 이야기해 주었다. 그러자 비구들이 물었다.
"스님, 여신이 스님을 비난할 때 화가 나지 않았습니까?"
"전혀 화가 나지 않았습니다."

비구들이 부처님께 말씀드렸다.
"부처님이시여, 이 비구는 자신이 아라한인 것처럼 말하고 있습니다. 여신이 자신을 비난할 때 화가 나지 않았다고 말하고 있습니다."
부처님께서는 비구들이 하는 이야기를 듣고 말씀하셨다.
"비구들이여, 나의 아들은 결코 화내지 않는다. 그는 재가자나 출가자와 어울리지 않고, 홀로 머물고, 바라는 것이 없고, 적은 것에 만족하는 사람이다."
부처님께서는 그렇게 말씀하시고 게송을 읊으셨다.

재가자나 출가자와
쓸데없이 어울리지 않고
거처에 집착하지 않고
적은 것에 만족하는 사람,
그를 일컬어 아라한이라 한다.(404)

스물두 번째 이야기
여인 때문에 두들겨 맞은 비구

부처님께서 제따와나에 계실 때 한 비구와 관련해서 게송 405번을 설하셨다.

이 비구는 부처님에게 수행주제를 받아 숲으로 들어가서 열심히 정진해 아라한과를 성취했다. 그는 이 기쁜 소식을 부처님께 전하고 싶어 숲을 나와 사왓티로 향했다. 그때 마을에 사는 한 여인이 남편과 싸우고 남편이 집을 나간 사이에 친정집으로 가야겠다고 생각하고 길을 떠났다. 그녀는 길을 가다가 앞서가고 있는 비구를 보았다.

'저 스님을 따라가야겠다.'

그녀는 이렇게 생각하고 비구 뒤를 가까이 따라갔다. 하지만 비구는 그녀를 쳐다보지도 않고 앞만 보고 걸었다.

남편이 집에 돌아와서 아내가 집안 어디에도 보이지 않자 아내가 친정집으로 갔다는 것을 알고 뒤쫓아 갔다. 한참을 가니 그녀가 숲속 길을 가고 있는 것이 보였다.

'여자 혼자서 이 무서운 숲속 길을 걸어갈 수가 없다. 누가 그녀와 함께 가지?'

그녀 앞에는 한 비구가 걸어가고 있었다.

'그러면 그렇지, 이 비구가 아내를 데리고 가는 것이 분명하다.'

그는 비구를 쫓아가서 협박하기 시작했다. 아내가 이걸 보고 스님을 두둔했다.

"이 훌륭한 스님은 나를 쳐다보지도 않고 말도 걸지 않았어요. 그분을 해치지 말아요."

"네가 혼자 달아났다는 말을 나보고 믿으라는 건가? 그가 고맙게도 당신을 잘 대접했으니 나도 그를 잘 대접해 줘야지."

그는 분노를 터뜨리며 아내에 대한 미움을 비구에게 쏟아부어 실컷 두들겨 패고 아내를 데리고 돌아갔다.

비구는 온갖 상처로 만신창이가 됐다. 그가 힘들게 사원에 도착하자 비구들이 달려 나와 상처를 치료해 주며 심하게 두들겨 맞은 일에 대해 물었다.

"무슨 일이 있었습니까?"

그가 겪은 일을 모두 이야기하자 비구들이 물었다.

"스님, 그가 스님을 때릴 때 욕하거나 화내지 않았습니까?"

"아니요, 저는 화내지 않았습니다."

비구들은 부처님께서 가서 이 일을 보고했다.

"부처님이시여, 우리가 그에게 '화가 나지 않았는가?'고 묻자 그는 '화가 나지 않았다.'라고 말합니다. 그는 자신이 마치 아라한인 것처럼 말하고 있습니다."

"비구들이여, 악한 생각을 완전히 제거한 사람은 몽둥이를 내려놓고 사람들이 자신을 때리더라도 화내지 않는다."

부처님께서는 이렇게 말씀하시고 게송을 읊으셨다.

모든 이에게 몽둥이를 내려놓고
어느 누구도 때리거나 괴롭히지 않는 사람,
그를 일컬어 아라한이라 한다.(405)

스물세 번째 이야기
네 명의 아라한 사미

부처님께서 제따와나에 계실 때 네 명의 사미와 관련해서 게송 406번을 설하셨다.

한 바라문의 아내가 네 명의 비구에게 공양을 올리려고 음식을 준비하면서 남편에게 말했다.

"사원으로 가서 공양청을 배정하는 소임자 스님에게 나이 지긋한 스님 네 분만 배정해 달라고 해서 모시고 오세요."

바라문은 사원으로 가서 말했다.

"저에게 스님 네 분을 배정해 주십시오."

그래서 네 명의 일곱 살 먹은 아라한인 상낏짜, 빤디따, 소빠까, 레와따 사미가 그에게 배정됐다. 바라문의 아내는 장로 스님에게 걸맞은 의자를 준비하고 기다리다가 어린 사미들이 들어오는 것을 보자 화를 터뜨렸다. 그녀는 마치 달구어진 청동화로에 떨어진 소금이 탁탁 튀겨나가듯이 입에서 침을 튀겨가며 남편에게 소리를 질렀다.

"사원에 가서 그래 겨우 당신 손자뻘보다 더 어린 네 명의 꼬마를 데리고 왔군요."

그녀는 미리 준비한 의자에 사미들을 앉히지 않고 바닥에 돗자리를 깔고 사미들에게 말했다.

"여기 앉아요!"

그녀는 남편에게 고개를 돌리며 말했다.

"바라문이여, 다시 가서 나이든 스님을 데리고 오세요."

바라문은 사원으로 가서 사리뿟따 장로를 보고 말했다.

"저의 집에 가십시다."

그는 장로를 모시고 집으로 왔다. 장로가 집에 도착해서 보니 사미들이 이미 와 있는 것을 보았다.

"그대들은 공양을 받았는가?"

"아니요, 아직 받지 못했습니다."

음식이 4인분밖에 준비되지 않았다는 것을 알고 장로는 발우를 돌려 달라고 해서 들고 떠났다. 바라문의 아내가 장로가 떠나는 것을 보고 남편에게 물었다.

"장로님이 뭐라고 말하고 가셨나요?"

"'여기 앉아 있는 네 명의 스님에게 공양을 올리고 내 발우는 돌려주시오.'라고 말하고 떠나시던데."

"그분은 아마 공양하고 싶은 생각이 없는 모양이군요. 빨리 다시 가서 다른 스님을 찾아서 데리고 오세요."

바라문은 사원으로 가서 마하목갈라나 장로를 모시고 집으로 왔다. 마하목갈라나 장로도 사리뿟따 장로처럼 발우를 돌려받고 떠났다. 그러자 바라문의 아내가 말했다.

"이 장로님도 공양하고 싶은 생각이 없는 모양이군요. 그러면 바라문 수행처로 가서 한 명의 나이든 바라문을 데리고 오세요."

사미들은 이른 아침부터 아무것도 먹지 못해서 허기진 배를 참고 앉아 있었다. 사미들의 높은 덕으로 삭까 천왕의 홍옥보좌가 뜨거워지기 시작했다. 삭까 천왕은 그 이유를 알아냈다.

'내가 마땅히 그곳에 가야 하리라.'

삭까 천왕은 지치고 쇠약한 늙은 바라문으로 변신하고 바라문 수행처로 가서 눈에 잘 띄는 곳에 앉아 있었다. 바라문이 그곳에 가서 그를 발견했다.

'아내가 아주 좋아하겠군.'

그는 늙은 바라문으로 변신한 삭까 천왕에게 말했다.

"저와 함께 집으로 가십시다."

그가 늙은 바라문을 데리고 집에 도착하자 바라문의 아내가 매우 기뻐하며 두 곳에 깔았던 융단을 한 곳에 겹쳐 펼치며 말했다.

"존자님, 여기 앉으십시오."

삭까 천왕은 집에 들어서서 네 명의 사미 스님에게 오체투지로 삼배를 올리고 사미가 앉아 있는 맨 끝으로 가서 땅바닥에 가부좌를 틀고 앉았다. 바라문의 아내가 그걸 보고 남편에게 말했다.

"당신은 확실히 바라문을 데리고 오긴 했는데 당신 아버지보다 더 늙어서 노망이 든 노인을 데리고 왔군요. 자기 손자뻘 되는 어린 사미들에게 인사를 하다니! 이런 노인이 무슨 쓸모가 있담? 그를 쫓아버리세요!"

바라문은 그의 어깨를 붙잡거나, 팔을 붙잡거나, 허리를 붙잡고 끄집어 내려고 용을 써 보았지만, 삭까 천왕은 앉아 있는 그 자리에서 요지부동이었다. 이걸 보고 바라문의 아내가 말했다.

"자, 당신은 그쪽 팔을 붙잡아요. 나는 이쪽 팔을 붙잡을 테니."

바라문과 아내는 양쪽 팔을 붙잡고 용을 써서 천왕을 집밖으로 끌어냈다. 그럼에도 천왕은 전에 앉은 자리에 그대로 앉아서 손을 앞뒤로 흔들고 있었다.

바라문과 아내가 되돌아와서 보니 천왕이 전에 앉은 자리에 그대로 앉아 있는 것이 아닌가. 그들은 공포에 사로잡혀 비명을 질렀다. 이때 삭까는 천왕의 신분을 드러냈다. 바라문과 아내는 네 명의 사미 스님과 천왕에게 공양을 올렸다. 다섯 사람은 공양을 받고 각자 떠나갔다. 첫 번째 사미는 지붕 가운데를 뚫고 날아갔고, 두 번째 사미는 지붕 앞을 뚫고 날아갔고, 세 번째 사미는 지붕 뒤를 뚫고 날아갔고, 네 번째 사미는 땅속으로 뚫고 떠나갔고, 삭까도 다른 길로 떠나갔다. 그래서 다섯 사람이 각각 다른 길로 떠나갔다. 이때부터 이 집은 다섯 개의 구멍이 뚫린 집이라고 불렸다.

사미들이 사원으로 돌아오자 비구들이 물었다.

"스님들이여, 공양이 어떻던가?"

"말도 마십시오. 바라문의 아내는 우리를 보는 순간 화를 내며 씨근거리고 미리 준비한 의자에 앉히지도 않고 남편에게 말했지요. '서둘러서 나이 든 스님을 데리고 와요.' 저희 은사 스님이 오셔서 우리를 보고 '여기 앉아 있는 스님들에게 공양을 올리시오.'라고 말하고 발우를 돌려 달라고 해서 떠나갔어요. 그러자 바라문의 아내가 남편에게 또 말했어요. '가서 다른 나이든 스님을 데리고 와요.' 바라문이 마하목갈라나 장로님을 데리고 왔지요. 마하목갈라나 장로님도 사리뿟따 장로님처럼 말하고 떠나갔어요. 그러자 바라문의 아내는 바라문에게 말했어요. '이 장로님들은 먹고 싶은 생각이 없는 모양이군. 여보, 바라문 수행처로 가서 나이 든 바라문을 한 명 데리고 와요.' 남편은 거기 가서 늙은 바라문으로 변신한 삭까 천왕을 데리고 왔지요. 삭까가 도착하자 바라문과 아내는 비로소 우리에게 공양을 올렸어요."

"그들이 그렇게 무시할 때 화가 나지 않던가?"
"화가 나지 않았습니다."
비구들이 이 말을 듣고 부처님께 이야기했다.
"부처님이시여, 이 스님들이 '화가 나지 않았습니다.'라고 말하고 있습니다. 이들은 마치 자신들이 아라한인 것처럼 말하고 있습니다."
"비구들이여, 번뇌가 다한 아라한은 자신들을 적대한 사람에게 적대하지 않는다."
부처님께서는 이렇게 말씀하시고 게송을 읊으셨다.

적의를 드러내는 사람에게 다정하게 대하고
몽둥이를 휘두르는 사람에게 평화로우며
집착의 대상이 나타나도 집착하지 않는 사람,
그를 일컬어 아라한이라 한다. (406)

스물네 번째 이야기
마하빤타까와 쭐라빤타까[190]

부처님께서 웰루와나에 계실 때 마하빤타까와 관련해서 게송 407번을 설하셨다.

마하빤타까 장로는 쭐라빤타까가 넉 달 동안 단 하나의 게송도 외우지 못하자 사원에서 그를 쫓아버리고 문을 닫고 말했다.

"너는 부처님의 가르침을 받아들일 능력도 없고 출가 생활을 즐길 수도 없으니 여기서 더 이상 살아보았자 무슨 이익이 있겠느냐? 집으로 돌아가거라."

비구들이 이 일을 가지고 이야기를 나누었다.

"스님들이여, 마하빤타까는 동생을 쫓아냈는데 번뇌를 제거한 사람에게도 때때로 분노가 일어나는 게 분명합니다."

이때 부처님께서 다가와서 물으셨다.

"비구들이여, 여기 모여 앉아서 무슨 이야기를 하고 있는가?"

비구들이 대답하자 부처님께서 말씀하셨다.

"비구들이여, 번뇌를 모두 제거한 사람에게는 탐욕, 성냄, 어리석음 등 어떠한 오염원도 남아 있지 않다. 나의 아들이 동생에게 했던 것은 법과 이로움을 무엇보다도 우선시했기 때문이다."

부처님께서는 이렇게 말씀하시고 게송을 읊으셨다.

겨자씨가 송곳 끝에서 떨어지듯이
탐욕, 성냄, 어리석음, 교만과 위선을 떨어뜨린 사람,
그를 일컬어 아라한이라 한다.(407)

---

190) 마하빤타까Mahāpanthaka와 쭐라빤타까Cūlapanthaka의 탄생과 출가와 깨달음에 관한 이야기는 게송 25번 이야기에 나온다.

스물다섯 번째 이야기
항상 거만해 보이는 삘린다왓차[191]

부처님께서 웰루와나에 계실 때 삘린다왓차[192]와 관련해서 게송 408번

---

191) 이 이야기는 우다나의 삘린다 경(Pilinda Sutta, Ud3.6)에 나온다.
192) 삘린다왓차Pilindavaccha: 그는 사왓티 바라문 가문에서 태어났다. 삘린다는 이름이고 왓차는 성이다. 그는 바라문 수행자가 되어 쭐라간다라 Cūla Gandhāra 주문(vijjā)을 익혔는데 부처님께서 정각을 이루신 날부터 주문이 듣지 않았다. 그는 마하간다라Mahā Gandhāra 주문이 쭐라간다라 주문을 듣지 않게 한다는 말을 듣고 부처님이 마하간다라 주문을 아실 거라고 결론을 내리고 그 주문을 배우기 위해 부처님 아래로 출가했다. 그는 부처님의 가르침에 따라 수행해 아라한이 됐다. 전생에 삘린다의 지도로 천상에 태어난 천신들이 그에게 와서 아침저녁으로 시중을 들었다. 그래서 그를 신들이 좋아하는 자(devatānaṁ piyamanāpa)들 가운데 제일이라고 부처님께서 선언하셨다. 그는 누구한테나 와살라Vasala(천민)라고 부르는 습성이 있었다. 어느 날 라자가하에 들어가다가 삡팔리 pipphalī(후추)를 그릇에 담아가지고 가는 사람을 보고 '와살라여, 그릇 속에 들어 있는 것이 무엇인가?'라고 물었다. 그가 화가 나서 '쥐똥이오.'라고 대답했다. 삘린다 장로가 '그렇게 되기를!'이라고 말하자 후추가 쥐똥으로 변했다. 그 사람은 두려움에 떨며 장로에게 사과했다. 율장 대품 제6편 약(VinMv.6.2)에 보면 장로가 여러 가지 병에 걸려 고생했으며 부처님께서 그 병의 종류에 따라 알맞은 갖가지 치료약을 사용하도록 허용하는 것이 언급돼 있다. 율장 대품 제6편 3항(VinMv.6.3)에는 빔비사라 왕이 장로가 석굴을 사용하려고 청소하고 있는 것을 보고 부처님이 허락하신다면 사원에 시중드는 사람을 보내주겠다고 제의했다. 부처님의 허락이 떨어지자 그는 왕에게 가서 허락을 받았다고 말했다. 하지만 왕은 사람을 보내주겠다고 약속하고 잊어버렸다가 100일 지난 다음에 기억했다. 그래서 왕은 500명의 깝삐야(시중드는 사람)를 보냈고 이들을 위한 마을도 하나 만들어주었는데 그 마을을 삘린다가마Pilindagāma(삘린다 마을) 또는 아라미까가마Ārāmikagāma라고 불렀다. 어느 날 장로가 그 마을에 탁발하러 들어갔는데 어떤 가난한 가정에서 한 소녀가 축제일에 머리에 쓸 장신구가 없다고 울고 있었다. 장로는 한 묶음의 풀로 화환을

을 설하셨다.

삘린다왓차 장로는 재가자나 스님이나 누구에게 말을 걸더라도 불가촉천민에게나 사용하는 말로 낮추어 부르는 습관이 있었다.

"와살라(천민)여, 이리 오게나. 와살라여, 저리 가게나!"

어느 날 여러 명의 비구가 부처님께 가서 그의 언행에 대해 불평을 늘어놓았다.

"부처님이시여, 삘린다왓차는 비구들에게 불가촉천민에게나 어울리는 호칭을 사용합니다."

부처님께서 그를 불러 물으셨다.

"왓차여, 비구들이 하는 말이 사실인가?"

"사실입니다."

부처님께서는 숙명통으로 장로의 과거생을 조사해 보고 비구들에게 말씀하셨다.

"비구들이여, 왓차 비구에게 앙심을 품어서는 안 된다. 왓차는 미워하는 마음에서 비구들을 천민이라고 부르는 것이 아니다. 비구들이여, 왓차는 과거 500생 동안 바라문 가문에서만 태어났다. 그는 오랫동안 천민이라는 호칭을 사용해 왔다. 번뇌가 다한 아라한은 거칠고 잔인한 말이나 남의 기분을 상하게 하는 말을 사용하지 않는다. 나의 아들이 그렇게 말하는 것은 순

만들어 그녀의 머리에 얹어 주었다. 그러자 풀 화환이 황금 화환으로 변했다. 왕의 신하들이 이 화환 이야기를 듣고 가족을 도둑으로 의심해 감옥에 가두었다. 다음 날 삘린다 장로는 이 사실을 알고 왕에게 가서 신통변화로 왕궁 전체를 황금으로 변화시켰다. 그 가족은 풀려나고 왕과 신하들은 다섯 가지 약(버터기름, 버터, 기름, 꿀, 당밀)을 장로에게 올렸다. 장로는 보시 받은 물건을 즉시 스님들에게 나누어주었다. 그의 신통에 대한 또 다른 이야기가 있다. 장로를 후원하는 베나레스의 한 가정에 강도들이 쳐들어왔다. 강도들은 신도의 두 딸을 유괴했는데 장로가 신통으로 데리고 왔다고 한다.

전히 오래된 습성 때문이다."
부처님께서는 이렇게 말씀하시고 게송을 읊으셨다.

그 누구에게도 마음을 상하게 하지 않고
부드럽고 알기 쉽게 진실만을 말하는 사람,
그를 일컬어 아라한이라 한다.(408)

스물여섯 번째 이야기
절도로 오인 받은 비구

부처님께서 제따와나에 계실 때 한 장로와 관련해서 게송 409번을 설하셨다.

사견을 가진 한 바라문이 사왓티에 살고 있었다. 그는 몸에 옷 냄새가 밸까봐 옷을 벗어서 한쪽에 치워놓고 문에서 밖을 향해 앉아 있었다. 이때 아라한인 한 비구가 공양을 끝내고 사원으로 돌아가다가 옷을 보고 주위를 둘러보았지만, 아무도 없자 주인 없는 옷이라고 생각하고 집어 들었다. 바라문이 그걸 보고 달려와서 그에게 욕을 퍼부었다.

"이 까까머리 중이 내 옷을 훔쳐 가는구나."
"이 옷이 당신 것이오?"
"내 옷이오."
"아무도 없기에 주인 없는 옷이라고 생각하고 주워들었던 것이오. 자 받으시오."

장로는 옷을 돌려주고 사원으로 돌아와서 비구들에게 이 일을 이야기했다.

비구들이 그의 이야기를 듣고 그를 놀리려는 듯이 말했다.
"스님, 그 옷이 길던가요 짧던가요? 거칠던가요 부드럽던가요?"
"스님들이여, 그 옷이 긴지 짧은지 거친지 부드러운지 모릅니다. 저는 단지 그것이 주인이 내다 버린 천이라고 생각하고 주워들었던 것입니다."

비구들이 그의 말을 듣고 부처님께 보고했다.
"부처님이시여, 이 비구는 마치 아라한인 것처럼 말하고 있습니다."
"비구들이여, 이 비구는 진실을 말하고 있다. 번뇌가 다한 아라한은 남의 것을 훔치지 않는다."

부처님께서는 이렇게 말씀하시고 게송을 읊으셨다.

길든 짧든 크든 작든 좋든 나쁘든
주지 않는 것을 가지지 않는 사람,
그를 일컬어 아라한이라 한다.(409)

스물일곱 번째 이야기
오해받은 사리뿟따 장로

부처님께서 제따와나에 계실 때 사리뿟따 장로와 관련해서 게송 410번을 설하셨다.

어느 때 사리뿟따 장로는 500명의 비구를 데리고 한 사원으로 가서 안거를 지냈다. 주민들은 장로에게 까티나 행사193)에 필요한 물품을 제공하겠다고 약속했다. 하지만 해제날 자자를 행한 후에도 아직 물품이 도착하지 않았다. 장로는 부처님을 뵈러 떠나면서 비구들에게 말했다.

"주민들이 젊은 비구와 사미들을 위한 필수품을 가져오면 나에게 보내주고, 주민들이 가져오지 않으면 가져오지 않았다고 말이라도 전해주시오."

비구들은 즉시 이 문제로 이야기를 하기 시작했다.

"사리뿟따 장로가 오늘 한 말로 판단해 보건데 아직 탐욕이 남아 있는 것 같습니다. 그는 돌아가면서 함께 안거를 지낸 스님들에게 올리는 까티나 물품을 받으면 자기 몫을 보내고 받지 못하면 말이라도 전해 달라고 하지 않습니까?"

이때 부처님께서 들어오셔서 물으셨다.

---

193) 까티나 행사kathina cirana: 해제 후에 스님들에게 올리는 가사 천을 까티나라고 한다. 대승 율장에서는 음을 따서 가치나의迦絺那衣, 살치나의羯絺那衣라고 하거나 공덕의功德衣라고 의역하고 있다. 3개월의 안거가 끝나면 신도들은 가사 천을 올리고 스님들은 이 천을 이용해 가사를 짓는다. 율장에 비구는 여벌의 가사를 소유할 수 없지만, 이 까티나 행사로 생긴 가사는 얼마 동안 계율의 적용을 받지 않는다. 율장 대품 제7 가사 편(VinMv.7)에서는 까티나에 관한 규정을 다루고 있다. 이 행사는 해제 후 한 달 안에 신도들이 날짜를 잡아 시행하므로 사원마다 날짜는 다르지만 큰 불교축제 중 하나다. 이날은 가사뿐만 아니라 스님들이 소유할 수 있는 여러 가지 물품도 함께 보시할 수 있다.

"비구들이여, 여기 모두 모여 무슨 이야기를 하고 있는가?"
비구들이 대답하자 부처님께서 말씀하셨다.
"비구들이여, 나의 아들에게 탐욕이 남아 있을 수 없다. 그의 마음속에 '주민들이 공덕을 잃지 않기를! 어린 비구와 사미들이 물품을 얻지 못하는 일이 없기를!' 이런 생각이 일어났기에 그렇게 말한 것이다."
부처님께서는 이렇게 말씀하시고 게송을 읊으셨다.

이 세상과 다음 세상에 대한 갈애가 없고
집착이 없으며 얽매임에서 벗어난 사람,
그를 일컬어 아라한이라 한다.(410)

스물여덟 번째 이야기
오해받은 마하목갈라나 장로

부처님께서 제따와나에 계실 때 마하목갈라나 장로와 관련해서 게송 411번을 설하셨다.

이 이야기는 앞의 이야기와 같다. 다만 부처님께서 마하목갈라나 장로에게 탐욕이 없다는 것을 말씀하시면서 게송 411번을 설하셨다.

헛된 욕망이 없고
바르게 깨달아 한 치의 의심도 없으며
불사不死의 경지에 이른 사람,
그를 일컬어 아라한이라 한다.(411)

스물아홉 번째 이야기
선악을 초월한 레와따 사미

부처님께서 뿝바라마에 계실 때 레와따 사미와 관련해서 게송 412번을 설하셨다. 이 이야기는 게송 98번 이야기에서 이미 자세히 설명했다.

어느 날 비구들이 법담을 나누고 있었다.
"레와따 사미가 얻은 경지는 정말 대단하다! 사미의 공덕은 정말 대단하다! 500비구를 위해서 500개의 꾸띠를 짓다니!"
이때 부처님께서 다가와서 물으셨다.
"비구들이여, 여기 모두 모여 앉아서 무슨 이야기를 나누고 있는가?"
비구들이 대답하자 부처님께서 말씀하셨다.
"비구들이여, 나의 아들은 좋고 나쁨에 집착하지 않는다. 그는 둘 다를 초월한 사람이다."
부처님께서는 이렇게 말씀하시고 게송을 읊으셨다.

선과 악 그 두 가지를 버리고
번뇌를 뛰어넘어
슬픔과 탐욕에서 벗어나 해맑은 사람,
그를 일컬어 아라한이라 한다.(412)

서른 번째 이야기
배꼽 주변에서 달빛이 비추는 짠다바 장로

부처님께서 제따와나에 계실 때 짠다바 장로와 관련해서 게송 413번을 설하셨다.

짠다바의 과거생: 산림지기

오랜 옛날, 베나레스에 사는 한 상인이 전단향을 구해 와야겠다고 생각하고 많은 옷과 장신구를 싣고 500대의 수레를 몰고 변방으로 갔다. 그는 어떤 마을 입구에서 밤을 보낸 뒤 소 떼를 몰고 지나가는 젊은 목동들을 보고 물었다.

"이 마을에 산림지기가 있는가?"
"있습니다."
"이름이 무엇인가?"
"아무개입니다."
"아내의 이름과 아이들의 이름은 무엇인가?"
"아무개입니다."
"그의 집은 어디인가?"
"저기에 있습니다."

상인은 목동이 가르쳐준 집으로 마차를 타고 가서 안주인에게 아무개 이름을 대면서 물었다.

여인은 이 사람이 남편의 먼 친척쯤 된다고 생각하고 서둘러 의자를 내드렸다. 상인은 의자에 앉아 남편의 이름을 언급하며 안부를 물었다.

"친구는 어디 있습니까?"
"바깥양반은 숲속에 들어갔습니다."
"아들 아무개와 딸 아무개는 어디 있습니까?"

그는 식구들의 이름을 부르며 안부를 물었다. 그리고 식구들에게 옷과 장신구를 선물하며 말했다.

"친구가 숲에서 돌아오면 이 옷과 장신구를 주십시오."

여인은 상인에게 최대한의 환대를 하고 남편이 돌아오자 말했다.

"여보, 이 손님이 와서 우리 식구들 이름을 전부 부르고 이 선물들을 모두 주었어요."

산림지기는 상인에게 최대한의 호의를 베풀었다.

저녁이 되자 산림지기는 안락의자에 앉아 상인에게 물었다.

"친구여, 자네가 산 아래를 돌아다닐 때 어떤 나무들이 많은지 보았는가?"

"붉은 가지의 나무들이 많이 있는 것을 보았네."

"얼마나 많은가?"

"아주 많이 있다네."

"잘됐네. 내게 좀 보여주게."

상인은 산림지기를 데리고 산 아래로 가서 붉은 전단향나무를 잔뜩 베어 500대의 수레에 가득 싣고 돌아가며 산림지기에게 말했다.

"친구여, 내 집은 베나레스에 있다네. 가끔 놀러오게나. 내게 이 붉은 가지의 나무만큼 고마운 선물도 없다네. 꼭 이 나무만 가져오게나."

"잘 알았네."

산림지기는 때때로 붉은 전단향나무를 싣고 상인을 만나러 갔다. 상인은 산림지기가 돌아갈 때 많은 돈을 주었다.

그 후 깟사빠 부처님이 대열반에 드시자 사람들이 사리를 봉안하려고 황금탑을 세우고 있었다. 이때 산림지기가 많은 양의 전단향을 싣고 베나레스에 왔다. 친구 상인은 많은 양의 전단향을 가루로 갈아서 큰 그릇에 담아 들고 산림지기에게 말했다.

"친구여, 식사준비를 하는 동안 우리는 탑을 세우고 있는 곳에 갔다 옴

세."

그는 산림지기를 데리고 탑으로 가서 전단향 가루를 부처님의 사리에 올리며 참배했다. 산림지기는 전단향을 보름달처럼 만들어 탑 안에 안치했다. 이것이 그가 전생에 지은 공덕이었다.

산림지기의 현재생: 짠다바 장로

산림지기는 그 생에서 죽어 천상에 태어나 깟사빠 부처님과 고따마 부처님 사이를 천상에서 보내고 현재의 부처님 재세 시에 라자가하의 부자 바라문 집에 태어났다. 그는 태어나면서부터 배꼽 주위로 둥근 달 모양의 빛이 나타나 짠다바(달빛)라고 불렸다. 이것은 그가 전생에 전단향으로 달 모양의 원판을 만들어 탑 안에 안치한 공덕 때문이었다.

바라문들은 그걸 보고 생각했다.
'우리가 그를 데리고 돌아다니며 세상 사람들을 속일 수 있을 거야.'
그들은 그를 마차에 태우고 돌아다니며 만나는 사람마다 이렇게 말했다.
"이 바라문의 몸에 손을 대기만 하면 신통한 능력과 복을 받습니다."
사람들은 백 냥이나 천 냥의 돈을 내고 신기한 바라문의 몸을 만질 수 있는 특권을 얻었다. 그들은 그렇게 여기저기 여행하다가 마침내 사왓티에 와서 도시와 제따와나 사원 중간에 머물렀다.

사왓티에 사는 5천만 명의 재가신도는 아침 일찍 공양을 올리고 아침식사를 한 후 향과 꽃, 가사와 약을 들고 법문을 들으러 사원으로 갔다. 바라문들이 그들을 보고 물었다.
"어디로 가는 중입니까?"
"부처님께 법문을 들으러 갑니다."
"아니, 거기 가면 무슨 이득이 있습니까? 우리의 짠다바 바라문만큼 큰 신통을 가진 사람은 이 세상에 없습니다. 그의 몸에 손을 대기만 하면 신통한 능력과 복을 받을 수 있습니다. 와서 한 번 보십시오."

"바라문의 신통이 어느 정도 되는지 모르겠지만, 우리 부처님의 신통에 비하면 반딧불에 불과합니다."

그들 사이에 곧 논쟁이 붙었다. 그러나 양쪽 모두 자신들의 주장을 상대방에게 납득시킬 수 없었다. 결국 바라문들이 이렇게 말했다.

"사원으로 가서 우리 짠다바와 당신 부처님 중에 누가 더 큰 신통이 있는지 확인해 봅시다."

그들은 모두 사원으로 몰려갔다.

부처님께서는 짠다바가 다가오자 달빛을 사라지게 만드셨다. 그래서 짠다바가 부처님 앞에 섰을 때는 짠다바는 까마귀가 숯 바구니에 들어 있는 것처럼 보통 사람과 구별이 되지 않았다. 바라문들이 그를 한쪽 귀퉁이로 데려가자 달빛이 전처럼 나타났다. 하지만 바라문들이 그를 다시 부처님 앞으로 데려오자 달빛이 또 사라져버렸다. 짠다바는 세 번째로 부처님 앞에 서는 순간 또다시 달빛이 사라지는 것을 보고 '이 사람은 달빛이 사라지게 하는 주문을 알고 있구나.'라고 생각하고 부처님께 여쭈었다.

"당신은 혹시 나의 달빛을 사라지게 만드는 주문을 알고 있는 게 아닙니까?"

"내가 그 주문을 알고 있다."

"그럼 그걸 제게 가르쳐주실 수 있습니까?"

"나는 출가하지 않은 사람에게는 가르쳐줄 수 없다."

짠다바는 동료 바라문들에게 가서 말했다.

"내가 이 주문을 배우기만 하면 이 잠부디빠에서 제일가는 사람이 될 수 있소. 당신들은 여기 기다리고 있으시오. 내가 출가하면 2~3일 안에 주문을 배울 수 있소."

그는 출가해 바로 비구계를 받았다. 부처님께서는 그에게 몸의 32부분에 대한 명상을 가르치셨다.

"이게 무엇입니까? 이건 주문이 아니지 않습니까?"
"주문을 배우기 전에 예비수행으로 반복해야 하는 것이다."

바라문들이 자주 와서 물었다.
"주문을 다 배웠는가?"
"아니오, 아직 배우는 중이오."

며칠이 지나서 그는 아라한과를 성취했다. 바라문들이 와서 다시 묻자 그가 대답했다.
"나는 이제 다시는 돌아오지 않는 경지에 도달했으니 당신들은 그냥 떠나가도록 하시오."

비구들이 이 말을 부처님께 보고했다.
"부처님이시여, 이 바라문은 마치 자신이 아라한인 것처럼 말하고 있습니다."
"비구들이여, 나의 아들 짠다바는 번뇌를 모두 제거한 아라한이 됐다. 그는 진실을 말하고 있다."

부처님께서는 이렇게 말씀하시고 게송을 읊으셨다.

달처럼
맑고 깨끗하며
존재에 대한 갈애가 없는 사람,
그를 일컬어 아라한이라 한다. (413)

서른한 번째 이야기
모태에서 7년을 지낸 시왈리 장로194)

부처님께서 꾼다꼴리 근처의 꾼다나와나195)에 계실 때 시왈리 장로와 관련해서 게송 414번을 설하셨다.

한때 꼴리야족의 딸 숩빠와사196)는 아이를 7년간이나 임신하고 있었다. 그녀는 진통이 시작됐지만, 아이가 나오지 않아 일주일 동안이나 고통을 겪고 있었다. 그녀는 아이가 무사히 순산하기를 기원하며 계속 불·법·승 삼보에 대해 명상했다.

'부처님께서는 이 같은 고통에서 벗어나라고 가르치시는 존귀한 분이시다. 부처님의 제자들인 스님들은 이 같은 괴로움을 벗어나려고 길을 걷는 분들이다. 열반은 이 같은 괴로움에서 벗어난 위없는 행복이다.'

그녀는 이렇게 삼보를 명상하며 고통을 참아냈다. 그녀는 남편에게 부처님께 가서 자기의 이름으로 삼배를 올리고 자신이 '삼보를 명상하며 극심한 고통을 견디고 있다.'는 말을 전하게 했다.

부처님께서는 이 말을 듣고 축원해 주셨다.

---

194) 이 이야기는 우다나의 숩빠와사 경(Suppavāsā Sutta, Ud2.8)과 아사따루빠 자따까(Asātarūpa Jātaka, J100)에서 유래한다. 시왈리 장로가 어머니 자궁에서 7년을 보내게 된 인과에 대한 이야기는 법구경 게송 98번 이야기에 나온다.
195) 꾼다나와나Kuṇḍhānavana: 꼴리야족 마을 꾼디야Kuṇḍiya 근처의 숲으로 이 숲속에 꼴리야 귀족들이 부처님을 위해 사원을 세워 기증했다.
196) 숩빠와사Suppavāsā: 시왈리Sīvali 장로의 어머니였다. 그녀는 꼴리야 왕의 딸이었으며 남편은 릿차위족의 마할리Mahāli였다. 그녀는 꼴리야족의 마을 삿자넬라Sajjanela에 살았다. 그녀는 부처님의 가르침을 처음 듣고 바로 수다원과를 얻었다. 부처님께서는 그녀를 뛰어난 보시를 하는 데서(paṇītadāyikānaṃ) 제일이라고 선언하셨다. 그녀는 법구경에서 사왓티의 아나타삔디까, 쭐라아나타삔디까, 위사카와 함께 비구들에게 많은 보시를 하는 사람으로 자주 언급되는 것으로 보아 나중에 사왓티로 가서 살았던 것 같다.

"꼴리야족의 딸 숩빠와사는 건강하여라! 아무 탈 없이 건강한 아이를 순산하여라."

부처님께서 이렇게 축원해 주시는 순간 숩빠와사는 건강한 아이를 낳았다. 그녀는 곧 부처님과 비구들을 초청해 일주일 동안 아끼지 않고 공양을 올렸다. 아이는 태어난 순간부터 말하고 행동하는 데 어려움이 없었으며 물주전자를 들고 스님들에게 물 거르는 주머니로 물을 걸러드렸다. 그 후 그는 출가해 사미가 됐으며 곧 아라한과를 성취했다. 어느 날 비구들이 법당에 모여 이야기를 나누었다.

"스님들이여, 생각해 보십시오. 곧바로 아라한과를 성취할 능력을 갖춘 뛰어난 사람이 오랫동안 모태에서 고통을 겪고 있었습니다! 그것이 얼마나 고통스러운지 사람들이 어찌 알겠습니까! 그는 그처럼 큰 고통을 극복하고 깨달음을 성취했습니다!"

이때 부처님께서 다가와서 물으셨다
"비구들이여, 여기 모두 모여 앉아서 무슨 이야기를 나누고 있는가?"
비구들이 대답하자 부처님께서 말씀하셨다.
"비구들이여, 그렇다. 나의 아들은 고통에서 해탈해 열반을 성취하고 지복 속에 머물고 있다."
부처님께서는 이렇게 말씀하시고 게송을 읊으셨다.

험한 길과 깊은 수렁
윤회와 무지의 바다를 건너고
거센 파도197)를 건너 저 언덕에 이른 사람,
욕망도 의심도 없고
집착에서 벗어나 지극히 평온한 사람,
그를 일컬어 아라한이라 한다.(414)

---

197) 여기서 깊은 수렁은 탐욕을 말하고, 험한 길은 번뇌를 말하며, 거센 파도는 감각적 욕망, 사견, 존재, 무명을 말한다.

서른두 번째 이야기
기생에게 유혹당한 순다라사뭇다 비구198)

부처님께서 제따와나에 계실 때 순다라사뭇다와 관련해서 게송 415번을 설하셨다.

4억 냥의 재산을 가진 사왓티의 부잣집에 순다라사뭇다(아름다운 바다)라는 이름의 젊은이가 태어났다. 어느 날 그는 많은 사람이 손에 향과 꽃을 들고 법문을 듣기 위해 제따와나로 가는 것을 보고 물었다.
"어디로 가시는 중입니까?"
"부처님께 법문을 들으러 가는 중입니다."
"저도 같이 가겠습니다."
그는 그들과 함께 가서 대중들의 맨 끝에 앉았다. 부처님께서는 그의 마음을 읽으시고 차제설법을 하셨다. 순다라사뭇다는 법문을 듣고 생각했다.
'세속에 살면서 어떻게 깨끗하게 연마된 조개껍질과 같은 청정범행을 닦을 수 있겠는가?'

그는 부처님의 법문을 듣자 출가하고 싶은 마음이 간절했다. 그는 대중이 흩어질 때 부처님께 가서 출가를 요청했다. 부처님께서 그에게 말씀하셨다.
"부모의 허락을 받지 않은 사람은 출가를 허락할 수 없다."
순다라사뭇다는 집으로 가서 랏타빨라199)처럼 온갖 노력을 기울여 부모

---

198) 이 이야기는 와따미가 자따까(Vātamiga Jātaka, J14)의 서문과 비슷하며 대승불교의 수능엄경에 나오는 아난다 이야기와 같다. 수능엄경에서는 기생이 딸을 위해 아난다 장로를 주문으로 유혹하지만, 여기서는 기생이 순다라사뭇다를 주문이 아닌 미모와 교태 등 현실적인 방법으로 유혹한다.
199) 랏타빨라Raṭṭhapāla: 그는 확고한 신념으로 출가한 자들 중 제일 (saddhāpabbajitānaṃ)이다. 그는 꾸루국의 툴라꽃티따Thullakoṭṭhita에

를 설득해서 마침내 출가를 허락받았다. 그는 부처님께 가서 출가해 비구계를 받고 승가의 일원이 됐다. 그는 사왓티에서 살면 부모와 친척들로 인해 수행이 힘들 것이라는 생각에 제따와나를 떠나 라자가하로 가서 탁발하며 살았다.

어느 날 사왓티에 축제가 열렸다. 순다라사뭇다의 부모는 아들의 친구들이 아내들과 함께 화려하고 호사스럽게 축제를 즐기는 것을 보고 아들 생각이 나서 눈물을 흘리며 슬퍼했다.

'나의 아들도 과거에는 이렇게 즐겼었지.'

이때 한 기생이 집에 와서 어머니가 울며 한탄하고 있는 것을 보고 물었다.

"왜 그리 서럽게 울고 계세요?"

"나의 아들을 생각하면서 우는 거라오."

사는 부자 가문에서 태어났으며 호화롭게 자라나 아름다운 여인과 결혼했다. 부처님께서 툴라꽂티따를 방문했을 때 부처님의 법문을 듣고 출가를 결심했다. 하지만 부모의 반대가 심하자 단식투쟁으로 동의를 받아냈다. 그는 비구계를 받고 부처님을 따라 사왓티로 가서 머물렀으며 얼마 지나지 않아 아라한과를 성취했다. 그는 툴라꽂티따로 되돌아가서 꾸루왕의 사슴동산(Migācīra)에 머물렀다. 도착한 다음 날 그는 부모의 집으로 탁발을 나갔다. 아버지는 아들을 알아보지 못하고 현관에서 머리를 빗으며 부처님이 아들을 뺏어갔다고 비난했다. 이때 하녀가 쉰밥을 버리려던 참이었다. 그는 하녀에게 쉰밥을 날라고 요구했다. 하녀는 그의 목소리를 알아보고 쉰밥을 주면서 주인에게 그가 누구인지 알렸다. 아버지는 쉬어빠진 밥을 신들이 먹는 음식(神饌)처럼 맛있게 먹는 아들을 알아보았다. 아버지는 그에게 많은 재물을 보여주면서 유혹했고, 출가 전 아내는 화려하게 차려입고 유혹했다. 그는 공양을 끝내고 나서 모든 것은 무상한 것이고, 재물은 언젠가 흩어지며 아름다움이 올가미가 될 수 있다고 법문했다. 법문을 끝내고 사슴동산으로 되돌아갔을 때 꾸루 왕이 그의 명성을 듣고 찾아왔다. 왕과 가족을 교화한 이 이야기가 맛지마 니까야 랏타빨라경(Raṭṭapāla Sutta, M82)이다.

"아들이 어디에 있는데요?"

"출가했으니 아마도 비구들 사이에 있겠지."

"그를 세속으로 되돌아오게 하고 싶으세요?"

"그렇게 하고 싶지만 그는 결코 그렇게 하려고 하지 않을 거요. 그는 가족에게서 벗어나려고 사왓티를 떠나 먼 라자가하에 가 있으니까."

"제가 그를 환속하게 할 수 있을 것 같아요. 그렇게 해 주면 제게 어떤 보답을 해 주실 거죠?"

"그렇게만 해 준다면 당신을 며느리로 삼고 이 집안 살림을 모두 맡기겠소."

"좋아요, 그럼 계획을 실행하는 데 들어가는 경비를 좀 주세요."

기생은 필요한 경비를 받아서 여러 명의 하녀를 데리고 라자가하로 갔다.

그녀는 라자가하에 도착하자 순다라사뭇다 비구가 자주 탁발 다니는 거리를 유심히 지켜보고 나서 그 거리에 집을 하나 얻어 머물렀다. 다음 날 아침 그녀는 맛있는 음식을 준비했다가 순다라사뭇다가 탁발하려고 거리에 들어서자 미리 준비한 공양을 올렸다. 며칠 동안 그렇게 맛있는 음식으로 공양을 올린 후 그녀는 순다라사뭇다에게 말했다.

"스님, 음식을 사원으로 가지고 가서 드시지 마시고 여기서 드세요."

그렇게 말하면서 발우를 달라고 요청하자 그는 기꺼이 발우를 내주었다. 그녀는 맛있는 음식을 올리고 나서 말했다.

"스님, 여기가 스님께서 탁발하기 좋은 곳이에요."

그녀는 며칠 동안 현관에서 의자를 준비하고 그에게 맛있는 음식을 올렸다.

다음 날 그녀는 꼬마들에게 과자를 주고 환심을 산 다음 말했다.

"애들아, 스님이 이 집에 들어오면 너희들도 들어와서 발로 먼지를 일으키며 장난을 쳐라. 내가 그렇게 하지 말라고 해도 내 말을 듣지 말고 계속 장난을 쳐야 한다."

다음 날 순다라사뭇다가 탁발을 와서 현관에 앉아 공양하고 있을 때 아이들이 들어와서 발로 먼지를 일으키며 장난을 쳤다. 그녀가 하지 말라고 말려도 아이들은 들은 체도 하지 않았다. 다음 날 그녀는 비구에게 말했다.

"스님, 아이들이 몰려와서 먼지를 일으키고 하지 말라고 해도 들은 체도 하지 않으니 안으로 들어와서 공양하세요."

그녀는 며칠 동안 집 안에서 의자를 제공하고 그에게 맛있는 음식을 올렸다. 그녀는 아이들을 다시 꾀어서 이렇게 지시했다.

"스님이 공양하실 때 집안에 들어와서 시끄러운 소리로 웃고 떠들어라. 내가 하지 말라고 해도 계속 떠들어야 한다."

아이들은 지시받은 대로 했다.

다음 날 그녀는 비구에게 말했다.

"스님, 이곳은 시끄러워서 참을 수가 없습니다. 말려도 얘들이 말을 듣지 않습니다. 위층으로 올라가 공양을 드십시오."

비구가 동의하자 그녀는 장로를 앞세워 집의 맨 꼭대기 방으로 올라가게 하고 빗장을 잠갔다. 비구는 그때까지 차례대로 탁발하는 두타행[200]을 실천하고 있었다. 그럼에도 불구하고 맛에 대한 탐착에 강하게 얽매어서 그녀의 의도대로 7층 꼭대기까지 올라갔던 것이다. 그녀는 비구를 의자에 앉히고 본격적인 작업에 들어갔다.

---

[200] 13가지 두타행(Dhūtaṅga) 중에서 탁발음식에 관한 두타행이 다섯 가지 있다. ① 탁발음식만 수용하는 수행(常乞食), ② 차례대로 탁발하는 수행(次第乞食), ③ 한 자리에서만 먹는 수행(一座食) ④ 한 발우의 탁발음식만 먹는 수행(一鉢食) ⑤ 나중에 얻은 밥은 먹지 않는 수행(時後不食). 이 다섯 가지 두타행 중에서 순다라사뭇다는 한 집만이 아니고 여러 집을 돌아다니며 음식을 얻는 차례대로 탁발하는 두타행을 하고 있었던 것이다.

여인이 남자를 유혹하는 40가지 방법

① 기지개를 켜듯 팔을 뻗는다. ② 매혹적인 자세를 취한다. ③ 허리를 굽힌다. ④ 부끄러워하는 체한다. ⑤ 손톱을 물어뜯는다. ⑥ 다리를 꼰다. ⑦ 막대기로 괜스레 바닥을 긁는다. ⑧ 그를 들어 올린다. ⑨ 그를 안아준다. ⑩ 그의 몸을 만지며 희롱한다. ⑪ 그에게 자기 몸을 만지고 희롱하게 한다. ⑫ 그에게 키스한다. ⑬ 자기에게 키스하게 한다. ⑭ 음식을 먹는다. ⑮ 그에게 음식을 먹인다. ⑯ 선물을 준다. ⑰ 선물을 받는다. ⑱ 그가 하는 대로 흉내를 낸다. ⑲ 큰소리로 말하거나 작은 소리로 속삭인다. ⑳ 공공연히 말하거나 은밀하게 말한다. ㉑ 춤추고 노래 부르며 악기를 연주한다. ㉒ 울면서 애처로운 자세를 취한다. ㉓ 화장을 고친다. ㉔ 웃는다. ㉕ 쳐다보고 윙크를 한다. ㉖ 엉덩이를 흔든다. ㉗ 사타구니를 흔든다. ㉘ 허벅지를 살짝 비추고 덮는다. ㉙ 허벅지를 드러낸다. ㉚ 가슴을 드러낸다. ㉛ 겨드랑이를 드러낸다. ㉜ 배꼽을 드러낸다. ㉝ 눈동자를 살짝 감는다. ㉞ 눈썹을 치켜뜬다. ㉟ 입술을 살짝 깨물고 핥는다. ㊱ 혀를 내민다. ㊲ 허리치마를 푼다. ㊳ 허리치마를 다시 고쳐 입는다. ㊴ 머리카락을 풀어헤친다. ㊵ 머리카락을 다시 감아올린다.

그녀는 요염한 모습으로 여인의 아름다움을 드러내며 비구를 유혹했다.

붉은색 슬리퍼를 신고 서 있는 기생이
신발을 벗어버리고 말했네.
"젊은 그대는 나의 것
젊은 나는 그대의 것,
우리가 늙어 지팡이에 의지할 때 출가해도 늦지 않네."

비구는 유혹에서 벗어나기 위해 정신을 가다듬었다. 그는 정신이 들자 죄책감이 몰려왔다.

'아차, 내가 지금 무슨 끔찍한 허물을 짓고 있는가! 맛의 유혹에 빠져 이 꼭대기 방까지 올라오다니!'

그가 깊이 후회하고 있을 때 부처님께서 45요자나 떨어진 제따와나 간다꾸띠에 앉아 계시면서 라자가하의 어느 집 7층 꼭대기에서 일어나고 있는 일을 살펴보고 미소를 지으셨다. 아난다 장로가 부처님의 미소를 보고 여쭈었다.

"부처님이시여, 무슨 일로 미소를 지으십니까?"

"아난다여, 라자가하의 어느 집 7층 꼭대기에서 순다라사뭇다와 기생 사이에 큰 전쟁이 벌어졌구나."

"부처님이시여, 누가 승리하고 누가 패배할 것 같습니까?"

"아난다여, 순다라사뭇다가 이기고 기생이 패배할 것이다."

부처님께서는 순다라사뭇다의 승리를 장담하면서 광명의 모습을 나투시어 순다라사뭇다 앞에 앉아 있는 모습으로 말씀하셨다.

"비구여, 감각적 욕망과 존재에 대한 욕망을 포기하라. 욕망에서 벗어나라."

부처님께서는 이렇게 말씀하시면서 게송을 읊으셨다.

여기에서
감각적인 즐거움을 포기하고
집을 떠나 출가수행자가 되어
감각적 욕망과 존재에 대한 욕망을 제거한 사람,
그를 일컬어 아라한이라 한다.(415)

이 게송 끝에 순다라사뭇다는 아라한과를 성취했다. 그는 신통으로 지붕 한가운데를 뚫고 공중으로 솟아올라 사왓티로 돌아와서 부처님의 덕을 찬탄하면서 삼배를 올렸다.

비구들이 법당에서 이 일을 가지고 이야기를 나누었다.

"스님들이여, 맛에 대한 탐착 때문에 순다라사뭇다 비구는 큰 허물을 지을 뻔했지만 부처님께서 그의 의지처가 되어주셨습니다."

부처님께서 비구들의 이야기를 듣고 말씀하셨다.

"비구들이여, 그가 맛의 탐착에 얽매여 곤경에 빠졌을 때 그의 의지처가 되어준 것은 이번이 처음이 아니다. 과거생에서도 이런 일이 있었다."

비구들의 요청에 따라 부처님께서는 과거생 이야기를 시작하셨다.

순다라사뭇다의 과거생: 와따미가 자따까201)

베나레스에 사는 왕의 정원지기 산자야는 꿀 묻은 풀로 야생 사슴을 왕의 산책길로 유혹했다. 그는 사슴에게 믿음을 주기 위해 계속 꿀을 미끼로 왕궁으로 유인해서 붙잡았다.

집에 있거나 동료들 사이에 있거나
맛의 유혹만큼 이겨내기 어려운 것도 없다네.
맛에 대한 탐착을 이용해
산자야는 숲에 머무는 사슴을 집으로 유인해 붙잡았네.

부처님께서는 와따미가 자따까를 이야기해 주시고 자따까에 나오는 사람들을 설명하셨다.

"그 당시 사슴이 지금의 순다라사뭇다이고 이 시를 노래해 사슴을 풀어주게 했던 대신이 바로 나다."

---

201) 와따미가 자따까: Vātamiga Jātaka, J14

서른세 번째 이야기
조띠까와 자띨라

부처님께서 웰루와나에 계실 때 자띨라 비구와 관련해서 게송 416번을 설하셨다.

조띠까의 과거생: 아빠라지따

오랜 옛날, 베나레스에 두 형제가 넓은 밭에 사탕수수를 경작하며 살고 있었다. 어느 날 동생이 사탕수수가 먹고 싶어 밭으로 갔다.
'형 하나, 나 하나, 사탕수수 두 줄기를 베어가야겠다.'
그는 이렇게 생각하고 사탕수수 두 줄기를 베어서 단물이 흐르지 않도록 자른 부분을 실로 묶고서 집으로 향했다. 그 당시는 사탕수수를 기계로 짜지 않고 수수에 양쪽 끝을 잘라서 주전자로 물을 따르듯이 똑바로 세워 단물이 저절로 흘러나오게 했다.

동생이 사탕수수를 가지고 집으로 돌아가는 순간 간다마다나 산에 계시는 벽지불이 멸진정에서 나와 이렇게 생각했다.
'오늘은 누구에게 공덕을 지을 기회를 줄까?'
벽지불은 세상을 살펴보다가 사탕수수를 들고 가는 젊은이가 지혜의 그물에 들어왔다. 벽지불은 그가 공덕을 지을 수 있다는 것을 알고 가사와 발우를 들고 신통으로 공중을 날아 그 앞에 섰다. 젊은이는 벽지불을 보자 존경하는 마음이 일어나 웃옷을 벗어 높은 곳에 깔고 자리에 앉기를 권했다.
"존자님, 여기 앉으셔서 발우를 내미십시오."
그는 사탕수수 끝자락의 묶음을 풀고 사탕수수를 세워 단물을 흘려서 발우에 채워드렸다.

벽지불이 단물을 마시자 그는 이렇게 생각했다.

'존자님께서 내 사탕수수 주스를 드시다니 이 얼마나 기쁜 일인가! 형의 사탕수수도 올리면 어떨까? 형이 사탕수수 대를 돈으로 달라고 하면 돈으로 보상해 주면 되고 공양을 올린 공덕을 달라고 하면 공덕을 넘겨주면 된다.'

그래서 그는 벽지불에게 말했다.

"존자님, 발우를 다시 내미십시오."

그는 두 번째 사탕수수 줄기의 묶음을 풀고 단물을 흘려 넣어드렸다. 그는 형이 다시 밭으로 가서 또 다른 사탕수수 줄기를 가져오라고 하지는 않을 거라고 생각했다.

벽지불은 첫 번째 사탕수수즙을 마시고 두 번째 사탕수수즙은 다른 벽지불들에게 나누어 주려고 생각하고 다시 공양을 받았다. 젊은이는 벽지불의 생각을 알고 오체투지로 삼배를 올리고 서원을 세웠다.

"존자님, 저는 첫 번째 수확한 사탕수수즙을 보시했습니다. 이 달콤한 사탕수수즙을 올린 공덕으로 천상과 인간세계에서 영광을 누리고 윤회의 끝에 존자님이 깨달으신 경지를 저도 깨달을 수 있기를 기원합니다."

"그렇게 되기를!"

벽지불은 이렇게 축원하고 '바라고 원하는 것이 잘 이루어지기를!'이라는 두 개의 게송으로 된 공양 축원을 했다. 그리고 젊은이가 어느 날엔가 법을 이해하기를 바라면서 공중으로 날아 간다마다나 산으로 가서 500명의 벽지불에게 사탕수수즙을 나누어 주었다.

그가 이 같은 기적을 보고 돌아가자 형이 물었다.

"어디 갔다 오느냐?"

"사탕수수밭을 돌아보고 오는 길입니다."

"사탕수수밭에 간 사람이 사탕수수 한두 개 잘라오지 않고 그래 그냥 왔느냐?"

"잘라오다가 벽지불을 만났지 뭡니까? 그래서 그분에게 제 것을 공양을 올리고 형 것도 올리면 좋을 것 같아서 올렸습니다. 형이 돈으로 달라고 하면 보상해 드릴 거고 공덕을 달라고 하면 공덕을 넘겨 드릴 생각으로 말입니다. 둘 중에 어느 것을 택하시겠습니까? 돈입니까, 아니면 공덕입니까?"

"벽지불님이 어떻게 하시더냐?"

"내 것은 마시고 형님 것은 500명의 벽지불에게 나누어 주겠다면서 발우에 담아 공중으로 날아서 간다마다나로 갔어요."

동생이 '벽지불께서 깨달은 법을 자신도 성취하기를!'이라고 말하며 이야기를 끝내자 형은 기쁨이 온몸에 충만해지는 것을 느끼고 즉시 자신도 서원을 세웠다.

"이 공덕의 과보로 구경을 깨달아 해탈을 이루기를!"

이렇게 동생은 세 가지 성취를 기원하고 형은 오직 한 가지 아라한과의 성취를 기원했다.

두 형제는 정해진 수명 기간 살다가 죽어 천상에 태어나 두 부처님 사이 동안 천상에서 보냈다. 위빳시 부처님이 세상에 출현하시자 그들은 천상에서 죽어 반두마띠 도시의 한 마을에 사는 귀족 가문에서 또다시 형과 동생으로 태어났다. 부모들은 형을 세나, 동생을 아빠라지따라고 이름 지었다.

둘은 성년이 되자 결혼해서 가정을 꾸리고 살았다. 어느 날 형 세나는 사람들이 온 도시를 돌아다니며 삼보가 출현했다고 외치는 소리를 들었다.

"불보佛寶가 세상에 출현했습니다. 법보法寶가 세상에 출현했습니다. 승보僧寶가 세상에 출현했습니다. 공양을 올리고 공덕을 쌓으시오. 초파일과 14일과 15일에는 우뽀사타 재일을 지키고 사원으로 가서 법문을 들으시오."

세나는 사람들이 아침을 먹기 전에 공양을 올리고 아침을 먹고 나서 법문을 듣기 위해 사원으로 가는 것을 보고 물었다.

"어디로 가는 중입니까?"

"부처님께 법문을 들으러 갑니다."

"저도 같이 갑시다."

세나는 사람들을 따라 사원으로 가서 군중들의 맨 뒤에 앉아 법문을 들었다. 부처님께서는 세나의 마음을 읽으시고 차제설법을 하셨다. 세나는 부처님의 법문을 듣고 출가해 비구가 되려는 마음이 간절해졌다. 그래서 그는 부처님께 다가가 출가를 요청했다.

부처님께서 그에게 물으셨다.
"재가자여, 출가를 허락받을 가족은 없는가?"
"있습니다, 부처님."
"그럼 그들에게 출가를 허락받고 오너라."
세나는 동생에게 가서 말했다.
"이 집에 있는 재산은 모두 네 것이다."
"지금 무슨 말을 하는 겁니까? 저는 지금까지 어머니가 죽자 형을 어머니처럼 의지했고 아버지가 죽자 형을 아버지처럼 의지하고 살았습니다. 그런데 출가라니요? 우리에게는 많은 재산이 있으니 출가하지 말고 세속에서 공덕이나 쌓으며 삽시다."
"부처님의 법문을 들었는데 도저히 가정생활을 하면서 법을 성취할 수 없을 것 같다. 나는 반드시 출가해 비구가 돼야겠다. 그러니 넌 가정으로 돌아가거라."

그는 동생을 돌아가게 하고 부처님 아래로 출가해 비구가 됐다. 그는 비구가 된 지 얼마 지나지 않아 아라한과를 성취했다.

동생은 형의 출가를 축하하려고 부처님과 비구들을 초청해서 일주일 동안 공양을 올리고 나서 형에게 물었다.
"스님은 출가해 해탈을 얻었는데 저는 오욕락에 얽매여 출가하지 못하고 있습니다. 제가 세속에 살면서 어떻게 공덕을 지어야 하는지 알려주십시오."
"훌륭하다! 현명한 이여! 부처님을 위해 간다꾸띠를 지어라."

"그렇게 하겠습니다."
동생은 형의 제안에 동의했다.

동생은 모든 종류의 원목을 구해서 깎고 다듬고 대패질하고 기둥과 대들보와 서까래를 만들어 집을 짓기 시작했다. 그는 기둥마다 금과 은, 보석으로 무늬를 박아 넣고 거의 모든 나무를 칠보로 장식해서 간다꾸띠를 지었다. 심지어 지붕마저도 칠보로 장식한 기와를 구워 얹었다.

간다꾸띠를 짓고 있을 때 자기와 이름이 같은 조카가 와서 말했다.
"삼촌, 나도 뭔가를 하고 싶어요. 저도 공덕을 짓는 데 동참하게 해 주세요."
"조카야, 너의 요구를 들어줄 수 없구나. 이 공덕만은 다른 사람과 함께 하고 싶지 않단다."
조카가 여러 번 요구했지만, 그는 이 공덕을 다른 사람과 함께 하고 싶지 않았다. 그러자 조카는 간다꾸띠 앞에 칠보로 단장한 설법전을 지었다. 그가 현재의 멘다까 장자다.(게송 252번 이야기 참조)

간다꾸띠에는 칠보로 단장한 큰 창문이 세 개 있었다. 그는 창문 아래에 벽돌로 방죽을 쌓은 연못을 만들어 네 가지 향수로 채우고 다섯 색깔의 연꽃을 심었다. 간다꾸띠 안의 종 모양 첨탑에는 황금 바구니를 달고 부처님이 자리에 앉으면 꽃가루가 바람결에 휘날리게 했다. 첨탑의 꼭대기는 산호로 만들고 아래는 칠보를 박은 기와를 얹어서 멀리서 보면 마치 공작이 춤추는 듯했다. 그리고 칠보 가운데 가루로 낼 수 있는 것은 가루로 만들고 가루로 만들 수 없는 것은 그대로 가져오게 해서 간다꾸띠 밖에 무릎이 쌓일 정도로 뿌려놓았다.

아빠라지따는 간다꾸띠를 완성하자 형에게 가서 말했다.
"스님, 간다꾸띠가 완성됐으니 부처님께서 사용하시길 원합니다. 부처님께서 사용하시게 되면 제게 많은 복덕이 생길 것입니다."

장로는 부처님께 가서 말씀드렸다.

"부처님이시여, 아빠라지따가 와서 간다꾸띠가 완성됐으니 부처님께서 사용하시라고 합니다."

부처님께서는 자리에서 일어나 간다꾸띠로 가서 주변에 가득 뒤덮인 칠보를 바라보며 서 계셨다. 아빠라지따가 부처님께 안으로 들어가시라고 세 번이나 권했지만, 부처님께서는 여전히 움직이지 않고 장로를 바라보셨다.

장로는 부처님의 의중을 알아차리고 동생에게 말했다.

"아우야, '부처님은 저의 유일한 의지처입니다. 걱정하지 마시고 편안히 머무십시오.'라고 부처님께 말씀드려라."

아빠라지따는 형의 말을 듣고 부처님께 오체투지로 삼배를 올리고 말씀드렸다.

"부처님이시여, 사람들이 나무 아래서 밤을 보내고 미련 없이 나무를 떠나듯이, 사람들이 강물을 건너고 미련 없이 뗏목을 버리듯이 보석에 대해 아무 걱정도 하지 마시고 머무시기 바랍니다."

부처님께서는 문 앞에서 왜 주저하셨는가? 부처님께서는 이렇게 생각하셨다고 한다.

'많은 사람이 아침저녁으로 올 것이다. 그들이 보석을 주워가도 나는 막을 수 없다. 그러면 이 재가신도는 간다꾸띠에 흩어져 있는 보석을 주워가는데도 말리지 않는다고 나에게 화를 낼 것이고 그로 인해 지옥에 갈지도 모른다.'

부처님께서는 그런 이유로 집 안으로 들어가기를 주저하셨던 것이다. 그러나 아빠라지따가 보석을 주워가든 말든 염려하지 마시고 편히 머무시라는 말을 듣고 부처님께서는 방으로 들어가셨다.

아빠라지따는 사방에 보초를 세우고 지시했다.

"사람들이 손으로 보석을 집어가는 것은 막지 말고 옷이나 보자기에 싸서 가지는 못하게 하라."

그는 도시 사람들에게 알리게 했다.

"간다꾸띠 주위에 칠보를 잔뜩 뿌려놓았으니 와서 부처님의 법문을 듣고 돌아갈 때 가난한 사람은 양손 가득, 부자는 한 손 가득 들고 가도록 하시오."

아빠라지따는 이렇게 생각했다.

'신심 있는 사람들은 보석에는 관심도 없고 오직 법문을 들으러 오겠지만, 신심 없는 사람들도 보석에 대한 탐욕 때문에 와서 법문을 들을 것이고, 법문을 듣고 나면 결국 괴로움에서 해탈할 수 있을 것이다.'

이처럼 그는 많은 사람들의 이익을 위해서 온 도시에 알리게 했던 것이다.

사람들은 이 말을 듣고 와서 보석을 주워갔다. 한 번, 두 번, 세 번, 아빠라지따는 보석이 무릎에 쌓일 정도로 다시 쏟아부었다. 그리고 특별히 부처님의 발아래는 오이만 한 큰 보석을 두었다. 그에게는 이런 생각이 있었다.

'사람들은 부처님의 몸에서 나오는 황금빛을 쳐다보느라 보석에서 나오는 빛은 쳐다보지도 않을 것이다.'

실제로 사람들이 부처님을 쳐다보고 나면 보석에 대한 흥미가 사라져버렸다.

어느 날 사견을 가진 어떤 바라문이 이렇게 생각했다.

'값을 매길 수 없는 보석이 부처님의 발아래 깔려 있다고 한다. 그걸 가져와야겠다.'

그는 군중들에 섞여 사원으로 가서 부처님께 참배했다. 아빠라지따는 그가 순전히 보석을 훔치려고 들어왔다는 것을 눈치 챘다.

'그가 가져가지 못하게 하면 좋겠다.'

하지만 바라문은 그의 의도와 달리 부처님께 삼배를 드리는 척하면서 팔을 뻗어 보석을 옷자락에 감추고 사라져버렸다.

아빠라지따는 평정을 잃고 법문이 끝나자 부처님께 말씀드렸다.
"부처님이시여, 저는 세 번이나 간다꾸띠 주변에 무릎에 쌓일 정도로 보석을 깔아놓고 사람들이 가져가는데도 언짢은 생각이 들지 않고 오히려 기쁨이 가득 찼습니다. 그러나 오늘 이 바라문이 다가올 때 보석을 가지고 가지 않았으면 하는 생각이 들었고, 보석을 가지고 나갈 때 제 마음은 평정을 잃어버렸습니다."

부처님께 그의 말을 듣고 대답하셨다.
"재가신도여, 다른 사람이 그대의 재산을 가져가지 못하게 하고 싶은가?"
부처님께서는 그에게 서원을 세우게 했다.
"내 재산이 머리카락처럼 작은 것일지라도 오늘부터 왕이나 도둑이나 어느 누구도 나의 허락 없이 가져갈 수 없기를! 나의 재산이 불에 타거나 물에 떠내려가지 않고 어떤 재난으로도 손실되는 일이 없기를!"
그가 이렇게 서원을 세우자 부처님께서는 축원해 주셨다.
"그렇게 되리라!"

아빠라지따는 간다꾸띠 낙성식을 축하하기 위해 사원 내의 모든 비구에게 몇 개월 동안 공양을 올리고 시주를 했다. 그리고 스님들과 사미들에게 가사를 올렸다. 그는 이렇게 공덕을 짓고 수명이 다하자 죽어 천상에 태어났다. 그는 천상과 인간계를 윤회하다가 현재의 부처님 재세 시에 라자가하에 사는 한 재정관의 집에 잉태됐다. 그는 아홉 달 반 동안 모태에 있다가 세상에 태어났다.

조띠까의 일생

그가 태어난 날 온 도시의 무기들이 빛을 발했고 시민들의 옷에 달린 보석들도 불이 난 것처럼 반짝였다. 마치 온 도시가 하나의 불빛에 휩싸인 것처럼 보였다. 재정관이 아침 일찍 궁으로 가서 왕을 알현하자 왕이 물었다.

"오늘 모든 무기가 빛을 발하고 온 도시가 불빛 덩어리 같았는데 그대는 그 이유를 아는가?"

"폐하, 잘 압니다."

"재정관이여, 그 이유가 무엇인가?"

"저의 아들이 오늘 세상에 태어났기 때문입니다. 이 기적은 순전히 제 아들의 복덕 때문에 일어난 일입니다."

"그가 강도가 되지 않을까?"

"그런 일은 절대 없을 겁니다, 폐하. 오늘 태어난 아이는 과거생에 서원을 세우고 공덕을 쌓은 과보로 무한한 복을 타고난 아이입니다."

"그렇다면 아주 잘 키워야겠군. 이 돈으로 좋은 우유를 사서 먹이도록 하시오."

왕은 아이의 우유 값으로 많은 돈을 주었다. 아이의 이름을 짓는 날이 되자 가족들은 그에게 조띠까(빛)라고 이름 지었다. 왜냐하면 그가 태어난 날 온 도시가 불빛 덩어리였기 때문이었다.

결혼할 나이가 되자 부모는 그를 위해 신혼집을 짓기 시작했다. 인부들이 땅을 조그맣게 고르기 시작하자 삭까 천왕의 홍옥보좌가 뜨거워졌다. 삭까 천왕이 무슨 일인지 살펴보니 사람들이 조띠까의 집터를 고르고 있다는 것을 알았다.

'조띠까는 이 사람들이 지은 집에서 결코 살 수 없다.'

천왕은 하늘에서 내려가 목수로 변신하고 집터로 가서 물었다.

"지금 무엇을 하고 있습니까?"

"조띠까의 집터를 고르고 있습니다."

"그만두시오. 그는 당신들이 지은 집에서 살 수 없을 것이오."

삭까는 이렇게 말하고서 16까리사 넓이의 땅을 한 번 쳐다보자 땅이 둥근 원반처럼 매끄럽게 됐다. 삭까가 두 번째로 '땅이 갈라지면서 이 자리에 칠보로 만들어진 화려한 궁전이 솟아나기를!'이라고 결심하자 즉시 궁전이 솟아났다. 삭까가 세 번째로 '이 궁전 주위로 일곱 겹의 담장이 쳐지기를!'이라고 결심하자 즉시 담장이 솟아났다. 또다시 '소원을 들어주는 나무가 담장 안에 솟아나기를!'이라고 결심하자 즉시 소원을 들어주는 나무가 솟아났다. 다시 '네 귀퉁이에 네 개의 보석 항아리가 솟아나기를!'이라고 결심하자 즉시 네 귀퉁이에 네 개의 보석 항아리가 솟아났다. 이 보석 항아리는 아주 커서 보디삿따가 이 세상에 태어났을 때 생겨난 네 개의 항아리와 크기가 같았다. 보석 항아리는 마치 야자열매를 잘랐을 때 속살이 가득 찬 것처럼 보석이 가득 차 있었다. 게다가 네 귀퉁이에는 야자나무 굵기만 한 황금 사탕수수가 솟아나 그가 과거생에 지은 공덕을 이야기해 주고 있었다. 야마꿀리, 웁빨라, 와지라, 와지라바후, 까사깐다, 까땃따, 디사빠무카 이 일곱 명의 약카가 자신들의 권속들을 거느리고 일곱 개의 문을 안팎으로 튼튼하게 보초를 섰다. 조띠까가 일곱 겹의 담장에 둘러싸인 칠보로 만들어진 7층 높이의 궁전을 소유하고 있다는 말을 들은 빔비사라 왕은 그에게 재정관을 상징하는 일산을 내렸다. 그 후부터 그는 조띠까 재정관으로 불렸다.202)

    조띠까 재정관과 과거생에 함께 공덕을 지었던 여인이 웃따라꾸루에 태어났다. 신들은 그녀를 조띠까의 궁전으로 데려와 결혼시켰다. 그녀는 올 때 쌀 단지 하나와 세 개의 수정화로를 가져왔다. 이 쌀 단지 하나가 조띠까 가족과 권속에게 쌀을 충분히 공급했고, 500대의 수레에 쌀을 가득 채워도 조금도 줄어들지 않았다고 한다. 밥을 지으려고 솥에 쌀을 넣고 수정화로에 얹어놓으면 저절로 불이 일어나 밥이 됐고 밥이 다 되면 불이 저절로 꺼졌다. 그들은 불이 나가는 것을 보고 밥이 다 됐다는 것을 알았다. 반찬과

---

202) 청정도론 제12장 신통변화(Vis12.41)에서 조띠까가 이렇게 거대한 궁전과 부를 갖추게 된 것을 공덕을 가진 자의 신통이라고 언급하고 있다.

국 등 다른 음식을 요리할 때도 마찬가지였다. 모든 음식은 수정화로로 요리했다. 그리고 밤에도 야명주夜明珠로 불을 밝혔기 때문에 램프와 기름등잔을 쓸 필요가 없었다.

조띠까 재정관이 많은 재산을 가지고 호화롭게 산다는 소문이 잠부디빠 전체에 퍼지자 많은 사람이 마차를 타고 구경하러 왔다. 조띠까 재정관은 웃따라꾸루에서 가져온 쌀로 우유죽을 쑤어 찾아온 모든 손님이 맘껏 먹도록 제공했다. 그는 하인들에게 지시했다.

"손님들에게 소원을 들어주는 나무에서 옷이든 보석이든 가져가게 하라."

그리고 보석 항아리를 열고 이렇게 지시했다.

"손님들에게 생활에 필요한 만큼 보석을 가져가게 하라."

많은 사람이 보석을 가져갔지만, 보석은 조금도 줄어들지 않았다. 이것은 조띠까가 전생에 간다꾸띠 주위에 많은 보석을 뿌려놓았던 공덕이었다. 많은 사람이 조띠까의 궁전으로 와서 원하는 만큼 보석을 가져가느라 북새통을 이루는 통에 빔비사라 왕은 구경을 가고 싶어도 기회가 없었다.

얼마 후 사람들이 뜸해지자 빔비사라 왕은 조띠까의 아버지에게 말했다.

"나도 그대 아들의 궁전에 가 보고 싶소."

"알겠습니다, 폐하."

그는 아들에게 가서 말했다.

"아들아, 전하께서 네 궁전을 보고 싶어 하신다."

"좋습니다, 아버지. 오시라고 하십시오."

왕은 많은 시종을 거느리고 조띠까의 궁전에 도착하자 첫 번째 문에 청소하고 쓰레기를 치우는 하녀가 서 있다가 왕을 보고 손을 내밀었다. 왕은 그녀가 매우 아름다워 재정관의 아내로 착각하고 감히 손을 내밀어 잡을 수 없었다. 나머지 문들에도 아름다운 여인들이 서 있다가 손을 내밀었지만 왕은 그들을 모두 재정관의 아내들로 생각해 손을 잡을 수 없었다.

조띠까가 마중 나와서 인사하고 왕의 뒤에 서서 말했다.
"들어가십시오, 폐하."
그러나 왕은 깊이를 알 수 없을 정도로 보석이 사방에 쫙 깔려 있어서 함정이 있지 않을까 생각하고 감히 나아갈 수 없었다. 조띠까는 왕의 의중을 파악하고 말했다.
"폐하, 여기에 함정은 없습니다. 제가 먼저 갈 테니 따라오십시오."
왕은 조띠까가 밟은 곳만 밟으며 주위를 둘러보고 안으로 들어가서 아래층에서 위층까지 둘러보았다.

이때 태자인 아자따삿뚜 왕자가 왕의 손을 잡고 궁전을 구경하고 있었다.

'아버지는 정말 한심하기 짝이 없군. 조띠까는 일개 시민에 불과하지만 칠보로 된 궁전에서 살고, 아버지는 왕인데도 나무집에서 산다. 내가 왕이 되면 이 궁전을 바로 뺏어버려야겠다.'

왕이 7층 꼭대기에 도착할 때는 이미 점심시간이 지나고 있었다. 왕은 재정관에게 말했다.
"재정관이여, 우리 여기서 식사하도록 합시다."
"폐하를 위해 이미 음식이 준비돼 있습니다."
왕은 열여섯 양동이의 향수 물로 목욕하고 값비싼 안락의자에 앉았다. 하인이 손 씻을 물을 가져오고 황금접시에 훈증용 우유죽을 가져왔다. 왕이 접시에 든 음식을 먹으려 하자 재정관이 말했다.
"폐하, 그것은 먹는 것이 아니고 훈증용 우유죽입니다."
하인이 다른 황금접시에 음식을 내오고 첫 번째 것은 가지고 나갔다. 왕은 음식을 먹기 시작하자 입에서 살살 녹는 것이 너무나 맛있어서 계속 먹어댔다. 재정관은 왕에게 공손하게 합장하고 애원하는 모습으로 말했다.
"폐하, 그만 드십시오. 많이 드셨습니다. 더 드시면 소화불량에 걸릴 것입니다."

"재정관이여, 음식이 그렇게 아까우시오?"

"폐하, 음식이 아까운 것이 아닙니다. 저는 군인들에게도 모두 폐하께서 드시는 것과 똑같은 음식을 제공했습니다. 그렇지만 잘못될까 봐 두려워서 그렇습니다."

"무엇이 두렵소?"

"폐하께서 소화불량이라도 걸리면 사람들은 '왕이 어제 재정관의 집에서 음식을 드셨는데 재정관이 뭔가 음식에 수작을 부린 것 같다.'라고 말할 것입니다. 그게 두려워서 그만 드시라고 하는 것입니다, 폐하."

"잘 알겠소. 음식을 치우고 손 씻을 물을 가져오시오."

왕이 식사를 마치자 시종들도 왕이 먹었던 것과 똑같은 음식을 먹기 시작했다.

왕은 앉아서 재정관과 유쾌한 대화를 나누었다.

"재정관이여, 그대의 부인은 어디에 있소?"

"내실에 누워 있습니다. 그녀는 폐하께서 왕림하신 줄도 모르고 있습니다."

왕은 아침 일찍 도착했지만, 재정관의 아내는 왕이 도착한 줄도 모르고 있었다. 재정관은 왕이 자기 아내를 보고 싶어 한다고 생각하고 내실에 들어가서 아내에게 말했다.

"폐하께서 도착했는데 나와서 알현하는 것이 예의가 아니겠소?"

아내는 침대에 누워 미동도 하지 않고 대답했다.

"여보, 폐하라는 사람이 도대체 누구죠?"

"우리를 다스리는 왕도 모른단 말이오?"

아내는 몹시 불쾌하다는 표정을 지었다.

"우리 위에 왕이 있다면 우리가 과거생에 지은 공덕에 허물이 있다는 이야기예요. 우리가 신심 없이 공덕을 지었기 때문에 남의 신하가 되는 불행한 일이 생겼을 거예요. 우리는 분명히 신심 없이 공양을 올렸을 거예요. 이것이 그 과보예요."

그녀는 불쾌한 기색을 보이며 말을 이었다.

"여보, 그럼 제가 할 일이 무엇이죠?"

"야자나무 부채를 들고 가서 왕에게 부채질해 주시오."

그녀는 야자나무 부채를 들고 가서 왕에게 부채질했다.

그녀는 부채질하면서 왕의 옷에서 나는 냄새 때문에 눈이 따가워 견딜 수 없자 눈물을 흘렸다. 왕은 그녀의 눈물을 보고 재정관에게 말했다.

"재정관이여, 여인들은 지혜가 부족하오. 그대의 아내는 왕이 남편의 재산을 뺏어갈 거라고 생각하고 눈물을 흘리고 있소. 나는 결코 그대의 재산에 욕심이 전혀 없으니 울지 말라고 하시오."

"폐하, 제 아내는 두려워서 눈물을 흘리는 것이 아닙니다."

"그럼 왜 우는 거요?"

"폐하의 옷에서 나는 냄새로 눈이 따가워서 눈물을 흘리는 것입니다. 사실 저의 아내는 호롱불이나 기름등잔을 본 적이 없습니다. 그녀는 야명주로 불을 밝히고 살아왔습니다. 폐하께서 기름등잔을 사용하시는 모양입니다."

"그렇소."

"폐하, 그럼 오늘부터는 야명주를 사용하시기 바랍니다."

재정관은 왕에게 아주 크고 값비싼 야명주를 선물했다. 왕은 재정관의 집을 둘러보고 중얼거렸다.

'조띠까는 정말 대단한 부자로다.'

그리고 왕궁으로 돌아갔다.

자띨라의 일생

이제 자띨라의 탄생과 결혼과 출가에 대해 이야기하겠다.

어느 때 베나레스에 매우 아름다운 부잣집 딸이 있었다. 그녀가 16세의 꽃다운 나이가 되자 부모는 그녀를 위해 저택의 7층 꼭대기에 방을 마련해 주고 하녀 한 명을 보내 시중들게 했다.

어느 날 처녀가 창문을 열고 밖을 바라보고 있는데 윗자다라(마법사)가 공중으로 날아오다가 그녀를 보고 한눈에 반했다. 그는 곧 창문으로 들어와 그녀와 관계를 가졌고, 그녀는 임신하게 됐다. 하녀는 그녀의 배가 불러오는 것을 보고 말했다.

"아가씨, 이게 어찌 된 일이에요?"

"걱정하지 말고 아무에게도 말하지 마라."

하녀는 두려움에 침묵을 지켰고 열 달이 지나자 부자의 딸은 아들을 낳았다. 그녀는 상자를 구해서 그 안에 아이를 넣고 보자기를 덮은 다음 그 위에 화환을 얹고서 하녀에게 말했다.

"이 상자를 머리에 이고 가서 갠지스 강에 띄워 보내라."

그녀는 만일을 대비해 이렇게 일렀다.

"그 상자에 뭐가 들었냐고 누가 묻거든 아가씨가 공양을 올리는 꽃바구니라고 해라."

하녀는 그렇게 둘러대고 집을 빠져나가 상자를 갠지스 강에 띄웠다.

멀리 떨어진 나루터에서 두 여인이 목욕하고 있다가 상자가 물결을 타고 떠내려오는 것을 보았다. 그중 한 여인이 소리 질렀다.

"저 상자는 내 거야."

다른 여인이 소리 질렀다.

"저 상자 안에 든 것은 내 거야."

상자가 도착하자 두 여인은 상자를 강둑으로 가져가 열어보았다. 상자 안에는 오늘 태어난 갓난아이가 누워 있었다. 첫 번째 여인이 아이의 소유권을 주장했다.

"이 상자는 내 것이라고 했기 때문에 아이도 내 거야."
두 번째 여인이 반박했다.
"상자 안에 든 것은 내 것이라고 했기 때문에 아이는 내 거야."
두 여인은 상자 안의 아이가 서로 자기 소유라고 주장했지만, 결론이 나지 않자 법정으로 갔다. 그녀들의 주장을 들은 판사는 중재할 수 없자 사건을 왕에게 넘겼다. 왕은 그들의 주장을 들은 후 간단명료하게 판결을 내렸다.
"그대는 상자를 갖고, 그대는 아이를 가져라."

아이를 얻은 여인은 마하깟짜야나 장로의 신도였다. 그녀는 장로 아래로 출가시킬 생각으로 아이를 키웠다. 아이가 태어나던 순간 아이를 목욕시키지 않았기 때문에 아이의 머리털은 감긴 채 풀리지 않았다. 그래서 그녀는 자띨라(감긴 머리)라고 이름 지었다.

아이가 걸을 수 있게 됐을 때 장로가 그 집에 탁발을 나왔다. 여자 신도는 장로에게 의자를 제공하고 공양을 올렸다. 장로가 공양하다가 아이를 발견하고 물었다.

"재가신도여, 아이를 얻으셨군요?"
"그렇습니다. 장로님. 저는 장로님 아래로 출가시킬 생각으로 아이를 키우고 있습니다. 그러니 아이의 출가를 허락해 주십시오."
"좋습니다."
장로는 대답하고 아이를 데리고 떠났다.

장로는 길을 가면서 아이가 부자가 될 충분한 복을 가지고 타고난 것인지 살펴보았다.
"이 소년은 큰 복을 타고나서 크면 갑부가 될 것이다. 그러나 지금은 너무 어려서 아직 지혜가 무르익지 않았다."
장로는 아이를 데리고 딱까실라의 신도 집으로 갔다. 신도가 장로에게 삼배하고 아이를 보고 말했다.

"장로님, 아이를 얻으셨나 보군요."

"그렇습니다, 신도님. 그는 나중에 출가할 것입니다. 그러나 아직은 어리기 때문에 얼마 동안 당신에게 아이를 맡기고자 합니다."

"그렇게 하십시오."

재가신도는 마치 자기 아들처럼 정성스럽게 키웠다.

재가신도의 집에는 12년 동안 팔리지 않은 상품이 창고에 쌓여 있었다. 어느 날 그는 다른 마을로 여행을 떠나면서 상품을 가게로 옮기고 자띨라에게 각 상품의 가격을 알려주고 가게를 맡겼다.

"이건 얼마짜리다. 저건 얼마짜리다. 얼마까지 받을 수 있으면 팔도록 해라."

그리고 그는 길을 떠났다.

도시의 수호신들이 큰 물건부터 후춧가루나 겨자씨처럼 아주 작은 물건까지 집안에 물건이 필요한 사람들을 모두 가게로 유인했다. 그래서 12년 동안 팔리지 않아 쌓아두었던 재고가 단 하루 만에 몽땅 다 팔려버렸다. 신도가 집에 돌아와서 가게에 물건이 하나도 없는 것을 보고 놀라 물었다.

"얘야, 상품을 다 잃어버렸느냐?"

"하나도 잃어버리지 않았습니다. 지시한 가격대로 다 팔았습니다. 물건을 판 돈은 여기 있습니다."

재가신도는 너무나 기뻐서 소리 질렀다.

"무한한 복덕을 지닌 아이로다! 어디에 가더라도 무한한 복락을 누리고 살겠구나!"

재가신도는 딸이 결혼할 나이가 되자 자띨라와 결혼시키고 목수들을 불러 신혼집을 지어주었다. 집이 완성되자 자띨라에게 말했다.

"내 딸과 함께 행복하게 살아라."

자띨라가 집에 들어가기 위해 문지방을 넘어 첫발을 딛는 순간 뒤뜰에서 땅을 가르며 황금산이 솟아올랐다. 왕은 자띨라의 집 뒤에서 황금산이 솟아올랐다는 말을 듣고 재정관의 일산을 내렸다. 그 후로 그는 자띨라 재정관이라고 불렸다.203)

자띨라 재정관은 세 아들을 두었다. 아들들이 커서 독립할 나이가 되자 그는 세속의 삶을 정리하고 출세간의 길을 가려고 마음먹었다.

"이 세상에 나만큼 많은 재산을 가진 부자가 있다면 출가할 것이고 그렇지 않으면 출가하지 않을 것이다."

그는 부자를 찾아보려고 황금벽돌과 황금채찍과 황금밧줄을 만들어 하인들에게 주면서 말했다.

"이걸 가지고 잠부디빠를 돌아다니며 나만한 재산을 가진 부자가 또 있는지 찾아보아라."

하인들은 여기저기 여행하다가 밧디야에 도착했다.

밧디야에는 멘다까 재정관이 살고 있었다. 멘다까 장자가 이들을 보고 물었다.

"친구들이여, 무슨 일로 여행 중이시오?"

"우리는 특별한 것을 찾는 것은 아닙니다."

멘다까 재정관은 그들을 보고 생각했다.

"이 사람들은 이처럼 값비싼 물건을 들고 여기저기 돌아다니며 특별한 것을 찾는 것이 아니라고 하지만, 사실이 아닐 것이다."

멘다까는 그들에게 말했다.

"우리 집 뒤뜰로 가서 한번 구경해 보시겠소."

자띨라의 하인들이 뒤뜰로 돌아가자 넓은 뒤뜰이 나타나고 거기에는 황소만한 황금양들이 있었다. 하인들은 황금양을 돌아보고 나오자 멘다까가 물었다.

---

203) 청정도론 제12 신통변화(Vis12.41)에서 자띨라에게 황금산이 솟아난 것을 공덕을 가진 자의 신통이라고 언급하고 있다.

"찾고자 했던 것을 발견하셨소?"
"발견했습니다."
자띨라의 하인들은 고향으로 돌아갔다.

자띨라가 그들에게 물었다.
"나와 견줄 만한 부를 가진 사람을 발견했는가?"
"주인님의 재산은 보잘것없는 것입니다. 밧디야에 사는 멘다까 재정관은 이보다 훨씬 많은 부를 가지고 있습니다."
그들은 자기들이 보았던 것을 전부 이야기했다.

재정관은 이 이야기를 듣고 매우 기뻐했다.
"나만큼 큰 부자를 발견했다. 그런데 또 다른 부자가 있을까?"
그는 하인들에게 10만 냥의 값어치가 나가는 천을 주고 말했다.
"이걸 가지고 돌아다니며 또 다른 부자가 있는지 찾아보아라."
자띨라의 하인들은 라자가하로 가서 조띠까 재정관 저택 근처에서 나무단을 쌓고 불을 피웠다.
"왜 불을 피웁니까?"
사람들이 묻자 자띨라의 하인들이 말했다.
"우린 값비싼 천을 팔려고 가져왔는데 살 사람이 없어서 가지고 다니다가 강도라도 만나면 해를 입을까 두려워 태워버리고 여행을 계속하려고 합니다."

조띠까 재정관이 그들을 보고 자기 하인들에게 물었다.
"이 사람들이 무엇을 하고 있는가?"
그는 하인들의 말을 듣고 그들을 불러 물었다.
"그 융단이 얼마인가?"
"10만 냥입니다."
조띠까는 10만 냥을 주고 천을 사서 하인들에게 주면서 말했다.

"이 천을 청소하고 쓰레기 치우는 문지기 하녀에게 주어라."

하녀가 천을 받고 눈물을 흘리며 주인마님에게 가서 말했다.
"주인마님, 제게 잘못이 있으면 때릴 일이지 왜 이런 거친 천을 주고 그러세요? 제가 어떻게 이런 거친 천을 입겠어요?"
"내가 입으라고 준 것이 아니고 침대 아래 발 깔개나 향수로 목욕하고 이 천으로 닦으라고 준 것이다. 그런 용도로는 사용할 수 있지 않느냐?"
"그렇게 쓰면 되겠네요."
하녀는 값비싼 천을 들고 나갔다.

자띨라의 하인들이 이걸 보고 고향으로 돌아가자 자띨라가 물었다.
"나만한 부를 가진 부자가 또 있던가?"
"주인어르신, 어르신의 부는 보잘것없는 것입니다. 라자가하에 사는 조띠까 재정관은 훨씬 많은 부를 소유하고 있습니다."
하인들은 조띠까의 재산을 자세히 설명하자 자띨라는 매우 기뻐하며 말했다.
"이제 출가해 비구가 되어야겠다."
그는 왕에게 가서 말했다.
"폐하, 저는 비구가 되고자 합니다."
"재정관이여, 원하는 대로 하시오."

자띨라 재정관은 집으로 가서 아들들을 불러 앉혀놓고 먼저 큰아들에게 곡괭이를 주면서 말했다.
"뒤뜰에 있는 황금산으로 가서 금광석을 한 덩어리 캐어 오너라."
큰아들은 뒤뜰에 있는 황금산으로 가서 곡괭이를 내려쳤지만, 단단한 바윗덩어리처럼 부서지지 않았다. 자띨라는 둘째 아들에게 곡괭이를 주면서 똑같이 말했다. 둘째 아들도 곡괭이를 내리쳤지만, 역시 마찬가지였다. 자띨라는 막내에게도 곡괭이를 주면서 내보냈다. 막내가 곡괭이를 들고 내리치자 금광석에 곡괭이가 푹 박히면서 금덩어리가 떨어져 나왔다. 재정관이 아들들에게 말했다.

"아들아 됐다. 그만해라."

그는 큰아들과 둘째 아들에게 말했다.

"이 황금산은 너희들을 위해 생겨난 것이 아니다. 나와 막내를 위해 생겨난 것이다. 너희들은 막내와 사이좋게 지내며 부를 누리도록 해라."

이 황금산이 왜 아버지와 막내를 위해서만 생겨난 것인가? 자띨라는 왜 태어난 날 강물에 버려졌는가? 이것은 순전히 과거생에 지은 업 때문이었다.

자띨라의 과거생: 금세공사와 세 아들

먼 옛날에 사람들이 깟사빠 부처님의 사리탑을 세우고 있었다. 이때 한 아라한이 사리탑을 둘러보다가 공사가 진행되지 않고 있는 것을 발견했다.

"탑의 북쪽 면이 왜 완성되지 않았습니까?"

"금이 부족합니다."

"그러면 내가 도시에 들어가서 시주를 받아오겠소. 불사를 끝내도록 최선을 다하시오."

아라한은 도시로 들어가서 외쳤다.

"탑의 북쪽 면을 완공하려면 금이 더 필요합니다. 금을 시주하십시오."

그는 사람들을 설득하며 금을 시주받으러 돌아다니다가 금세공사의 집에 들어갔다.

이때 금세공사는 아내와 싸우고 화가 풀리지 않은 상태였다. 장로가 금세공사에게 말했다.

"당신들이 세우고 있는 탑의 북쪽 면을 완공하려는데 금이 부족합니다.

당신이 이 일을 아셔야 할 것 같아서 알려드리는 것입니다."

금세공사는 아내에 대한 화를 장로에게 돌렸다.

"부처님은 물속에 처넣어 버리고 당신 할 일이나 하시오."

금세공사의 아내는 남편의 거친 말을 듣고 깜짝 놀랐다.

"당신 지금 아주 사악한 말을 했다는 걸 알아요? 당신이 나 때문에 화가 났으면 나를 욕하고 때릴 일이지 왜 부처님께 화풀이하는 거예요?"

금세공사는 큰 두려움에 떨며 장로의 발아래 엎드려 말했다.

"장로님, 저를 용서해 주십시오."

"당신이 모욕한 사람은 내가 아니라 부처님이시니 부처님께 용서를 구해야 할 겁니다."

"장로님, 제가 어떻게 해야 부처님께 용서를 구할 수 있습니까?"

"세 개의 황금꽃을 만들어 사리탑 안에 안치해야 합니다. 그리고 옷과 머리를 물에 적시고 부처님께 용서를 구해야 합니다."

"그렇게 하겠습니다. 장로님."

금세공사는 황금꽃을 만들면서 큰아들을 불러 말했다.

"아들아, 내가 실수로 부처님께 거친 말을 퍼부었단다. 그래서 이 황금꽃을 만들어 사리탑에 안치하고 부처님께 용서를 구해야 한단다. 그러니 네가 좀 도와주어야겠다."

큰아들이 마음이 내키지 않는다는 듯이 말했다.

"거친 말을 한 것은 아버지이지 제가 아니잖아요. 혼자 만드세요."

금세공사는 둘째 아들을 불러 똑같이 말했지만, 둘째 아들도 큰아들과 마찬가지였다. 그가 막내를 불러 말하자 막내가 대답했다.

"아버지를 돕는 것은 아들이 해야 할 일이지요."

그는 아버지를 도와 꽃을 만들었다. 금세공사는 한 뼘 길이의 황금꽃 세 개를 만들어 사리탑에 안치하고 옷과 머리에 물을 적시고 부처님께 용서를 빌었다.

자띨라의 출가

자띨라는 일곱 생 동안 태어난 날 강물에 버려지는 과보를 받았다. 이번이 마지막으로 강물에 버려졌었다. 큰아들과 둘째 아들은 아버지가 황금꽃을 만드는데 도와주지 않았기 때문에 황금산은 그들을 위해 생겨난 것이 아니었다. 막내는 아버지를 도왔기 때문에 황금산은 아버지와 막내만을 위해 생겨난 것이었다.

자띨라 재정관은 세 아들에게 사이좋게 잘 지내라고 훈계하고 출가해 비구가 됐다. 그는 출가한 지 며칠 지나지 않아서 아라한과를 성취했다.

얼마 후 부처님께서 500명의 비구를 데리고 유행하시다가 자띨라 아들들의 집에 멈추었다. 자띨라의 아들들은 부처님과 스님들에게 보름 동안 공양을 올렸다. 저녁에 비구들이 법당에 모여 이야기를 나누었다.

"자띨라 스님, 오늘 그대의 황금산과 아들들을 보고 갈망이 일어나지 않았습니까?"

"스님들이여, 나는 황금산이나 아들들에 대해 갈애도 없고 자부심도 없습니다."

비구들이 이 말을 듣고 부처님께 말씀드렸다.

"부처님이시여, 자띨라 비구는 마치 자신이 아라한인 것처럼 말하고 있습니다."

부처님께서 그들의 말을 듣고 대답하셨다.

"비구들이여, 나의 아들 자띨라에게 갈애도 자부심도 없다는 말은 사실이다."

부처님께서는 이렇게 말씀하시고 게송을 읊으셨다.

갈애를 버리고
가정을 떠나 출가수행자가 되어

갈애와 존재에 대한 욕망을 파괴한 사람,
그를 일컬어 아라한이라 한다.(416)

서른네 번째 이야기
아자따삿뚜의 공격을 받은 조띠까

부처님께서 웰루와나에 계실 때 조띠까 장자와 관련해서 게송 416번을 설하셨다.

아자따삿뚜204) 왕자는 데와닷따와 공모해 아버지 빔비사라 왕을 살해하고 왕위에 오르자 이렇게 생각했다.

'조띠까 재정관의 궁전을 빼앗아야겠다.'

그는 군대를 무장시키고 조띠까의 집으로 진격했다. 그는 보석으로 된 성벽에 비치는 자신들의 모습을 조띠까의 군대로 착각했다.

"재정관이 부하들을 무장시키고 싸울 준비를 하고 나왔구나."

그래서 감히 조띠까의 궁전에 접근할 수 없었다.

---

204) 아자따삿뚜Ajātasattu: 그는 빔비사라Bimbisāra 왕의 아들로 태어났다. 그는 빠세나디 왕의 딸 와지라Vajira와 결혼해 아들 우다이밧다 Udāyibhadda를 낳았다. 그는 데와닷따의 신통에 감명 받아 그의 후원자가 됐다. 그는 데와닷따를 위해 가야시사에 사원을 짓고 매일 500대의 수레에 음식을 실어 공급했다. 그는 데와닷따의 유혹에 넘어가 부왕을 살해하고 왕위에 올랐으며 데와닷따가 부처님을 시해하려고 할 때 도움을 주었다.(게송 17번 이야기) 나중에 그는 자신의 악행을 후회하고 데와닷따에 대한 후원을 철회했다. 그는 악행에 대한 두려움 속에 괴로워하다가 의사 시와까의 권고를 받아들여 지와까 망고동산에 계시는 부처님을 방문하고 법문을 들었다.(沙門果經, Sāmaññaphala Sutta, D2) 법문을 듣고 나서 그는 마음의 안정을 얻고 부처님의 신심 깊은 신도가 됐다. 부처님께서는 그가 떠난 후 그가 아버지를 살해한 오역죄五逆罪를 저지르지 않았다면 수다원과를 얻었을 거라고 말씀하셨다. 그는 왕위에 오른 지 8년째 되던 해에 부처님께서 대열반에 들었다는 소식을 듣고 실신했다고 하며 사신을 보내 사리를 요구했다. 그는 사리탑을 세우고 제1차 경전결집을 후원했다. 그는 32년간 통치했으며 아들 우다이밧다에 의해 살해당했다고 한다.

그날 조띠까 재정관은 우뽀사타 재일을 지키기 위해 아침식사를 마친 즉시 사원으로 가서 앉아 부처님의 법문을 듣고 있었다. 그래서 조띠까의 첫 번째 성문을 지키고 있는 야마꼴리 약카가 아자따삿뚜를 보고 외쳤다.

"어디를 가는가?"

약카들이 아자따삿뚜 군대를 쳐부수고 추격해 왔다. 왕은 도망치다가 다급해지자 사원으로 뛰어들었다. 재정관이 법문을 듣다가 왕을 보고 물었다.

"폐하, 무슨 일로 이렇게 무장하고 오셨습니까?"

"재정관! 그대는 부하들에게 나와 싸우라고 명령해 놓고 여기 와서 법문을 듣는 체하다니 어떻게 그렇게 뻔뻔할 수 있는가?"

"폐하께서 제 집을 뺏으려고 군대를 동원했습니까?"

"그렇다. 나는 그 때문에 군대를 동원했다."

"폐하, 천 명의 왕이 달려들어도 제 집을 빼앗을 수 없습니다."

아자따삿뚜가 화를 내며 말했다.

"그 말은 그대가 왕이 되겠다는 말인가?"

"그런 말이 아니고 왕이나 강도들이라 할지라도 제 동의 없이는 저의 재산을 실오라기 하나라도 빼앗아갈 수 없다는 말입니다."

"그럼 내가 그대의 집을 차지하는 데 동의하는가?"

"폐하, 여기 제 열 손가락에 스무 개의 반지가 있습니다. 제가 폐하께 드릴 생각이 없는데 대왕께서 한 번 빼 보십시오."

왕은 양다리를 땅에 박고 온몸을 뒤로 젖히며 온 힘을 다해 반지를 잡아당겼지만 단 하나의 반지도 뽑지 못했다. 재정관이 그걸 보고 왕에게 말했다.

"폐하, 외투를 펴 보십시오."

왕이 외투의 끝자락을 잡고 넓게 폈다. 재정관은 외투 위에서 손가락을 쫙 펴자 스무 개의 반지가 손가락에서 저절로 빠져나왔다. 재정관이 왕에게 말했다.

"폐하께서 제 동의 없이 재산을 빼앗을 수 없다는 것을 이제 아시겠습니까?"

조띠까는 왕이 자신의 재산을 노리고 악행을 저지르는 것을 보고 삶에 염증이 일어났다. 그는 출가할 생각을 했다.

"폐하, 제가 출가해 비구가 되는 것을 허락해 주십시오."

왕은 '재정관이 출가하면 쉽게 궁전을 차지할 수 있을 것이다.'라고 생각하고 단 한 번의 요청에 즉시 허락했다. 조띠까는 부처님 아래로 출가해 비구가 됐고 얼마 지나지 않아 아라한과를 성취했다. 그 후부터 그는 조띠까 장로로 불렸다. 그가 아라한이 되는 순간 그의 부와 세속적 영광은 모두 사라져버렸다. 천신들은 그의 아내 사뚤라까이를 다시 웃따라꾸루로 돌려보냈다.

어느 날 비구들이 조띠까에게 말했다.

"조띠까 스님, 그대의 왕궁과 아내에 대해 아직 미련이 남아 있습니까?"

"전혀 없습니다, 스님."

비구들이 이 일을 부처님께 말씀드렸다.

"부처님이시여, 이 비구는 진실을 말하지 않고 거짓을 말하고 있습니다."

"비구들이여, 나의 아들 조띠까에게는 재산과 아내에 대한 갈애가 모두 소멸됐다."

부처님께서는 법을 설하시고 게송을 읊으셨다.

이 세상에서
세상에 대한 갈애를 버리고
가정을 떠나 출가수행자가 되어
갈애와 존재에 대한 욕망을 파괴한 사람,
그를 일컬어 아라한이라 한다. (416)

서른다섯 번째 이야기
한때 광대였던 비구 1

부처님께서 웰루와나에 계실 때 한때 광대였던 비구와 관련해서 게송 417번을 설하셨다.

여기저기서 공연하며 돌아다니던 광대가 부처님의 법문을 듣고 출가해 비구가 됐다. 그는 비구계를 받고 열심히 정진해 아라한과를 성취했다. 어느 날 그가 부처님을 따라 다른 비구들과 함께 탁발을 나갔을 때, 비구들이 한 광대가 공연하는 것을 보고 그에게 물었다.
"스님, 저 광대가 스님이 출가 전에 했던 공연을 하고 있는데 스님은 혹시 그때의 생활에 대한 동경이 남아 있습니까?"
"전혀 없습니다."
비구들이 부처님께 말씀드렸다.
"부처님이시여, 이 비구는 마치 아라한인 것처럼 말하고 있습니다."
"비구들이여, 나의 아들은 모든 속박을 벗어났다."
부처님께서는 이렇게 말씀하시고 게송을 읊으셨다.

인간과 천상세계의 얽매임에서 벗어나
바람처럼 구름처럼
그 어떤 얽매임에도 걸리지 않는 사람,
그를 일컬어 아라한이라 한다. (417)

서른여섯 번째 이야기
한때 광대였던 비구 2

부처님께서 웰루와나에 계실 때 한때 광대였던 비구와 관련해서 게송 418번을 설하셨다.

이 이야기는 앞 이야기와 같다. 다만 이때는 부처님께서 이렇게 말씀하셨다.

"비구들이여, 나의 아들은 좋아함과 싫어함을 모두 초월한다."

부처님께서는 이렇게 말씀하시고 게송을 읊으셨다.

좋아함과 싫어함을 버리고
더러움에 물들지 않고 평화로우며
모든 세계(오취온)를 정복한 승리자,
그를 일컬어 아라한이라 한다.(418)

서른일곱 번째 이야기
해골을 두드려 태어난 곳을 알아맞히는 왕기사[205]

부처님께서 제따와나에 계실 때 왕기사[206] 비구와 관련해서 게송 419, 420번을 설하셨다.

라자가하에 왕기사 바라문이 살고 있었다. 그에게는 사람이 죽어서 어디에 태어났는지 알아맞히는 비상한 재주가 있었다. 그는 죽은 사람의 해골을 두드려 보고 이렇게 말하곤 했다.
"이 사람은 지옥에 태어났다. 이 사람은 동물로 태어났다. 이 사람은 아귀로 태어났다. 이 해골의 주인은 인간으로 태어났다."

바라문들은 서로 이야기를 나누었다.
"왕기사를 이용하면 많은 돈을 벌 수 있을 것이다."
그들은 왕기사에게 노란 옷을 입히고 이 나라 저 나라 돌아다니며 만나는 사람마다 이렇게 선전했다.
"왕기사 바라문은 죽은 사람의 해골을 두드려서 그가 어디에 태어났는

---

205) 이 이야기는 장로게경의 왕기사 주석(ThagA. xxi)에 나온다.
206) 왕기사Vaṅgīsa: 그는 바라문 가문에 태어나 베다에 능통했으며 해골의 머리를 두드려 죽은 자가 어디에 태어났는지 알아맞히는 재주가 있어서 3년간 많은 돈을 벌었다. 그는 니그로다깝빠Nigrodhakappa 장로를 은사로 출가해 몸의 32부분에 대한 명상으로 아라한과를 성취했다. 그는 깨달음을 얻은 후 부처님을 찾아가서 은유와 비유가 가득한 많은 시를 지어 부처님을 찬탄했다. 그는 시를 잘 짓는 것(Kāveyyamatta)으로 명성을 떨쳤다. 그래서 부처님께서는 시상을 떠올리는 자(paṭibhānavantānaṁ) 가운데서 제일이라고 선언하셨다. 그가 읊은 많은 시가 테라가타 Theragāthā(장로게경)에 실려 있다. 상윳따 니까야 제8 왕기사 상응(S8)은 그가 부처님을 찬탄하거나, 욕망을 극복하거나, 해탈을 노래한 시들을 모은 것이다.

지 알아맞힐 수 있습니다. 가족이 죽어서 어디에 태어났는지 궁금하지 않습니까?"

사람들은 자신들의 능력껏 열 냥, 스무 냥의 돈을 내고 가족이 어디에 태어났는지 물었다. 그들은 여기저기 돌아다니다가 마침내 사왓티에 도착해서 제따와나 근처에 자리를 잡았다. 아침식사를 마친 후 그들은 많은 사람이 손에 향과 꽃을 들고 법문을 들으려고 사원으로 가는 것을 보았다.

"어디를 가십니까?"

"법문을 들으러 사원에 갑니다."

"우리 왕기사 바라문처럼 놀라운 사람이 이 세상에 없습니다. 그는 죽은 사람의 해골을 두드려 어디에 태어났는지 알아맞힐 수 있습니다. 당신들의 가족이 죽어 어디에 태어났는지 물어보십시오."

"겨우 그 정도 능력을 가지고 대단하다고 그러시오. 우리 부처님은 모르는 것이 없는 분입니다."

바라문들이 반박에 나섰다.

"왕기사보다 더 뛰어난 사람은 이 세상에 없습니다."

뜨거운 논쟁이 벌어졌지만, 결론이 나지 않자 신도들이 말했다.

"그럼 당신네 왕기사와 우리 부처님 사이에 어느 분이 더 위대한지 부처님께 가서 확인해 봅시다."

신도들은 바라문들을 데리고 사원으로 들어갔다.

부처님께서는 그들이 오는 것을 아시고 다섯 개의 해골을 준비하셨다. 그중 네 개의 해골은 지옥, 축생, 인간, 천상에 태어난 해골이었고 나머지 하나는 아라한과를 성취한 비구의 해골이었다. 그들이 도착하자 부처님께서 왕기사에게 물으셨다.

"그대가 죽은 사람의 해골을 두드려 보고 어디에 태어났는지 알아맞힌다는 것이 사실인가?"

"그렇습니다."

"그럼 이 해골의 주인공이 어디에 태어났는지 알아맞혀 보아라."

"이 해골의 주인은 지옥에 태어났습니다."

"훌륭하다!"

부처님께서는 그를 칭찬하며 다음 세 개의 해골에 대해서도 물으셨다. 왕기사는 하나도 틀리지 않고 정확히 알아맞혔다. 부처님께서는 그가 알아맞힐 때마다 찬사를 하면서 마지막 해골을 가리키며 물으셨다.

"이 해골의 주인은 어디에 있는가?"

왕기는 다섯 번째 해골을 두드려 보았지만 그가 어디에 태어났는지 알 수 없었다. 부처님께서 그에게 물으셨다.

"왕기사여, 모르겠는가?"

"모르겠습니다."

"나는 알고 있다."

"이걸 어떻게 아십니까? 저는 오랫동안 주문을 외워 이런 능력을 갖추었습니다. 제게 당신이 알고 있는 주문을 가르쳐주시기 바랍니다."

"비구가 아닌 사람에게는 가르쳐줄 수 없다."

왕기사는 곰곰이 생각했다.

'내가 이 주문을 배우기만 하면 잠부디빠를 통틀어서 제일가는 사람이 될 것이다.'

그는 동료 바라문들을 내보내며 말했다.

"밖에서 며칠간 기다려라. 내가 비구가 된 척하며 주문을 배우고 돌아가겠다."

그는 부처님의 제자로 출가해 비구계를 받고 왕기사 비구로 불렸다.

장로들이 그에게 몸의 32부분에 대한 명상을 가르치고 말했다.

"이 수행법을 끊임없이 반복해서 외우시오."

그는 장로들의 가르침에 따라 수행법을 열심히 익혔다. 동료 바라문들이 자주 와서 그에게 물었다.

"주문을 다 배웠는가?"

"조금만 더 기다리게, 지금 거의 다 배웠다네."

며칠 안 가서 그는 아라한과를 성취했다. 바라문들이 다시 와서 묻자 왕기사가 말했다.

"형제들이여, 나는 모든 것을 깨달았다네. 나는 이제 더 이상 배울 것이 없다네."

비구들이 이 말을 듣고 부처님께 보고했다.

"부처님이시여, 이 비구는 마치 아라한인 것처럼 말하고 있습니다."

"비구들이여, 그렇게 말하지 마라. 나의 아들은 생사에 대해 완전히 통달했다."

부처님께서는 이렇게 말씀하시고 게송을 읊으셨다.

중생들의 죽음과 태어남을 알고
집착을 여의고 피안으로 잘 갔으며
깨달음을 성취한 사람,
그를 일컬어 아라한이라 한다. (419)

천신도 건달바도 인간도
그가 간 곳을 모르며
번뇌가 다하고
마땅히 공양받을 만한 사람,
그를 일컬어 아라한이라 한다. (420)

서른여덟 번째 이야기
남편의 깨달음에 발심해 출가한 담마딘나 비구니207)

부처님께서 웰루와나에 계실 때 담마딘나와 관련해서 게송 421번을 설하셨다.

담마딘나가 아직 세속에 살고 있을 때 남편 위사카208)는 재가 생활을 하면서도 부처님의 가르침에 따라 열심히 수행했다 그러던 어느 날 그는 부처님의 법문을 듣고 아나함과를 성취하자 '이제 모든 재산을 담마딘나에게 넘겨주고 한가롭게 여생을 보내야겠다.'라고 생각했다. 그는 평소에는 집에 돌아올 때 아내가 창문을 내려다보고 있으면 그녀를 향해 활짝 웃어 보였다. 그러나 그날은 그녀가 창문으로 내려다보고 있음에도 쳐다보지도 않고 현관으로 들어왔다. 그녀는 고개를 갸웃거리며 생각했다.

'그에게 무슨 일이 있는 건가? 식사 시간에 무슨 일이 있었는지 알아보아야겠다.'

그녀는 식사 시간이 되자 평소처럼 남편에게 음식을 가져다주었다. 평소 같았으면 남편은 이렇게 말했을 것이다.

"여보, 이리 와서 같이 먹읍시다."

---

207) 이야기는 교리문답의 짧은 경(Cūḷavedalla Sutta, M44)에서 유래하며, 장로니게경의 담마딘나 주석(ThigA. i. 12)에도 나온다.
208) 위사카Visākha: 담마딘나Dhammadinnā의 남편으로 뽑바라마를 세운 여자 신도 위사카와 다른 인물이다.(단어의 마지막 a모음이 남성은 단음이고 여성은 장음이다.) 그는 라자가하의 부자 상인이다. 그는 부처님께서 정각을 이루신 후 빔비사라 왕과 만날 때 왕을 따라가서 부처님을 처음 만났다. 그 자리에서 그는 부처님의 설법을 듣고 수다원이 됐다. 그는 아나함과를 성취한 후 아내에 대한 태도가 완전히 바뀌었다. 아내는 이에 충격을 받고 출가해 아라한이 됐다. 아라한이 된 담마딘나 비구니와 그와의 문답이 교리문답의 짧은 경(M44)에 나온다. 위사카는 부처님 당시에 500명의 제자를 가르쳤던 뛰어난 일곱 재가신도 중 한 사람이었다.

하지만 그날은 아무 말도 하지 않고 묵묵히 식사했다.
'그에게 뭔가 화난 일이 있는 모양이다.'
담마딘나는 이렇게 생각하고 남편이 말하기를 기다렸다.

위사카는 식사가 끝나자 안락의자에 앉아서 담마딘나를 불렀다.
"담마딘나여, 이 집에 있는 모든 재산은 이제 그대의 것이니 다 가지시오."
그녀는 이 말을 듣자 혼란이 일었다.
'사람이 아무리 화가 나더라도 자기 재산을 가지라고까지 말하지 않는다. 이게 어찌 된 일인가?'
잠시 그녀는 혼란한 마음을 가라앉히고 남편에게 물었다.
"그럼 당신은 어떻게 하시려고요?"
"오늘부터 나는 세속 일에 관여하지 않고 한적하게 지낼까 하오."
"그럼 나보고 당신이 뱉은 침을 받으라는 거예요? 그러면 나는 출가해 비구니가 되겠어요."
"훌륭한 생각이오."
위사카는 많은 공양물을 가지고 그녀를 비구니 사원으로 데리고 가서 출가시켰다. 그녀는 비구니계를 받은 후 담마딘나 비구니로 알려졌다.

담마딘나는 한적한 곳에 가서 살려고 다른 비구니 스님들과 함께 시골로 가서 머물렀다. 그녀는 열심히 정진해 오래지 않아 사무애해를 갖춘 아라한과를 성취했다. 그녀는 자기 가족에게 좋은 공덕을 쌓게 하려고 다시 라자가하로 돌아왔다. 재가신도인 위사카는 담마딘나 비구니가 돌아왔다는 말을 듣고 이렇게 생각했다.
'스님이 무슨 일로 돌아왔을까?'
그는 비구니 사원으로 가서 출가 전 아내였던 담마딘나 비구니를 만나 삼배를 올리고 공손하게 한쪽에 앉았다.

그는 승가의 법도를 생각해서 어떻게 질문해야 할지 잠시 생각했다.
'스님에게 '출가 생활에 만족하십니까?'라고 직접적으로 묻는 것은 큰 실례가 될 것이다. 그러니 이렇게 묻는 것이 좋겠다.'

그가 수다원도에 대해 질문하자 스님은 즉시 정확하게 대답했다. 그는 깨달음의 경지에 대해 계속 질문을 해나가며 나머지 도에 대해서도 질문했다. 그는 여기서 멈추지 않고 마지막으로 아라한과에 대해서 질문했다.

"위사카여, 좋은 질문이오. 하지만 아라한에 대해서는 부처님께 가서 질문하는 것이 좋겠소."

위사카는 예전에 아내였던 비구니 스님에게 삼배를 올리고 자리에서 일어나 부처님께 갔다. 그는 부처님에게 자기와 담마딘나와의 문답 내용에 대해 상세하게 말씀드리자 부처님께서 대답하셨다.

"나의 딸 담마딘나가 아주 훌륭하게 대답했구나. 그대의 질문에 대해 나 또한 그렇게 대답했을 것이다."

부처님께서는 법을 설하고 나서 게송을 읊으셨다.

**과거나 미래나 현재의 것이나
그 어떤 것에도 집착하지 않고
슬픔과 집착에서 벗어난 사람,
그를 일컬어 아라한이라 한다.**(421)

서른아홉 번째 이야기
두려움이 없는 앙굴리말라 장로

부처님께서 제따와나에 계실 때 앙굴리말라 장로와 관련해서 게송 422번을 설하셨다. 이 이야기는 게송 177번 이야기에 자세히 설명하고 있다.

비구들은 앙굴리말라에게 물었다.
"스님, 난폭한 코끼리가 그대 앞에서 일산을 들고 서 있는 것을 보고 두려움을 느끼지 않았습니까?"
"나는 전혀 두렵지 않았습니다."
비구들이 부처님께 가서 말씀드렸다.
"부처님이시여, 앙굴리말라는 마치 자신이 아라한인 것처럼 말하고 있습니다."
"비구들이여, 나의 아들 앙굴리말라는 두려워하지 않는다. 나의 아들과 같이 번뇌를 모두 제거한 아라한에게는 두려움이 없다."
부처님께서는 이렇게 말씀하시고 게송을 읊으셨다.

황소처럼 두려움이 없고
성인이며 영웅,
계정혜를 닦는 현자이며
마라의 정복자,
탐욕을 없앤 자이며
마음의 때를 모두 씻어버린 자,
그리고 사성제를 깨달은 자,
그를 일컬어 아라한이라 한다. (422)

마흔 번째 이야기
데와히따 바라문의 질문209)

부처님께서 제따와나에 계실 때 데와히따 바라문과 관련해서 게송 423번을 설하셨다.

한때 부처님께서 갑자기 복통이 일어나자 시자인 우빠와나210) 장로를 데와히따에게 보내 더운물을 가져오게 했다. 장로는 데와히따 바라문에게 가서 부처님께서 풍병으로 고생하고 있다고 말하고 더운물을 부탁했다. 바라문은 부처님께서 자기에게 더운물을 요청했다는 말을 듣고 가슴이 기쁨으로 가득 차올랐다.

"부처님께서 내게 더운물을 준비해 달라고 하다니 정말 큰 행운이다."
바라문은 장로에게 더운물과 당밀 한 항아리를 준비해 주고 하인을 시켜 사원까지 물을 나르게 했다. 장로는 더운물로 부처님을 목욕시켜드리고 당밀을 따뜻한 물에 타서 부처님께 마시게 했다. 그러자 부처님의 병이 즉시 가라앉았다.

바라문은 이렇게 생각했다.
'누구에게 보시해야 큰 복덕을 얻는지 부처님께 여쭈어보아야겠다.'
그는 부처님께 가서 이 문제를 시로써 여쭈었다.

---

209) 이 이야기는 상윳따 니까야 데와히따 경(Devahita Sutta, S7.13)에서 유래한다.
210) 우빠와나Upavāna: 사왓티의 부유한 가문 출신이며 제따와나 봉헌식에 부처님의 위엄을 보고 감동해 출가했다. 그는 아난다 장로가 시자(upaṭṭhāka, 侍子)가 되기 전에 잠시 시자가 되어 부처님을 시봉했다. 부처님께서 꾸시나라Kusinara에서 대열반에 드시기 위해 침상에 누워 계실 때 우빠와나는 부처님 곁에서 부채질을 해 드리고 있었다. 이때 수많은 세계의 모든 천신이 부처님께 마지막으로 예배하려고 몰려왔지만, 우빠와나 장로가 가로막고 있었다. 부처님께서는 장로에게 천신들을 방해하지 말고 비켜나게 했다.

누구에게 공양을 올려야 합니까?
누구에게 공양을 올려야 큰 복덕을 얻습니까?
어떻게 공양을 올려야 합니까?
어떻게 공양을 올려야 큰 복덕을 얻습니까?

부처님께서 바라문에게 말씀하셨다.
"오늘 이와 같은 아라한에게 올리는 공양이 큰 복덕을 얻는다."
부처님께서는 아라한에 대해 설명하시고 나서 게송을 읊으셨다.

과거의 삶을 알며
천상과 지옥을 보고
태어남의 소멸에 도달한 성인,
바르게 깨달아 구경에 도달했으며
모든 번뇌의 끝에 이르러 성스러운 삶을 완성한 사람,
그를 일컬어 아라한이라 한다. (423)

부록

부록 1: 불교의 세계관

부록 2: 수행주제와 수행방법

부록 I: 불교의 세계관[211]

도표: 세상[212]

세상			영역		수명
무색계	4		31	비상비비상처천	84,000대겁
			30	무소유처천	60,000대겁
			29	식무변처천	40,000대겁
			28	공무변처천	20,000대겁
색계	16	4선	27	정거천 색구경천	16,000대겁
			26	선견천	8,000대겁
			25	선현천	4,000대겁
			24	무열천	2,000대겁
			23	무번천	1,000대겁
			22	무상유정천	500대겁
			21	광과천	500대겁
		3선	20	변정천	64대겁
			19	무량정천	32대겁
			18	소정천	16대겁
		2선	17	광음천	8대겁
			16	무량광천	4대겁
			15	소광천	2대겁
		초선	14	대범천	1무량겁
			13	범보천	1/2무량겁
			12	범중천	1/3무량겁
욕계	11	욕계 육천	11	타화자재천	16,000천상년
			10	화락천	8,000천상년
			9	도솔천	4,000천상년
			8	야마천	2,000천상년
			7	삼십삼천	1,000천상년
			6	사대왕천	500천상년
		인간	5	인간	정해지지 않음
		악처	4	아수라계	정해지지 않음
			3	아귀계	정해지지 않음
			2	축생계	정해지지 않음
			1	지옥	정해지지 않음

---

211) 이 자료는 아비담마 해설서(강종미)와 경전 등에서 발췌 정리한 것이다.
212) 도표: 아비담마 길라잡이(대림, 각묵)

도표: 욕계 천상의 수명

	천상	천상일	천상년	인간년
6	타화자재천	1,600인간년	16,000	약 9,216,000,000년
5	화락천	800인간년	8,000	약 2,304,000,000년
4	도솔천	400인간년	4,000	약 576,000,000년
3	야마천	200인간년	2,000	약 144,000,000년
2	삼십삼천	100인간년	1,000	약 30,00,000년
1	사대왕천	50인간년	500	약 9,000,000년

1. 사악처(apāya-bhūmi)

악처는 선업을 쌓을 기회가 없는 곳, 비참한 곳(duggati), 파멸처(vinipāta), 행복이 없는 곳(niraya)을 말한다. 악처에는 지옥(niraya), 축생계(tiracchāna-yoni), 아귀계(petti-visaya), 아수라 무리(asura-kāya)가 있다. 여기서 아수라는 삼십삼천에서 신들과 싸우는 천상의 신 아수라가 아니고 땅에 붙어사는 아귀와 비슷한 고통 받는 정령들을 말한다.

가. 지옥(niraya)

niraya는 ni(없음)+aya(행복, 즐거움)의 합성어로 행복이 없고 고통만이 존재하는 곳으로 큰 지옥 여덟 군데(八大地獄)와 작은 지옥(小地獄)들이 있다.

팔대지옥(八大地獄)

1) 등활지옥(等活, sañjīva): 지옥사자들이 시뻘겋게 타오르는 무기로 잘라버려도 또다시 살아난다. 그런 죽음의 고통 속에서도 수명이 계속된다고 해서 등활지옥이라 한다.

2) 흑승지옥(黑繩, kālasutta): 지옥사자들이 칼로 조각조각 난도질을 하고 줄자로 재단해 자른다.

3) 중합지옥(衆合, saṅgāta): 쇠로 된 땅속에 파묻히고 쇠 바위들이 뜨겁게 달구어져 사람들을 태운다.

4) 규환지옥(叫喚, roruva): 지옥사람들이 검붉은 불길에 타오르면서 연민을 일으키는 크나큰 비명을 질러댄다.

5) 대규환지옥(大叫喚, mahāroruva): 지옥사람들이 지옥의 화염에 휩싸여 익혀지면서 연민을 일으키는 크나큰 비명을 질러댄다.

6) 초열지옥(蕉熱, tāpana): 붉게 달구어진 쇠로 된 상자 위에 움직이지 못하도록 앉혀져서 뜨겁게 불탄다.

7) 대초열지옥(大蕉熱, mahātāpana): 불타오르는 산 정상에 오르게 한 뒤에 산 밑의 날카로운 칼날 아래로 떨어지게 해 불태운다.

8) 무간지옥(無間, avīci): 한순간도 끊어지지 않고 시뻘건 불길에 극심한 고통을 겪는다.

소지옥(小地獄)

맛지마 니까야 저승사자 경(Devadūta Sutta, M130)에는 여러 가지 소지옥들이 나온다.

1) 분뇨지옥(糞尿地獄, gūthanirayo): 대지옥에서 벗어났더라도 불선업이 남아있으면 지독하게 냄새나는 분뇨지옥으로 들어간다.

2) 뜨거운 잿더미지옥(熱灰地獄, kukkuḷanirayo): 분뇨지옥에서 벗어났더라도 불선업이 남아 있으면 숯불에 이글거리는 잿더미지옥에서 고통을 겪는다.

3) 가시나무 숲지옥(絹綿樹地獄, simbalivananirayo): 뜨거운 잿더미지옥에서 벗어났더라도 불선업이 남아있으면 거대한 가시나무를 오르내리며 찔리고 찢기는 고통을 겪는다.

4) 칼잎나무지옥(劍葉地獄, aspattvananirayo): 가시나무 숲지옥에서 벗어날지라도 불선업이 남아 있으면 불타오르는 날카로운 칼잎나무 숲에 빠진

다. 바람이 불 때마다 나뭇잎이 손, 발, 다리, 귀, 코를 자른다.

5) 잿물지옥(灰河地獄, khārodakā nādī): 칼잎나무 숲이 끝나도 악업이 남아있으면 잿물이 흐르는 강에 빠진다. 그는 거기서 위아래로 흘러 다니며 격렬한 고통을 겪는다.

지옥의 중생들은 수명이 정해져 있지 않고 악업이 소멸되지 않는 한 벗어날 수 없다. 법구경 게송 60번 이야기에는 생전에 간통을 저지르며 방탕하게 살던 네 사람이 죽어 화탕지옥에서 끝없는 고통을 겪는 모습을 설명하고 있다. 게송 17번 이야기에는 승단을 분열시키고 부처님 몸에서 피를 내게 한 데와닷따가 무간지옥에 떨어져 고통 받는 모습을 묘사하고 있다.

지옥과 관련해서 야마왕(염라왕)과 지옥사자들은 어떤 존재들인지 알아둘 필요가 있다.

야마 왕(Yama-rāja): 야마 왕들은 한 명이 아니고 여러 명이다. 이들은 사천왕천에 속하며 사천왕천에 자신들의 저택(궁전)이 있다. 그래서 '궁전을 가진 아귀 왕'(vamānikapetarāja)이라고 부른다. 이들은 낮에는 천상의 부귀영화를 누리다가 밤에는 악업의 과보로 다른 아귀처럼 고통을 겪는다. 이들의 근무처는 지옥이다. 이들은 지옥의 사무실에서 근무하면서 지옥에 들어온 사람들을 조사하고 질문한다. 지옥에 들어온 사람들을 모두 조사하지 않는다. 악업이 큰 중생들은 즉시 지옥에 떨어진다. 악업이 작은 중생들은 구제되어 지옥에서 벗어나기 위해 야마 왕들 앞에서 조사를 받고 벗어날 기회가 주어진다. 야마 왕들은 지옥에 떨어진 중생들에게서 허물을 찾고 죄를 물으려는 것이 아니라 지옥에서 벗어날 기회를 주기 위해 선업을 상기시킨다. 야마 왕들은 우리가 생각하는 죽음의 왕이나 무서운 저승의 왕이 아니라 선한 왕들이다.

맛지마 니까야 저승사자 경[M130]을 보면 야마 왕이 지옥에 끌려온 중생에게 이렇게 질문한다.

"이 사람아, 그대는 이 세상에 첫 번째 천사가 나타난 걸 보았는가?"

"대왕이여, 보지 못했습니다."

"이 사람아, 인간 가운데 갓난아이가 침대에서 스스로 똥오줌으로 분칠하고 누워 있는 것을 보지 못했는가?"

"대왕이여, 보았습니다."

"이 사람아, 그걸 보았으면 '나도 태어나야만 하고 태어남을 뛰어넘을 수 없다. 나는 몸과 말과 마음으로 공덕을 지어야겠다.'라고 생각이 들지 않았던가?"

"대왕이여, 저는 하지 못했습니다. 저는 방일하고 부주의하게 세월을 보냈습니다."

"이 사람아, 그대는 방일하게 세월을 보내며 몸과 말과 마음으로 공덕을 짓지 못했다. 그리고 악행은 그대 스스로 저지른 것이니 그 과보를 받아야 한다."

이와 같이 두 번째 늙은 사람, 세 번째 병든 사람, 네 번째 옥에 갇혀 고통받는 죄인들을 보고 자신을 경책하며 왜 선업을 쌓지 않았는지 위에서처럼 심문이 이루어진다. 이때 선업을 기억해내면 즉시 지옥에서 벗어나 천상에 이르는 경우도 있다. 선업을 기억해내지 못하면 야마왕은 '이 사람이 자신에게 공덕을 나누어 주었는지 회상해 본다. 만약에 이 사람이 야마 왕에게 공덕을 나누어 준 것이 있으면 야마왕은 그 선업을 드러내 보여 선처에 태어나게 해 준다. 이 경우에 대비해서 생전에 야마 왕에게 공덕을 나누어 주어야 한다. 지은 공덕을 기억해내지 못하면 지옥사자들이 끌고 가서 갖가지 고문을 가한다.

지옥사자: 지옥사자들은 사천왕천에 속하는 나찰들이다. 지옥사자들은 아주 작은 불선업으로 떨어져 들어온 사람들을 야마 왕 앞으로 데려온다. 그들은 지옥 중생들에게 무자비한 형벌을 가하고 괴롭히는 일을 한다. 지옥의 불은 '업으로 인해 생겨난(kamma paccaya)' 것이기에 지옥중생에게

는 뜨겁게 불타오르지만, 지옥사자에게는 뜨겁지가 않다.

나. 축생계(tiracchānā yoni)

tiro(옆으로)+añcanti (걸어간다) iti(그래서) tiracchāna (축생)이라 한다. 이들은 눈으로 볼 수 있는 동물, 곤충, 고기, 새, 벌레 들이다. 맛지마 니까야 어리석은 자와 현명한 자 경(Bālapaṇḍita sutta, M129)에는 풀을 먹고 사는 축생, 똥을 먹고 사는 축생, 어둠에서 태어나 어둠에서 살아가는 축생, 물에서 태어나 물에서 살아가는 축생, 더러운 곳에서 태어나 더러운 곳에서 살아가는 축생 등을 나열하며 약육강식만이 존재하는 축생들의 고통을 설명하고 있다.

다. 아귀계(petti-visaya)

탐욕이 강한 굶주린 귀신들이다. 아귀들은 배고픔과 갈증에 먹고 싶고 마시고 싶은 마음이 굴뚝같으나 삼킬 수 없다. 물이나 음식을 삼키면 즉시 불로 변해 고통만 더해지고 갈증만 커진다. 하지만 일부 아귀는 사람들의 밥찌꺼기, 음식, 가래, 땀, 똥 등을 먹고 마실 수 있다고 한다. 법구경 게송 71번 이야기에 나오는 뱀 형상의 아귀와 까마귀 형상의 아귀, 게송 72번에 나오는 큰 망치 아귀, 게송 281번 이야기에 나오는 돼지 아귀, 307번에 나오는 해골 아귀들은 먹고 마시지 못할 정도가 아니라 지옥 중생처럼 끔찍한 고통을 겪고 있으며 모습도 가가 다르다. 게송 11, 12번 주석에서 깟사빠 삼형제의 과거생 이야기에는 과거생에 빔비사라 왕의 친척들이었던 아귀들이 나온다. 이들은 스님들에게 올리는 공양을 빼돌려 먹었던 과보로 일곱 부처님이 지나갈 동안에 음식 구경을 한 번도 하지 못하다가 빔비사라 왕이 부처님께 공양을 올리고 공덕을 그들에게 회향함으로써 마침내 음식을 먹을 수 있었다. 뻬따왓투(petāvatthu, 餓鬼事)는 악업을 저질러 아귀계에 태어난 사람들의 이야기를 모은 경이다.

라. 아수라 무리(asura-kāya)

사악처의 아수라는 삼십삼천의 신들과 영역다툼을 벌이며 전쟁을 하는 천상의 신들이 아니고 바닷속, 강변 등지에 머무는 매우 굶주리고 목마른 존재다. 이 아수라는 아귀의 일종이다. 경에서는 아수라를 아귀에 포함시켜 오도윤회五道輪回를 말할 때가 있다.

마. 악처에 태어나는 원인과 수명

지옥에 태어나는 원인으로 살라의 바라문들 경(Sāleyyaka sutta, M41) 과 자눗소닌 경(Janussonin sutta, A10.177)에서 십악업十惡業을 들고 있다. 십악업이란 다음과 같다.
   a. 몸으로 짓는 세 가지 악업: 살생, 도둑질, 삿된 음행.
   b. 입으로 짓는 네 가지 악업:
      자신의 이익을 위해서 거짓 증언을 하는 거짓말, 화합을 깨고 분란을 일으키는 이간질, 남을 화나게 하는 욕설, 근거도 없는 유언비어를 퍼 뜨리는 꾸며대는 말.
   c. 마음으로 짓는 세 가지 악업: 탐욕, 성냄, 삿된 견해.
      삿된 견해(사견)는 보시와 공양에는 공덕이 없고 선악의 과보도 없다고 믿는 것, 사후를 부정하는 단멸론, 유물론, 숙명론, 우연론을 믿는 것이다.
특히 오역죄五逆罪를 저지른 자, 즉 모친 살해, 부친 살해, 아라한 살해, 부처님 몸에 피를 나게 함, 승단을 분열시킨 자는 무간지옥에 태어나는 원인이 된다.

악처 중생들의 수명은 업이 수명을 결정하는 핵심사항이라서 업이 소진되지 않는 이상 벗어날 수 없다. 축생은 어느 정도 수명이 정해져 있지만, 이 역시 일정한 것이 아니다.

2. 인간(manussa)

부모를 죽일 정도의 아주 악한 마음부터 붓다가 될 수 있는 선한 마음까지 강한 마음을 가지고 있기 때문에 인간이라고 한다. 한 번 악처에 떨어진 자가 인간으로 태어나는 것은 깊은 바다에 사는 눈먼 거북이가 100년에 한 번 숨을 쉬기 위해 물 위로 올라와 동서남북으로 떠다니는 구멍 난 나무토막에 머리를 끼워 넣는 것만큼이나 어렵다.(S56.47) 인간은 고통과 즐거움이 함께 존재하며 공덕을 지을 수 있고 수행을 통해 지혜를 기르고 진리를 깨달아 윤회에서 벗어나기가 가장 좋은 곳이다.

인간으로 태어나는 원인은 십선계十善戒를 지키고 공덕을 짓는 경우다.(A10.177) 십선계는 십악업을 저지르지 않는 것이다. 수행을 해서 수다원과를 성취한 사람은 인간과 천상에만 태어나며 더 이상 악처에 태어나지 않는다. 그러므로 우리 모두는 열심히 정진해 최소한 수다원과를 성취해야 한다.

3. 욕계 천상(kāmāvacara deva)

가. 사천왕천(四天王天, Cātumahārājikā)

천상 중에서 가장 낮은 하늘이며 수미산의 중간에 있다고 한다. 이 하늘의 이름은 네 명의 천왕(Cātumahārāja)에서 기원한다.

이 하늘은 네 구역으로 나누어져 있으며 동쪽은 다따랏타Dhataraṭṭha(持國天王) 천왕이 천상의 악사, 가수, 연예인 등 간답바Gandabbha들을 다스리고, 남쪽은 위룰하까Virūḷhaka(增長天王) 천왕이 숲이나 산이나 숨겨진 보물을 관장하는 꿈반다Kumbhaṇḍa들을 다스리고, 서쪽은 위루빡카Virūpakkha(廣目天王) 천왕이 용(Nāga)들을 다스리고, 북쪽은 웻사와나Vessavaṇa(多聞天王) 천왕이 약카Yakkha(야차)들을 다스리고 있다.

사대천왕은 부처님이 인간으로 태어나기 위해 어머니 모태에 드는 순간부터 태아를 보호하기 위해 호위를 섰다. 그들은 부처님과 불자들을 보호하는 옹호성중擁護聖衆이다. 그들은 음력 8일에는 부하들을 보내서 인간들이 계를 지키고 법에 따라 사는지 시찰하게 하고, 14일에는 아들을 보내 시찰하게 하고, 보름에는 직접 자신이 시찰해 삼십삼천의 보름 포살 일에 수담마 법당에 모인 삭까 천왕과 천신들에게 보고한다. 그러면 천신들은 인간이 법답고 정직하게 사는가의 여부에 따라 기뻐하거나 슬퍼한다.

이 하늘에 속하는 중생들에는 사천왕들에게 시중들고 봉사하는 천인들인 짜뚜마하라지까cātumahārājikā가 있고 땅을 의지해 머무는 천인인 부마데와bhummadeva가 있다. 부마데와는 산신, 목신, 지신 등을 일컫는다. 무당의 몸에 붙어사는 요기니yoginī(들러붙는 생명체)도 이 하늘에 속한다. 용과 봉황은 천신들의 힘과 능력을 갖추고 있을지라도 축생의 영역에 속한다.

나. 삼십삼천(三十三天, Tāvatiṁsa)

육계 여섯 하늘 중 두 번째 하늘로서 수미산 꼭대기에 위치하고 있다. 이곳의 왕인 삭까 천왕은 첫 번째 하늘인 사천왕천과 삼십삼천 두 곳을 함께 다스린다. 법구경 게송 30번 이야기에는 삭까가 과거생에 마가라는 청년이었을 때 32명의 동료와 공덕을 지어 삼십삼천에 태어난 인연담을 이야기하고 있다. 그래서 이곳을 삼십삼천이라고도 부른다. 삼십삼천의 원주민은 아수라들이었으나 이곳에 태어난 삭까와 32명의 동료가 아수라들에게 취하도록 술을 먹이고 수미산 아래로 던져버렸다고 한다. 아수라들은 이때부터 자신들의 옛 영토를 되찾으려고 전쟁을 벌이지만, 번번이 패한다.

삼십삼천에는 천 개의 궁전이 있고, 빠루사까Phārusaka, 밋사까Miissaka, 찟딸라따Cittalata 난다나Nandana 공원이 있다. 천왕의 궁전은 웨자얀따Vejayanta이고, 산호나무(Pāricchatta)가 있고 산호나무 아래에는 홍옥보좌(Paṇḍukambalasilāsana)가 있다. 부처님께서 7년째 안거철에 삼십삼천에서 3

개월간 안거를 보내며 천신으로 태어난 자신의 어머니와 천상의 모든 신에게 아비담마를 설하셨다.(게송 181번 이야기) 목갈라나 장로는 자주 삼십삼천에 올라가 천신들에게 어떤 공덕으로 태어났는지 묻고 지상으로 내려와 인간들에게 들려주었다고 한다.(게송 224번 이야기)

삼십삼천의 천신들은 보름마다 수담마Sudhamma 법당에 모여 회의를 갖는다. 디가 니까야(D18, D19)에는 삼십삼천 신들이 법당에 모여 회의를 하는 모습이 나온다. 법문은 색계에서 내려온 사낭꾸마라Sanaṅkumāra 범천이 법상에 올라가 법을 설한다. 때로는 삭까천왕이 법을 설할 때도 있고, 법력 높은 천인이 법을 설할 때도 있다. 삼십삼천의 주민들은 모두 붓다의 열렬한 신봉자들이며 붓다의 가르침을 깊이 믿고 받든다.

삼십삼천에는 쭐라마니쩨띠야Cūḷamaṇicetiya라는 탑이 있으며 이 탑에 싯닷타 왕자가 출가하면서 자른 머리털과 도나Doṇa 바라문이 사리를 분배하면서 자신의 터번에 감추었던 부처님의 치아사리가 봉안돼 있다. 신심이 견고한 천인과 천녀들은 수명도 길고 마음이 맑기 때문에 환희동산에서 노는 대신 탑에 와서 꽃과 등불 공양을 올리고 예배하고 서원을 세운다.

이시빠따나Isipatana에 커다란 사원을 지어 기증한 난디야Nandiya가 아직 인간세계에서 죽기도 전에 삼십삼천에 자신의 궁전이 생겨나 그가 천상에 태어나기를 기다리고 있었다.(게송 219~220번 이야기)

다. 야마천(夜摩天, Yāmā)

'불행에서 벗어난' 또는 '천상의 행복에 도달한' 천인이라고 해서 야마라고 부른다. 왕의 이름은 수야마Suyāma이다. 지와까의 누이 시리마가 이곳에 태어나 수야먀 천왕의 왕비가 됐다고 한다.

라. 도솔천(兜率天, Tusitā)

욕계천상 중에서 네 번째 천상이며, 왕은 산뚜시따Santusita 천왕이다. 사다함과를 성취한 사람들이 종종 이곳에 태어나며, 미래의 부처인 보디삿따들도 이곳에서 마지막 삶을 보내며 인간세계에 내려가 붓다가 되기를 기다린다. 고따마 부처님도 이곳에서 세따께투Setaketu라는 천신으로 머무셨으며, 미래에 오실 멧떼이야Metteyya(彌勒佛) 부처님도 현재 나타데와Nathadeva라는 이름의 천신으로 머물고 계신다. 이 천상세계는 보디삿따가 사는 곳이기 때문에 신심 있는 사람들이 태어난다. 담미까, 아나타삔디까, 말리까, 띳사 장로, 마하다나, 둣타가마니가 이곳에 태어났다. 완벽한 기쁨을 누린다고 해서 뚜시따라고 한다.

마. 화락천(化樂天, Nimmānarati)

즐기고 싶은 대상을 스스로 창조할 수 있다. 자신이 원하는 대상을 창조해 즐긴다고 해서 화락천이다.

바. 타화자재천(他化自在天, Paranimmita-vasavatti)

욕계 여섯 하늘에서 가장 꼭대기에 있는 하늘로서 자기가 좋아하는 요리 등과 같은 즐기고 싶은 대상을 화락천 천인들과 달리 스스로 창조하지 않고 시중드는 천인이 창조하면 그 대상을 즐기는 하늘이다.

사. 욕계 천인들의 삶

저택이 아주 호화롭고 아름답다. 하지만 선업의 차별에 의해서 저택의 화려함과 몸의 아름다움이 차이가 난다. 남자는 20세 여자는 16세의 모습의 아름다움으로 한평생 머문다. 치아가 부러지거나, 흰 머리가 나거나, 늙고 병들고 눈이 멀거나, 주름이 생기는 일이 없다. 자양분의 정수만 먹기 때문에 대소변이 없고 월경이 없다. 불순물이 없고 피의 흐름만 있다. 여자는 임신하지 않는다. 자식은 남자 여자의 가슴이나 침대 위에서 탄생한다. 결혼은 자신의 의사와 관계없이 부모나 천왕의 결정에 의해 정해지는 수가 있으며, 때로는 독신으로 사는 경우도 있다.

아. 욕계 천인들의 수행

천상에서 오욕의 즐거움에서 벗어나 열심히 수행 정진하겠다는 생각을 하지 말아야 한다. 인간으로 있을 때 매우 확고하고 굳은 결의로써 부처님 시대에 부처님 법을 들은 사람들만 천상에서 법이 증진된다. 자신의 의지와는 상관없이 환희(Nandana)동산에 도착하자마자 법은 도망쳐버리고 환락에 빠져든다.

계를 지키는 것도 매우 힘들다. 천녀들이 너무나 아름답고 사랑스럽게 말하기 때문에 금욕 수행은 거의 불가능하다. 홀로 떨어져서 정진할 장소도 없기 때문에 삭까 천왕도 포살일에 인간세계에 내려와서 계를 지킨다. 보디삿따는 천상에서 바라밀을 성취할 기회가 없기 때문에 원에 의해서 죽어서 인간계에 내려와 바라밀을 성취시켜 나간다.

사천왕천을 제외한 5개의 천상에는 각각의 수담마 법당이 있다. 법당은 갖가지 보물로 치장돼 있고 주위에는 화려한 꽃이 피어 있다. 법당 중앙에는 법상法床이 있고 그 위에는 일산이 있다. 법상 양 옆으로 삭까 천왕과 함께 공덕을 지은 33천왕의 자리가 있다. 그 뒤에는 위려 있는 천왕과 보통의 천왕의 자리가 있다. 집회 시간이 되면 삭까 천왕이 직접 시간을 알리는 범라를 분다. 범라의 소리는 1만 유자나에 이르러 수닷사나 도시로 퍼져나가고 천인들은 모두 법당에 모인다. 그러면 색계에서 내려온 사낭꾸마라 범천이 법상에 올라가 법을 설한다. 때로는 삭까 천왕이 법을 설할 때도 있고, 법력 높은 천인이 법을 설할 때도 있다. 그러나 천인들은 도과를 얻기가 힘들고 단지 오욕을 적당하게 피할 수 있을 뿐이다.

미래의 붓다인 보디삿따를 섬기면서 존경하고 법을 들은 천인들도 환희동산에서 마음이 흐트러지지 않도록 서원을 굳건하게 세워야 한다. 만약 천상에서 마음껏 환락을 즐기는 천인들은 보디삿따께서 오실지라도 오욕의 접촉이 너무 강해서 자신의 참된 성품을 잃어버린다. 그러니 천상의 부귀영화도 하찮게 여기고 법을 증득하기 위해 분투노력해야 한다.

아. 욕계 천상에 태어나는 원인

십선계+善戒를 지키고 선행 공덕을 지은 자는 욕계 천상에 태어난다.(A10.177) 게송 16번 주석에 나오는 담미까 이야기가 어떻게 하면 천상에 태어나는지 보여주는 좋은 예다. 그는 계를 지키고 부처님의 가르침을 듣고 공덕을 쌓은 결과로 욕계 여섯 하늘에서 화려한 마차가 내려와 서로 데려가려고 했다. 게송 30번 이야기에 나오는 삭까 천왕의 이야기도 좋은 예가 된다.

4. 색계(rūpa-roka)

가. 초선천初禪天

1) 범중천梵衆天(Brahmapārisajjā): brahma(범천)+pārisajja(무리), 대범천의 왕의 무리에서 생겨나서 대범천의 왕을 추종하는 작은 색계천인들이다.
2) 범보천梵補天(Brahmapurohita): brahma(범천)+purohita(대신, 제사장), 대범천을 시중드는 대신, 제사장들이다.
3) 대범천大梵天(Mahābrahma): mahā(大)+brahma(범천), 선정과 신통이 뛰어나고 초선천에서 가장 긴 수명을 가지고 행복하게 살아가는 대범천왕이다.

초선천은 초선정을 성취한 사람이 초선정에 든 상태에서 임종을 맞으면 초선천에 태어난다. 초선정이 약한 사람은 범중천에 태어나고 중간인 사람은 범보천에 태어나고 깊고 강한 사람은 대범천에 태어난다. 초선천의 세 가지 영역은 아래위로 구분됨이 없이 한 평면에 머문다. 수명이나 저택의 모습은 범중천보다 범보천이, 범보천보다 대범천이 훨씬 월등하다. 대범천왕은 한 명이다. 범중천은 범보천을 볼 수 없고 범보천은 대범천왕을 볼 수 없다. 마치 천왕은 가택신을 볼 수 있고 가택신은 천왕을 볼 수 없는 것처럼, 집을 지키는 수호신은 인간을 볼 수 있고 인간은 수호신을 볼 수 없는 것과 같다. 대범천왕이 하위 신들에게 나타날 때는 의도적으로 몸을 창조해 보여주어야 한다.

상윳따 니까야 제6 상응에는 여러 명의 범천이 등장한다. 부처님이 보리수 아래에서 정각 후 법을 펼치기를 주저하고 계실 때 범천 사함빠띠 Sahampati가 법을 펼치기를 권했다.(S6.1) 범천 사낭꾸마라 Sanaṅkumāra는 부처님의 열렬한 신봉자다. 그는 자주 부처님을 방문했으며 삼십삼천의 법회에 빤짜시카 Pañcasikha 동자의 모습을 하고 나타나 부처님을 칭송하고 부처님의 가르침을 전한다.(D18, D19) 범천 바까 Baka는 '자신은 항상하고 변하지 않고 완전하고 불변의 진리라고 삿된 견해를 일으켰다. 부처님께서는 이를 알고 범천에 나타나 그대는 무상하고 변하는 것이고 완전한 것이 아니며 언젠가는 늙고 죽는 윤회에서 벗어나지 못한다고 일깨워준다.(M49, S6.4) 범천은 두 가지 종류가 있다. 첫 번째는 색계 초선천에서 무색계 비상비비상처천까지 20개 하늘을 모두 범천의 세상(brahmaloka)이라고 부른다. 그러므로 위에 나오는 범천들은 모두가 초선천의 천인들이라고 말할 수 없다. 두 번째는 색계 초선천의 천인들이다.

디가 니까야 께왓따 경(Kevaddha sutta, D11)에는 한 비구가 대범천왕에게 나타나 사대요소가 어디서 소멸하는지 묻자 답을 알 수 없는 대범천은 '나는 범천이요, 대범천이요, 지배자요, 전지전능한 자요, 조물주요, 창조

주요, 만물의 아버지다.'라고 동문서답한다. 비구는 그런 것은 알 필요가 없고 사대요소가 어디서 소멸하는지에 대해서 대답하라고 다그치자 자신은 솔직히 아는 것이 없다고 실토하며 부처님에게 가서 질문하라고 대답하는 장면이 나온다.

디가니까야 범망경(Brahmajāla Sutta, D1)에도 대범천이 등장한다. 이 경에서 62가지 사견을 설명하면서 세상이 수축했다 팽창할 때 한 천인이 광음천에서 죽어 최초로 텅 빈 범천에 태어난다. 그는 오랜 세월 홀로 살다가 싫증과 초조가 일어나 '다른 중생들이 여기에 온다면 얼마나 좋을까?'라고 생각한다. 이때 다른 중생들이 광음천의 무리에서 떨어져 범천에 태어나 그 중생의 동료가 된다. 그러자 먼저 태어난 중생에게 이런 생각이 든다. '나는 범천이요, 대범천이요, 지배자요, 지배되지 않는 자요, 전지전능한 자요, 조물주요, 창조자요, 모든 중생의 아버지다.'라고. 후에 태어난 중생들도 먼저 태어난 중생이 수명이 더 길고 더 아름답고 더 힘이 셌으므로 그의 생각을 믿고 따른다. 이들이 일부 영속 일부 비영속론의 사견을 가진 자들이라고 부처님께서 말씀하신다.

나. 이선천二禪天

1) 소광천小光天(Parittābhā) : paritta(작은)+ābhā(광명), 몸에 약한 빛이 있다.

2) 무량광천無量光天(Appamāṇābhā) : appamaṇa(무량한)+ābhā(광명), 몸에 무한한 빛이 있다.

3) 광음천光音天(Ābhassarā) : sarati(흐른다) 또는 nissarati(~에서 떠나다)에서 나온 단어이므로 sara는 '흐르는, 움직이는'이라는 뜻이다. 그래서 etesamiti(이 천인의 몸에서) ābha(빛이) + sara(흐르므로, 뿜어져 나오므로) 광음천이라 한다. 구름 가운데 번갯불이 치는 것처럼 몸에서 번쩍번쩍 빛을 발한다.

이선천 역시 3개의 하늘이 한 평면에 존재한다. 광음천의 범천이 이선천의 왕이다. 소광천과 무량광천은 광음천을 따르고 추종하고 시중드는 신들이다. 사람들이 죽을 때 이선정에 들면 이곳에 태어난다. 이들은 몸에서 빛을 발하는 것이 특징이다. 이선정에서는 희열의 요소가 강하기 때문에 이들은 희열을 먹고사는 사람들이라고 한다.(게송 200번) 광음천의 신들은 너무나 기쁨이 가득차서 때때로 "아호, 수캉!(아, 기쁘다!)"이라고 소리친다. 이들은 형상은 똑같지만 지각이 다르다. 고따마 붓다도 과거 보디삿따였을 때 광음천에 때때로 태어났었다. 붓다고사의 주석에 따르면 광음천의 신들은 몸에서 번갯불과 같은 빛이 번쩍이며 사방으로 뻗어나가기 때문에 광음천이라고 부른다고 한다.

다. 삼선천三禪天

1) 소정천少淨天(Parittasubhā) : paritta(작은)+su(아름다운)+bhā(광명), 몸에 작고 아름다운 빛이 있다. 상위 천인보다는 빛이 작지만 그래도 하위 영역인 색계 천인들보다는 월등하다.

2) 무량정천無量淨天(Appamaṇāsubhā) : appamāṇa(무량한)+subha(아름다운 광명), 몸에 한계가 없고 헤아릴 수 없는 빛이 있다.

3) 변정천遍淨天(Subhakiṇhā, Subhakiṇṇā) : subhāya(아름다운 광명에 의해)+kiṇṇā(←akiṇṇā(흩뿌려진, 살포된)←ākirati(흩뿌리다, 살포되다)의 과거완료형이다. 그래서 몸에 광명이 흩뿌려진 듯이 온몸이 빛으로 뒤덮인 빛이 있다.

삼선천 역시 세계의 영역이 한 평면 위에 위치하고 있으며 변정천의 범천이 삼선천의 왕이다. 사람이 죽을 때 삼선정에 든 정도에 따라 소광천, 무량광천, 변정천에 태어난다. 삼선정은 희열의 요소는 없고 행복이 강하기 때문에 이들은 고요한 행복을 느끼며 행복이 가득한 마음으로 살아간다. 이들은 이선천의 천신들처럼 몸에서 광명이 번쩍이며 쏟아져 나오지 않고,

항상 밝은 광명이 지속적으로 흘러나온다.

라. 사선천四禪天

1) 광과천廣果天(Vehapphalā) : vipula(풍부한, 많은)+phala(果), 다른 천상에 비해서 과보가 훨씬 크고 뛰어나기 때문에 광과천이라고 한다.

2) 무상유정천無想有情天(Asaññāsatta) : assañña(인식이 없는)+satta (생명체, 존재, 중생), 무상유정천은 인식(지각)이 없는 존재들로 아무것도 경험하지 못한다. 사선정을 성취한 사람이 생각이 일어나는 것을 혐오해 생각에서 벗어나려는 생각으로 죽으면 이곳에 태어난다. 이들은 형체만 있고 감각, 생각, 인식, 의식이 전혀 없다. 이들은 몸만 있고 움직임이 없기 때문에 곁에서 보기에는 생명체인지 알 수 없다. 마음(識)이 없고 몸(色)만 있어서 움직이지 않고 매우 고요히 있으므로 '정말 생명체인가?'라는 의혹이 있기 때문에 '인식이 없는 존재'라고 부른다. 이들은 삼매가 지속되는 한 그런 상태로 머물러 있으며 한 생각이 일어나는 순간 그곳에서 죽어 다른 곳에 태어난다.

무상유정천과 광과천은 한 평면에 머문다. 그렇지만 광과천의 천인들이 사는 장소와 무상유정천 천인들이 존재하는 장소가 따로 있다고 할 수 없다. 마치 인간계에 갖가지 다양한 집들이 뒤섞여 있는 거와 같다.

마. 정거천淨居天(Suddhāvāsa)

1) 무번천無煩天(Avihā) : attano(자신의)+sampattiyā(성취를)+na vihanti (포기하지 않는다), 자신들이 성취한 영역을 잠시도 버리지 않고 만겁토록 머문다고 해서 무번천이라 한다.

2) 무열천無熱天(Atappā) : na kañci sattaṃ(아무도)+na tappanti(근심 하지 않는다), 어떤 원인으로도 근심하지 않고 평화스럽게 머물며, 한 명의 천인도 근심 걱정하지 않는다고 해서 무열천이라 한다.

3) 선현천善現天(Sudassā): sukhena(행복하게)+dissanti(보인다), 매우 아름답고 멋지고 행복하게 보이는 천인들이다.

4) 선견천善見天(Sudassī): sukhena(행복하게)+passanti(바라본다), 다른 이를 육안肉眼, 혜안慧眼으로 아주 훌륭하게 바라보는 천인들이다.

5) 색구경천色究竟天(Akaniṭṭhā): kaniṭṭha(낮은 상태는)+natthi(없다), 덕과 행복이 이보다 더한 곳은 없는 최상의 상태이며 낮은 단계에 있는 사람도 없기 때문에 색구경천이라 한다.

suddhā(청정한)+vāsā(거처): 정거천은 번뇌가 거의 없는 아나함과를 성취한 성인들이 태어나 머물다가 아라한이 되어 이곳에서 대열반에 든다. 이곳에 태어난 사람은 더 이상 인간계에 태어나지 않고 아라한이 되기 때문에 인간세계에 태어나야 할 미래의 붓다(보디삿따)는 이곳에 태어날 수 없다. 부처님이 안 계시는 겁(kappa)에는 이 세계가 텅 비게 된다. 왜냐하면 아나함과를 얻은 사람이 없기 때문이다. 붓다가 인간세계에 태어날 때가 다가오면 정거천의 범천들이 32대인상(buddhamanta)의 모습을 베다(Veda)에 집어넣고 바라문으로 변장해서 사람들에게 가르친다. 사람들은 32대인상을 배우고 부처님을 알아본다. 정거천의 범천들은 어떤 겁에 몇 분의 부처님이 태어났는지 보디빨랑까Bodhipallaṅka에 솟아오른 연꽃의 수로 알 수 있다고 한다. 정거천의 범천은 보디삿따를 출가시키기 위해 늙은이, 병든 이, 죽은 자, 수행자로 변장하고 나타나 보디삿따를 일깨운다.

바. 색계 천인들의 삶

색계 천인들의 저택과 정원, 재물, 생활용품은 욕계 천인보다 훨씬 훌륭하다. 그러나 색계 천인들은 삼매를 닦아 오욕을 싫어했으므로 오욕을 즐기지 않는다. 그래서 남자 여자의 성기도 없다. 그리고 모두가 남자의 모습을 하고 있다. 대부분 수행자처럼 깨끗하고 맑게 생활한다. 일부는 자애(mettā), 연민(karuṇā), 같이 기뻐함(muditā), 평온(upekkhā)의 사무량심을 증가시키면서 머문다. 일부는 삼매에 몰입하며 머물기도 하고 아리야 성인들은 과삼매에 몰입해 행복하고 평화 속에 머문다. 이들의 감각기관은 눈과 귀밖에 없다.

5. 무색계無色界(Arūpāvacara))

1) 공무변처천空無邊處天(Ākāsānañcāyatana-bhūmi)
2) 식무변처천識無邊處天(Viññāṇañcāyarana-bhūmi)
3) 무소유처천無所有處天(Ākiñcaññāyatana-bhūmi)
4) 비상비비상처천非想非非想處天(Nevasaññānāsaññāyatana-bhūmi)

공무변처천은 공무변처 선정을 성취하고, 죽음이 다가올 때 그 선정에 들어간 상태에서 임종을 맞이하면 그 하늘에 태어난다. 나머지 하늘도 모두 마찬가지다. (선정에 관한 설명은 부록 II 참조) 무색계 천인들은 물질로 된 몸은 없고 마음만 있다. 그들은 다섯 가지 감각기관이 없기 때문에 부처님 법을 들을 수 없다. 무색계는 하늘이라고 하지만, 어떤 정해진 장소가 있는 것이 아니다. 무색계 천인이 선정을 잃어버리고 다시 태어날 때는 색계는 태어나지 않고 인간과 욕계 천상에만 태어난다.

부록 II 수행주제와 수행방법

불교 수행방법을 크게 나누면 삼매와 집중을 닦는 사마타samatha와 존재의 본질을 통찰해 도道와 과果를 얻는 위빳사나vipassanā가 있다. 사마타에는 40가지 수행주제가 있고 위빳사나에는 사념처四念處가 있다. 대념처경(D22) 또는 염처경(M10), 청정도론에서 수행에 관해 자세하게 설명하고 있지만, 경전이나 교과서대로만 수행하는 것은 아니며 스승들마다 자기의 독특한 수행법을 만들어 지도하고 있다.

A. 사마타samatha

청정도론과 아비담마에서 설명하고 있는 40가지 사마타 수행주제를 표로 나타내면 다음과 같다.213)

		명상주제	기질	닦음			표상			선의 경지
까 시 나	1	땅	모두 다	준비	근접	본	준비	익힌	닮은	4선정
	2	물	모두 다	준비	근접	본	준비	익힌	닮은	4선정
	3	불	모두 다	준비	근접	본	준비	익힌	닮은	4선정
	4	바람	모두 다	준비	근접	본	준비	익힌	닮은	4선정
	5	청색	성내는	준비	근접	본	준비	익힌	닮은	4선정
	6	황색	성내는	준비	근접	본	준비	익힌	닮은	4선정
	7	적색	성내는	준비	근접	본	준비	익힌	닮은	4선정
	8	백색	성내는	준비	근접	본	준비	익힌	닮은	4선정
	9	허공	모두 다	준비	근접	본	준비	익힌	닮은	4선정
	10	광명	모두 다	준비	근접	본	준비	익힌	닮은	4선정
부 정 함 (묘지)	11	부었음	탐하는	준비	근접	본	준비	익힌	닮은	초선만 가능
	12	검푸름	탐하는	준비	근접	본	준비	익힌	닮은	초선만 가능
	13	곪음	탐하는	준비	근접	본	준비	익힌	닮은	초선만 가능
	14	끊어짐	탐하는	준비	근접	본	준비	익힌	닮은	초선만 가능
	15	갉아 먹음	탐하는	준비	근접	본	준비	익힌	닮은	초선만 가능
	16	흩어짐	탐하는	준비	근접	본	준비	익힌	닮은	초선만 가능
	17	난도질	탐하는	준비	근접	본	준비	익힌	닮은	초선만 가능
	18	피가 흐름	탐하는	준비	근접	본	준비	익힌	닮은	초선만 가능
	19	벌레가	탐하는	준비	근접	본	준비	익힌	닮은	초선만 가능

---

213) 아비담마 길라잡이 제 9장(초기불전연구원, 대림, 각묵 스님)

	20	버글거림 해골이 됨	탐하는	준비	근접	본	준비	익힌	닮은	초선만 가능
수 념	21	부처님	믿는	준비	근접	·	준비	익힌	·	없음
	22	가르침	믿는	준비	근접	·	준비	익힌	·	없음
	23	승가	믿는	준비	근접	·	준비	익힌	·	없음
	24	계율	믿는	준비	근접	·	준비	익힌	·	없음
	25	보시	믿는	준비	근접	·	준비	익힌	·	없음
	26	천신	믿는	준비	근접	·	준비	익힌	·	없음
	27	고요함	지적인	준비	근접	·	준비	익힌	·	없음
	28	죽음	지적인	준비	근접	·	준비	익힌	·	없음
	29	몸 32부정관	탐하는	준비	근접	본	준비	익힌	닮은	초선만 가능
	30	들숨 날숨	미혹, 사색	준비	근접	본	준비	익힌	닮은	4선정
무 량	31	자	성내는	준비	근접	본	준비	익힌	·	3선정
	32	비	성내는	준비	근접	본	준비	익힌	·	3선정
	33	희	성내는	준비	근접	본	준비	익힌	·	3선정
	34	평온捨	성내는	준비	근접	본	준비	익힌	·	4선정
	35	1가지 인식, 음식	지적인	준비	근접	·	준비	익힌	·	없음
	36	사대의 분석	지적인	준비	근접	·	준비	익힌	·	없음
무 색 계	37	공무변처	모두 다	준비	근접	본	준비	익힌	·	무색계 1선
	38	식무변처	모두 다	준비	근접	본	준비	익힌	·	무색계 2선
	39	무소유처	모두 다	준비	근접	본	준비	익힌	·	무색계 3선
	40	비상비비상처	모두 다	준비	근접	본	준비	익힌	·	무색계 4선

*경전에서는 색계 선정을 4선정으로 나누나 아비담마에서는 5선정으로 나눈다. 여기서는 모두 4선정으로 통일했다.

사마타 수행을 전문적으로 가르치고 있는 곳은 미얀마 파욱 숲속사원이다. 여기서는 사마타 수행을 체계적이고 전문적으로 가르치고 있는 파욱 사야도의 사마타 수행법을 소개하도록 하겠다.

1. 들어가기

선정을 닦는 사마타 수행법에는 위의 표에서와 같이 40가지 주제가 있다. 이들 중에서 자신의 기질에 맞는 것을 골라 수행을 시작할 수 있다. 하지만 파욱에서는 호흡에 대한 알아차림(Ānāpānasati)으로 수행을 시작한다. 호흡에 대한 알아차림이 어려운 사람에게는 사대요소(catudhātu) 명상으로 수행을 시작하도록 지도하고 있다. 이외에도 10개의 까시나 명상으로 수행을 시작할 수도 있지만, 실제로 선정을 얻는 성공률이 낮다고 한다.

2. 호흡에 대한 알아차림

파욱에서는 호흡에 대한 알아차림 수행법을 대념처경(D22)에서 근거를 제시한다.

> 비구여, 여기 이 가르침에서, 비구는 숲이나, 나무 아래나, 빈 공간에 가서 가부좌를 하고 앉는다. 몸을 곧추세우고 명상 주제에 대한 알아차림을 확립한다. 알아차리면서 숨을 들이쉬고, 알아차리면서 숨을 내쉰다.
> a. 길게 들이쉬면서 그는 '나는 길게 들이쉰다.'라고 알아차린다. 길게 내쉬면서 '나는 길게 내쉰다.'라고 알아차린다.
> b. 짧게 들이쉬면서 그는 '나는 짧게 들이쉰다.'라고 알아차린다. 짧게 내쉬면서 '나는 짧게 내쉰다.'라고 알아차린다.
> c. '호흡의 전 과정을 경험하면서 숨을 들이쉬리라.' 이렇게 자신을 수행한다. '호흡의 전 과정을 경험하면서 숨을 내쉬리라.' 이렇게 자신을 수행한다.
> d. '호흡의 전 과정을 고요히 하면서 숨을 들이쉬리라.' 이렇게 자신을 수행한다. '호흡의 전 과정을 고요히 하면서 숨을 내쉬리라.' 이렇게 자신을 수행한다.

명상을 시작하기 위해서는 안락한 장소에 앉아 호흡이 콧구멍을 통해 들고 나는 것에 깨어있어야 한다. 몸 안팎으로 들고 나는 호흡을 따라가서는 안 된다. 왜냐하면 그렇게 하면 완전한 집중을 할 수 없기 때문이다. 윗입술 위나 콧구멍 주변을 접촉하는 가장 분명한 장소에서 숨을 지켜봐야 한다. 그러면 완벽한 마음집중을 얻을 수 있을 것이다.

개별적 특성(sabhāva lakkhaṇa), 일반적 특성(sammañña lakkhaṇa) 또는 표상의 색깔(집중의 표상)에 주의를 기울여서는 안 된다. 개별적 특성은 숨의 4대 요소인 단단하고 거칠고 움직이고 따뜻하고 지탱하고 밀고 나가는 성질 등이다. 일반적 특성은 무상 고 무아의 성질이다. 이것은 '들이쉼-내쉼-무상' 또는 '들이쉼-내쉼-괴로움' 또는 '들이쉼-내쉼-무아'라고 헤아려서는 안 된다는 것을 의미한다. 단지 개념으로써 들숨 날숨에 대해 깨어 있어야 한다.

호흡에 집중이 잘 안 되고 번뇌가 자꾸 일어난다면, 청정도론에서는 숨을 세는 것을 제시한다. 숨의 끝에 수를 세어야 한다. '들숨-날숨-하나' '들숨-날숨-둘' 적어도 다섯은 세야 하고 열 이상은 세지 말아야 한다. 우리는 여덟까지 세는 것을 권장한다. 왜냐하면 그것이 당신이 성취해야 할 팔정도를 상기시키기 때문이다. 그래서 당신이 좋아하는 다섯에서 열 사이의 어떤 수까지 세어야 하고, 그 시간 동안 마음이 어딘가를 떠돌아다니지 않게 되고 오로지 숨에 대해 깨어있을 것이라고 결심해야 한다. 이렇게 셀 수 있을 때, 마음에 집중할 수 있으며 오직 숨에만 고요히 깨어있을 수 있을 것이다.

호흡에 집중이 잘되면 세는 것을 멈추고 단지 호흡을 바라본다. 호흡을 의도적으로 길게 하려거나 짧게 하려고 해서는 안 된다. 단지 알아차리기만 할 뿐이지 호흡을 의도적으로 해서는 안 된다. 그렇지 않으면, 집중은 깨어지고 떨어져 나갈 것이다. 호흡의 시작에서 끝까지 내내 온 호흡에 대해 깨어있어야 한다. 한 시간 이상 호흡을 고요히 관찰할 수 있다면 표상(nimitta)이 떠오를 것이다. 표상이 떠오른다면 곧바로 그쪽으로 마음을 돌리지 말고 계속해서 숨에 머물러야 한다.

표상이 나타나기 바로 전에 대부분의 수행자는 어려움을 겪는다. 대부분 호흡이 미세해지면서 분명하지 않게 된다. 이런 일이 발생하면 호흡을 마지막으로 기울였던 그 자리에서 깨어있음을 유지한 채 기다려야 한다. 죽은 사람, 자궁 속의 태아, 물에 빠진 사람, 의식불명인 사람, 사선정에 든 사람, 멸진정에 든 사람 그리고 범천의 7종류의 사람만이 숨을 쉬지 않는다. 당신은 그들 중의 하나가 아니며, 당신은 숨을 쉬고 있고, 단지 호흡에 깨어 있을 정도로 충분히 마음집중이 되어 있지 않을 뿐이라는 사실을 생각해야 한다.

호흡이 미세해질 때 호흡을 더 분명하게 하려고 해서는 안 된다. 그 노력은 마음을 동요하게 만들고 집중은 발전하지 않는다. 단지 있는 그대로 호흡에 대해 깨어있어야 한다. 분명하지 않다면, 당신이 마지막으로 주의를 기울였던 그 장소에서 단지 기다려야 한다. 이와 같이 알아차림을 하고 있으면 호흡은 다시 나타나게 될 것이다.

a. 표상(nimitta)

'호흡에 대한 알아차림'의 표상은 개인에 따라서 다양하게 나타난다. 어떤 사람에게는 목화솜 또는 솜으로부터 뽑은 실뭉치, 움직이는 바람 또는 틈으로 들어오는 바람, 샛별 금성처럼 밝은 빛, 밝은 루비 또는 진주와 같이 순수하고 깨끗하다.

대부분의 경우에 목화솜 같은 순수하고 하얀 표상이 '익힌 표상(uggaha nimitta)'이다. 이것은 산뜻하지 않고 흐릿하다. 표상이 샛별처럼 빛나고 찬란하고 반짝일 때가 '닮은 표상 또는 선명한 표상(paṭibhāga nimitta)'이다. 호린 루비나 보석 같을 때가 익힌 표상이고, 밝게 빛날 때가 닮은 표상이다. 다른 이미지는 이런 식으로 이해하면 된다.

호흡에 대한 알아차림은 하나의 명상 주제이지만 표상은 다양한 형태로 나타난다. 표상은 지각에 의해서 생성되기 때문이다. 사람마다 지각이 다르기 때문에 표상도 다르게 나타난다.

그러나 표상의 모양이나 색깔이 무엇이든 간에 들숨 날숨의 지각이 무엇이든 간에 표상에 주의를 돌리지 않는 것이 중요하다. 그대로 내버려 두어야 한다. 의도적으로 모양이나 형상을 바꾸려고도 하지 말아야 한다. 만약 그렇게 바꾸려고 한다면 집중은 더 이상 발전하지 않을 것이고 진보는 멈추고 표상은 사라질 것이다. 그래서 표상이 처음 떠올랐을 때 집중을 호흡에서 표상으로 옮기면 안 된다. 만약 옮긴다면 표상은 사라질 것이다.

표상이 안정되고 마음이 스스로 고정될 때도 마음을 그대로 유지해야 한다. 마음을 억지로 거기를 떠나게 할 때는 아마도 집중을 잃을 것이다. 표상이 전면에 멀리 떨어져서 나타난다면 무시해야 한다. 그러면 아마 사라질 것이다. 만약 무시하고 단지 호흡이 접촉하는 곳에 집중하면 표상은 다시 나타나서 접촉하는 곳에 머무를 것이다.

표상이 호흡이 접촉하는 바로 그곳에 떠오르고 안정되며 호흡 그 자체처럼 나타나고 호흡도 표상처럼 나타나면, 호흡을 잊고 단지 표상에 깨어있어도 된다. 이렇게 마음을 호흡에서 표상으로 옮김으로써 한 단계 발전한 것이다. 표상에 마음을 계속 유지한다면, 표상은 점점 하얘지다가 목화솜처럼 하얗게 될 때가 익힌 표상이다.

이 하얀 익힌 표상에 한 시간, 두 시간, 세 시간 또는 그 이상 마음을 고정할 것을 결심해야 한다. 이렇게 익힌 표상에 마음을 한 시간, 두 시간 고정할 수 있다면, 표상은 깨끗하고 밝게 빛날 것이다. 이때가 닮은 표상이다. '이 닮은 표상에 마음을 한 시간, 두 시간 또는 세 시간 유지하겠다.'라고 결심하고 성공할 때까지 수행해야 한다.

이 단계에서 근접삼매나 본삼매에 도달할 것이다. 선정에 근접해 있거나 선정으로 나아갈 때를 근접삼매(upacāra samādhi)라 부르고, 선정에 든 상태를 본삼매(appaṇā samādhi)라 부른다. 두 가지 선정은 닮은 표상을 대상으로 갖는다. 이 둘 사이의 차이점은 근접삼매에서는 선정의 5요소가 완전히 개발되지 않은 것이다. 이런 이유로 근접삼매에서는 바왕가[214]가 여전히 일어나고, 바왕가에 떨어질 수도 있다. 수행자가 이것을 경험하고서 '모든 것이 멈췄다.'라고 말하고 이것이 열반이라고 생각할 수도 있다. 그러나 실제로 마음은 멈추지 않았고, 다만 수행자가 이것을 구분할 충분한 능력이 없는 것이다. 바왕가는 매우 미세하기 때문이다.

b. 삼매를 얻는 방법(색계 사선정)

---

[214] 바왕가bhavaṅga: 바왕가를 이해하려면 인식과정(vīthi)을 이해해야 한다. 하나의 대상이 마음에 들어왔을 때 이 대상을 인식하기 위해서 여러 가지 마음들이 엄격한 법칙에 따라 일어난다. 이 일련의 마음들이 일어나는 과정을 인식과정이라고 한다. 예를 들어 눈으로 형상이 들어오면 오문전향, 안식, 받아들임, 조사, 결정, 자와나, 등록(이 단어들은 아비담마 전문용어임) 순으로 여러 가지 마음이 일어나 대상을 인식한다. 대상이 바뀌면 또 다른 인식과정이 일어난다. 앞의 인식과정에서 뒤의 인식과정으로 넘어갈 때 간격이 존재하는데 이 간격에 존재하는 마음이 바왕가다. 다시 말하면 인식과정과 인식과정을 연결해 주는 마음이며, 모든 인식과정은 이 바왕가를 거쳐 다음 인식과정으로 넘어간다. 바왕가는 보통의 의식으로는 알아차릴 수 없으며 선정을 성취한 자만이 알아차릴 수 있다. 마음이 일어나지 않으면 바왕가가 흘러간다. 이것은 꿈 없는 깊은 잠 속에서도 계속 흘러간다. 대상이 없는 마음은 존재하지 않으므로 바왕가도 대상이 있다. 바왕가의 대상은 전생에 죽는 순간에 일어난 표상(업, 업의 표상, 재생의 표상)으로 결정되며 다음생이 끝날 때까지 변하지 않는다. 바왕가는 잠재의식, 무의식, 말라식, 아뢰야식처럼 표면의식 아래에 계속해서 흐르는 마음이 아니다. 바왕가는 인식과정과 인식과정 사이에만 일어났다 사라지는 마음이다.(아비담마 길라잡이, 대림·각묵 스님)

삼매에 도달하면, 마음은 끊어지지 않고 닮은 표상에 고정된다. 이 상태는 수 시간 또는 밤새도록 심지어 온종일 지속될 수 있다. 마음이 닮은 표상에 한 시간 또는 두 시간 동안 집중된 상태를 유지하게 되면 바왕가가 머무는 심장에서 인식하려고 시도해야 한다. 바왕가는 밝게 빛나며, 마음의 문(manodvāra)이라고 주석서에서는 설명하고 있다. 이렇게 계속해서 시도한다면, 바왕가와 거기에 나타나는 닮은 표상을 동시에 인식할 수 있을 것이다. 그때에 선정의 5요소를 한 번에 하나씩 식별해야 한다. 계속해서 수행하면 5요소를 동시에 인식할 수 있을 것이다. 호흡에 대한 알아차림의 경우 선정의 5요소는 다음과 같다.

a. 일으킨 생각(vitakka)
   닮은 표상에 마음을 향하게 하는 것.
b. 지속적인 고찰(vicāra)
   닮은 표상에 마음을 유지시키는 것.
c. 희열(pīti)
   닮은 표상에 마음을 집중하고 있을 때 경험하는 기쁨과 희열.
d. 행복(sukha)
   닮은 표상을 경험할 때 느끼는 행복감.
e. 일념 또는 집중(ekaggatā)
   닮은 표상에 마음이 일념을 이룬 상태.

선정의 5요소들을 모두 갖추고 있을 때를 선정이라 한다. 선정에 들기 시작한 사람은 선정에 오랫동안 들어있는 것을 수행해야지 선정의 요소를 구분하는 데 시간을 너무 소비해서는 안 된다. 이제 선정의 5가지 자유자재함을 숙달시켜야 한다.

a. 입정에 자유자재함: 원할 때는 언제든지 선정에 들어간다.
b. 머무름에 자유자재함: 머무르고자 하는 시간 동안 머물 수 있다.
c. 출정에 자유자재함: 나오려는 시간에 벗어난다.

d. 전향에 자유자재함: 선정의 요소에 쉽게 주의를 기울인다.
e. 반조에 자유자재함: 선정의 요소를 반조한다.

초선정에 들고남에 자유자재하지 않을 때는 이선정으로 나아가서는 안 된다. 만약 초선정에 완전히 숙달되지 않았는데 더 높은 선정으로 나아가려고 하면, 초선정을 잃을 뿐만 아니라 다른 선정도 얻을 수 없고 모든 선정을 잃을 것이다.

초선정에 숙달했을 때 이선정으로 나아갈 수 있다. 이선정으로 나아가기 위해서는 초선정에 들어가서 나온 다음 초선정의 단점과 이선정의 장점을 고찰해야 한다. 즉 '초선정은 5장애와 근접해 있다. 그리고 초선정에서 일으킨 생각과 지속적인 고찰이라는 선정의 요소가 그것이 없는 이선정보다 거칠고 덜 고요하다.'라고 생각해야 한다. 이제 이선정의 요소를 원하지 않고, 희열, 행복, 일념만을 원하면서 다시 닮은 표상에 집중하고 초선정에 다시 들어간다. 초선정에서 나온 후 완전한 알아차림으로 선정의 요소들을 다시 반조하면, 일으킨 생각과 지속적인 고찰이 거칠게 나타나고, 희열, 행복 그리고 일념이 평화롭게 나타난다. 그래서 거친 요소들을 버리고 평화로운 요소들을 얻기 위해서 다시 닮은 표상에 집중해야 한다. 이런 식으로 희열, 행복, 그리고 일념만을 소유한 이선정을 얻는다. 그런 다음에 이선정의 다섯 가지 자유자재함을 숙달시켜야 한다.

이선정에서 자유자재함을 얻었다면 삼선정으로 나아간다. 이제 이선정의 단점을 고찰하고 삼선정의 장점을 생각한다. '이선정은 초선정에 근접해 있고, 이선정에서의 희열이라는 거친 선정의 요소가 그것이 없는 삼선정보다 덜 고요하다.'라고 생각해야 한다. 이제 그 거친 요소는 원하지 않고, 평화로운 요소만을 원하면서 다시 닮은 표상에 집중하고서 이선정에 들어간다. 이선정으로부터 나온 후 선정의 요소들을 반조한다. 그러면 희열의 요소는 거칠게 나타나고, 행복과 일념은 평화롭게 나타날 것이다. 거친 요소는 버리고 평화로운 요소를 얻기 위해 다시 닮은 표상에 집중해야 한다. 이런 식으로 행복과 일념을 가진 삼선정을 얻는다. 그러면 삼선정의 다섯 가지 자유자재함을 숙달시켜야 한다.

삼선정에서 자유자재함을 얻었다면 사선정으로 나아간다. 먼저 삼선정의 단점을 생각하고 사선정의 장점을 생각한다. '삼선정은 이선정에 근접해 있고, 삼선정에서의 행복이라는 거친 선정의 요소가 그것이 없는 사선정보다 덜 고요하다.'라고 생각해야 한다. 이제 그 거친 요소는 원하지 않고, 평화로운 요소만을 원하면서 다시 닮은 표상에 집중하고서 삼선정에 다시 들어간다. 삼선정으로부터 나온 후 선정의 요소들을 반조한다. 그러면 행복의 요소는 거칠게 나타나고, 평온215)과 일념의 요소는 평화롭게 나타날 것이다. 거친 요소를 버리고 평화로운 요소를 얻기 위해 다시 닮은 표상에 집중해야 한다. 이와 같은 방식으로 평온과 일념을 가진 사선정을 얻는다. 그러면 사선정의 다섯 가지 자유자재함을 숙달시켜야 한다.

사선정을 성취하면 호흡이 완전히 멈춘다. 표상이 나타나기 바로 전부터 시작해서 선정이 높아질수록 호흡이 고요해지다가 마침내 사선정에서 멈춘다. 이 네 가지 선정을 색계 선정이라고 부른다. 왜냐하면 색계에 탄생하는 원인이 되기 때문이다. 그러나 우리는 색계에 태어나기 위해 선정을 익히는 것이 아니다. 우리의 목표는 통찰지(위빳사나)를 키워서 열반을 얻는 것이다.

수행자가 호흡에 대한 알아차림으로 사선정에 도달했고, 다섯 가지 자유자재함에 숙달했을 때, 그리고 선정으로 인해 일어난 빛이 밝게 빛날 때, 원한다면 통찰지 수행(위빳사나)으로 나아갈 수 있다. 하지만 다른 수행주제에 대한 삼매를 얻고자 한다면 몸의 32부분상, 뼈에 대한 명상, 10개의 까시나 명상으로 넘어갈 수 있다.

---

215) 선정의 5요소에는 들어있지 않으나 일념을 이루게 되면 평온의 요소가 동시에 나타난다.

3. 몸의 32부분에 대한 명상

몸의 32부분에 대한 명상으로 삼매를 얻고자 한다면, 먼저 호흡에 대한 알아차림으로 사선정에 들어가야 한다. 삼매의 빛이 밝게 빛날 때 그 빛을 이용해서 몸의 32부분을 한 번에 하나씩 관찰해야 한다. 몸의 32부분은 땅의 요소인 20가지 부분과 물의 요소인 12가지 부분으로 되어 있다. 땅의 요소인 20가지 부분은 다섯 가지를 한 쌍으로 해서 네 종류로 관찰해야 한다.

I	II	III	IV
1. 머리털	1. 살	1. 심장	1. 큰창자
2. 몸털	2. 힘줄	2. 간	2. 작은창자
3. 손발톱	3. 뼈	3. 근막	3. 위 속의 음식
4. 이빨	4. 골수	4. 비장	4. 똥
5. 살갗	5. 콩팥	5. 허파	5. 뇌

물의 요소인 12가지 부분은 여섯 가지를 한 쌍으로 해서 두 종류로 관찰한다.

I	II
1. 담즙	1. 눈물
2. 가래	2. 피고름
3. 고름	3. 침
4. 피	4. 콧물
5. 땀	5. 관절액
6. 지방	6. 오줌

위에서 주어진 순서대로 한 번에 하나씩 식별한다. 마치 깨끗한 거울에 자기 얼굴을 비춰보는 것처럼 분명하게 보아야 한다. 이렇게 하는 동안 삼매의 빛이 희미해지고 관찰하는 몸의 부분이 흐려진다면, 호흡에 대한 알아차림으로 다시 사선정을 확립해야 하고, 빛이 밝고 강하게 되면 32부분상

수행으로 다시 돌아와야 한다. 삼매의 빛이 희미해질 때마다 이렇게 해야 한다.

머리털부터 오줌까지 또는 반대로 오줌에서 머리털까지 분명하게 보는 것에 숙달될 때까지 수행해야 한다. 그런 다음에 삼매의 빛으로 자신과 가까이 있는 존재를 관찰해야 한다. 자신의 정면에 있는 사람을 관찰하는 것이 좋다. 그 사람 또는 생명체를 머리털부터 시작해서 오줌까지 그리고 반대로 오줌에서 머리털까지 식별해야 한다. 32부분을 순관으로, 그리고 역관으로 여러 번 관찰해야 한다. 이것에 성공했을 때 한 번은 안으로, 즉 자신의 몸을 관찰하고, 한 번은 밖으로, 즉 다른 사람의 몸을 관찰해야 한다. 이렇게 계속해서 수행한다.

이같이 안으로 그리고 밖으로 식별할 수 있어야 명상의 힘은 증가한다. 이제 식별의 범위를 조금씩 가까운 곳에서부터 먼 곳까지 확장해야 한다. 멀리 떨어져 있는 존재는 관찰할 수 없다고 생각해서는 안 된다. 사선정의 빛으로 당신은 멀리 떨어져 있는 존재를 육안이 아닌 혜안으로 쉽게 볼 수 있다. 식별의 범위를 동, 서, 남, 북, 북동, 북서, 남동, 남서, 위, 아래의 10개 방향으로 확장해야 한다. 사람이든 동물이든 다른 존재이든지 10개의 방향으로 관찰한다. 32부분을 한 번은 안으로, 한 번은 밖으로 한 번에 관찰한다. 그래서 더 이상 남자, 여자, 소, 동물로 보이지 않고 32부분으로 보인다면, 언제 어디서나 안으로 그리고 밖으로 보인다면, 32부분에 대한 명상은 완성됐고 숙달됐다고 할 수 있다.

4. 10개의 까시나(kasina)

까시나 명상으로 이용하는 색깔에는 네 가지가 있다. 그것은 푸른색, 노란색, 붉은색, 그리고 흰색이다. 푸른색은 검은색이나 갈색으로 해석할 수도 있다. 이 네 개의 까시나는 몸의 여러 부분의 색깔을 이용해서 사선정까지 성취할 수 있다. 아비담마 주석서에 따르면 머리털, 몸털, 눈동자는 푸른색, 갈색, 검은색 까시나로 사용할 수 있다. 피와 살은 붉은색 까시나로 사용할 수 있고 뼈, 이빨, 손발톱과 같은 부분은 흰색 까시나를 닦는 데 사용할 수 있다.

a. 흰색 까시나

경에 의하면 흰색 까시나는 네 개의 색깔 까시나 중에서 가장 좋다고 한다. 왜냐하면 그것은 마음을 깨끗하고 밝게 빛나게 한다고 한다. 그러므로 흰색 까시나 수행법을 먼저 설명하겠다.

먼저 호흡에 대한 알아차림으로 다시 삼매에 들어가야 한다. 그래서 삼매의 빛이 밝게 빛날 때 그 빛을 이용해서 몸 안의 32부분상을 관찰한다. 다음에 가장 가까이 있는 사람의 몸을 관찰한다.

이때는 단지 뼈로써만 인식한다. 뼈의 혐오스러움에 집중하지 말고 단지 뼈의 하얀 부분에 집중한다. 전체가 하얗다면 뼈 전체의 하얀색을, 아니면 두개골의 뼈 또는 뼈 중에서 가장 하얗다고 생각되는 부분을 택해서 '하얀색, 하얀색'하면서 거기에 집중한다. 또는 다른 사람의 뼈를 관찰하며 '하얀색, 하얀색'하면서 흰색 까시나로 전환한다. 뼈를 대상으로 택해서 마음을 그 흰색 대상에 고요하게 한 시간 또는 두 시간씩 집중을 유지해야 한다.

호흡에 대한 알아차림으로 얻은 사선정의 힘 때문에 마음은 흰색 대상에 고요하게 집중될 것이다. 흰색에 한두 시간 집중할 수 있을 때 뼈는 사라지고 흰색 동그라미만 남는다. 흰 원이 목화솜처럼 하얗게 될 때가 익힌 표상이다. 샛별처럼 밝고 깨끗할 때가 닮은 표상이다. 익힌 표상이 떠오르기 전에 뼈만 보일 때를 예비 표상(parikamma nimitta)이라고 부른다.

그 까시나가 닮은 표상이 될 때까지 '흰색, 흰색'하면서 주시를 계속한다. 초선정에 들어갈 때까지 닮은 표상에 주시를 계속한다. 그러나 이 집중이 안정되지 못하고, 오래가지 않을 것이다. 집중이 안정되고 오래가게 하기 위해서는 표상의 확장이 필요하다.

먼저 흰색 닮은 표상에 한 시간 또는 두 시간 집중한다. 다음에 흰색 원을 1, 2, 3인치로 확대하기로 결심해야 한다. 확대할 수 있다고 생각하는 치수를 결정해야 한다. 이와 같은 방식으로 성공할 수 있는지 시도해 본다. 먼저 치수를 정하고 확장해서는 안 된다. 1, 2, 3 또는 4인치의 한계를 정해서 시도한다.

흰색 원을 확장하는 동안 원이 불안정해질 수도 있다. 그러면 안정될 때까지 '하얀색, 하얀색'하면서 주시하는 것으로 돌아갈 필요가 있다. 집중이 증가해서 강하게 됨에 따라 표상은 안정되고 고요하게 될 것이다.

확장된 표상이 안정되면 그 과정을 반복해야 한다. 다시 한 번에 몇 인치씩 확장하기를 결심한다. 이런 식으로 표상을 1 또는 2야드가 될 때까지 확장할 수 있다. 성공하면 계속해서 10개의 방향으로 한계 없이 확장해야 한다. 이렇게 하면 보는 곳마다 오직 흰색 표상만 보일 것이다. 안으로나 밖으로나 물질의 흔적을 볼 수 없을 때까지 수행한다. 오직 확장된 흰색 까시나에 고요하게 집중된 마음을 유지해야 한다. 그것이 안정이 되면 고리에 걸려있는 모자처럼 마음을 그 흰색 까시나의 한 부분에 고정하고서 '하얀색, 하얀색'하면서 주시를 계속한다.

마음이 안정되면 흰색 까시나도 안정될 것이다. 그것은 점차로 하얗게 빛나고, 깨끗하게 될 것이다. 이것 또한 흰색 까시나 표상에 의해서 생겨난 닮은 표상이다. 흰색 닮은 표상에 계속해서 한 시간 또는 두 시간 집중될 때까지 계속해서 수행해야 한다. 그러면 선정의 5요소가 마음에 현저해지고, 깨끗하게 될 것이다. 그때가 초선정에 도달한 것이다.

1) 일으킨 생각: 흰색 까시나의 닮은 표상으로 마음을 향하는 것.
2) 지속적인 고찰: 흰색 까시나의 닮은 표상에 마음을 유지하는 것.
3) 희열: 흰색 까시나의 닮은 표상을 경험하면서 느끼는 기쁨.

4) 행복: 흰색 까시나의 닮은 표상에 대한 행복감.

5) 일념: 흰색 까시나의 닮은 표상에 일념을 이룬 상태.

선정의 5요소가 모두 갖춰졌을 때 초선정이라 한다. 호흡에 대한 알아차림에서 언급한 방식으로 흰색 까시나 선정에서 다섯 가지 자유자재함을 숙달시켜야 한다. 그리고 이선정, 삼선정, 사선정을 닦는다.

과거생에 흰색 까시나로 삼매를 얻었다면, 즉 흰색 까시나에 대한 바라밀이 있다면 닮은 표상을 확장할 필요가 없다. 단지 집중하기만 해도 자동적으로 확장되어 10개의 방향에 가득 찰 것이기 때문이다.

b. 나머지 색깔 까시나

다른 사람의 흰색을 이용해서 사선정까지 흰색 까시나로 삼매를 성취했다면 이와 같은 식으로 다른 사람의 머리털을 이용해서 갈색(또는 푸른색) 까시나를, 다른 사람의 지방이나 오줌을 이용해서 노란색 까시나를, 다른 사람의 피를 이용해서 붉은색 까시나를 닦을 수 있다. 자기 몸 안의 부분을 이용해서 색깔 까시나를 닦을 수 있다.

이것이 성공적이면, 꽃의 색깔이나 다른 외부의 대상을 이용해서 까시나 삼매를 닦을 수도 있다. 푸른색, 갈색 꽃은 푸른색 까시나 명상에 이용할 수 있다. 노란색 꽃은 노란색 까시나 명상에, 붉은색 꽃은 붉은색 까시나 명상에, 흰색 꽃은 흰색 까시나 명상에 이용할 수 있다. 이에 숙달된 수행자는 까시나 삼매와 통찰을 닦는 대상이 생물이거나 무생물이거나 상관없이 안으로, 밖으로 그가 보는 것이 무엇이든지 간에 이 모든 것을 명상에 이용할 수 있다.

c. 땅 까시나

땅 까시나 삼매를 닦기 위해서는 평평한 땅을 찾아야 한다. 샛별처럼 붉은 갈색이고, 막대기, 돌 그리고 낙엽이 없어야 한다. 삽이나 다른 도구를 가지고 직경이 1피트 정도 되는 둥근 원을 판다. 그것이 수행의 대상인 땅 까시나이다. 이제 둥근 땅에 집중하고서 '땅, 땅'하면서 그것을 주시한다. 얼마 동안 눈을 뜨고서 둥근 땅에 집중한 다음, 눈을 감고 마음속에 떠올려서 주시한다. 이런 식으로 표상을 심상화할 수 없다면, 호흡에 대한 알아차림이나 흰색 까시나로 사선정을 다시 확립해야 한다. 그래서 그 삼매에서 나오는 빛을 땅 까시나를 주시하는 데 이용해야 한다. 눈을 감고도 눈을 뜨고 보는 것처럼 둥근 땅의 표상을 분명하게 볼 수 있어야 한다.

땅 까시나의 색깔, 땅의 견고함, 거침 같은 특성에 집중해서는 안 되고 다만 땅이라는 개념에 집중해야 한다. 이 익힌 표상을 계속해서 키워나가면 곧 깨끗하고 순수한 닮은 표상이 될 것이다. 그러면 닮은 표상의 크기를 한 번에 조금씩 확장해서 10개의 방향에 가득 채워야 한다. 그렇게 사선정에 이를 때까지 수행을 계속한다.

d. 물 까시나

물 까시나 삼매를 닦기 위해서는 한 대야의 순수하고 깨끗한 물을 사용한다. 처음에는 얼마 동안 눈을 뜨고서 물을 집중한 다음, 눈을 감고 '물, 물'하면서 마음속에 물의 표상을 떠올려서 주시한다. 이런 식으로 표상을 심상화해야 한다. 오랫동안 눈을 감고도 물의 표상이 흩어지지 않고 안정되면 표상을 조금씩 확장해 온 우주를 가득 채운다. 앞에서와 같이 수행을 계속한다.

e. 불 까시나

불 까시나로 삼매를 얻으려면 불꽃이나 양초 또는 전에 본 것을 기억하고 있는 다른 불꽃을 사용해야 한다. 이것이 어려우면 직경 1피트의 둥근 원이 뚫린 칸막이를 만들 수 있다. 장작불 앞에 칸막이를 두고 그 구멍을 통해서 불꽃을 주시한다. 연기나 타는 나무에 집중하지 말고 '불, 불'하면서 익힌 표상을 얻을 때까지 불이라는 개념에 집중한다. 그 표상을 앞의 방법대로 삼매를 닦는다.

f. 바람 까시나

바람 까시나는 피부에 스치는 감각을 느끼거나 눈으로 보고 닦을 수 있다. 창문이나 문틈으로 빠져나오는 바람, 몸을 스치는 바람 또는 나무의 잎이나 가지의 움직임을 보고서 그 바람에 집중해야 한다. 익힌 표상을 얻을 때까지 '바람, 바람'하면서 그 개념에 집중해야 한다. 다른 까시나를 이용해서 사선정에 들어간 다음 그 삼매의 빛으로 이 움직임을 보고 바람의 표상을 식별할 수도 있다. 익힌 표상은 뜨거운 쌀밥에서 나오는 증기처럼 보이고, 닮은 표상은 움직임이 없다. 일반적인 방법으로 이 표상을 키워나간다.

g. 광명 까시나

빛 까시나는 벽 틈으로 흐르는 광선이나 마룻바닥에 떨어지는 빛, 나뭇잎 사이로 흐르는 광선이나 땅에 떨어지는 빛을 보고서 명상을 해야 한다. 또한 나뭇가지 사이로 하늘을 쳐다보고서 명상할 수도 있다. 그것이 어려우면 도자기 속에 램프를 두고서 도자기에서 나오는 빛이 벽을 비출 때 그 둥근 빛을 보고서 '빛, 빛'하면서 거기에 집중해야 한다. 광명을 대상으로 취해서 그 대상에 오랫동안 머물러 마음에 움직임이 없어야 한다. 오랫동안 광명을 대상으로 마음이 흔들리지 않아 안정된 표상을 얻으면 이 표상을 조금씩 확장해 우주를 가득 채운다. 이때 선정의 5요소가 있는지 확인해야 한다. 선정의 5요소가 있으면 초선정에 들어간 것이다. 다음에는 선정의 요소를 하나씩 제거해 나감으로써 사선정을 얻는다. 사선정을 성취하면 까시나를 제거해 무색계 선정으로 나아간다. 색계 사선정과 무색계 사선정을 얻었으면 각각의 선정에 들고나는 자유자재함을 얻어야 신통을 닦을 수 있다.

h. 허공 까시나

허공 까시나는 문이나 창문의 구멍을 통해서 허공을 보면서 명상을 할 수 있다. 그것이 어려우면 지름 8인치에서 1피트 사이의 둥근 원이 뚫린 판을 만들어서 그 판을 세우고 고정한 다음, 그 구멍을 통해서 나무와 같은 다른 대상이 전혀 없는 하늘을 볼 수 있다. 그 둥근 원을 통해 '허공, 허공'하면서 그 허공에 집중한다.

5. 4무색계 선정

이제 10개의 까시나로 사선정을 얻었다면, 4무색계 선정으로 나아갈 수 있다.

1) 공무변처空無邊處(ākāsānañcāyatana)
2) 식무변처識無邊處(viññāṇañcāyatana)
3) 무소유처無所有處(ākiñcaññāyatana)
4) 비상비비상처非想非非想處(nevasaññānāsaññāyatana)

허공 까시나를 제외하고 모든 까시나를 이용해서 무색계 선정을 닦을 수 있다.216)

a. 공무변처空無邊處(ākāsānañcāyatana)

4무색계 선정을 닦기 위해서는 먼저 물질의 단점에 대해 숙고해야 한다. 부모의 정자와 난자로 만들어진 인간의 몸을 육체라 부른다. 이 육체는

---

216) 허공은 물질이 아니다. 따라서 무색계 선정을 얻기 위해서 까시나 물질을 극복하는 과정에서 허공 까시나를 이용할 수 없다.

칼, 창, 총과 같은 무기에 공격당하기 쉽고 두들겨 맞고 구타당하고 고문당하기 쉽다. 육체는 위장병, 간장병, 심장병 같은 여러 가지 병에 걸리기 쉽다. 물질로 이루어진 육체를 가지고 있기 때문에 여러 가지 고통을 당하고, 물질로부터 자유로워진다면 그 물질에 의존한 고통에서 벗어날 수 있다는 것을 지혜로써 숙고해야 한다.

비록 까시나를 이용한 색계 사선정으로 거친 물질을 극복했지만, 색계 사선정 역시 여전히 물질에 기초한다. 그래서 까시나 물질을 극복할 필요가 있다. 이렇게 생각하면서 색계에 대한 욕망을 버리고 땅 까시나 등 9개의 까시나 중 하나를 이용해서 색계 사선정에 들어가야 한다.

사선정에서 나온 후 색계 사선정의 단점을 숙고해야 한다. 즉, '사선정은 원치 않는 물질을 가지고 있고, 삼선정이라는 거친 선정과 근접해 있고, 무색계 선정보다 거칠다.'고 숙고한다. 색계 사선정에서의 선정의 요소(일념, 평온)는 무색계 선정과 같기 때문에 선정의 요소에 대해서는 숙고할 필요는 없다. 색계 사선정의 단점을 생각하고 거기서 멀어지려는 마음을 먹고서 무색계의 선정이 더 평화스럽다고 생각해야 한다.

다음에 땅 까시나에서처럼 같은 표상을 원하는 만큼 크고 무한하게 확장해야 한다. 그다음에 '공간, 공간' 또는 '무한한 공간, 무한한 공간'하면서 그 공간에 집중함으로써 까시나 물질을 대체해야 한다. 이때 남은 것은 이전에 까시나로 꽉 차 있었던 공간뿐이다. 이것이 어렵다면 땅 까시나의 한 부분에서 공간을 식별하고 거기에 집중한다. 그 공간을 무한한 우주까지 확장한다. 그 결과로써 땅 까시나 표상은 공간으로 대체된다.

선정에 도달할 때까지 이 무한한 공간 표상에 집중을 계속한다. 그다음에 다섯 가지 자유자재함을 숙달시켜야 한다. 이것이 공무변처라 불리는 무색계 초선정이다.

b. 식무변처識無邊處(viññānañcāyatana)

식무변처라 불리는 무색계 이선정은 무한한 공간을 대상으로 가졌던 공무변처 의식을 대상으로 갖는다. 식무변처 삼매를 닦기 위해서는 공무변처의 단점을 생각해야 한다. 즉 공무변처는 거친 색계 사선정에 근접해 있고, 식무변처보다 평화스럽지 않다고 생각한다. 이렇게 공무변처의 단점을 생각하며 그에게서 벗어나야겠다고 생각하면서 식무변처의 평화스러움을 생각한다. 그리고서 무한한 공간을 대상으로 가졌던 의식에 집중하고서 '무한한 의식, 무한한 의식' 또는 단지 '의식, 의식'하면서 주시한다.

삼매에 도달할 때까지 무한한 의식 표상에 계속 집중한다. 삼매를 얻으면 다섯 가지 자유자재함을 숙달시켜야 한다. 이것이 식무변처라 불리는 무색계 이선정이다.

c. 무소유처無所有處(ākiñcaññāyatana)

무색계 삼선정은 무소유처다. 이것은 무한한 공간을 대상으로 갖고 있었던 의식의 없음217)을 그 대상으로 갖는다. 만일 무소유처 선정을 얻기 원한다면 식무변처의 단점에 대해 생각해야 한다. 즉, 식무변처는 거친 공무변처에 근접해 있고, 무소유처보다 평화스럽지 않다고 생각해야 한다. 식무변처의 단점을 생각하며 거기에서 멀어져야겠다고 생각하면서, 무소유처의 평화스러운 성질을 생각한다. 다음에 무한한 공간을 대상으로 가졌던 의식마저도 없음에 집중해야 한다. 이 경우에 두 가지 선정 의식이 있다. 공무변처 의식과 식무변처 의식이다. 두 의식은 한 심찰라에 함께 일어날 수 없다. 공무변처 의식이 존재할 때 식무변처 의식은 존재할 수 없다. 반대로도 마찬가지다. 여기서 택해야 할 대상은 공무변처 의식의 없음이다. 공무변처 의식의 없음을 대상으로 '없음, 없음' 또는 ' 부재, 부재不在'하면서 주시한다.

---

217) 그 의식마저도 사라지고 없는 것을 말한다.

삼매에 도달할 때까지 그 표상에 계속 집중한다. 그리고 다섯 가지 자유자재함에 숙달해야 한다. 이것이 무소유처라고 불리는 무색계 삼선정이다.

d. 비상비비상처 非想非非想處(nevasaññānāsaññayatana)

무색계 사선정은 비상비비상처라 불린다. 이것은 삼매 속에서 지각(想)이 극히 미세하기 때문이다. 그러나 실은 지각만 미세한 것이 아니라 느낌, 식, 접촉 등 모든 상카라가 극히 미세하다. 그래서 또한 비수비비수처(느낌, 受), 비식비비식처(의식, 識), 비촉비비촉처(접촉, 觸)라고 부를 수도 있다. 이것은 무소유처 의식을 대상으로 갖는다.

비상비비상처를 얻기 위해서는 먼저 무소유처의 단점을 생각해야 한다. 즉, 무소유처는 거친 식무변처에 근접해 있고, 비상비비상처보다 평화스럽지 못하며 지각(想)은 병이고 들뜸이며 화살이라고 생각한다. 이렇게 무소유처의 단점을 생각하고 비상비비상처의 평화스러움을 생각한다. 다음에 '평화스러움, 평화스러움'하면서 무소유처 의식에 집중해야 한다. 삼매에 도달할 때까지 그 표상에 계속 집중한다.

다음에 다섯 가지 자유자재함을 숙달시켜야 한다. 이것이 비상비비상처라 불리는 무색계 사선정이다.

6. 사무량심 四無量心(appamaññā)

사무량심은 아래의 네 가지 명상 주제다.

1) 자애(慈, mettā)
2) 연민(悲, karuṇā)
3) 같이 기뻐함(喜, muditā)
4) 평온(捨, upekkhā)

a. 자애(慈, mettā)

자애삼매(慈無量心)를 닦기 위해서 무엇보다 먼저 알아야 할 것은 이성이나 죽은 사람을 대상으로 해서는 안 된다는 것이다. 이성을 대상으로 사용하면 욕정이 일어난다. 그러나 자애삼매를 성취한 다음에는 '모든 여성이 행복하기를!' 이런 식으로 그룹으로 자애관을 하는 것은 가능하다. 죽은 사람을 대상으로 자애삼매를 얻는 것도 불가능하다. 그래서 다음과 같은 사람을 향해서 자애관을 시작해야 한다.

1) 자기 자신
2) 좋아하거나 존경하는 사람
3) 중립적인 사람
4) 미워하는 사람

이 중 처음에는 자기 자신과 좋아하거나 존경하는 사람을 향한 자애관부터 시작해야 한다. 이 말이 의미하는 것은 처음에는 다음과 같은 사람을 향해서 자애관을 닦아서는 안 된다는 것이다.

1) 싫어하는 사람
2) 너무나 사랑스러운 사람
3) 중립적이거나 무관심한 사람
4) 미워하는 사람

싫어하는 사람은 이익되는 일이 전혀 없고 미워하는 사람은 나에게 해를 끼치는 사람이다. 시작 초기에는 두 사람을 대상으로 자애심을 닦기가 어렵다. 왜냐하면 분노가 올라오기 때문이다. 또한 초기에는 무관심한 사람을 향해 자애심을 닦기도 어렵다. 너무나 사랑스러운 사람의 경우에는 그 사람에 대한 집착이 일어날 수 있다. 그 사람에게 무슨 일이 일어났는지 듣기만 해도 눈물이 나고 근심이 가득 차며 슬픔이 일어난다. 그래서 초기에는 이 네 종류의 사람을 대상으로 자애심을 닦아서는 안 된다. 그러나 자애삼매를 얻은 후에는 그들을 대상으로 자애관을 닦을 수 있다.

백 년을 명상한다 해도 자기 자신을 대상으로는 자애삼매를 얻을 수 없다. 그런데 먼저 자기 자신을 대상으로 자애심을 닦는 이유는 무엇인가? 자기 자신을 다른 사람과 비교하기 위해서 먼저 자기 자신으로부터 시작하는 것이다. 자기 자신을 대상으로 근접삼매를 얻기 위한 목적이 아니다. '내가 행복하기를!' 이렇게 생각하면서 자기 자신을 향해서 자애심을 수행한 후 다른 사람과 비교해 본다. 내가 행복하고, 고통을 싫어하고, 오래 살기를 원하고, 죽기 싫어하는 만큼, 다른 사람도 행복하고, 고통을 싫어하고, 오래 살기를 원하고, 죽기 싫어하는 것을 본다. 이렇게 다른 존재의 행복과 번영을 갈망하는 마음을 닦는다.

자기 자신을 다른 사람과 동일시하고, 자신의 마음을 부드럽고 친절하게 하기 위해 다음과 같은 네 가지 마음으로 자기 자신을 향해서 자애심을 닦는다.

1) 내가 어려움에서 벗어나기를!
2) 내가 고통에서 벗어나기를!
3) 내가 번민에서 벗어나기를!
4) 내가 건강하고 행복하기를!

마음이 부드럽고 친절하고 이해심이 많고 다른 사람에게 감정이입이 잘 되는 사람이라면, 다른 사람을 향해서 자애심을 닦는 데 큰 어려움이 없다. 그러므로 중요한 것은 자기 자신을 향해서 닦은 자애심이 강하고 힘이 있어야 한다는 것이다. 마음이 부드럽고 친절하고 이해심이 많고 감정이입이 될 때 다른 존재에 대해서 자애관을 시작할 수 있다.

개인을 대상으로 자애심을 닦는 방법

호흡에 대한 알아차림으로 얻은 사선정이나 흰색 까시나로 사선정을 얻었다면, 다시 그 삼매에 들어가서 삼매의 빛이 밝게 빛나게 해야 한다. 특히 흰색 까시나 삼매의 빛이 자애 명상을 하기에 아주 좋다. 그 이유는 사선정 삼매로 탐욕, 성냄, 어리석음, 그리고 다른 오염원으로부터 마음이 청정해지기 때문이다. 사선정으로부터 나온 후에는 마음이 유연하고 순수하며 밝게 빛나기 때문에 아주 짧은 시간에 강하고 완벽한 자애심을 닦을 수 있다.

다음에 그 강한 빛으로 좋아하고 존경하는 사람에게 마음을 향해야 한다. 그러면 삼매로 생겨난 빛이 주위로 뻗어 나가서 그 빛 속에서 선택한 사람을 볼 수 있을 것이다. 그때 당신이 가장 좋아하는 사람 또는 당신을 가장 행복하게 하는 사람의 이미지를 택해야 한다. 그 사람이 가장 행복했을 때를 기억해서 그 이미지를 선택한다. 그리고 그 이미지를 전면 1야드 앞에 나타나게 한다. 그 사람이 전면에서 분명히 볼 수 있을 때 다음과 같은 생각으로 그 사람을 향해서 자애심을 닦는다.

1) 그가 어려움에서 벗어나기를!
2) 그가 고통에서 벗어나기를!
3) 그가 번민에서 벗어나기를!
4) 그가 건강하고 행복하기를!

그를 향해서 이 네 가지 방법으로 서너 번 자애심을 확장한다. 먼저 이 네 가지 방법 중에서 가장 좋은 것을 선택한다. 예를 들어, '그가 어려움에서 벗어나기를!'이라는 문구를 선택했다면 이 생각으로 그 사람이 어려움에서 벗어나는 이미지를 그리면서 그에 대한 자애심을 확대한다. '그가 어려움에서 벗어나기를!, 그가 어려움 벗어나기를! ……' 계속해서 수십 번 반복한다. 그래서 마음이 아주 고요해지고 대상에 고정되면 그때, 선정의 5요소를 식별할 수 있는지 본다. 선정의 요소가 나타나면 초선정, 이선정, 삼선정에 도달할 때까지 계속 수행한다. 자애, 연민, 같이 기뻐함은 삼선정까지 가능하다.

그 후에 나머지 세 가지 방법을 하나씩 선택해서 삼매를 얻을 때까지 수행하되 각각에서 특유의 이미지를 가져야 한다. '그분이 번민에서 벗어나기를!'이라고 생각할 때는 그 사람이 번민에서 벗어나는 이미지를 그려야 한다. '그가 고통에서 벗어나기를!'이라고 생각할 때는 그 사람이 고통에서 벗어나는 이미지를 그려야 한다. 이와 같은 방식으로 삼선정을 닦는다. 각각의 선정에서 다섯 가지 자유자재함에 숙달해야 한다는 것을 기억해야 한다.

좋아하거나 존경하는 한 명의 사람에 대한 명상에 성공했다면 이와 같은 방식으로 열 명의 사람을 선택해 삼선정을 얻을 때까지 수행을 반복한다. 다음엔 아주 사랑스러운 사람을 택할 수 있다. 이 그룹의 열 사람을 택해서, 똑같은 방식으로 삼선정을 얻을 때까지 자애심을 닦아 나간다. 그다음 단계는 중립적인 사람 열 명을 선택해 삼선정을 얻을 때까지 자애심을 닦는다.

이제는 미워하고, 싫어하는 사람 열 명에게 똑같은 수행을 할 수 있을 정도로 자애삼매에 숙달돼 있을 것이다. 삼선정에 이를 때까지 그들을 향해 자애심을 닦는다. 그러나 실제로 미워하는 사람이 없는데 일부러 그런 사람을 찾아서 수행할 필요는 없다. 오직 미워하거나 혐오하는 사람이 있는 경우에만 그 사람을 향해서 자애심을 닦는다.

이런 식으로 자애심을 닦음으로써 점차 첫 번째 형태의 사람을 이용해서 삼선정까지 자애삼매를 닦을 수 있고, 다음 형태의 사람에게서 마음이 유연해지고… 등등 계속 발전하면 마침내 어떤 형태의 사람이든지 존경하는 사람, 사랑스러운 사람, 중립적인 사람, 미워하는 사람 모두를 이용해서 삼매를 얻을 수 있다.

경계를 허무는 방법

이런 식으로 계속 자애심을 닦으면, 존경하거나 좋아하는 사람과 아주 사랑스러운 사람에 대한 자애심이 평등하게 되어 이들을 한 그룹으로 생각할 수 있게 된다. 그러면 결국 다음과 같이 네 그룹이 남게 된다.

1) 자기 자신
2) 좋아하는 사람
3) 중립적인 사람
4) 미워하는 사람

이 네 종류의 사람들 간에 균형이 이루어지고 분별이 없어질 때까지 자애심을 계속 닦아 나가야 한다. 비록 자기 자신을 대상으로는 자애삼매를 얻을 수 없지만, 이 네 종류의 사람 사이에 균형을 잡고 분별을 제거하기 위해서는 자기 자신을 포함해야 한다.

이렇게 하기 위해서 호흡관찰이나 흰색 까시나로 사선정에 다시 들어가야 한다. 그때 나타난 삼매의 빛으로 잠깐 자기 자신을 향해 자애심을 확장한다. 다음에 좋아하는 사람, 중립적인 사람, 미워하는 사람을 택해서 삼선정까지 자애심을 확장한다. 다시 한번 자기 자신에게 자애심을 짧게 보내고 나서, 나머지 세 종류의 다른 사람에게 자애심을 보낸다. 이렇게 자기 자신, 좋아하는 사람, 중립적인 사람, 미워하는 사람에게 자애심을 보낼 때 계속해서 사람을 바꿔야 한다. 이렇게 계속 수행하면 마음이 끊어짐이 없고 분별없는 자애심이 일어난다. 어떠한 사람도 분별하지 않고 자애삼매를 얻을 수 있을 때 사람들 간에 분별을 무너뜨리게 될 것이다. 이것을 경계 허물기(sīmāsambheda)라고 부른다.

22개의 범위

이제 자애심을 22개의 범위로 확장한다. 그 범위는 5개의 한정되지 않는 범위, 7개의 한정된 범위, 10개의 방향의 범위이다.

5개의 한정되지 않은 범위: ① 모든 존재 ② 모든 숨 쉬는 존재 ③ 모든 생명체 ④ 모든 사람 ⑤ 모든 개인

7개의 한정된 범위: ① 모든 여성 ② 모든 남성 ③ 모든 깨달은 사람 ④ 모든 범부 ⑤ 모든 신 ⑥ 모든 인간 ⑦ 모든 악도의 중생

10개 방향의 범위: ① 동방 ② 서방 ③ 남방 ④ 북방 ⑤ 남동방 ⑥ 남서방 ⑦ 북동방 ⑧ 북서방 ⑨ 상방 ⑩ 하방

한정된 범위와 한정되지 않은 범위

이 방법을 닦기 위해서 전처럼 흰색 까시나로 사선정에 다시 들어가서 자신과 타인과의 경계가 없어질 때까지 자기 자신, 좋아하는 사람, 중립적인 사람, 미워하는 사람을 향해서 자애심을 닦는다. 그러면 그 빛을 이용해 자기 주위의 한 지역, 집, 명상센터 내에 살고 있는 모든 존재를 볼 수 있다. 그들이 분명하게 보이면 5개의 한정되지 않은 범위와 7개의 한정된 범위로 자애심을 닦는다. 각각의 범위에서 다음의 네 가지 방법으로 자애심을 충만시킨다.

1) 모든 존재가 위험에서 벗어나기를!
2) 모든 존재가 고통에서 벗어나기를!
3) 모든 존재가 번민에서 벗어나기를!
4) 모든 존재가 건강하고 행복하기를!

이렇게 모두 48가지[(7+5)×4=48] 방법으로 자애심을 충만하게 할 수 있다. 각각의 범위에서 존재들을 삼매와 지혜의 빛으로 분명히 볼 수 있어야 한다. 각 범위에서 삼선정까지 닦아야 하며, 이런 식으로 48가지 방법으로 자애심을 충만시키는 것에 숙달할 때까지 수행해야 한다.

완전히 숙달되면 정한 지역을 확대해 나갈 수 있다. 수도원, 집, 마을, 도

시, 주, 나라, 세계, 태양계, 은하계, 우주로 결정한 지역을 확대해 48가지 방법으로 삼선정에 도달할 때까지 닦아야 한다. 더욱 숙달되면 다음에 설명되는 10개의 방향으로 자애심을 충만시키는 수행으로 나아갈 수 있다.

10개의 방향으로 자애심을 키우는 방법

10개의 방향에서 자애심을 충만시킨다는 것은 10개의 방향에서 각각 48가지 방법으로 수행하는 것을 말한다. 당신 동쪽의 무한한 우주에서 모든 존재를 볼 수 있을 때 48가지 방법으로 그들에게 자애심을 확장한다. 이어서 서쪽으로, 그리고 또 다른 방향으로 이같이 수행한다.

이것은 10개의 방향에서 48가지 방법으로 자애심을 충만시키기 때문에 모두 480가지(10×48) 방법이 된다. 거기에 48가지 방법을 더하면 528가지(480+48) 방법이 된다. 528가지 방법으로 자애심을 충만시키는 수행에 숙달되면 열한 가지 이익을 얻게 될 것이다.

① 잠을 편안하게 자고 ② 편안하게 깨어있고 ③ 악몽을 꾸지 않고 ④ 인간에게 사랑받고 ⑤ 인간이 아닌 존재들에게서도 사랑받고 ⑥ 신들이 보호하고 ⑦ 불, 독약, 무기로 해침을 받지 않고 ⑧ 마음이 쉽게 집중되고 ⑨ 얼굴빛이 밝고 ⑩ 혼란 없이 죽고 ⑪ 출세간으로 나아가지 않는다면 범천에 태어난다.

b. 연민(悲, karuṇā)

당신이 앞에서 설명한 대로 자애삼매를 성취했다면 연민삼매(悲無量心)를 얻는 것은 어렵지 않다. 연민심을 닦으려면 먼저 연민을 일으켜야 한다. 그러기 위해선 고통받는 사람을 선택해서 그 사람의 고통을 생각해야 한다.

그리고 흰색 까시나로 사선정에 도달해 삼매의 빛이 밝게 빛날 때 그 빛으로 자애삼매를 얻는다. 자애삼매에서 나온 후 그 고통 받는 사람을 대상으로 계속 유지하면서 이런 생각으로 연민을 닦아나간다. '이 훌륭한 사람이 고통에서 벗어나기를!' 이것을 계속 수행해서 초선정, 이선정, 삼선정을 얻고, 각 선정에서 다섯 가지 자유자재함에 숙달해야 한다. 그런 후 자애삼매를 닦을 때처럼 자기 자신, 좋아하는 사람, 중립적인 사람, 미워하는 사람에 대해서 연민심을 닦는다. 이들 각각에 대해 삼선정에 이를 때까지 닦아 나간다.

겉으로 보기에 고통스럽지 않고 행복해 보이는 사람을 향해 연민심을 닦기 위해서는 '모든 깨닫지 못한 범부들은 윤회 속에서 헤매는 동안 행했던 악행으로 과보를 받을 수밖에 없다. 그리고 악도에 태어나는 위험으로부터 자유스럽지 못하다.'라고 생각해야 한다. 그뿐만 아니라 실제 모든 존재는 늙음, 병듦, 죽음으로부터 자유롭지 못하기 때문에 모두가 다 연민의 대상이 된다.

이렇게 고찰한 후 자애심에서 했던 것처럼 자기 자신, 좋아하는 사람, 중립적인 사람, 미워하는 사람을 향해서 경계가 허물어질 때까지 연민을 닦아 나간다. 다음에 132가지 방법으로 연민심을 닦는다. 즉 다섯 가지 한정되지 않는 범위와 7가지 한정된 범위, 120가지 방향[5+7+(10×12)=132]이다. 이것은 자애삼매를 닦을 때 했던 방법과 같다.

c. 같이 기뻐함(喜, muditā)

같이 기뻐함(喜無量心)을 닦기 위해서는 행복해하고, 그 사람을 보면 당신이 즐겁고, 당신이 좋아하고, 우정 어린 사람을 택해야 한다. 다음에 흰색 까시나로 사선정에 올라가 삼매의 빛이 밝게 빛날 때 그 빛으로 선택한 사람을 인식해야 한다. 다음에 그 사람을 향해서 자애삼매와 연민삼매에 들어갔다 나온 후 그 행복한 사람을 대상으로 계속 유지하면서 '이 사람이 그가 얻은 행복으로부터 멀어지지 않기를!'이라고 생각하며 같이 기뻐함을 닦는다. 이렇게 계속해서 삼선정까지 닦고서 각각의 선정에서 다섯 가지 자유자재함을 숙달시켜야 한다.

그런 다음 같은 방식으로 자기 자신, 좋아하는 사람, 중립적인 사람, 미워하는 사람에 대해서 경계가 허물어질 때까지 같이 기뻐함을 닦는다. 다음에 우주의 모든 존재를 향해서 132가지 방법으로 같이 기뻐함을 닦는다.

d. 평온(捨, upekkhā)

평온삼매(捨無量心)를 닦기 위해서는 흰색 까시나로 사선정까지 올라가야 한다. 그런 다음 중립적인 사람을 택해서 자애, 연민, 같이 기뻐함을 삼선정까지 닦는다. 삼선정으로부터 나온 후에는 이 세 가지 삼매의 단점, 즉 애정, 좋아함과 싫어함, 고양된 마음과 기쁨을 생각해야 한다. 그런 후 평온이 있는 사선정이 평화스럽다고 생각해야 한다. 중립적인 사람을 택해서 '그가 받는 업은 그 사람이 지은 것이다.'라는 생각으로 그 사람을 향해서 평온삼매를 닦는다. 자애, 연민, 같이 기뻐함의 삼선정의 도움으로 평온의 사선정을 얻는 데 오랜 시간이 걸리지 않을 것이다. 그다음에 존경하거나 사랑스러운 사람, 미워하는 사람을 향해서 그대와 그들 간에 경계가 없어질 때까지 평온 사선정을 닦아야 한다. 그런 다음 무한한 우주의 모든 존재를 향해서 위에 언급한 132가지 방법으로 평온삼매를 닦는다. 이것으로 사무량심을 성취한 것이다.

7. 붓다에 대한 명상(佛隨念, buddhānussati)

붓다에 대한 명상은 경전에 자주 나오는 용어를 사용해 붓다의 9가지 덕을 관찰함으로써 시작한다.

1) 모든 번뇌를 제거해 존경할 만한 분 | Arahant, 應供
2) 스스로 바르게 깨달으신 분 | sammā Sambuddha, 正邊知
3) 지혜와 실천을 구족하신 분 | Vijjā Caraṇa Sampaññā, 明行足

4) 잘 가신 분 | Sugata, 善逝
5) 세상을 잘 아시는 분 | Lokavidū, 世間解
6) 인간을 길들이는 데 비길 데가 없으신 분 | Anuttara Purisadamma Sārathi, 無上士 調御丈夫
7) 신과 인간의 스승 | Satthā Deva Manussāna, 天人師
8) 진리를 깨달으신 분 | Buddha, 佛
9) 십바라밀 완성으로 무한한 복덕을 지니신 분 | Bhagavā, 世尊

삼매를 닦는 데 있어 첫 번째 덕인 아라한을 이용하는 방법을 예로써 설명하겠다. 청정도론에 따르면 빠알리어 '아라한'은 다섯 가지 정의가 있다.

1) 모든 오염원과 습관적 성향을 남김없이 완전히 제거했기 때문에 존경스러운 분.
2) 아라한도(道)의 검으로써 모든 오염원을 잘라 버렸기 때문에 존경스러운 분.
3) 무지와 갈망으로부터 연기의 수레바퀴를 부수어 버렸기 때문에 존경스러운 분.
4) 누구와 비길 데 없는 계행, 선정, 지혜로 신과 인간에게서 최상의 존경을 받기 때문에 존경스러운 분.
5) 홀로 있더라도 몸, 말, 생각으로 나쁜 행위를 하지 않기 때문에 존경스러운 분.

이 명상을 닦기 위해서는 이 다섯 가지 정의를 기억하고 암송해야 한다. 먼저 호흡관찰로 얻은 사선정이나 흰색 까시나 사선정에 다시 들어간다. 그 삼매의 빛이 깨끗해지면 그 빛으로 당신이 기억하고 있거나, 좋아하거나, 존경하는 붓다의 이미지를 머릿속에 떠올린다. 그 이미지가 보일 때, 그것을 실재 붓다로 보고 집중한다.

과거생에 붓다를 만난 행운이 있었다면, 그분의 이미지가 마음에 떠오를 것이다. 이때 주의를 기울여야 할 것은 붓다의 이미지가 아니라 붓다의 덕이다. 붓다의 실재 이미지가 떠오르지 않는다면, 당신의 마음속에 떠올린 이미지가 실재 이미지라고 보고 붓다의 덕을 회상한다. 당신이 가장 좋아하는 아라한에 대한 정의를 선택해 그 의미를 대상으로 삼고 '아라한, 아라한'하면서 계속해서 회상한다.

집중이 강해질 때 붓다의 이미지는 사라지고, 마음은 선택한 붓다의 덕에 집중한 채 고요하게 머무를 것이다. 그러면 선정의 5요소가 나타난다. 하지만 이 수행은 근접삼매까지만 가능하다. 붓다의 다른 덕에 대해서도 같은 방식으로 회상할 수 있다.

8. 죽음에 대한 명상(死隨念 maraṇānussati)

죽음에 대한 명상은 전에 본 적이 있는 시체를 이용해 시작한다. 그래서 죽음에 대한 명상을 하기 위해서는 다시 시체에 대한 혐오감으로 초선정에 들어간다. 시체로 초선정을 얻었을 때 '나의 이 몸은 죽어야 할 운명이고, 이 시체와 마찬가지로 죽게 될 것이다. 이것을 피할 수는 없다.'라고 생각한다. 자기 자신의 죽어야 할 운명에 대해 마음을 집중함으로써 긴박감이 일어나는 것을 알 수 있을 것이다. 그 지혜가 마음에 떠오르면 자신의 몸이 혐오스러운 시체처럼 보일 것이다. 그 이미지 속에서 생명 기능이 끊어짐을 지각하고서 다음과 같은 생각 중 하나로 생명 기능의 사라짐에 집중해야 한다.

1) 나의 죽음은 확실하고, 나의 삶은 불확실하다.
2) 나는 반드시 죽는다.
3) 나의 삶은 죽음으로 끝을 맺는다.
4) 죽음, 죽음

집중하기에 좋은 방식을 택해 그것을 주시한다. 선정의 5요소가 떠오를 때까지 당신은 시체 속에서 생명 기능의 사라짐에 대해 집중을 계속한다. 이 명상 주제로는 근접삼매까지만 가능하다.

9. 사마타 수행의 이익

자애삼매를 닦으면 분노가 줄어든다. 호흡에 대한 알아차림은 산란한 생각을 제거한다. 혐오감 명상을 하면 탐욕이 사라진다. 붓다에 대한 명상을 하면 믿음이 강해진다. 죽음에 대한 명상은 긴박감을 일으켜 지루하고 나태한 생각을 몰아내고 정진력을 강화한다. 선정을 성취하고 위빳사나 수행을 하면 일어나고 사라지는 현상을 여실히 볼 수 있다. 그리고 위빳사나 수행을 하다가 피곤하거나 지루해지면 잠시 선정에 들어 휴식을 취하고서 새로운 마음으로 정진할 수 있다.

B. 위빳사나(통찰지, vipassanā) 수행

위빳사나란?

위빳사나(vipassanā)는 vi(분리해서) + passanā(보다)라는 단어의 합성어로 '분리해서 보다'라는 뜻이다. 나의 마음을 둘로 분리해서 본다. 어떻게 분리하는가? 관찰자와 행위자(에고)로 분리한다. 당신의 내면에는 행위하는 자가 있다. 당신은 그 행위자를 관찰하는 자이다. '이것은 나의 것이 아니요, 이것은 내가 아니요, 이것은 나의 자아가 아니다.'라는 무아상경(S22.59)의 말씀처럼 내면의 행위자를 나와 동일시하지 말고, 멀찍이 떨어져서 객관적으로 냉정하게 바라보는 것이 위빳사나이다.

위빳사나 수행의 목적

사마타의 목적은 하나의 대상에 집중함으로써 삼매를 얻는 데 있다고 한다면 위빳사나의 목적은 번뇌를 소멸하고 열반을 성취하는 데 있다. 열반경(S39.1)에는 수행의 목적이 무엇인지 정확히 설명하고 있다.

"사리뿟따여, '열반, 열반'이라고 하는데 도대체 열반이 무엇입니까?"

"도반이여, 탐욕의 소멸, 성냄의 소멸, 어리석음의 소멸을 열반이라고 합니다."

수행은 자연의 이치나 우주의 법칙을 깨닫기 위한 것이 아니고 탐욕과 성냄과 어리석음을 소멸시키려는 데 있다는 것을 명심해야 수행이 옆길로 새지 않는다. 그럼 탐욕과 성냄과 어리석음이란 무엇인가? 그것은 해로운 마음, 즉 번뇌다. 경전에서는 대표적인 해로운 마음으로 탐욕과 성냄과 어리석음을 들고 있지만, 아비담마에서는 탐욕, 성냄, 어리석음, 시기, 질투, 인색, 자만, 양심 없음, 수치심 없음, 들뜸, 해태, 혼침, 후회, 의심을 들고 있다. 이런 해로운 마음들이 완전히 사라지면 수행의 목적을 성취했다고 할 수 있다.

사성제

그럼 위빳사나 수행을 어떻게 하는가? 그것은 사성제를 실천하는 것이다. 붓다께서도 사성제를 수행해 깨달음을 얻었다고 설명하고 있다.

"그런 나는 '이것이 괴로움이다.'라고 있는 그대로 깨달았다. '이것이 괴로움의 일어남이다.'라고 있는 그대로 깨달았다. '이것이 괴로움의 소멸이다.'라고 있는 그대로 깨달았다. '이것이 괴로움의 소멸로 이끄는 도닦음이다.'라고 있는 그대로 깨달았다. '이것이 번뇌이다.'라고 있는 그대로 깨달았다. '이것이 번뇌의 일어남이다.'라고 있는 그대로 깨달았다. '이것이 번뇌의 소멸이다.'라고 있는 그대로 깨달았다. '이것이 번뇌의 소멸로 이끄는 도닦음이다.'라고 있는 그대로 깨달았다. 이와 같이 나는 감각적 욕망에 기인한 번뇌, 존재에 기인한 번뇌, 무명에 기인한 번뇌에서 해탈했다."[218]

---

218) 두려움과 공포 경(M4/대림스님)

붓다는 사성제 수행을 통해 모든 번뇌에서 해탈해 붓다가 됐다. 그러므로 위빳사나 수행은 사성제를 수행하는 것이다. 어떻게 수행하는가? 가장 먼저 해야 할 일은 알아차림을 유지하는 것이다. 번뇌가 일어났을 때 '이것은 번뇌다. 이것은 괴로움이다.'라고 알아차려야 한다. 번뇌가 일어나는 것을 알아차리지 못하면 번뇌가 계속 굴러가며 정신을 황폐화시킨다. 그러므로 수행의 첫걸음은 일어나는 번뇌를 알아차리는 것이다. 이것이 사성제의 첫 번째 진리다.

번뇌가 일어났다면 번뇌를 소멸시키려고 노력해야 한다. 그것을 강압적인 방법이 아닌 아주 자연스러운 방법으로 번뇌를 소멸시켜야 한다. 그것은 번뇌가 일어난 원인을 관찰하는 것이다. 그 원인은 각자의 업이나 습관적 성향이나 일어난 상황에 따라 다르겠지만, 일차적인 원인으로는 탐욕, 성냄, 무명, 시기, 질투, 인색, 자만 등이 있을 것이고, 좀 더 깊숙이 관찰해 들어가면 불만족, 열등감, 콤플렉스, 결핍감 등과 같은 분노의 잠재성향일 수도 있다. 사람마다 잠재성향이나 정신세계가 다르므로 스스로 깊은 성찰과 사유를 통해 자신의 정신세계를 관찰해 나가야 한다. 이것이 두 번째 진리인 원인의 진리다.

번뇌가 일어났을 때 동일시를 하지 않고 원인을 관찰함으로써 번뇌를 소멸시킨다. 번뇌는 자신의 정체가 발견되면, 마치 도둑이 들키면 도망치듯이, 불을 밝히면 어둠이 물러가듯이 그렇게 번뇌가 소멸된다. 이렇게 저항과 억압을 통해 억지스럽게 번뇌를 제거하려고 하지 않고, 번뇌가 일어나는 것을 받아들이고, 그 원인을 관찰하고 이해함으로써 자연스럽게 소멸되게 하는 것이 세 번째 진리인 소멸의 진리다.

또다시 번뇌가 일어나면 '이전에 어떻게 관찰하니까 번뇌가 소멸되더라.' 하는 기억을 떠올려서 같은 방법을 적용시켜 번뇌를 소멸시켜 나간다. 번뇌는 점점 세력을 잃고 약해진다. 이것이 네 번째 진리인 소멸로 가는 길의 진리다. 처음에는 번뇌가 쉽게 사라지지 않겠지만, 수행이 진척됨에 따라 사라지는 속도가 점점 더 빨라진다. 번뇌의 속성에 대한 이해가 깊어질수록 사라지는 속도가 빨라진다. 완전한 이해에 도달했을 때, 즉 완전한 지혜가 생겼을 때 번뇌는 완전히 소멸한다. 이것이 세 번째 진리의 완성인 열반이다.

팔정도

붓다께서는 사성제의 구체적인 실천 방법으로 팔정도를 들고 있다. 그것은 바른 견해, 바른 사유, 바른 언어, 바른 행위, 바른 생계, 바른 정진, 바른 알아차림, 바른 삼매다. 이 팔정도는 각각 따로 실천하는 것이 아니다. 모두가 유기적 연관관계를 가지고 함께 굴러간다.

먼저 바른 견해를 갖추어야 한다. 견해가 바르지 않으면 수행을 열심히 해도 결과를 기대하기 어렵다. 바른 견해는 사성제를 정확히 이해하고 실천하는 것과, 번뇌를 자신과 동일시하지 않는 것이다. 바른 사유는 번뇌가 일어난 원인을 관찰하고, 충분한 이해를 통해 번뇌가 소멸되도록 하는 것이다. 바른 언어, 바른 행위, 바른 생계는 남을 해치지 않고, 양심 없고 수치심 없는 행위를 하지 않는 것이다. 남에게 해를 끼치고, 양심 없고 수치심 없는 행위를 하면 그것이 마음에 걸려 수행에 장애가 된다. 반대로 양심과 수치심이 있는 선한 마음을 기르면 나쁜 마음들이 사라지므로 수행에 도움이 된다. 바른 정진은 힘쓰지 않는 알아차림이다. 너무 힘써 정진하면 금방 지치게 되어 수행의 영속성을 유지할 수 없다. 바른 정진은 힘써 열심히 용맹정진한다는 뜻이 아니고 참을성과 끈기를 가지고 계속해서 끊어짐이 없이 수행한다는 뜻이다. 바른 알아차림은 대상을 알아차리는 것이 아니고 대상으로 인해 일어나는 마음을 알아차리는 것이다. 또한 편안한 마음으로 모든 것을 받아들인다는 수용적인 자세로 알아차리는 것이 중요하다. 바른 삼매는 집중하는 것이 아니다. 하나의 대상에 집중하면 관찰을 할 수 없다. 몰입삼매 속에서는 관찰을 할 수 없다. 마음이 정지돼 있기 때문이다. 그러므로 바른 삼매는 대상에 흔들리지 않는 안정감 또는 끝없이 이어지는 고요함을 말한다. 고요한 가운데 깨어있음(惺惺寂寂)이 바른 삼매다.

찾아보기

I, II, III은 각권 번호입니다.
* 표시는 각주가 있는 페이지입니다.

【가】

가띠까라 경(Ghaṭīkāra Sutta) II-621
가라니(Gharaṇi) *II-572
가라하딘나(Garahadinna) I-612
가루다(Garuḍā) *I-450
가야시사(Gayāsīsa) *I-219, I-297
가우타(gāvuta) *II-140
간다꾸띠(Gandhakuṭi, 如來香室) *I-412, II-380
갈애(taṇha) *III-311
감각의 대상(ārammaṇa) *III-311
감각의 문(dvāra) *III-311
감흥어(Udāna) *I-237, I-373, I-390
강사(講師) *I-171
계(sīla) *I-206
계목(戒目, Pātimokkha) *II-608
고다 자따까(Godha Jātaka) III-433
고디까(Godhika) 장로 I-608
고사까(Ghosaka) I-330, I-369
고시따라마(Ghositārāma) *I-171, *I-321, II-132
과삼매(phala samādhi) *I-175
광명 까시나(ālokakasina) *I-428
광음천(光音天, ābhassara) *III-23
괴로움(dukkha) *I-136 *III-181
구출갈마(pabbājaniyakamma, 驅出羯磨) *II-128
금강보좌(金剛寶座, Bodhimaṇḍa) *II-190
금지 계목(Āṇā Pātimokkha) I-46
깃자꾸따(Gijjhakūṭa, 독수리봉, 靈鷲山) *II-81, III-395
까까왈리야(Kakavaliya) I-562
까꾸산다(Kakusandha) 붓다 I-240
까나(kāṇā) II-172

찾아보기 *581*

까따하까 자따까(Kaṭāhaka Jātaka) Ⅲ-130
까리사(Karīsa) Ⅱ-97, *Ⅲ-136
까삘라 경(Kapila Sutta) *Ⅲ-307
까삘라맛차(Kapilamaccha) Ⅲ-301
까삘라왓투(Kapilavatthu I-209, I-257
까시(Kāsi) *I-134
까시까 마을(Kāsigāma, 또는 kāsinigama) *Ⅲ-25
까시나(kasina) Ⅱ-253
까시뿌라(Kāsipura) I-216
까티나 행사(kaṭhina cirana) *Ⅲ-467
깍까따 자따까(Kakkaṭa Jātaka) I-293
깐다갈라까 자따까(Kandagalaka Jātaka) I-299
깐타까(Kanthaka) I-211
깐하우사바 자따까(Kaṇhausabha Jātaka) Ⅱ-578
깔개(坐具, 尼師檀) *Ⅲ-377
깔라(Kāḷa) 대신 Ⅱ-546
깔라(Kāḷa) 비구 Ⅱ-495
깔라(Kāḷa) 용왕 I-213
깔라실라(Kāḷasilā, 검은 바위) *Ⅱ-385
깔라(Kāḷa) -아나타삔디까의 아들 Ⅱ-548
깔라왈라(Kallavāḷa) I-231
깔루다이(Kāḷudāyī) *I-256, Ⅲ-422
깔리 꾸라라가리까(Kāli Kuraragharikā) *Ⅲ-379
깔리(Kāḷī) -하녀 I-37
깔링가(Kāliṅga) *Ⅲ-359
깝빠따(Kappaṭa) I-271
깝빠(Kappa) I-520
깝삐야 다라까(kappiya dāraka) *Ⅱ-179
깟빠시까(Kappāsika) I-219
깟사빠(Kassapa) 붓다 I-241
깟사빠 삼형제 I-236, I-219, 우루웰라 깟사빠(Uruvela Kassapa), 나디
깟사빠(Nadī Kassapa), 가야 깟사빠(Gayā Kassapa)
깟타하리까 자따까(Kaṭṭhahāri Jātaka) I-527

깨달음의 단계 *I-228
께사와(Kesava) I-520
꼬까(Koka) 사냥꾼 II-344
고깔리까(Kokālika) -데와닷따 추종자 *I-297
꼬깔리까(Kokālika, Kokāliya) -상수제자를 비난한 비구 *III-362
꼬나가마나(Koṇāgamana) 붓다 I-241
꼬뚜할라까(Kotūhalaka) I-330
꼬삼비(Kosambi) *I-171, I-324, I-375
꼬살라(Kosala) *I-185
꼬시야(Kosiya) *I-605, I-546
꼴리야족(Koliya)의 기원 *III-20
꼴리따(Kolita) I-223
꾸따가라살라(kūṭāgārasālā) *I-433
꾸띠(kuṭī) *I-133
꾸라라가라(Kurārāghāra) III-375
꾸루(Kuru) *II-553
꾸루담마 자따까(Kurudhamma Jātaka) III-359
꾸룬가 자따까(Kuruṅga Jātaka) I-301
꾸룬가미가 자따까(Kuruṅgamiga Jātaka) II-491
꾸마라 깟사빠(Kumāra Kassapa) *II-479, II-240
꾸시나라(Kusinārā) *III-148
꾹꾸따(Kukkuṭa) 장자 I-55, I-369
꾹꾸따밋따(Kukkuṭamitta) 사냥꾼 II-336
꾹꾸따와띠(Kukkuṭavatī) II-137
꾼다까신다와뽀따까 자따까 (Kuṇḍakasindhavapoka Jātaka III-100
꾼다나와나(Kuṇḍhānavana) *III-476
꾼다다나(Kuṇḍadhāna) *II-370
꿈바 자따까(Kumbha Jātaka) II-426
꿈바고사까(Kumbhaghosaka) I-397
꿈반다(Kumbhaṇḍa) I-451
꿋달라(Kuddāla) I-484
끼따기리(Kiṭāgiri) *II-128
끼사 고따미(Kisā Gotamī) -사끼야족 I-210

찾아보기 583

끼사고따미(Kisāgotamī) 비구니 *Ⅱ-300, Ⅲ-208, Ⅲ-437
낌빌라(Kimbila) Ⅰ-285, Ⅰ-287, Ⅲ-403

【나】
나라다(Nārada) Ⅰ-154
나체수행자(acela) *Ⅰ-555
난다(Nanda) 목동 Ⅰ-497
난다(Nanda) 장로 Ⅰ-256, Ⅰ-266
난디야(Nandiya) Ⅲ-64
난디위살라 자따까(Nandivisāla Jātaka) Ⅱ-578
낭갈라꿀라 Ⅲ-390
네 가지 경이로운 법 *Ⅰ-20
네 가지 계청정(戒淸淨, sīla-visuddhi) *Ⅲ-453
네 가지 두려움이 없는 지혜(Catuvesārajja ñāṇa, 四無畏智) *Ⅰ-23, Ⅰ-214
네 가지 자세 Ⅰ-120
네 가지 필수품 *Ⅰ-591
네 가지 헤아릴 수 없음(acintita) *Ⅱ-223
네란자라(Neranjara) 강 Ⅰ-212
높은 마음(增上心, adhicitta) *Ⅱ-608
늙음 경(Jarā Sutta) Ⅲ-94
니가마와시 떳사(Nigamavāsī Tissa) Ⅰ-455
니간타 나따뿟따(Nigaṇtha Nātaputta) ☞육사외도 *Ⅱ-563 ☞니간타
니간타(Nigaṇṭha) *Ⅰ-612
니그로다 자따까(Nigrodha Jātaka) Ⅱ-485
니그로다라마(Nigrodhārāma) *Ⅱ-506
열반 *Ⅰ-396

【다】
다난자야니(Dhānañjayanī) *Ⅲ-441
다난자야 Ⅰ-562, Ⅰ-564
다섯 가지 기능(五根, indriya) *Ⅱ-211
다섯 가지 모임(五蘊, khandha) *Ⅱ-46
다섯 가지 위대한 포기(Mahāpariccāga) *Ⅲ-218

다섯 가지 희열(pīti) *I-234
담마딘나(Dhammadinnā) 비구니 III-518
담마라마 비구 III-366
담마쩨띠야 경(Dhammacetiya Sutta) *I-535
담미까(Dhammika) 장로 II-182
담미까(Dhammika) -재가신도 I-277
담장 밖 경(Tirokuṭṭa Kaṇḍa) *I-243, II-449
답바 말라뿟따(Dabba Mallaputta) *II-240, III-97
대념처경(大念處經, Mahāsatipaṭṭhāna Sutta) I-278
대법회(Dhammābhisamaya) I-45
대인상에 대한 숙고 경(Mahāpurisavitakka Sutta) I-288
대중공표 갈마(Pakāsaniya kamma, 顯示羯磨) *I-291
대집회(sāvaka sannipāta) I-45
데와닷따(Devadatta) I-201, I-282, I-287, II-189, II-480, II-491, *II-493
데와듯따 경(Devadūtta Sutta) I-275
데와히따(Devahita) III-522
데왈라(Devala) I-154
도(道)와 과(果) *I-184
도반(kalyāṇamitta, 道伴) *I-119
도반(sahāya) *II-41
도와 도 아님을 잘 아는(maggāmaggassa kovidaṃ) *III-449
도의 지혜(maggañāṇa) *I-453
돼지백정 쭌다(Cunda) I-274
두 가지 의무 I-118, *III-301,
두 세상(ubho loke) *III-170
두타행(dhutaṅgā, 頭陀行) *I-190, II-350, III-481
둣타가마니 압바야(Duṭṭhagāmaṇī Abhaya) *III-313
디가까라야나(Dīghakārāyaṇa) I-535
디가나카(Dīghanakha) I-232
디가람비까(Dīghalambika) *II-266
디가우(Dīghāvu) I-175
디가유(Dīghāyu) II-266
디기타(Dīghita) I-175

디팡카라 붓다(Dīpaṅkara Buddha, 燃燈佛) I-207
딱까실라 자따까(Takkasilā Jātaka) Ⅲ-356
딱까실라(Takkasilā) *I-418, I-271
땀바다티까(Tambadāṭhika) *Ⅱ-231, Ⅱ-55
또데이야 마을(Todeyyagāma) *Ⅱ-621
뚜시따(Tusitā, 兜率天) I-280, I-311
뚠딜라 자따까(Tuṇḍila Jātaka) Ⅱ-51
뚠딜라(Tuṇḍila) I-236
떳사(Tissa) 비구-사끼야족 I-151
떳사(Tissa) 사미 Ⅲ-129
떳사(Tissa) 장로 1 Ⅱ-207
떳사(Tissa) 장로 2 Ⅱ-348
떳사(Tissa) 장로 3 Ⅲ-34
떳사(Tissa) 장로 4 Ⅲ-116

【라】

라꾼다까 밧디야(Lakuṇḍaka Bhaddiya) *Ⅱ-170, Ⅲ-161, Ⅲ-234
라다(Rādha) 비구 Ⅱ-123
라자(Rājā) 천녀 Ⅱ-317
라자가하(Rājagaha) *I-199
라훌라(Rāhula) I-262, *Ⅲ-337
라훌라마따(Rāhulamatā) *I-260
락카나 자따까(Lakkhaṇa Jātaka) I-298
락카나(Lakkhaṇa) *Ⅱ-81, Ⅱ-379, Ⅲ-186, Ⅲ-257
랄루다이(Lāḷudāyi) *Ⅱ-315, Ⅱ-449, Ⅲ-119
랏타빨라(Raṭṭhapāla) *Ⅲ-478
랏티와나(Laṭṭhivana) *I-220
레와따(Revata) *Ⅱ-214, Ⅲ-102, Ⅲ-457, Ⅲ-470
레와띠(Revatī) Ⅲ-64
로히니(Rohiṇī) Ⅲ-69
릿차위(Licchavī) *I-513, I-529, Ⅲ-52

【마】

마가(Magha) I-437
마가다(Magadha) *I-199
마간디야(Māgandhiyā) 왕비 I-321, I-365, I-378, III-271
마간디야(Māgandhiya) 바라문 I-365, II-553
마두라빠찌까(Madhurapācikā) III-197
마뚜뽀사까 나가라자 자따까(Mātuposaka Nāgarāja Jātaka) III-281
마띠까마따(Mātikamātā) I-463
마라(Māra) *I-213, I-367, I-609, II-425, II-556, III-23, III-297, III-337
마라의 세 딸 II-557
  딴하(Taṇhā, 갈애), 라가(Rāga, 혐오), 아라띠(Arati, 애욕)
마야(Māyā, Mahāmāyā) *II-585
마음의 해탈(ceto-vimutti, 心解脫) *I-268 ☞해탈
알아차림(sati) *I-120
마하 담마빨라 자따까(Mahā Dhammapāla Jātaka) I-264
마하깔라(Mahākāḷa) I-188
마하깔라(Mahākāḷa) - 재가신자 II-488
마하깝삐나(Mahā Kappina) *II-133
마하깟사빠(Mahā Kassapa) *I-427, I-601, II-36, II-192, II-317, III-60
마하깟짜나(Mahā Kaccāna) *II-199, I-499
마하나마(Mahānāma) 사끼야족 I-539, III-404
마하나마(Mahānāma)☞오비구 I-217, II-92
마하다나(Mahādhana) - 거지 II-458
마하다나(Mahādhana) - 부자상인 1 III-205
마하다나(Mahādhana) - 부자상인 2 II-333
마하둑가따(Mahāduggata) - 극빈자 II-151
마하목갈라나(Mahāmoggallāna) *I-222, I-516, I-231, I-244, I-297, I-548, II-379, II-384, II-564, II-576, II-613, III-65, III-90, III-186, III-257, III-458, III-469
마하문다(Mahāmuṇḍa) III-405
마하빠자빠띠 고따미(Mahāpajāpati Gotamī) I-259, *III-427
마하빤타까(Mahāpanthaka) *I-409, III-461
마하와나(Mahāvana, 大園林) *III-240
마하함사 자따까(Mahāhaṁsa Jātaka) I-293

마할리(Mahāli) *Ⅰ-434, Ⅰ-529, Ⅲ-215
마힐라무카 자따까(Mahilāmukha Jātaka) Ⅲ-370
막칼리 고살라(Makkhali Gosāla)☞육사외도 Ⅱ-562, ☞아지와까 Ⅱ-72
만다따 자따까(Mandhātā Jātaka) Ⅱ-611
말라(Mallā) *Ⅰ-282
말라바리(Mālābhārī) Ⅰ-542
말리까 왕비(Mallikā Devī) Ⅰ-560 *Ⅱ-444, Ⅱ-25, Ⅱ-542
말리까(Mallikā)-반둘라의 아내 Ⅰ-527
맛다꿋치(Maddakucchi) *Ⅱ-189
맛치까산다(Macchikāsaṇḍa) *Ⅱ-92
맛타꾼달리(Maṭṭakuṇḍali) Ⅰ-137
매듭(gandha) *Ⅱ-191
메기야 경(Meghiya Sutta) *Ⅰ-461
메기야(Meghiya) *Ⅰ-461
멘다까(Meṇḍaka) Ⅰ-562, *Ⅲ-136, Ⅲ-502
멸진정(nirodha-samāpatti, 滅盡定) *Ⅰ-249, Ⅰ-601, Ⅲ-79
목신 Ⅰ-370, Ⅱ-31
무상 *Ⅲ-180
무아 *Ⅲ-182
무위(akata, 無爲) *Ⅱ-213, *Ⅲ-418
물 까시나(āpo kasina) Ⅰ-486
물라시리(Mūlasiri) Ⅱ-44
미가라 장자(Migāra gahapati) Ⅰ-565
미가라마따(Migāramātā, 鹿子母) *Ⅰ-584
밋따(Mitta) Ⅰ-353

【바】

바구(Bhagu) *Ⅰ-176, Ⅰ-287
바라문(brāhmaṇa) *Ⅲ-417
바라밀(pāramī) *Ⅰ-114
 보시(dāna), 지계(sīla), 출리(nekkhamma), 지혜(paññā), 정진(vīriya),
 인욕(khanti), 진실(saccā), 결정(adhiṭṭhāna), 자애(mettā), 평온(upekkhā)
바라밀을 닦는 기간 *Ⅰ-16

바후바니 자따까(Bahubhāṇi Jātaka) Ⅲ-365
바후반디까 Ⅱ-391
바후뿟띠까(Bahuputtikā) *Ⅱ-306
바히야 다루찌리야(Bāhiya Dārucīriya) *Ⅱ-237, Ⅱ-55
반둘라(Bandhula) *Ⅰ-514, Ⅰ-527
발라까로나(Bālakaloṇa) Ⅰ-176
발라낙캇따(Bālanakkhatta) Ⅰ-425
밥부 자따까(Babbu Jātaka) Ⅱ-175
밧다 꾼달라께시(Bhaddā Kuṇḍalakesī) *Ⅱ-248
밧다와띠야 성(Bhaddavatiya) Ⅰ-352
밧다왓기야(Bhaddavaggiya) *Ⅰ-218 ☞빠테이야까
밧디야(Bhaddiya)-지명 *Ⅲ-232
밧디야(Bhaddiya) *Ⅰ-283, Ⅰ-285, Ⅰ-287, Ⅲ-403
밧디야(Bhaddiya)☞오비구 Ⅰ-217
법(Dhamma, 法) *Ⅰ-115
법에 대한 명상(法隨念, Dhammānussati) *Ⅱ-141
법에 대한 이해 *Ⅰ-244
베나레스(Benares) *Ⅰ-153, Ⅰ-134
베사깔라와나(Bhesakālavana) *Ⅱ-465
벨랏타시사(Belaṭṭasīsa) *Ⅱ-195
벨루와 마을(Beluvagāma) *Ⅲ-36
벽지불(paccekabuddha) *Ⅰ-202, Ⅰ-284, Ⅰ-331, Ⅰ-362, Ⅰ-364, Ⅰ-392, Ⅰ-394, Ⅱ-83, Ⅱ-90, Ⅱ-411, Ⅲ-140, Ⅲ-227, Ⅲ-347, Ⅲ-399, Ⅲ-485
변방(邊方) *Ⅲ-380
보디 왕자(Bodhi Rājakumāra) *Ⅱ-465
보디삿따(Bodhisatta, 菩薩) *Ⅰ-203, Ⅰ-15
보디삿따가 태어나지 않는 열여덟 군데 *Ⅰ-15
보리수(Bodhirukkha) *Ⅰ-245
보배경(Ratana Sutta) *Ⅲ-219, Ⅱ-450
보살의 정해진 법칙 *Ⅰ-17
복깐따(Bhokkanta) *Ⅲ-313
북구로주(Uttarakuru, 北拘盧州) *Ⅱ-239
불 까시나(tejo kasina) *Ⅱ-67, Ⅱ-615

찾아보기 589

불간겁(Buddhantara Asaṅkheyya kappa) *Ⅰ-27
불방일(appamāda) *Ⅰ-321
불의 설법(Ādittapariyāya) *Ⅰ-219
붓다에 대한 명상(佛隨念, buddhānussati) *Ⅱ-141, Ⅲ-236
붓다의 가계도* Ⅰ-32
붓다의 생애 Ⅰ-207
브라흐마닷따(Brahmadatta) Ⅰ-175
비구팔물 *Ⅰ-250
비할 바 없는 큰 공양(asadisadāna) Ⅱ-543
빌랄라빠다까(Bilālapādaka) Ⅱ-329
빌랑기까 바라드와자(Bilaṇgika Bhāradvāja) Ⅲ-444
빔비사라왕의 다섯 가지 소원 Ⅰ-43
빔비사라(Bimbisāra) Ⅰ-221, Ⅰ-240, Ⅰ-398, Ⅰ-563, Ⅲ-215 *Ⅲ-321
빠꾸다 깟짜야나(Pakudha Kaccāyana) ☞육사외도 Ⅱ-563
빠다나깜미까 띳사(Padhānakammika Tissa) Ⅲ-183
빠다니까 띳사(Padhānika Tissa) Ⅱ-476
빠따짜라(Paṭācārā) *Ⅱ-291, Ⅲ-209
빠띠뿌지까(Patipūjikā) Ⅰ-542
빠란따빠(Parantapa) Ⅰ-324
빠로사핫사 자따까(Parosahassa Jātaka) Ⅱ-598
대열반(parinibbāna) *Ⅰ-471, Ⅱ-117
빠릴레이야까(Pārileyyaka) 코끼리 Ⅰ-177, Ⅲ-294
빠립바자까(Paribbājaka, 遊行者) *Ⅱ-253
빠릿따(paritta, 護呪 또는 護經) *Ⅱ-268
빠사다바훌라(Pāsādabahula) Ⅲ-417
빠세나디(Pasenadi) *Ⅰ-186, Ⅰ-513, Ⅰ-536, Ⅰ-558, Ⅰ-563, Ⅱ-19, Ⅱ-312, Ⅱ-373, Ⅱ-517, Ⅲ-25, Ⅲ-31, Ⅲ-283, Ⅲ-346
빠와리야(Pāvāriya 또는 Pāvārika) 장자 Ⅰ-369
빠와리까라마(Pāvārikārāma) Ⅰ-375
빠웨이야까(Pāveyyaka) 코끼리 Ⅲ-292
빠찐나왐사 미가다야(Pācīnavaṃsa migadāya) Ⅰ-176
빠테이야까(Pāṭheyyakā) *Ⅱ-49
빠티까(Pāṭhika 또는 Pāṭhiya) Ⅰ-555

빠띠목카(Pāṭimokkha 또는 Pātimokkha) ☞계목 *Ⅱ-608
빤다랑가(Paṇḍaraṅga) *Ⅲ-277
빤다와(Paṇḍava) 산 Ⅰ-211
빤디따(Paṇḍita) 사미 Ⅱ-150, Ⅲ-457
빤짜살라(Pañcasālā) *Ⅲ-23
빤짜시카(Pañcasika) Ⅲ-38
빤짝가다야까(Pañcaggadāyaka) Ⅲ-371
빱바라와시 띳사(Pabbhāravāsī Tissa) Ⅲ-450
뻬따왓투(餓鬼事, Petavatthu) *Ⅱ-86
뽀틸라(Poṭhila) Ⅲ-193
뿌띠갓따 띳사(Pūtigatta Tissa) Ⅰ-493
뿌라나 깟사빠(Pūraṇa Kassapa) ☞육사외도 Ⅱ-572
뿍꾸사띠(Pukkusāti) *Ⅱ-54, Ⅱ-240
뿐나(Puñña) 재정관 Ⅲ-78
뿐나(Puṇṇā)-여종 Ⅲ-97
뿐나(Puṇṇa)-하인 Ⅰ-562
뿐나까(Puṇṇaka) Ⅰ-562
뿐나왓다나(Paṇṇavaddhana) Ⅰ-565
뿝바라마(Pubbārāma, 東園) *Ⅰ-113
삔돌라 바라드와자(Piṇḍola-Bhāradvāja) *Ⅱ-560
삘로띠까 띳사(Pilotika Tissa) *Ⅱ-404
삘린다왓차(Pilindavaccha) *Ⅲ-462
삡팔리 동굴(Pipphaligūhā) *Ⅰ-428, Ⅱ-36
삥갈라 자따까(Mahāpiṅgala Jātaka) Ⅰ-307

【사】

사 아승지와 십만 대겁 *Ⅰ-114
사갈라(Sāgala, Sāgalā) *Ⅲ-53
사께따(Sāketa) *Ⅰ-564
사끼야족(Sakiya)의 기원 *Ⅲ-20
사누(Sānu) 사미 Ⅲ-285
사대천왕(Cātumahārāja) *Ⅰ-451
사라다(Sarada) Ⅰ-245

찾아보기 *591*

사리뿟따(Sāriputta)　＊I-221, I-232, I-244, I-297, I-516, II-93, II-124, II-161, II-202, II-211, II-233, II-254, II-260, II-262, II-264, II-596, III-79, III-102, III-125, III-200,　III-424, III-429, III-445, III-457, III-467
사마와띠(Sāmāvatī)　＊I-321, I-351,　I-375
사마타와 위빳사나(samatha & vipassanā) ＊III-419
사무애해 (四無碍解, paṭisambhidā)　＊I-125
사문과 바라문(samaṇa & brāhmaṇa)　＊I-225
사미(samanera) ＊I-114
사비야(Sabhiya) ＊II-240
사성제(四聖諦, Cattāri ariya-saccā)　＊I-140
사신족(四神足, 四如意足, cattāro-iddhipāda) ＊II-533
사악처(apāya-bhūmi, 四惡處)　＊I-120
사왓티(Sāvatthi) ＊I-111
사종포상(四種褒賞) II-314
사함빠띠(Sahampati) ＊I-215
삭까(Sakka)　＊I-433, I-129,　I-221, I-456, I-602, II-53, II-325, III-36, III-334, III-341, III-459,　III-494
삭까왕문경(Sakkapañha Sutta)　＊I-434
삭깟짜다나(sakkaccadāna, 恭敬施)　＊II-19
산따까야(Santakāya) III-388
산따띠(Santati) 장관 II-398
산자야 벨랏티뿟따(Sañjayena Belaṭṭhiputta) ＊I-224, I-229, I-254 ☞육사외도
산지까뿟따(Sañjikāputta) II-466
살라(Sāla) 나무 I-177
삼명(三明, tevijja) ＊I-288
삼문자니(Sammuñjanī) II-512
삼베다(tevijjā) ＊I-366
삼십 바라밀 ＊I-16
삼십삼천(Tāvatiṃsa) I-542
삼십이 부분에 대한 명상 ＊I-371, I-465
삼십이상(三十二相, mahāpurisa lakkhaṇa) ＊II-438
삼장(tipiṭaka, 三藏) ＊I-313
삽빠다사(Sappadāsa) II-286

삿된 생계 *Ⅲ-125
상가디세사(Sangadisesa, 僧殘) *Ⅱ-315
상가락키따(Saṅgharakkhita) Ⅰ-476
상깟사(Saṅkassa) *Ⅱ-560, Ⅱ-593
상낏짜(Saṃkicca) 사미 Ⅱ-271, Ⅲ-457
상수제자의 열여섯 가지 지혜 *Ⅰ-251
상카라(saṅkhāra, 行) *Ⅲ-30
색구경천(色究竟天, Akaniṭṭhā) *Ⅰ-173
선(varaṃ, 善) *Ⅲ-170
선정의 5요소 *Ⅲ-202
세 가지 실천(Cariya) *Ⅲ-218
세따께뚜(Setaketu, 護明) Ⅰ-209
세따위야(Setavyā) *Ⅰ-188
세이야사까(Seyyasaka) *Ⅱ-315
소나 꾸띠깐나(Soṇa Kūṭikaṇṇa) *Ⅲ-375
소레이야(Soreyya) Ⅰ-499
소빠까(Sopāka) *Ⅲ-413, Ⅲ-457
속박(saṅga) *Ⅲ-312
솟티야(Sotthiya) Ⅰ-213
수기를 받는 여덟 가지 조건 *Ⅰ-15, Ⅰ-208
수까라카따(Sūkarakhata) 동굴 Ⅰ-232
수까리까 자따까(Sukarika Jataka) Ⅲ-121
수다원(sotāpatti) *Ⅰ-140
수담마(Sudhamma) 비구 Ⅱ-92
수마나 데위(Sumanadevī) Ⅰ-562
수마나(Sumana) 사미 Ⅲ-397
수마나(Sumanā) -아나타삔디까의 딸 Ⅰ-309
수마나(Sumana) -원예사 Ⅰ-375
수마나(Sumana) -꽃장수 Ⅱ-60
수메다(Sumedha) Ⅰ-207
수밧다(Subhadda) *Ⅲ-148
수빤나(Supaṇṇa) Ⅰ-451, *Ⅱ-596
수순하는 지혜(anuloma ñāṇa) *Ⅱ-235

수완나부미(Suvaṇṇabhūmi, 金地國)　*Ⅲ-312
수자따(Sujātā) *Ⅰ-212
수카 사미(Sukha sāmanera) Ⅱ-407
수행주제(kammaṭṭhāna) *Ⅰ-118
숙명통(pubbenivāsa ñaṇa, 宿命通)　*Ⅰ-156
순다라 사뭇다(Sundara Samudda)　Ⅲ-478
순다리 바라드와자(Sundrī Bhāradvāja) Ⅲ-443
순다리(Sundarī) Ⅲ-253
순수 위빳사나(sukkha-vipassanā) *Ⅰ-124
숩빠라까 혹은 숩빠라(Suppāraka, Suppāra) *Ⅱ-237, *Ⅲ-312
숩빠붓다(Suppabuddha)-사끼야족　*Ⅱ-359
숩빠붓다(Suppabuddha)-문둥이　Ⅱ-53, Ⅱ-55
숩빠와사(Suppavāsā) *Ⅲ-476
숩삐야(Suppiyā) *Ⅰ-589
숫도다나(Suddhodana)　*Ⅰ-151, Ⅰ-256, Ⅰ-259, Ⅰ-264, Ⅱ-506
승가에 대한 명상(僧隨念, Saṁghānussati) *Ⅱ-142
시리굿따(Sirigutta) Ⅰ-612
시리마(Sirimā) *Ⅱ-428, Ⅲ-84
시리왓다(Sirivaḍḍha) Ⅰ-245
시왈리(Sīvali) *Ⅱ-218, Ⅲ-476
신통(iddhi) *Ⅱ-534
실라와 나가 자따까(Sīlava Nāga Jātaka) Ⅰ-305
십력(Dasabala-ñāṇa, 十力)　*Ⅰ-22, Ⅰ-214
십바라밀(pāramī) *Ⅰ-14
십선계(十善戒) *Ⅰ-472
십이연기(paṭiccasamuppāda, 十二緣起) *Ⅱ-455
쌍신변(Yamaka pāṭihāriya, 雙神變)　Ⅰ-25, Ⅰ-257, *Ⅱ-580, Ⅲ-224

【아】

아귀(peta)　Ⅰ-240, Ⅱ-81, Ⅱ-86, Ⅱ-379, *Ⅲ-186, Ⅲ-257
아깔라라위꾹꾸따 자따까(Akārāravikukkuṭa Jātaka)　Ⅱ-477
아나마딱가(anamatagga) 윤회의 시작은 알 수 없음 *Ⅱ-50
아나타삔디까(Anāthapiṇḍika)　*Ⅰ-113, Ⅰ-112, Ⅰ-265, Ⅰ-309, Ⅰ-370, Ⅱ-321,

Ⅲ-243
아난다(Ānanda) Ⅰ-379, Ⅰ-518, Ⅰ-287, Ⅰ-292, Ⅰ-387, Ⅰ-560, Ⅰ-599, *Ⅱ-116,
Ⅱ-619, Ⅲ-102, Ⅲ-271, Ⅲ-422
아난다(Ānanda)-구두쇠 재정관 Ⅱ-42
아낫타뿟차까(Anatthapucchaka) Ⅱ-258
아노땃따(Anotatta) *Ⅰ-165, Ⅱ-591, Ⅲ-407
아노마닷시(Anomadassī) 붓다 Ⅰ-245
아노마(Anomā) 강 Ⅰ-211
아노자(Anojā) Ⅱ-137
아누라다뿌라(Anurādapura) *Ⅲ-313
아누룻다(Anuruddha) Ⅰ-283, Ⅰ-287, Ⅱ-197, Ⅲ-69, *Ⅲ-397, Ⅲ-401,
아누뿝바(Anupubba) Ⅰ-473
아누삐야(Anupiya) Ⅰ-282
아눌라(Anula) 장로 Ⅲ-313
아닛티간다 꾸마라(Anitthigandha Kumāra) Ⅲ-53
아딘나뿝빠까(Adinnapubhaka) Ⅰ-137
아뚤라(Atula) Ⅲ-102
아띠뭇따까(Atimuttaka) *Ⅱ-282
아란야꾸띠까(Araññakuṭika) Ⅱ-266
아리야(Ariya)-어부 Ⅲ-171
아마라와띠(Amaravatī) Ⅰ-207
아바야 왕자(Abhaya Rājakumāra) *Ⅱ-510
아비담마 삐따까(論藏, abhidhamma Piṭaka) *Ⅱ-590
아비지옥(無間地獄) Ⅰ-274
아살하(Āsāḷha) *Ⅰ-215
아수라(Asura) *Ⅰ-443
아시위소빠마 경(Āsīvisopama Sutta) *Ⅲ-314
아완띠(Avati) *Ⅱ-199, Ⅲ-375
아자따삿뚜(Ajātasattu) Ⅰ-290, Ⅰ-291, Ⅱ-491, *Ⅲ-509
아지따 께사깜발린(Ajita Kesakambalīn) ☞ 육사외도 Ⅱ-562
아지와까(Ājivaka) *Ⅱ-72
아쩰라까(acelaka) *Ⅲ-265
아찌라와띠(Aciravati) 강 Ⅰ-540

악(pāpa) *Ⅱ-311
악갈라와 쩨띠야(Aggāḷava Cetiya) *Ⅱ-526
악기닷따(Aggidatta) *Ⅱ-612
악꼬사까 바라드와자(Akkosa Bhāradvāja) Ⅲ-441
악처(apāya-bhūmi, 惡處) *I-430
안거(vassa) *I-113
안꾸라(Ankura) Ⅱ-587, Ⅲ-350
안냐 꼰단냐 (Aññā-Koṇḍañña) ☞오비구 *I-216
안다와나(Andhavana, 安陀林) *Ⅱ-67
안자나와나(Añjanavana) *Ⅲ-92
알라깝빠(Allakappa) I-322, I-330
알라라 깔라마(Āḷāra Kālāma) *I-211
알라위(Āḷavī) *Ⅱ-526
알리나찟따 자따까(Alīnacitta Jātaka) Ⅱ-125
암밧타까(Ambaṭṭhaka) 동산 Ⅱ-93
앗따닷타(Attadattha) Ⅱ-499
앗사지뿌납바수까(Assajipunabbasuka) *Ⅱ-127
앗사지(Assaji) ☞오비구 I-217, I-226, *Ⅲ-429
앗타까왁가(Aṭṭhaka Vagga) *Ⅲ-378
앗팃사라(Aṭṭhissara) 벽지불 I-304
앙가(Aṅga) *I-562
앙굴리말라(Aṅgulimāla) *Ⅱ-514, Ⅱ-544, Ⅲ-521
앙굿따라빠(Aṅguttarāpa) *Ⅲ-136
야사(Yasa) I-218, I-235
야소자(Yasoja) ☞왁구무다띠리야
약카(yakkha) Ⅱ-393, Ⅲ-237, Ⅲ-510
약키니(yakkhinī) *I-164, Ⅱ-55, Ⅲ-230, Ⅲ-356
에까위하리(Ekavihāri) Ⅲ-249
에꿋다나(Ekuddāna, Ekuddāniya) *Ⅲ-158
에라까빳따(Erakapatta) 용왕 Ⅱ-600
에라와나(Erāvaṇa) I-444
에타 빅카오) *I-217, I-45
여덟 가지 뛰어난 목소리 *Ⅱ-439

여래(Tathāgata, 如來) *I-374
여섯 색깔의 광명 *II-60
연대기(24불) *I-27
연민(karuṇa)삼매 *I-138
열두 가지 감각장소(十二處, āyatana) *II-46
열여덟 가지 요소(十八界, dhātu) *II-46
열여섯 종류의 공양 *I-277
영원히 변치 않는 자리(Avijahitaṭhāna) *II-595
오계(pañcalīa, 五戒) *I-447
오도송(悟道頌) II-454
오비구(五比丘, Pañcavaggiyā bhikkhū) *I-35 *I-216
   안냐 꼰단냐(Aññā-Koṇḍañña), 왓빠(Vappa), 밧디야(Bhaddiya),
   마하나마(Mahānāma), 앗사지(Assaji)
오신통(五神通) *I-207
오욕락(五慾樂) *I-367
오장애(pañca-nīvaraṇa, 五障碍) *III-202
와나와시 띳사(Vanavāsī Tissa) II-101
와따미가 자따까(Vātamiga Jātaka) III-484
와라나 자따까(Varaṇa Jātaka) III-184
와사바캇띠야(Vāsabhakhattiyā) I-523, I-560
와술라닷따(Vāsuladattā) I-357
왁구무다띠리야(Vaggumudātīriyā) *III-258 III-305
왁깔리(Vakkali) *III-393
완척(hattha) *III-240
왈로다까 자따까(Vālodaka Jātaka) II-180
왓빠(Vappa)☞오비구 I-217
왓지(Vajjī) *III-214
왕기사(Vaṅgīsa) *III-514
요자나(由旬, yojana) *I-119
용(Nāga) I-451
우다이(Udāyi) II-46
우데나(Udena) *I-322, I-358
우라가 자따까(Uraga Jātaka) III-47

우루웰라(Uruvela) *I-218
우바또밧타 자따까(Ubhatobhaṭṭha Jātaka) I-301
우빠까(Upaka) I-215, *Ⅲ-339
우빠난다(Upananada) *Ⅱ-471
우빠띳사(Upatissa) I-223
우빠살하까 자따까(Upasāḷha Jātaka) Ⅱ-115
우빠와나(Upavāṇa) *Ⅲ-522
우빨리(Upāli) *I-287, Ⅱ-480
우뽀사타(uposatha, 布薩) I-145, *I-147, I-232, I-296, I-371,   Ⅱ-378, Ⅱ-438, Ⅱ-488, Ⅱ-606
우사바(usabha) *I-574
욱가(Ugga) *Ⅲ-243
욱가세나(Uggasena) Ⅲ-325, Ⅲ-439
웁빨라완나(Uppalavaṇṇā) I-516, *Ⅱ-66, Ⅱ-576, Ⅲ-447
웃다까 라마뿟따(Uddaka Rāmaputta) *I-211
웃따라 난다마따(Uttarā Nandamātā) *Ⅲ-83
웃따라(Uttarā) 비구니 Ⅱ-434,
웃따라(Uttara) 청년 Ⅱ-602
웃자나산니(Ujjhānasaññī) Ⅲ-147
웃제니(Ujjeni) ☞아완띠 I-357
유학(sekha) *I-510
원인 없는 마음(ahetuka citta) *Ⅱ-600
웨다나빠릿가하 경(Vedanāpariggaha Sutta) I-231
웨란자(Verañja) *Ⅱ-178
웨빠찟띠(Vepacitti) ☞아수라 I-449
웨사카(Vesāka) *I-212
웨살리(Vesāli) *Ⅲ-213, I-433
웨타디빠까(Veṭhadīpaka) I-322
웰루깐따끼 난다마따(Veḷukaṇṭakī Nandamātā) *I-517
웰루와나(Veḷuvana, 竹林精舍) *I-221, I-256, I-397, I-406
웻산따라 자따까(Vessantara Jātaka) I-257, Ⅱ-506
웻산따라(Vessantara) I-209
위두다바(Viḍūḍabha) *I-513, I-524, I-536

위라까 자따까(Viraka Jātaka) I-298
위로짜나 자따까(Virocana Jātaka) I-300
위빳사나 지혜(vipassanā ñāṇa) *I-183
위사카((Visākhā) *I-113, I-309, I-562, Ⅱ-423, Ⅱ-481, Ⅱ-504, Ⅲ-50
위사카(Visākha) 장자 I-241, Ⅲ-518
윗사깜마(Vissakamma) I-443, Ⅱ-572, Ⅲ-248
유간다라(Yugandhara) *I-417
육군 비구(Chabbaggiyā Bhikkhu, 六群比丘) *Ⅱ-365, Ⅱ-367, Ⅲ-105, Ⅲ-157
육방예경(六方禮敬) *Ⅲ-429
육불공지(Asādhāraṇa ñāṇa) *I-24
육사외도(六師外道) *Ⅱ-562
율사(律師) *I-171
이득과 명예 *I-290
이시길리(Isigili) *I-608
이시빠따나(Isipatana) *I-216, I-218
인다까(Indaka) Ⅱ-587, Ⅲ-350
인다살라 동굴(Indasālaguhā) *Ⅲ-37
인드라(Indra) I-451
일곱 가지 재산 *I-263, Ⅱ-54
일리사 자따까(Ilisa Jātaka) I-553
일체지(一切智, sabbaññutā ñāṇa) I-24, I-36, *I-138, I-214
있는 그대로(yathā bhutaṁ) *Ⅲ-30

【자】

자나빠다깔야니 루빠난다(Janapadakalyāṇī Rūpanandā) I-261, I-267, *Ⅱ-437
자띠야와나(Jātiyavana) *Ⅲ-136
자띨라(Jaṭila) I-562, Ⅲ-485, Ⅲ-499
자애경(Metta sutta) *I-490
자와사꾸나 자따까(Javasakuṇa Jātaka) I-300
자자(自恣, pavāraṇā) *I-466
잘리니(Jālinī) Ⅱ-197
잠부까(Jambuka) Ⅱ-70
잠부디빠(閻浮提, jambudīpa) *I-157

잠재성향(anusaya) *Ⅲ-311
재생연결식(paṭisandhi-citta) *I-610
전륜성왕(cakkavatti) *I-263
전법선언(傳法宣言) I-218
전생을 기억하는 지혜(pubbenivāsa ñaṇa, 宿命通) ☞숙명통 *I-23. *I-156
정거천(Suddhāvāsā, 淨居天) *Ⅱ-240
제따와나 사원(Jetavanarāma) *I-112
제자들의 대집회(sāvaka sannipāta) *I-232
조띠까(Joṭika) I-562, Ⅲ-493, Ⅲ-509
족쇄(saṁyojana) *Ⅲ-72, Ⅲ-312
존재의 밧줄(bhavanetti) *Ⅱ-523
죽음에 대한 명상(maraṇānussati) *Ⅱ-526
준하(Juṇha) 대신 Ⅱ-546
중생들의 죽음과 태어남을 아는 지혜(天眼通, dibbacakkhu) ☞천안통 *I-214 *Ⅱ-454
지와까 꼬마라밧짜(Jīvaka Komārabhacca) *I-411, Ⅱ-189
지와까 망고 숲(Jīvakāmbavana) *I-411
지혜와 실천(vijjācaraṇa) *Ⅱ-406
진실의 맹세(saccakiriya) *Ⅱ-140
짜뚜마뚜(catumadhu) *I-371
짝꾸빨라(Cakkhupāla) I-111
짠다 낀나라 자따까(Canda Kinnara Jātaka) I-260
짠다바(Candābha) Ⅲ-471
짠다빠두마(Candapadumā) I-562
짠다빳조따(Caṇḍapajjota) I-357, I-362
짤리까 바위산(Cālikapabbata) *I-461
쭌다(Cunda) 사미 Ⅱ-575
쭐라 담마빨라 자따까(Culla Dhammapāla Jātaka) I-306
쭐라 아나타삔디까(Culla Anāthapiṇḍika) *Ⅱ-573
쭐라 에까사따까(Culla Ekasāṭaka) Ⅱ-311
쭐라깔라(Culla Kāḷa) 안냐 꼰단야의 과거생 I-234
쭐라깔라(Culla Kāḷa) -환속한 비구 I-188
쭐라깔라(Culla Kāḷa) -재가신자 Ⅱ-497

쭐라다눅가하 빤디따(Culla Dhanuggaha Paṇḍita) Ⅲ-332
쭐라빤타까(Cūla Panthaka) *Ⅰ-406
쭐라사리(Culla Sārī) Ⅲ-125
쭐라셋티 자따까(Culla Seṭṭhi Jātaka) Ⅰ-422
쭐라수밧다(Cūlasubhaddā) Ⅰ-310 *Ⅲ-243
쭐라함사 자따까(Cullahaṁsa Jātaka) Ⅰ-292
찌라(Cīrā) *Ⅱ-574
찐짜마나위까(Ciñcāmāṇavikā) Ⅱ-535
찟따 장자(Citta gahapatti) Ⅰ-516, *Ⅱ-92, Ⅲ-242
찟따꾸따 산(Cittakūṭa) *Ⅲ-364
찟따빠딸리(Cittapātalī) Ⅰ-444
찟따핫타(Cittahattha) 비구 Ⅰ-480

【차】

차제설법(次第說法) *Ⅰ-116
찬나(Channa) Ⅰ-211, *Ⅱ-130
찻따빠니(Chattapāni) Ⅰ-558
천안통(dibbacakkhu ñaṇa, 天眼通) *Ⅰ-157
철위산(cakkavāḷa, 鐵圍山) *Ⅰ-583
최고의 처벌(brahmadaṇḍa 梵担罰) *Ⅱ-131
축출 결의(ukkhepaniya kamma) *Ⅰ-172
출리 바라밀(nekkhamma pāramī) *Ⅰ-30
칠불통게(七佛通偈) Ⅱ-606

【카】

카누 꼰단냐(Khānu Koṇḍañña) Ⅱ-284
카디랑가라 자따까(Khadiraṅgāra Jātaka) Ⅰ-623
칸다까(Khandhaka, 犍度部) *Ⅱ-189
칸띠와디 자따까(Khantivādi Jātaka) Ⅰ-306
캇띠야(Khatthiya) *Ⅰ-152
케마(Khema) 청년 Ⅲ-260
케마(Khemā) 비구니 Ⅰ-516, *Ⅲ-321, Ⅲ-449
쿳줏따라(Khujjuttarā) *Ⅰ-375, Ⅰ-393, Ⅰ-517

찾아보기 *601*

【타】

통찰지의 해탈(paññā-vimutti, 慧解脫) *I-268 ☞해탈

【파】

팔대지옥 *I-463
팔선정(八禪定) *I-314
팔십 대장로 *I-132
팔십종호(八十種好, anubyanjana lakkhaṇa) II-438
팔정도(八正道, Ariyo aṭṭhaṅgiko magga) *III-177
팔종포상(八種褒賞)II-64, II-88
팔풍(八風) *II-201
포살당(uposatha-ghara, 布薩堂, 階段) *II-67, II-304, II-371

【하】

하늘 눈의 지혜(dibbacakkhu ñaṇa, 天眼通) ☞천안통 *I-157 *II-454
핫타까 알라와까(Hatthaka Āḷavaka) *I-516
핫타까(Hatthaka) 비구 III-165
해탈(vimokkha) *II-196
행복경(Maṅgala Sutta) *II-449
홀로있음(viveka) *II-120
화광삼매(火光三昧)II-118, II-402
화생(化生) *I-141
화탕지옥(火湯地獄) II-23
환희동산(Nandanavana) *I-542
황금 항아리 I-262
훈계 계목(Ovāda Pātimokkha) I-46

역자후기

이 책에서 주석서 부분은 유명한 언어학자인 Eugene Watson Burlingame(1876~1932)이 빠알리어에서 영어로 번역한 'Buddhist Legends'를 저본으로 빠알리어와 미얀마 번역본을 참고했다. 그리고 게송 부분으로 이루어진 법구경은 빠알리어와 미얀마 번역본을 저본으로 하고 Narada 비구가 번역한 것과 Daw Mya Tin이 영어로 번역한 법구경을 참고해 번역했다. 이 책에서 빠알리어 원문에는 나오지 않고 제목만 등장하는 자따까 부분은 E. B. Cowell이 번역한 Jataka(PTS)를 참고해 추가했다. 마찬가지로 원문에는 나오지 않고 제목만 등장하는 경전 부분은 PTS본, BPS본 그리고 한글 번역본들을 참고해 요약하거나 수정해서 본문에 삽입했다.

이 책은 빠알리어로 된 법구경과 주석서를 정확히 번역한 학술서가 아니다. 원문에 충실하게 되면 아무래도 문장이 매끄럽지 못하고 딱딱하게 되어 읽는 사람에게 싫증을 내게 하고 불교가 어렵다는 관념만 심어줄 수 있다. 그래서 많은 사람이 편하게 읽고 무한한 영감과 감동을 받을 수 있도록 문장을 약간 다듬었다. 번역을 시작할 때는 일반 독자를 위해서 글을 썼는데 초기불교에 대해 잘 모르는 스님들을 위해서 너무 많은 정보를 추가하다 보니 스님들을 위한 책이 돼 버렸다.

우리나라 스님들이나 재가불자들 모두가 초기불교에 대해 잘 모르고 부처님 당시 유명한 대장로들의 이름조차 기억하지 못하는 것이 사실이다. 안다고 해 봐야 십대제자의 이름 정도일 것이다. 그래서 그 당시 인물들에 대해 의도적으로 긴 각주를 달았다. 원문에 나오는 수행에 관한 용어들, 까시나, 32부분에 대한 명상, 색계 4선정, 무색계 4선정 등과 같은 초기에 부처님께서 가르치셨던 수행법에 대해서도 역시 잘 모르기는 마찬가지다. 이런 용어들과 수행법을 모르고 이 책을 읽으면 수박 겉핥기가 될 것이다. 그래서 간략하게 부록을 첨부해 가면서 이해를 도왔다. 원문에 나오는 경전의 제목들에 대해서도 마찬가지다. 경전의 제목만 그대로 번역한다면 신심 있는 불자가 아니라면 누가 경전을 찾아 일부러 읽어보려고 할 것인가? 그래서 원문에 경전을 삽입해 초기불교 경을 하나라도 읽어볼 기회를 제공했다. 특히 행복경, 보배경, 자애경, 불수념, 법수념, 승수념 등은 남방의 불자들이 매일 수지독송하는 경들이므로 한국의 불자들도 매일 수지독송하면 많은 이익이 있을 것이다. 이 모든 것이 스님들이나 재가불자들의 지식을 한층 높이는 데 도움을 주려고 의도한 것이다.

이런 귀중한 책을 번역하게 된 것이 무척 기쁘다. 그동안 수행한다고 경전공부를 등한시해 교리적으로 부족한 것이 일시에 채워지는 느낌이다. 구경각을 깨달을 때까지 목숨이 붙어 있는 한 열심히 알아차리고 수행해야 하지만, 그동안 배우고 경험한 것을 정리해서 주위 사람들에게 전하는 것도 보살행이 아닌가 싶다.

보살은 수행을 하면서 동시에 다른 사람들에게도 배우고 깨달은 것을 나누어주어야 한다. 혼자만 알고 있는 것은 소승적인 생각이다. 초기불교는 모든 사람이 불교를 쉽게 이해할 수 있는 좋은 교재이다. 이런 교재로 함께 공부하고 실천할 수 있다면 많은 이로움이 있을 것이다. 이렇게 좋은 공덕을 쌓게 된 것도 또한 기쁜 일이 아닐 수 없다.

강원이나 학교에서 체계적으로 공부를 해 본 적이 없는 사람이 책을 번역한다는 것은 어려운 일이다. 하지만 막상 번역을 하고 주석을 달면서 머릿속으로 어렴풋이 알던 것을 명료하게 정리할 수 있게 돼 매우 기쁘다. 아마도 그동안 수행을 하면서 틈틈이 책을 즐겨 본 것이 많은 도움이 된 것 같다.

이 책을 번역하게 된 동기는 주변 사람들의 권고와 그동안 공부하고 수행하며 얻은 불교적 이해와 지식을 정리하고 싶은 소박한 생각, 그리고 초기불교의 가르침을 우리나라에 소개하고픈 작은 서원이 어우러진 것이다. 책을 번역해 사람들에게 알리는 일은 부처님의 가르침을 모든 사람에게 전해야 하는 스님으로서의 숭고한 사명이며 진리를 알게 해 준 부처님의 은혜에 보답하는 일이기도 하다.

언제 어디서나 알아차림을 유지하는 것이 수행이다. 수행은 반드시 앉아서 하는 것이 아니다. 하지만 끝없는 수행 속에서 지루하고 힘이 들면 부처님의 말씀을 되새기고 마음을 새롭게 가다듬을 필요가 있다. 이때 이 책은 가슴을 시원하게 해 주고 용기를 북돋아 주는 새로운 에너지원이 될 것이다.

이 책을 번역하게 된 것은 같이 공부하고 수행하는 도반들이 있었기에 가능한 일이었다. 먼저 미얀마 본과 빠알리어 본을 일일이 대조해 가며 함께 번역 작업을 해 주신 웅진 스님에게 감사의 말씀을 올린다. 그리고 책을 번역하도록 동기를 부여해 주고 용기를 북돋아 주신 도경 스님, 교리적으로 잘못된 부분을 세밀하게 읽어보고 정정해 주신 일창 스님, 문장을 다듬고 교정을 보아주며 물심양면으로 많은 도움을 주신 명공 스님, 서현 스님, 반야, 홍수연 님께 감사드리고, 책표지 그림을 그려주신 화가 조재익 님께도 감사의 말씀을 올린다.

Idaṁ no puññaṁ nibbānassa paccayo hotu!
이당 노 뿐냥 닙바낫사 빳짜요 호뚜
이러한 저희 공덕으로 열반에 이르기를!

2008. 11. 30
무념 합장

참고 문헌

〈법구경 및 주석서〉
Dhammapada Aṭṭhakathā Pāli 미얀마 육차 결집본
Dhammapada Aṭṭhakathā Nissaya 1-4 by Sāradassī 미얀마 대역본
Buddist Legends by Eugene Watson Burlingame, 1921
The Dhammapada by Narada, 1978
The Dhammapada by Daw Mya Tin M.R. 2003

〈경장번역본〉
상윳따 니까야 | 전재성(전 11권), 1999
The Connected Discourse of the Buddha by Bhikkhu Bodhi(2vols), 2000
맛지마 니까야 | 전재성(전 5권), 2002-2003
The Middle length Discourse of the Buddha by Bhikkhu Bodhi, 1995
디가 니까야 | 각묵 스님(전 3권), 2006
Long Discourse of the Buddha, by Walshe Maurise, Wisdom Publication, 1987
앙굿따라 니까야 | 대림 스님, 2007
Book of Gradual Sayings(5vols) by Woodward and Hare PTS, 1932-1938
Aṅguttara Nikāya, by Sister Upalavanna,
숫따니빠따 |전재성
Suttanipata | John D. Ireland
자따까(본생경) | The Jātaka by Professor E. B. Cowell et al., 1895-1907, 6 volumes.
장로게경 주석서(Thera Gathā Aṭṭhagathā) | substantial extracts translated in Psalms of the Brethren, translated by C. A. F. Rhys Davids, 1913, PTS, Oxford

장로니게경 주석서(Theri Gathā Aṭṭhagathā) | The Commentary on the Verses of the Theris, by William Pruitt, 1998, PTS, Oxford
감흥어경 | Udāna, by Peter Masefield, 1994-5, 2 volumes, PTS, Oxford
여시어경 | Itivuttaka by E. Windish, PTS 1889
천궁사 주석서 | Peter Masefield as Vimana Stories, 1989, PTS, Oxford
아귀사 주석서 | U Ba Kyaw & Peter Masefield as Peta-Stories, 1980, PTS, Oxford
불종성경(Buddhavaṁsa) | The great Chronicle of Buddhas by Mingun Sayadaw
밀린다왕문경 | 민족사, 동봉, 이미령

〈율장(Vinaya Pitaka)〉
The Book of The Discipline, (5vols) by Homer. I. B., PTS, 1946-66
마하박가, 최봉수, 1998

〈논장(abhidhamma)〉
청정도론, 대림 스님
아비담마 길라잡이, 대림·각묵 스님

〈기타〉
고따마 붓다의 생애, 박태섭, 1996
빠알리어 사전, 전재성, 1994
Dictionary of Pali Proper Names(DPPN) by G.P. Malalasekera, 1938

법구경 이야기 3

4판 발행 | 2022년 4월 10일

옮긴이 | 무념 · 응진
펴낸이 | 김창협
펴낸곳 | 옛길
　　　　남양주시 덕송3로 12
　　　　전화 010-3706-4812
등록번호 | 제505-2008-000005호(2008.5.15)
이메일 | mahabhante@hanmail.net
홈페이지 | http://cafe.daum.net/samatavipassana

ISBN 89-961738-3-0 04220
ISBN 89-961738-0-9 (전3권)

값 | 25,000원